F. 5537.

9.

F. 4382.

14.

25761

RÉPERTOIRE

UNIVERSEL ET RAISONNÉ

DE JURISPRUDENCE

CIVILE, CRIMINELLE,

CANONIQUE ET BÉNÉFICIALE.

OUVRAGE DE PLUSIEURS JURISCONSULTES:

Mis en ordre & publié par M. GUYOT, Écuyer, ancien Magiſtrat.

TOME NEUVIÈME.

A PARIS,

Chez PANCKOUCKE, Hôtel de Thou, rue des Poitevins.

Et ſe trouve chez les principaux Libraires de France.

M. DCC. LXXVII.

Avec Approbation & Privilége du Roi.

RÉPERTOIRE

UNIVERSEL ET RAISONNÉ

DE JURISPRUDENCE

CIVILE, CRIMINELLE,

CANONIQUE ET BÉNÉFICIALE.

C

CHANCELIER. C'eft un titre commun à plufieurs dignités & offices. Il y a le Chancelier de France, le Chancelier de la reine, les Chanceliers des fils & petits-fils de France, les Chanceliers dans les ordres de chevalerie, les Chanceliers des confuls de France dans les pays étrangers, les Chanceliers des académies, les Chanceliers des églifes, & entr'autres le Chancelier de Notre-Dame & celui de Sainte Geneviève, les Chanceliers dans les ordres religieux, les Chanceliers des univerfités, le Chancelier

de la bafoche, le Chancelier du haut & fouverain empire de Galilée.

Nous allons parler fucceffivement de ces divers
Chanceliers.

Chancelier de France. C'eft le chef de la juftice
& de tous les confeils du roi : il peut auffi,
lorfqu'il le juge à propos, aller préfider dans
tous les parlemens & les autres cours ; c'eft
pourquoi fes lettres font préfentées & enregiftrées dans toutes les cours fouveraines.

Il eft la bouche du roi & l'interprête de fes
volontés ; c'eft lui qui les expofe dans toutes
les occafions où il s'agit de l'adminiftration de
la juftice. Lorfque le roi vient tenir fon lit-de-
juftice au parlement, le Chancelier eft au-deffous de lui dans une chaife à bras, couverte de
l'extrêmité du tapis femé de fleurs-de-lys qui
eft aux pieds du roi : c'eft lui qui recueille les
fuffrages, & qui prononce. Il ne peut être ré-
cufé.

Sa principale fonction eft de veiller à tout ce
qui concerne l'adminiftration de la juftice dans
tout le royaume, d'en rendre compte au roi,
de prévenir les abus qui pourroient s'y introduire, de remédier à ceux qui auroient déja
prévalu, de donner des ordres convenables fur
les plaintes qui lui font adreffées par les fujets
du roi contre les juges ou autres officiers de
juftice, & fur les mémoires des compagnies ou
de chaque officier en particulier, par rapport à
leurs fonctions, prééminences & droits.

C'eft encore une de fes fonctions de dreffer,
conformément aux intentions du roi, les nouvelles ordonnances, édits & déclarations, &
les lettres-patentes qui ont rapport à l'adminif-

tration de la juſtice. L'ordonnance de Charles VII, du mois de novembre 1441, fait mention qu'elle avoit été faite de l'avis & délibération du Chancelier & autres gens du grand-conſeil, &c.

C'eſt à lui que l'on s'adreſſe pour obtenir l'agrément de tous les offices de judicature; & lorſqu'il a la garde du ſceau royal, c'eſt lui qui nomme aux offices de toutes les chancelleries du royaume, & qui donne toutes les proviſions des offices, tant de judicature que de finance ou municipaux. Les charges d'avocats au conſeil tombent dans ſes parties caſuelles; il eſt le conſervateur né des priviléges des ſecrétaires du roi.

La foi & hommage des fiefs de dignité mouvans immédiatement du roi à cauſe de ſa couronne, peut être faite entre les mains du Chancelier ou à la chambre des comptes. Le Chancelier, comme repréſentant la perſonne du roi, reçut à Arras en 1499, l'hommage de l'archiduc d'Autriche, pour ſes pairies & comtés de Flandres, d'Artois & de Charolois. L'archiduc ſe mettant en devoir de s'agenouiller, il le releva en lui diſant : il ſuffit de votre bon vouloir; en quoi il en uſa de même que Charles VII avoit fait à l'égard du duc de Bretagne.

Ce fut le Chancelier Duprat qui abolit l'uſage des hommages que nos rois faiſoient par procureur pour certaines ſeigneuries qui étoient mouvantes de leurs ſujets. Il établit à cette occaſion le principe, que tout le monde relève du roi médiatement ou immédiatement, & que le roi ne relève de perſonne.

Il ſeroit difficile de détailler bien exactement

toutes les fonctions & les droits attachés à la dignité de Chancelier : nous rapporterons seulement ce qu'il y a de plus remarquable.

- D'abord, pour ce qui est de l'étymologie du nom de Chancelier & de l'origine de cet office, on voit que les empereurs romains avoient une espèce de secrétaire ou notaire appellé *Cancellarius*, parce qu'il étoit placé derrière des barreaux appelés *cancelli*, pour n'être point incommodé par la foule du peuple. Naudé dit que c'étoit l'empereur même qui rendoit la justice dedans cette enceinte de barreaux ; que le Chancelier étoit à la porte, & que c'est de-là qu'il fut nommé *Chancelier*.

D'autres font venir ce nom de ce que cet officier examinoit toutes les requêtes & suppliques qui étoient présentées au prince, & les cancelloit ou biffoit quand elles n'étoient pas admissibles ; d'autres, de ce qu'il signoit avec grille ou paraphe faite en forme de grillage, les lettres-patentes, commissions & brevets accordés par l'empereur ; d'autres enfin, de ce qu'il avoit le pouvoir de canceller & annuller les sentences rendues par des juges inférieurs.

Ducange, d'après Jean de la Porte, fait venir le mot *Chancelier* de Palestine, où les faîtes des maisons étoient en terrasses bordées de balustres ou parapets nommés *cancelli* : il dit qu'on appella *Cancellarii* ceux qui montoient sur ces terrasses pour y réciter des harangues ; que cette dénomination passa aussi à ceux qui plaidoient au barreau, qu'on les appeloit *Cancelli forenses*, ensuite au juge même qui présidoit, & enfin au premier secrétaire du roi.

L'office de Chancelier en France revient à-peu-près à celui qu'on appeloit *quefteur du facré palais* chez les romains, & qui fut établi par Conftantin le grand : en effet, c'étoit ordinairement un jurifconfulte que l'on honoroit de cette place de quefteur, parce qu'il devoit connoître les lois de l'empire, en dreffer de nouvelles quand le cas le requéroit, & les faire exécuter : elles n'avoient de force que quand il les avoit fignées. Il jugeoit les caufes que l'on portoit par appel devant l'empereur, foufcrivoit les refcrits & réponfes du prince, enfin il avoit l'infpection fur toute l'adminiftration de la juftice.

En France, l'office de Chancelier eft prefque auffi ancien que la monarchie ; mais les premiers qui en faifoient les fonctions, ne portoient pas le titre de Chancelier ; car on ne doit pas appliquer au Chancelier de France ce qui eft dit de certains officiers fubalternes que l'on appeloit anciennement Chanceliers, tels que ceux qui gardoient l'enceinte du tribunal appelée *cancelli*, parce qu'elle étoit fermée de barreaux.

On donna auffi en France, à l'imitation des romains, le nom de Chancelier à ceux qui faifoient la fonction de greffiers & de notaires, parce qu'ils travailloient dans une femblable enceinte fermée de barreaux.

Les notaires & fecrétaires du roi prirent auffi, par la même raifon, le nom de Chanceliers.

Le roi avoit en outre un premier fecrétaire qui avoit infpection fur tous les autres notaires & fecrétaires : le pouvoir de cet officier étoit fort étendu ; il faifoit les fonctions de Chancelier de France ; mais avant d'en porter le titre, on lui a donné succeffivement différens noms.

Quelques auteurs modernes font Widiomare, Chancelier ou référendaire de Childéric, mais fans aucun fondement : Grégoire de Tours ne lui donne point cette qualité.

Le premier qui foit connu pour avoir rempli cette fonction eft Aurélien, fous Clovis I. Hincmar dit qu'il portoit l'anneau ou le fceau de ce prince ; qu'il étoit *confiliarius & legatarius regis*, c'eft-a-dire le députe du roi. L'auteur des geftes des François le nomme auffi *legatarium & miffum Clodovæi* : Aymoin le nomme *familiariffimum regi*, pour exprimer qu'il avoit fa plus intime confiance.

Valentinien eft le premier que l'on trouve avoir figné les chartres de nos rois en qualité de notaire ou fecrétaire du roi, *notarius & amanuenfis* : il fit cette fonction fous Childebert I.

Baudin & plufieurs autres fous Clotaire I & fous fes fucceffeurs, font appelés référendaires par Grégoire de Tours, qui remarque auffi que fous le référendaire qui fignoit & fcelloit les chartres de nos rois, il y avoit plufieurs fecrétaires de la chancellerie, qu'on appeloit notaires ou Chanceliers du roi, *Cancellarii regales*.

On trouve une charte de Thierri écrite de la main d'un notaire, & fcellée par un autre officier du fceau royal. Sous le même roi, Agreftin fe difoit *notarius regis*.

Sous le regne de Chilpéric I, il eft fait mention d'un référendaire & d'un fecrétaire du palais, *palatinus fcriptor*.

Saint Oüen, en latin *Audoenus & Dado*, fut

référendaire du roi Dagobert I, & enfuite de Clovis II. Aymoin dit qu'il fut ainfi appelé, parce que c'étoit à lui que l'on apportoit toutes les écritures publiques, & qu'il les fcelloit du fceau du roi : il avoit fous lui plufieurs notaires ou fecrétaires qui fignoient en fon abfence. Dans des chartres de l'abbaye de faint Denis, il eſt nommé *regiæ dignitatis Cancellarius*. C'eſt la première fois que le titre de Chancelier ait été donné à cet office.

La plupart de ceux qui firent les fonctions de Chancelier fous les autres rois de cette première race, font nommés fimplement référendaires, excepté fous Clotaire III, que Robert eſt nommé garde du fceau royal, *gerulus annuli regii* ; & Grimaud, fous Thierri II, qui figne en qualité de Chancelier, *ego*, *Cancellarius*, *recognovi*.

Sous la feconde race de nos rois, ceux qui faifoient la fonction de Chanceliers ou référendaires, reçurent dans le même tems différens noms ; on les appela *archi-Chanceliers*, ou *grands Chanceliers*, *fouverains Chanceliers* ou *archi-notaires*, parce qu'ils étoient prépofés au-deffus de tous les notaires ou fecrétaires du roi, qu'on appeloit encore Chanceliers.

On leur donna auffi le nom d'*apocrifaires* ou *apocrifiaires*, mot dérivé du grec, pour fignifier celui qui rend les réponfes d'un autre, parce que le grand Chancelier répondoit pour le roi aux requêtes qui lui étoient préfentées.

Hincmar, qui vivoit du tems de Louis-le-Debonnaire, diftingue néanmoins l'office d'*apocrifaire* de celui de *grand Chancelier* ; ce qui vient de ce que le grand-aumônier du roi faifoit quelquefois la fonction d'apocrifiaire, & en portoit le nom.

Les Chanceliers ont auffi été quelquefois appelés archi-chapelains, non pas que ce terme exprimât la fonction de Chancelier ; mais parce que l'archi-chapelain ou grand-aumônier du roi étoit fouvent en même-temps fon Chancelier, & ne prenoit point d'autre titre que celui d'archi-chapelain. La plupart de ceux qui firent cette fonction fous la première & la feconde race, étoient eccléfiaftiques.

Sous la troifième race, les premiers fecrétaires ou référendaires furent appelés grands Chanceliers de France, premiers Chanceliers ; & depuis Baudouin premier, qui fut Chancelier de France fous le roi Robert, il paroît que ceux qui firent cette fonction ne prirent plus d'autre titre que celui de Chancelier de France ; & que depuis ce tems ce titre leur fut réfervé, à l'exclufion des notaires ou fecrétaires du roi, des greffiers & des autres officiers fubalternes, qui prenoient auparavant le titre de Chancelier.

Le Chancelier fut d'abord nommé par le roi feul.

Gervais, archevêque de Reims, & Chancelier de Philippe I, prétendit que la place de Chancelier étoit attachée à celle d'archevêque de Reims, ce qu'il obtint, dit-on, pour lui & fon églife. Il étoit en effet le troifième depuis Hervé qui avoit poffédé la dignité de Chancelier ; mais depuis lui on ne voit point que cette dignité ait été attachée au fiége de Reims.

Dans la fuite, le Chancelier fut élu au parlement par voie de fcrutin, en préfence du roi. Guillaume de Dormans fut le premier élu de cette manière en 1371. Louis XI changea cet ordre, & depuis ce tems, c'est le roi seul qui nomme le Chancelier; le parlement n'a aucune juridiction sur lui.

Cet office n'est point vénal ni héréditaire, mais à vie seulement. Le Chancelier est reçu sans information de vie & mœurs, & prête serment entre les mains du roi. Ses provisions sont présentées par un avocat dans toutes les cours souveraines, l'audience tenante, & y sont lues, publiées & enregistrées sur les conclusions des gens du roi.

Quoique l'office de Chancelier ait toujours été rempli par des sujets distingués par leur mérite & par leur naissance, dont la plupart sont qualifiés de chevaliers, il est cependant certain qu'anciennement cet office n'annoblissoit point. En effet, sous le roi Jean, Pierre de la Forêt, Chancelier, ayant acquis la terre de Loupelande dans le Maine, obtint du roi des lettres de noblesse pour jouir de l'exemption du droit de franc-fief. Les Chanceliers nobles se qualifioient *messire*, & les autres *maître*. Présentement le Chancelier est toujours qualifié de *chevalier* & de *monseigneur*.

Charlemagne rendit le Chancelier dépositaire des lois & des ordonnances, & Charles-le-Chauve lui donna le droit d'annoncer pour lui les ordonnances en présence du peuple.

Le pouvoir du Chancelier s'accrut beaucoup sous la troisième race : on voit que dès le tems de Henri premier il signoit les chartes de nos rois, avec le connétable, le boutillier & les autres grands officiers de la couronne.

Frère Guérin, évêque de Senlis, fut d'abord

garde des sceaux sous Philippe-Auguste pendant
la vacance de la chancellerie ; il fut ensuite
Chancelier sous Louis VIII , & releva beaucoup
la dignité de cette charge ; il abandonna la fonction du secrétariat aux notaires & secrétaires du
roi , se réservant seulement sur eux l'inspection.
Il assista avec les pairs au jugement qui fut rendu
en 1224 contre la comtesse de Flandres. Du-
tillet rapporte que les pairs voulurent contester
ce droit au Chancelier, au boutillier, au chambrier & au connétable ; mais la cour du roi décida en faveur de ces officiers. Au sacre du roi,
c'est le Chancelier qui appelle les pairs chacun
à leur rang.

Dès le tems de Philippe-Auguste , le Chancelier portoit la parole pour le roi , même en
sa présence. On en trouve un exemple dans la
harangue que frère Guérin fit à la tête de l'armée , avant la bataille de Bouvines en 1214, &
la victoire suivit de près son exhortation.

On voit aussi dans Froissart , que dès 1355,
le Chancelier parloit pour le roi , en sa présence , dans la chambre du parlement ; qu'il ex-
posa l'état des guerres , & requit que l'on déli-
bérât sur les moyens de fournir au roi des secours
suffisans.

Le Chancelier étoit alors précédé par le connétable & par plusieurs autres grands officiers
dont les offices ont été dans la suite supprimés ;
au moyen de quoi celui de Chancelier est présentement le premier office de la couronne ; &
le Chancelier a rang, séance & voix délibérative après les princes du sang.

Dans les états que le roi envoyoit autrefois
de ceux qui devoient composer le parlement, le

Chancelier eſt ordinairement nommé en tête de la grand'chambre ; il venoit en effet y ſiéger fort ſouvent. Le cardinal de Dormans, évêque de Beauvais & Chancelier, fit l'ouverture des parlemens des 12 novembre 1369 & 1370, par de longs diſcours & remontrances, ce qui ne s'étoit pas encore pratiqué. Arnaud de Corbie fit auſſi l'ouverture du parlement en 1405 & 1406, le 12 novembre, & reçut les ſermens des avocats & des procureurs. Pierre de Morvilliers reçut auſſi les ſermens le 11 novembre 1461.

Dans la ſuite, les Chanceliers ſe trouvant ſurchargés de différentes affaires, ne vinrent plus que rarement au parlement, excepté lorſque le roi y vint tenir ſon lit-de-juſtice. Le jeudi 14 mars 1715, M. le Chancelier Voiſin prit en cette qualité ſéance au parlement ; il étoit à la petite audience en robe violette, & vint à la grande audience en robe de velours rouge doublée de ſatin. On plaida devant lui un appel comme d'abus, & il prononça l'arrêt.

Philippe VI, dit de Valois, ordonna en 1342 que quand le parlement feroit fini, le roi manderoit le Chancelier, les trois préſidens du parlement & dix perſonnes du Conſeil, tant clercs que laïcs, leſquels, ſuivant ſa volonté, nommeroient des perſonnes capables pour le parlement à venir. On voit même qu'en 1370, le cardinal de Dormans, Chancelier, inſtitua Guillaume de Sens premier préſident.

Le Chancelier nommoit auſſi anciennement les conſeillers au châtelet, conjointement avec quatre conſeillers du parlement, & avec le prévôt de Paris ; il inſtituoit les notaires & les examinoit avant qu'ils fuſſent reçus.

Son pouvoir s'étendoit auſſi autrefois ſur les monnoies, ſuivant un mandement de Philippe VI en 1346, qui enjoint aux maîtres généraux des monnoies de donner au marc d'argent le prix que bon ſembleroit au Chancelier & aux tréſoriers du roi.

Mais Charles V étant dauphin de Viennois & lieutenant du roi Jean, ordonna en 1356 que dorénavant le Chancelier ne ſe mêleroit que *du fait de la chancellerie, de tout ce qui regarde le fait de la juſtice, & d'ordonner des offices en tant qu'à lui appartient comme Chancelier.*

Philippe V défendit au Chancelier de paſſer à l'avenir des lettres où ſeroit la clauſe *nonobſtant toutes ordonnances contraires* ; il ordonna que ſi l'on en préſentoit de telles au ſceau, elles ſeroient rapportées au roi ou à celui qui ſeroit établi de ſa part ; & par une autre ordonnance de 1318, il ne devoit appoſer le grand ſceau qu'aux lettres auxquelles le ſcel du ſecret avoit été appoſé ; c'étoit celui que portoit le chambellan, à la différence du petit ſignet que le roi portoit ſur lui.

Charles V ordonna auſſi en 1356, que le Chancelier ne feroit point ſceller les lettres paſſées au conſeil, qu'elles ne fuſſent ſignées au moins de trois de ceux qui y avoient aſſiſté, & qu'il n'en pourroit être ſcellé aucune portant aliénation du domaine, ou don de grandes forfaitures & confiſcations, qu'il n'eût déclaré au conſeil ce que la choſe donnée pouvoir valoir de rente par an.

Suivant les lettres du 14 mars 1401, il pouvoit tenir au lieu du roi les requêtes générales avec tel nombre de conſeillers au grand-conſeil qu'il lui plairoit, y donner les lettres de grâce & rémiffion, & y expédier toutes les autres affaires, comme fi le tout étoit fait en préfence du roi & de fon confeil ; il faifoit ferment de ne demander au roi aucun don ou grâce pour lui ni pour fes amis ailleurs qne dans le grand-confeil.

Charles VI ordonna en 1407 qu'en cas de minorité du roi, ou lorfqu'il feroit abfent, ou tellement occupé qu'il ne pourroit vaquer aux affaires du gouvernement, elles feroient décidées à la pluralité des voix dans un confeil compofé de la reine, des princes du fang, du connétable, du Chancelier & des gens de fon confeil. Après la mort de ce prince, on expédia quelques lettres au nom du Chancelier & du confeil. Louis XIV, en partant de Paris au mois de février 1678, pour aller en Lorraine, dit aux députés du parlement, qu'il laiffoit fa puiffance entre les mains de M. le Chancelier pour ordonner de tout en fon abfence fuivant qu'il le jugeroit à propos.

François premier déclara au parlement que cette cour n'avoit aucune juridiction ni pouvoir fur le Chancelier de France. Ce fut auffi fous le regne du même prince que le Chancelier fut gratifié du droit d'indult, comme étant chef de la juftice.

Quoique le Chancelier ne foit établi que pour le fait de la juftice, on en a vu plufieurs qui étoient en même-tems de grands capitaines, & qui commandoient dans les armées : tel fut faint Oüen, référendaire du roi Dagobert I ; tel fut encore Pierre Flotte, qui fut tué à la bataille de Courtrai les armes à la main, le 11 juillet

1302. A l'entrée du roi à Bordeaux en 1451, le Chancelier parut armé d'un corselet d'acier, & par-dessus une robe de velours cramoisi. M. le Chancelier Séguier fut envoyé à Rouen en 1639, à l'occasion d'une sédition; il commandoit les armes, on prenoit le mot de lui.

L'habit de cérémonie du Chancelier est l'épitoge ou robe de velours rouge doublé de satin, avec le mortier comblé d'or & bordé de perles : il a droit d'avoir chez lui des tapisseries semées de fleurs-de-lis, avec les armes de France & les marques de sa dignité.

Quand il marche en cérémonie, il est précédé des quatre huissiers de la chancellerie portant tous leurs masses, & des huissiers du conseil, appelés vulgairement huissiers de la chaîne; il est aussi accompagné d'un lieutenant de robe-courte de la prévôté de l'hôtel & de deux gardes; ce qui paroît avoir une origine fort ancienne : car Charles VI ayant réduit en 1387 le nombre des sergens d'armes, ordonna que l'un d'eux demeureroit auprès du Chancelier.

Anciennement le Chancelier portoit le deuil & assistoit aux obsèques des rois. Guillaume Juvénal des Ursins, Chancelier, assista ainsi aux funérailles de Charles VI, de Charles VII & de Charles VIII : mais depuis long-tems l'usage est que le Chancelier ne porte point le deuil, & n'assiste plus à ces sortes de cérémonies. On a voulu marquer par-là que la justice conserve toujours la même sérénité.

Suivant une cédule sans date qui se trouve à la chambre des comptes de Paris, Philippe d'Antogni, qui portoit le grand sceau du roi saint Louis, prenoit pour soi, pour ses chevaux &
pour

pour ſes valets à cheval, ſept ſous pariſis par jour, tant pour l'avoine que pour toute autre choſe, excepté ſon clerc & ſon valet-de-chambre, qui mangeoient à la cour. Leurs gages étoient doubles aux quatre fêtes annuelles ; le Chancelier avoit des manteaux comme les autres clercs du roi, & livrée de chandelle comme il convenoit, pour ſa chambre & pour les notaires ; quelquefois le roi lui donnoit pour lui un palefroi, & pour ſon clerc un cheval. Sur ſoixante ſous d'émolumens du ſceau, il en prenoit dix, & en outre, ſa portion du ſurplus, comme les autres clercs du roi, c'eſt-à-dire les ſecrétaires du roi ; enfin quand il étoit dans des abbayes ou autres lieux où il ne dépenſoit rien pour ſes chevaux, cela étoit rabattu ſur ſes gages.

En 1290, il n'avoit que ſix ſous par jour, avec bouche à la cour pour lui & les ſiens ; & vingt ſous par jour lorſqu'il étoit à Paris, & mangeoit chez lui.

Deux états de la maiſon du roi, des années 1316 & 1317, nomment le Chancelier comme le premier des grands officiers qui avoient leur chambre, c'eſt-à-dire leur logement à l'hôtel du roi. Il y eſt dit que ſi le Chancelier eſt prélat, il ne prendra rien à la cour ; que s'il eſt ſimple clerc, il aura, comme Meſſire de Nogaret avoit, *dix ſoldées de pain par jour, trois ſetiers de vin pris devers le roi, & les autres du commun ; ſix pièces de chair, ſix pièces de poulailles; & au jour de poiſſon, qu'il aura à l'avenant ; qu'on ne lui comptera rien pour cuiſſon qu'il faſſe en cuiſine ni en autre choſe ; qu'on lui fera livraiſon de certaine quantité de menues chandelles &*

torches; mais que l'on rendroit les torchons, c'eſt-à-dire les reſtes des flambeaux. Ces détails qui alloient juſqu'aux minuties, marquent quel étoit alors le génie de la nation.

Une ordonnance de 1318 porte qu'il devoit compter trois fois l'année en la chambre des comptes de l'émolument du ſceau ; & en 1320, il n'avoit encore que mille livres pariſis de gages par an, ſomme qui paroît d'abord bien modique pour un office ſi conſidérable : mais alors le marc d'argent ne valoit que trois livres ſept ſous ſix deniers, enſorte que mille livres pariſis valoient alors environ autant qu'aujourd'hui vingt-deux mille livres.

Les anciennes ordonnances ont encore accordé aux Chanceliers pluſieurs droits & priviléges, tels que l'exemption du ban & arrière-ban, le droit de priſe pour les vivres, comme le roi & à ſon prix ; l'exemption des péages & travers pour les proviſions de ſa maiſon, & de tous droits d'aides ; droit de chauffage, qui ne conſiſtoit qu'en deux moules de buches, c'eſt-à-dire deux voies de bois, & quatre quand les notaires du roi étoient avec lui, &c.

Au reſte, il y a pluſieurs autres droits & prérogatives attachés à la charge de Chancelier de France.

Chancelier de la reine. C'eſt un des grands officiers de la maiſon de la reine, qui a la garde de ſon ſceau particulier, ſous lequel il donne toutes les proviſions des offices de ſa maiſon, & les commiſſions & mandemens néceſſaires pour ſon ſervice.

C'eſt lui qui préſide au conſeil de la reine, lequel eſt compoſé du Chancelier, du ſurintendant des finances, des secrétaires des commandemens, maison & finances; du procureur-général, de l'avocat-général, des secrétaires du conseil & autres officiers.

Il est aussi le chef de la chancellerie de la reine, pour laquelle il y a plusieurs officiers.

C'est encore lui qui donne, sous le sceau de la reine, toutes les provisions des offices de justice dans les terres & seigneuries qui sont du domaine particulier de la reine.

Il a le même droit dans les duchés, comtés & autres seigneuries du domaine du roi, dont la jouissance est donnée à la reine pour son douaire en cas de viduité; il est dans ces terres le chef de la justice, & y institue des juges, lesquels rendent la justice au nom de la reine, & ont le même pouvoir que les juges royaux; il peut pareillement, au nom de la reine, y établir des grands jours dont l'appel ressortit directement au parlement de Paris, quand même ces terres & seigneuries seroient dans le ressort d'un autre parlement.

C'est encore une des prérogatives de la dignité de Chancelier de la reine, d'avoir droit d'entrée dans toutes les maisons royales lorsque le roi n'y est pas, ou que la reine y est seule.

Les reines de France ont de tems immémorial toujours eu leur Chancelier particulier différent de celui du roi.

Grégoire de Tours fait mention que Urcissin étoit référendaire de la reine Ultrogothe, femme de Childebert I. Celui qui faisoit alors l'office de Chancelier de France étoit aussi appelé référendaire.

Jeanne, femme de Philippe V, dit le Long,

avoit en 1319 pour Chancelier Pierre Bertrand; qui fut aussi l'un des exécuteurs de son testament.

Isabeau de Bavière, femme de Charles VI, avoit aussi son Chancelier, autre que celui du roi, quoiqu'elle n'eût point de terres en propre. Maître Jean de Nielle, chevalier, maître Robert le Maçon & Maître Robert Carteau, furent ses Chanceliers en divers tems.

Robert Maçon, l'un de ceux que l'on vient de nommer, étoit seigneur de Trèves en Anjou; il fut d'abord Chancelier de la reine Isabeau de Bavière, ce qui est justifié par des lettres de Charles VI, de l'an 1415, par lesquelles il commet le comte de Vendôme & Robert le Maçon, qu'il appelle Chancelier de la reine sa compagne, pour se transporter à Angers, & faire jurer la paix aux Anglois. Il fit en 1418 la fonction de Chancelier de France sous les ordres du dauphin Charles, pour lors lieutenant général du roi.

Le registre du parlement du 22 mai 1413, parlant de Bonne d'Armagnac, femme du sieur de Montauban, l'appelle cousine & Chancelière de la reine; ce qui confirme encore qu'elle avoit un Chancelier.

La reine de Navarre avoit aussi son Chancelier. François Olivier, qui fut Chancelier de France, avoit été auparavant Chancelier & chef du conseil de Marguerite de Valois, reine de Navarre, sœur de François premier.

Gui du Faur, seigneur de Pibrac, président au mortier, fut Chancelier de Marguerite de France, sœur du roi Henri III, & alors reine de Navarre. Il mourut le 12 mai 1584.

Jean Berthier, évêque de Rieux, fuccéda au feigneur de Pibrac en cette charge, qui devint encore plus relevée en 1589, lorfque Marguerite devint reine de France. Le mariage de celle-ci ayant été diffous en 1599, l'évêque de Rieux continua d'être Chancelier de la reine Marguerite. Il logeoit au cloître Notre-Dame en 1605 ; & la reine Marguerite ayant eu alors la permiffion de revenir à Paris, elle alla d'abord defcendre chez fon Chancelier, & ce fut là que la ville vint la faluer.

Chanceliers des fils & petits-fils de France, & autres princes de la maifon royale. Ce font les principaux officiers qui font donnés à ces princes pour leur maifon & appanage. Ils font Chanceliers, garde des fceaux, chefs du confeil, & furintendans des finances.

La chancellerie pour l'appanage n'eft point dans le lieu de l'appanage ; elle fe tient auprès du prince chez le Chancelier.

Les dauphins de France, ni leurs fils, ni leurs petits-fils aînés n'ont plus de Chanceliers comme ils en avoient autrefois ; parce qu'étant deftinés à fuccéder à la couronne chacun en fon rang, on ne leur donne point d'apanage ; mais tous les puînés defcendans de la maifon royale ont chacun leur apanage, & un Chancelier garde des fceaux, qui expédie & fcelle toutes les provifions des offices même royaux dont l'exercice fe fait dans l'étendue de l'apanage du prince.

Chancelier dans les ordres de chevalerie. C'eft celui qui a la garde du fceau de l'ordre : il fcelle en conféquence en cire blanche les lettres des chevaliers & officiers de l'ordre, & les commiffions & mandemens émanés du chapitre ou affemblée de l'ordre : c'eft lui qui tient regiftre des délibérations, & qui en délivre les actes fous le fceau de l'ordre : c'eft le premier des grands officiers de chaque ordre.

L'ordre de Saint-Michel avoit autrefois fon Chancelier particulier, fuivant l'article 12 des ftatuts faits en 1469, lors de l'inftitution de cet ordre : le Chancelier devoit être archevêque, évêque ou en dignité notable dans l'églife, & l'article 81 portoit que la meffe haute feroit célébrée par le Chancelier, s'il étoit préfent, ou par un autre ordonné par le roi. Le prieuré de Vincennes, ordre de Grammont, étoit affecté aux Chanceliers de l'ordre de Saint-Michel, qui ont été tous archevêques ou évêques, jufqu'en 1574. Trois cardinaux ont rempli cette place : fçavoir, Georges d'Amboife, archevêque de Rouen ; Antoine Duprat, Chancelier de France ; mais on croit qu'alors il n'étoit plus Chancelier de l'ordre ; & le cardinal de Créqui. Louis d'Amboife, évêque d'Albi ; Georges d'Amboife, cardinal, & le cardinal Duprat, fe qualifioient de Chancelier de l'ordre du roi. Philippe Hu-raut, feigneur de Chiverny, maître des requê-tes, Chancelier du duc d'Anjou, roi de Po-logne, fut Chancelier de l'ordre de Saint-Michel, après la mort du cardinal de Créqui en 1574 ; c'eft le premier féculier qui ait eu cette charge. Il reçut le ferment du roi Henri III pour la di-gnité de chef & fouverain de l'ordre à fon re-tour de Pologne. Au mois de décembre 1578, il fut fait Chancelier, commandeur & furinten-dant des deniers de l'ordre du Saint-Efprit, que Henri III venoit d'inftituer. Quelques-uns de fes fucceffeurs prirent des provifions féparées pour

les deux charges de Chanceliers : les appointe-
mens de chacune de ces charges étoient aussi
distingués dans les comptes ; mais dans la suite
les deux charges & tous les droits qui y étoient
attachés ont été réunis en une seule provision ;
c'est pourquoi le Chancelier de l'ordre du Saint-
Esprit prend le titre de *Chancelier des ordres
du roi.*

Il a aussi le titre de commandeur des ordres
du roi ; il doit faire preuve de noblesse pater-
nelle, y compris le bisaïeul pour le moins, &
porte le collier comme les chevaliers. Guillaume de l'Aubespine, Chancelier des ordres,
obtint en 1611 une pension de trois mille livres pour le dédommager du prieuré de Vincennes qui avoit été affecté aux Chanceliers de
Saint-Michel, & dont ils cessèrent de jouir
lorsque Philippe Huraut de Chiverny fut pourvu
de cette charge en 1574. Cette pension a passé
aux Chanceliers des ordres sur le pied de quatre
mille livres par an depuis 1663.

L'office de garde des sceaux des ordres du roi
a été plusieurs fois désuni de celui de Chancelier ; savoir, depuis 1633 jusqu'en 1645, depuis 1650 jusqu'en 1654, depuis 1656 jusqu'en
1661, & enfin depuis le 25 août 1691 jusqu'au
16 août suivant.

Le Chancelier des ordres est aussi ordinairement surintendant des deniers ou finances des
ordres ; mais cette charge de surintendant a été
quelquefois séparée de celle de Chancelier.

Pour ce qui est du Chancelier de l'ordre
royal & militaire de Saint-Louis, il n'y en avoit
point d'abord. Depuis l'institution de l'ordre
faite en 1693 jusqu'en 1719, le sceau de l'ordre

a été entre les mains du garde des sceaux de France ; ce ne fut que par édit du mois d'avril 1719, que le roi érigea en titre d'office héréditaire un grand'croix Chancelier & garde des sceaux de cet ordre : c'est le premier des officiers grands'croix. L'édit porte, que le Chancelier & les autres grands officiers du même ordre, jouiront des mêmes priviléges que les grands officiers de l'ordre du Saint-Esprit ; que dans les cérémonies & pour la séance, ils se conformeront à ce qui se pratique dans le même ordre du Saint-Esprit ; que le Chancelier garde des sceaux de l'ordre de Saint-Louis portera le grand cordon rouge, & la broderie sur l'habit ; que les lettres ou provisions de chevaliers seront scellées du sceau de l'ordre, qui demeurera entre les mains du Chancelier garde des sceaux de cet ordre ; que le Chancelier & les autres grands officiers prêteront serment entre les mains du roi ; que les autres officiers prêteront serment entre les mains du Chancelier de l'ordre ; que le Chancelier aura en garde le sceau de l'ordre, & fera sceller en sa présence les lettres de provisions & les autres expéditions, & qu'en toute occasion il fera telles & semblables fonctions que celles qui sont exercées dans l'ordre du Saint-Esprit par le Chancelier de cet ordre ; que le garde des archives scellera, en présence du Chancelier, les provisions des grands'croix, commandeurs, chevaliers & officiers, & les autres expéditions ; que les hérauts d'armes recevront les ordres du Chancelier & du grand-prévôt. M. d'Argenson, garde des sceaux de France, a été le premier Chancelier de cet ordre.

·L'ordre royal, militaire & hospitalier de notre-Dame du Mont-Carmel & de Saint-Lazare
de Jérusalem, a aussi son Chancelier garde des
sceaux.

Dans l'ordre de Malthe, outre le Chancelier
qui est auprès du grand-maître, il y a encore
un Chancelier particulier dans chaque grand-
prieuré : ainsi comme il y en a cinq en France,
il y a autant de Chanceliers. Les commissions
& mandemens du chapitre ou assemblée des
chevaliers, sont scellés par le Chancelier : c'est
lui qui tient le registre des délibérations, &
qui en délivre des extraits sous le sceau de l'ordre. Ceux qui se présentent pour être reçus
chevaliers de l'ordre, prennent de lui la commission qui leur est nécessaire pour faire les
preuves de leur noblesse ; & après qu'elles ont
été admises dans le chapitre, il les clôt & y
applique le sceau, pour être ainsi envoyées à
Malthe.

*Chanceliers des consuls de France dans les pays
étrangers.* Ce sont ceux qui ont la garde du sceau
du consulat & qui scellent tous les jugemens,
commissions & autres actes émanés du consulat,
ou qui sont passés ou légalisés sous son sceau.
Les consuls des échelles du levant & de la Barbarie, ont la plupart un Chancelier ; il y en a
même auprès de plusieurs vice-consuls. Il y a
aussi un Chancelier du consulat de France au port
de Cadix en Espagne : ces Chanceliers font tout
à la fois les fonctions de secrétaires du consulat, celles de gardes-scel, de greffiers & de
notaires.

Dans quelques endroits moins considérables,
le consul à lui-même la garde du sceau.

Suivant l'ordonnance de la Marine du mois d'août 1681, au titre des consuls de la nation Françoise dans les pays étrangers, ceux qui ont obtenu du roi des lettres de consuls dans les villes & places de commerce des états du grand-seigneur, appelées échelles du Levant, & lieux de la Méditerranée, doivent les faire enregistrer à la Chancellerie de leur consulat.

L'article 16 porte, que les consuls doivent commettre à l'exercice de la Chancellerie des personnes capables, & leur faire prêter serment; & ils en demeurent civilement responsables : en quoi nous avons suivi la disposition des empereurs Honorius & Théodose, dans la loi *Nullus judicium, cod. de assessoribus domesticis & Cancellariis*, qui veut que les Chanceliers ou greffiers des présidens, & autres gouverneurs des provinces, soient élus par le corps des officiers ordonnés à la suite du gouverneur, à la charge que la compagnie répondra civilement des fautes de celui qu'elle aura élu pour Chancelier.

La disposition de cette article n'est plus observée depuis l'édit du mois de juillet 1720, enregistré au parlement le 6 mars 1721, portant que les Chanceliers dans les échelles du Levant & de Barbarie, seront pourvus de brevets du roi, nonobstant l'article 16 du titre 9 de l'ordonnance de 1681; & qu'en cas de mort ou d'absence, le premier député de la nation en fera les fonctions pendant la vacance.

Les droits des actes & expéditions de la Chancellerie doivent être réglés par le Chancelier, qui prend à cet effet l'avis des députés de la nation Françoise, & des plus anciens marchands; & le tableau doit en être mis au lieu le plus appa-

rent de la Chancellerie, & l'extrait en être envoyé inceffamment par chaque conful au lieutenant de l'amirauté, & aux députés du commerce
de Marfeille.

Le conful doit faire l'inventaire des biens &
effets de ceux qui décedent fans héritiers fur les
lieux, enfemble des effets fauvés des naufrages,
& le Chancelier doit s'en charger au pied de
l'inventaire, en préfence de deux notables marchands qui le fignent.

Les teftamens reçus par le Chancelier dans
l'étendue du confulat, en préfence du conful &
de deux témoins, & fignés d'eux, font réputés
folemnels.

Les polices d'affurances, les obligations à
groffe avanture ou à retour de voyage, & tous
les autres contrats maritimes peuvent être
paffés à la Chancellerie du confulat, en préfence
de deux témoins qui fignent l'acte.

Enfin le Chancelier doit avoir un regiftre cotté
& paraphé fur chaque feuillet par le conful &
par le plus ancien des députés de la nation,
pour y écrire toutes les délibérations & les actes
du confulat, enregiftrer les polices d'affurance,
les obligations & contrats qu'il reçoit, les con-
noiffemens ou polices de chargemens qui font
dépofés entre fes mains par les mariniers & paffa-
gers, l'arrêté des comptes des députés de la nation, les teftamens & inventaires des effets dé-
laiffés par les défunts ou fauvés des naufrages, &
généralement les actes & procédures qu'il fait
en qualité de Chancelier.

Chanceliers des académies. Ce font des académiciens qui dans certaines académies de gens
de lettres, ont la garde du fceau de l'académie
dont ils fcellent les lettres des académiciens &

les autres actes émanés de l'académie. Le Chancelier de l'académie françoife eft le premier officier après le directeur , il préfide en fon abfence. On les élit l'un & l'autre tous les trois mois. Il y a auffi un Chancelier dans l'académie royale de peinture & de fculpture.

Ces Chanceliers des académies font auffi chargés d'en faire obferver les ftatuts.

Il y a de femblables Chanceliers dans plufieurs académies des villes de province, comme à la Rochelle ; & dans quelques fociétés littéraires, comme à Arras.

Chanceliers des églifes. Ce font des eccléfiaftiques, qui dans certaines églifes cathédrales & collégiales, ont l'infpection fur les écoles & les études. En quelques églifes, ils font érigés en dignités ; dans d'autres, ce n'eft qu'un office : en quelques endroits, ils font en même-temps Chanceliers de l'univerfité.

Dans l'origine, ces Chanceliers étoient les premiers fcribes des églifes, & les dépofitaires dufce au particulier de leur églife , dont ils fcelloient les actes qui en étoient émanés : ils avoient l'infpection fur toutes les écoles & études, comme ils l'ont encore dans quelques endroits en tout ou en partie; par exemple, dans l'églife de Paris , le Chancelier donne la bénédiction de licence dans l'univerfité : le grand chantre a l'infpection fur les petites écoles.

L'établiffement de ces Chanceliers doit être fort ancien , puifque dans le fixième concile général tenu en 680, on trouve Etienne & Denis tous deux diacres & Chanceliers : c'étoit dans l'églife d'Orient, avant eux, qu'eft nommé un autre eccléfiaftique auquel on donne le titre de *defenfor navium*, ç'eft-à-dire, des nefs des églifes ; ce qui pourroit faire croire que l'office de Chancelier d'églife étoit oppofé à celui de *defenfor navium*, & que le Chancelier étoit le maître du chœur appelé *cancelli*, & que l'on appelle encore en françois *chancel* ou *cancel*, & qu'il fut appelé delà *cancellarius*.

Il paroît néanmoins que l'opinion la plus commune eft que les Chanceliers d'églife ont emprunté ce nom des Chanceliers féculiers, qui chez les romains du temps du bas empire, écrivoient *intra cancellos*, & que ceux qui écrivoient les actes des églifes, furent nommés Chanceliers à l'inftar des premiers, foit qu'ils écriviffent auffi dans une enceinte fermée de barreaux, foit parce qu'ils faifoient pour les églifes la fonction de notaires & de fecrétaires, comme les Chanceliers féculiers la faifoient pour l'empereur ou pour différens magiftrats.

Ceux qui font prépofés dans les églifes pour avoir infpection fur les études reçoivent différens noms : en quelques endroits on les appelle *fcholaftiques* ou *maîtres d'école, écolatres* ; en Gafcogne, on les appelle *capifcol, quafi caput fcholæ*, chef de l'école.

Les écolatres & Chanceliers de plufieurs églifes cathédrales font Chanceliers nés de l'univerfité du lieu : tels font le Chancelier de l'églife de Paris & ceux des églifes d'Orléans & d'Angers.

En certaines églifes, la dignité de Chancelier eft différente de celle d'écolatre ; comme à Verdun, où l'office de Chancelier a été érigé en dignité.

Dans celle ou la dignité de Chancelier eft plus ancienne que le partage des prébendes, le

Chancelier eſt ordinairement du corps du chapitre & chanoine. Dans les égliſes où cette dignité a été créée depuis le partage des prébendes, il ne peut être du corps du chapitre qu'en poſſédant une prébende ou canonicat.

On peut appliquer aux Chanceliers des égliſes pluſieurs diſpoſitions des conciles qui concernent les ſcholaſtiques, & qui ſont communes aux Chanceliers.

Le concile de Tours, tenu en 1583, charge nommément les ſcholaſtiques & les Chanceliers des égliſes cathédrales, d'inſtruire ceux qui doivent lire & chanter dans les offices divins, & de leur faire obſerver les points & les accens.

Il y a encore des Chanceliers dans pluſieurs égliſes cathédrales & collégiales : dans quelques-unes cet office a été ſupprimé.

On ne parlera pas en détail de tous les Chanceliers des différentes égliſes ; mais il convient de donner des articles particuliers pour le Chancelier de l'égliſe de Paris & pour celui de ſainte-Geneviève.

Chancelier de l'égliſe de Paris, ou *de Notre-Dame & de l'univerſité.* C'eſt un dignitaire de l'égliſe cathédrale de Paris, qui réunit l'office de Chancelier de cette égliſe & celui de Chancelier de l'univerſité. Sa fonction, comme Chancelier de l'égliſe de Paris, eſt d'avoir inſpection ſur les colléges ; il y a auſſi lieu de croire qu'il avoit anciennement la garde du ſceau de cette égliſe, & que c'eſt delà qu'il a été nommé Chancelier. Sa fonction, comme Chancelier de l'univerſité, eſt de donner la bénédiction de licence, de l'autorité apoſtolique, & le pouvoir d'enſeigner à Paris & ailleurs ; mais ce n'eſt point lui qui donne les lettres, ni qui les fcelle; elles font données dans chaque faculté par le greffier, qui eft dépofitaire du fceau de l'univerfité.

Il y avoit à Paris, dès le tems de la première & de la feconde race de nos rois, plufieurs écoles publiques; une entr'autres, qui étoit au parvis de Notre-Dame dans un grand édifice bâti exprès, & attaché à la maifon épifcopale: l'évêque avoit l'infpection fur ces écoles, & prépofoit un officier pour en avoir fous lui la direction, lequel donnoit des lettres à ceux qui étoient reçus maîtres dans une fcience, & auxquels on donnoit pouvoir d'enfeigner. Celui qui fcelloit leurs lettres fut appellé Chancelier, à l'inftar du Chancelier de France, qui fcelloit les lettres du roi.

L'inftitution du Chancelier de l'églife de Paris doit être fort ancienne, puifque dès le temps d'Imbert, évêque de Paris en 1030, un nommé Durand eft qualifié *Cancellarius ecclefiæ Parifienfis*. Raynald prenoit le même titre en 1032; & l'on connoît tous ceux qui ont depuis rempli cette place.

Lorfque les maîtres & régens des différentes écoles de Paris commencèrent à former un corps que l'on appela univerfité, ce qui n'arriva qu'au commencement du treizième fiécle, le Chancelier de l'églife de Paris prit auffi le titre de Chancelier de l'univerfité.

Innocent IV par des bulles, l'une datée de la feconde année de fon pontificat (c'étoit en 1244), l'autre datée de fept ans après, mande au Chancelier de l'églife de Paris, de faire taxer le louage des maifons où demeuroient les régens.

Grégoire X ordonna que le Chancelier élu

prêteroit ferment entre les mains de l'évêque &
du chapître.

Suivant une lettre de Nicolas III, qui est au
second volume du répertoire des chartres de
l'église de Paris; ce pape ayant cassé l'élection
qui avoit été faite d'Odun de Saint-Denis, chanoine de Paris, pour évêque de la même église,
conféra cet évêché à frère Jean de Allodio, de
l'ordre des frères prêcheurs, qui étoit alors
Chancelier de l'église de Paris; lequel refusa cet
évêché, voulant demeurer ferme dans l'état
qu'il avoit embrassé.

La place de Chancelier de l'université étoit
regardée comme si importante, que Boniface
VIII, dans le temps de ses démêlés avec Philippe-
le-Bel, réserva pour lui-même cette place, afin
d'avoir plus d'autorité dans l'université, & principalement sur les docteurs en théologie, auxquels le Chancelier de l'université donne le dégré
de docteur & la bénédiction, & commission de
prêcher par-tout le monde.

Mais après la mort de Boniface, l'université
ayant desiré de ravoir cet office, Bénoît XI le
lui rendit; & l'on tient que ce fut pour éviter
à l'avenir une semblable usurpation, que cet office fut attaché à un chanoine de l'église de
Paris; ce que l'on induit d'une bulle de ce pape,
qui est dans les registres de l'église de Paris,
dans ceux de sainte-Genevive, & dans le livre
du recteur, où il y a encore une autre bulle de
Grégoire XI à ce sujet.

Il est néanmoins certain que présentement il
n'y a point de canonicat annexé à la dignité de
Chancelier; il est membre de l'église sans être
du chapitre, à moins qu'il ne soit déjà chanoine,

ou

ou qu'il ne le devienne dans la suite : ce qui est affez ordinaire.

Comme il ne tenoit anciennement fon pouvoir que de l'évêque, il ne donnoit la faculté d'exercer & d'enfeigner que dans l'étendue de l'évêché. L'abbé de fainte-Geneviève, qui avoit la direction des écoles publiques du territoire particulier dont il étoit feigneur fpirituel & temporel, avoit fon Chancelier qui donnoit des licences pour toutes les facultés ; & comme il relevoit du faint-fiége, le pape lui accorda le privilége de donner à ceux qu'il licencieroit, la faculté d'enfeigner par toute la terre. Le Chancelier de Notre-Dame obtint un femblable pouvoir de Bénoît XI, dans le quatorzième fiécle.

Le Chancelier de Notre-Dame étoit quelquefois du nombre de ceux que l'on nommoit pour tenir le parlement. On voit qu'il y étoit le 21 mai 1375, lorfqu'on y publia l'ordonnance de Charles V qui fixe la majorité des rois à quatorze ans.

Le célébre Gerfon, qui fut nommé Chancelier de l'univerfité en 1395, fut un des plus grands hommes de fon temps, & on l'employa dans les négociations les plus importantes.

Le Chancelier de l'univerfité fut appelé à la réformation que firent les cardinaux de Saint-Mars & de Saint-Martin-aux-Monts, & à celle que fit le cardinal d'Etouteville, légat en France, où il permit au Chancelier de l'églife de Paris, d'abfoudre du lien de l'excommunication à l'article de la mort.

Le miniftère du Chancelier devoit être purement gratuit ; tellement que le 6 février 1529, l'univerfité vint fe plaindre au parlement, de ce que fon Chancelier prenoit de l'argent pour faire des maîtres-ès-arts ou docteurs.

La dignité de Chancelier eft à la nomination du chapitre.

Le recteur de l'univerfité affifte au chapitre de Notre-Dame à l'inftallation du Chancelier.

Il donne préfentement feul la bénédiction de licence dans les facultés de théologie & de médecine : par rapport au dégré de maître-ès-arts , par un ancien accord fait entre le Chancelier de Notre-Dame & celui de fainte-Geneviève , les colléges font divifés en deux lots , qu'on appelle le premier & fecond lot. Le Chancelier de Notre-Dame & celui de fainte-Geneviève ont chacun leur lot , & chacun d'eux donne la licence aux bacheliers-ès-arts venant des colléges de fon lot ; & comme ces lots ne fe trouvent plus parfaitement égaux , à caufe des révolutions arrivées dans quelques colléges , ils changent de lot tous les deux ans. Ils font entre eux bourfe commune pour les droits de réception.

Lorfque la licence des théologiens & des étudians en médecine eft finie , ils font préfentés au Chancelier de Notre-Dame dans la falle de l'officialité ; & quelques jours après , il leur donne dans la chapelle de l'archévêché la bénéeiction & la permiffion ou licence d'enfeigner. Il donne auffi en même-temps le bonnet de docteur aux théologiens ; ce qui eft précédé d'une thèfe qu'on nomme aulique , parce qu'elle fe foutient dans la grande falle de l'archevêché. La cérémonie commence par un difcours du Chancelier à celui qui doit être reçu docteur : à la fin de ce difcours il lui donne le bonnet. Auffi-tôt le nouveau docteur préfide à l'aulique où il argumente le premier , & enfuite le Chancelier, &c. L'aulique étant finie, le Chancelier & les docteurs accompagnés des bedeaux, menent le nouveau docteur à Notre-Dame, où il fait serment devant l'autel de saint-Denis, autrefois de saint-Sébastien, qu'il défendra la vérité jusqu'a l'effusion de son sang. Ce serment se fait à genoux; la seule distinction que l'on observe pour les princes, est qu'on leur présente un carreau pour s'agenouiller.

À l'égard des licenciés en médecine, après avoir reçu du Chancelier la bénédiction de licence, ils reçoivent ensuite le bonnet de docteur dans leurs écoles, par les mains d'un médecin.

On trouve des lettres de Philippe VI, dit de Valois, du mois d'août 1331, par lesquelles, en confirmant quelques usages observés de temps immémorial dans la faculté de médecine, il ordonne que les écoliers en médecine qui auront fait leur cours & voudront être maîtres, seront présentés par les maîtres au Chancelier de l'église de Paris, qui doit les examiner chacun à part; & que s'ils se trouvent capables, ils soient licenciés.

Il intervint encore au mois de juin 1540, un arrêt de réglement à leur sujet; par lequel, faisant droit sur la requête des *licentiandes* en la faculté de médecine, il fut dit que dorénavant au temps de la mi-carême, la faculté de médecine s'assembleroit dans la salle de l'évêché de Paris, où l'on a accoutumé de faire les docteurs en Théologie; que le Chancelier de l'université & de l'église de Paris, s'y trouveroit comme principal juge de la licence; que les docteurs-régens en médecine feroient apporter les rôles particuliers des *licentiandes*, qu'ils les mettroient au chapeau en la manière accoutumée, & prêteroient ſerment entre les mains du Chancelier, qu'ils ont fait ces rôles ſelon dieu & en leur conſcience, n'ayant égard qu'à la doctrine, & ſans aucune brigue ni ſtipulation ; que ce ſerment fait, les rôles ſeroient tirés du chapeau en préſence du Chancelier ; que de ces rôles particuliers ſeroit fait le rôle général, auquel ſeroient mis les *licentiandes* en leur ordre, à la pluralité des voix des docteurs ; qu'en cas de partage des ſuffrages, le droit de gratifier appartiendroit au Chancelier, qui pourroit préférer celui des *licentiandes* qu'il jugeroit à propos, comme il peut faire en la faculté de théologie : que ſi au jour aſſigné, le Chancelier avoit quelque empêchement légitime, ou étoit hors de Paris, on ſeroit tenu de l'attendre trois jours, paſſé lequel temps, la faculté pourroit faire ſon rôle commun ſelon l'ancienne coutume ; & la cour fit défenſes tant au Chancelier qu'aux docteurs de rien prendre ni exiger.

Pour ce qui eſt de la faculté de droit civil & canon, il y donnoit auſſi la bénédiction de licence & le bonnet de docteur ; mais comme il étoit incommode de venir préſenter au Chancelier chaque licencié l'un après l'autre, par un ancien accord fait entre le Chancelier & la faculté de droit, le Chancelier a donné à cette faculté le pouvoir de conférer en ſon lieu & place le degré de licence & le doctorat ; en reconnoiſſance de quoi, le queſteur de la faculté paye au Chancelier deux livres pour chaque licencié.

Le Chancelier de Notre-Dame jouit encore de pluſieurs autres droits, dont nous remarquerons ici les plus conſidérables.

Il a droit de visite dans les colléges de Sainte-Barbe, Cambrai, Bourgogne, Boissi & Autun, concurremment avec l'université ; mais il fait sa visite séparément.

Il a en outre l'inspection sur toutes les principalités, chapelles, bourses & régences des colléges, mœurs & disciplines scholastiques, & sur tout ce qui en dépend. Il a la disposition des places de tous les colléges ; & s'il s'élève des contestations à ce sujet, elles sont dévolues à sa juridiction contentieuse. Il peut rendre des sentences & ordonnances ; il peut même en procédant à la réformation d'un collége, informer & décréter.

Suivant un réglement fait par le parlement le 6 août 1538, l'élection du recteur de l'université doit être faite par le Chancelier de Notre-Dame & les docteurs-régens, en présence de deux de messieurs.

Il a droit d'indult, de joyeux avènement, & de serment de fidélité : il est de plus un des exécuteurs de l'indult.

Il ne peut point donner d'absolution *ad cautelam*, ni de provisions au refus de l'ordinaire ; l'usage est de renvoyer l'impétrant au supérieur du collateur ordinaire : mais s'il n'en a point dans le royaume, ou qu'il soit dans un pays fort éloigné, ou qu'il y ait quelqu'autre motif légitime pour ne pas renvoyer devant lui; on renvoie ordinairement devant le Chancelier de l'université, pour obtenir de lui des provisions.

Mais en matière de joyeux avènement & de serment de fidélité, il a seul dans tout le royaume le droit de donner des provisions au refus des ordinaires.

Il a un sous-Chancelier.

Chancelier de l'église de sainte-Géneviève & de l'Université. C'est un chanoine régulier de l'abbaye royale de sainte-Genevieve de Paris, qui donne dans la faculté des arts la bénédiction de licence, de l'autorité apostolique, & le pouvoir d'enseigner à Paris & par-tout ailleurs.

L'institution de cet office de Chancelier est fort ancienne ; elle tire son origine des écoles publiques qui se tenoient à Paris dès le commencement de la troisieme race, sur la montagne & proche l'église de sainte - Genevieve, appelée alors l'église de saint-Pierre & de saint-Paul.

Sous le règne de Louis VII, on substitua aux chanoines réguliers qui desservoient alors l'église de saint-Pierre & saint-Paul, douze chanoines tirés de l'abbaye de saint-Victor, qui étoit alors une école célèbre. Philippe-Auguste ayant en 1190 fait commencer une nouvelle clôture de murailles autour de la ville de Paris, l'église de saint-Pierre & saint Paul s'y trouva renfermée. Pasquier, dans ses recherches de la France, dit que quelque tems après on donna à cette église un Chancelier, comme étant une nouvelle peuplade de celle de saint-Victor, laquelle pourtant ne fut point honorée de cette dignité, parce qu'elle se trouva hors de la nouvelle enceinte.

Cette création, dit Pasquier, causa de la jalousie entre le Chancelier de l'église de Paris & celui de l'église de saint-Pierre & saint-Paul ; le premier ne voulant point avoir de compagnon, & l'autre ne voulant point avoir de supérieur.

Les écoles qui se tenoient sous l'autorité de l'abbé de sainte-Genevieve, s'étant multipliées par la permission du chapitre de cette église, son Chancelier fut chargé de faire obferver les ordonnances du chapitre & d'expédier fes lettres de permiffion pour enfeignèr. Il avoit l'intendance fur les écoles, examinoit ceux qui fe préfentoient pour profeffer, & enfuite leur donnoit pouvoir d'enfeigner.

Lorfque les différentes écoles de Paris commencèrent à former un corps fous le nom d'univerfité, ce qui ne commença qu'en 1200, le Chancelier de l'églife de fainte-Genevieve prit auffi le titre de Chancelier de l'univerfité, & en fit feul les fonctions jufqu'au temps de Benoît XI, comme l'obferve André Duchefne.

Ce que dit cet auteur eft juftifié par la célèbre difpute qui s'éleva en 1240 entre le Chancelier de fainte-Genevieve & celui de Notre-Dame. Les écoles de Théologie de Notre-Dame n'étant pas alors de l'univerfité, le Chancelier de cette églife ne devoit point étendre fa juridiction au delà du cloître de fon chapître, où étoient les écoles de théologie de l'évêque de Paris. Il entreprit néanmoins d'étendre fon autorité fur les écoles de l'univerfité, lefquelles étant toutes en deçà du petit pont, étoient appelées les écoles de la montagne. L'abbé & le Chancelier de fainte-Genevieve portèrent au pape Grégoire IX, leurs plaintes de cette entreprife ; & ce pape, par deux bulles expreffes de 1227, maintint la juridiction de l'abbé & du Chancelier de fainte-Genevieve fur toutes les facultés, & défendit au Chancelier de Notre-Dame de les troubler dans cette juridiction & dans leurs fonctions : il ajouta que perfonne n'avoit droit d'enfeigner dans le territoire de fainte-Genevieve, fans la permiffion de l'abbé.

Les prérogatives de l'abbé & du Chancelier de sainte-Genevieve furent encore confirmées par la bulle d'Alexandre IV, qui défend au Chancelier de sainte-Genevieve de donner le pouvoir d'enseigner dans aucune faculté à aucun licentié, qu'il n'ait juré d'observer les statuts faits par le pape. Ce qui fait voir que le Chancelier de sainte-Genevieve étoit alors regardé comme ayant la principale autorité dans l'université, puisque les papes lui adressoient les bulles & les ordonnances qui concernoient l'université. C'est à lui qu'Alexandre IV adressa la bulle par laquelle il enjoignit l'observation des réglemens qu'il avoit faits pour rétablir le bon-ordre dans l'université de Paris.

Grégoire X, en 1271, délégua l'abbé de saint-Jean des Vignes & l'archidiacre de Soissons, pour régler les différents des deux Chanceliers.

Le Chancelier de sainte-Genevieve fut le seul Chancelier de l'université jusqu'en 1334, que Benoît XI ayant uni l'école de théologie de l'évêque de Paris à l'université dont jusqu'alors elle n'étoit point membre, le Chancelier de l'église de Paris reçut alors le pouvoir de donner la bénédiction de licence de l'autorité du saint-siége, de même que celui de sainte-Genevieve, & prit aussi depuis ce temps le titre de Chancelier de l'université, concurremment avec celui de sainte-Genevieve.

Alors le Chancelier de Paris donnoit la bénédiction aux licentiés des écoles dépendantes de l'évêque de Paris. Ensuite on eut le choix de s'adresser à l'un ou à l'autre; mais par succession de temps l'usage a introduit que le Chancelier de sainte-Genevieve ne donne plus la bénédiction de licence que dans la faculté des arts ; c'eſt pourquoi on l'appelle quelquefois Chancelier des arts, quoiqu'il ne ſoit pas le ſeul qui donne la bénédiction de licence dans cette faculté.

Dans les douzième & treizième ſiècles juſqu'en 1230, le Chancelier de ſainte-Genevieve recevoit ſans le concours d'aucun examinateur les candidats qui ſe préſentoient pour être membres de l'univerſité. Ce fait eſt appuyé ſur l'autorité d'Alexandre III, au titre *De Magiſtris*, & ſur le témoignage d'Etienne, évêque de Tournai, épître 133.

En 1289, le pape Nicolas III accorda à l'univerſité de Paris, que tous ceux qui auroient été licenciés par les Chanceliers dans les facultés de théologie, de droit canon, ou des arts, pourroient enſeigner par-tout ailleurs dans les autres univerſités, ſans avoir beſoin d'autre examen ni approbation, & qu'ils y ſeroient reçus ſur le pied de docteurs.

Depuis le treizième ſiécle, pour s'aſſurer de la capacité des récipiendaires, le Chancelier de ſainte-Genevieve a bien voulu, à la requiſition de l'univerſité, choiſir quatre examinateurs, un de chaque nation, leſquels conjointement avec lui, examinent les candidats avant de leur accorder la licence.

L'univerſité ayant conteſté au Chancelier de ſainte-Genevieve le droit de choiſir des examinateurs, l'affaire fut portée au conſeil du roi Charles VI, lequel par arrêt de 1381 confirma le Chancelier de ſainte-Genevieve dans le droit & poſſeſſion où il étoit, & où il eſt encore, de choiſir chaque année quatre examinateurs, un de chaque nation ; droit qu'il exerce aujourd'hui, & qui eft reconnu par l'univerſité.

Par une tranſaction paſſée entre les Chanceliers de Notre-Dame & de ſainte-Genevieve, homologuée par arrêts du mois de mars 1687, les deux Chanceliers ont fait deux lots de tous les colléges de l'univerſité de Paris ; ils ſont convenus que les écoliers des colléges iroient, ſavoir ceux du premier lot, pendant deux ans, ſe préſenter au Chancelier de Notre-Dame, pour être examinés, & recevoir le bonnet de maître ès-arts ; & ceux des colléges du ſecond lot au Chancelier de ſainte-Genevieve ; qu'après les deux ans, les écoliers du premier lot ſe préſenteroient à ſainte-Genevieve, & ceux du ſecond lot à Notre-Dame, & ainſi alternativement de deux en deux ans ; ce qui s'eſt toujours pratiqué depuis ſans aucune difficulté.

Voici l'ordre & la maniere dont les Chanceliers de Notre-Dame & de ſainte-Genevieve ont coutume de procéder aujourd'hui dans l'exercice de leurs fonctions.

Lorſque les candidats ſe préſentent à l'examen d'un des Chanceliers, le bedeau de la nation des candidats lui remet le certificat de leur cours entier de philoſophie, ſigné de leur profeſſeur, avec les atteſtations du principal du collége où ils ont étudié, du greffier de l'univerſité, du recteur auquel ils ont prêté ſerment, & l'acte de leur promotion au degré de baccalauréat ès-arts. Le Chancelier les examine avec ſes quatre examinateurs. Quand ils ont été reçus à la pluralité des ſuffrages, il leur fait prêter les ſermens accoutumés, dont le premier & le principal eſt d'obſerver fidelement les ſtatuts de l'univerſité ; après quoi il leur confère ce qu'on appeloit autrefois le dégré de licence dans la faculté des arts, en leur donnant, au nom & de l'autorité du pape, la bénédiction apoſtolique, & il couronne le nouveau maître-ès-arts par l'impoſition du bonnet.

Un bachelier-ès-arts d'un lot, ne peut s'adreſ-ſer au Chancelier qui a actuellement l'autre lot, ſans un *licet* de l'autre.

Il y a bourſe commune entre les deux Chan-celiers pour les droits de réception des maîtres-ès-arts.

En 1668, le Père Lallemant, Chancelier de l'abbaye de ſainteGenevieve, obtint du car-dinal de Vendôme, Légat en France, un acte en forme qui confirme le Chancelier de ſainte-Genevieve, dans les droits qu'il prétend avoir été accordés par les ſouverains -pontifes aux Chanceliers ſes prédéceſſeurs, de nommer aux bourſes & aux régences des colléges, lorſque les nominations ſont nulles, & qu'elles ne ſont pas conformes aux ſtatuts de l'univerſité. On voit dans cet acte beaucoup d'autres préroga-tives prétendues par le Chancelier de ſainte-Genevieve, & confirmées par le cardinal-légat, que le Chancelier ne fait pas valoir.

Le Chancelier de ſainte-Genevieve prête ſer-ment dans l'aſſemblée générale de l'univerſité.

Suivant l'article 27 des ſtatuts de l'univerſité de Paris, le Chancelier de ſainte - Genevive doit être maître-ès-arts ; ou s'il n'eſt pas de cette qualité, il eſt tenu d'élire un Sous-Chan-celier qui ſoit maître, c'eſt-à-dire, docteur en théologie. Les Chanceliers ſont dans l'uſage de choiſir toujours un docteur en théologie.

Chanceliers dans les ordres religieux. C'est un religieux, qui dans certaines congrégations tient registre des actes & papiers concernant le monastère, & qui est chargé du soin de ces papiers. Il y a apparence qu'il a été ainsi nommé, parce qu'il avoit aussi la garde du sceau de la maison, ou bien parce qu'il avoit la garde de tous les actes scellés.

On trouve dans les registres de l'abbaye de Saint-Germain-des-Prés-lèz-Paris, un acte du onzième siécle qui fait mention d'un Chancelier qui étoit alors dans cette abbaye.

Dans le procès-verbal des coutumes de Lorraine, du premier mars 1594, comparut Jean Gerardin, chanoine & Chancelier d'office en l'église de Remiremont.

Chanceliers des universités. Ce sont ceux qui ont la garde des sceaux des universités & qui scellent les lettres des différens grades, provisions & commissions que l'on y donne.

Chaque université a son Chancelier : il y en a même deux dans l'université de Paris, comme on vient de le voir.

Il est parlé du Chancelier de l'étude de médecine de Montpellier, dans des lettres de Philippe VI, dit de Valois, du mois d'août 1331, rapportées dans le recueil des ordonnances de la troisieme race, & dans d'autres lettres du roi Jean du mois de janvier 1350.

Le pape Eugene IV donna en 1439, à la requête des états de Normandie, une bulle, par laquelle il créa l'université de Caën, & nomma l'évêque de Bayeux pour en être Chancelier ; ce qui fait voir que l'office de Chancelier dans les universités, a toujours été en grande considération.

Le parlement de Paris ordonna par un arrêt du 18 mars 1543, que les nouveaux docteurs qui vouloient prétendre aux régences, devoient préalablement répondre pendant trois jours publiquement sur la loi & le chapitre qui leur seroit donné par le Chancelier & les commissaires à ce députés.

Par un autre arrêt du 18 avril 1582, il fut défendu, tant au Chancelier qu'aux docteurs, de recevoir aucune personne à une régence vacante, sans avoir préalablement répondu publiquement.

Par arrêt du parlement de Toulouse, du 9 avril 1602, défenses furent faites au Chancelier & aux docteurs-régens de l'université de Cahors, de recevoir aucun docteur-régent sans disputes publiques.

Le Chancelier de l'université de Valence a droit de régler les gages des docteurs-régens, suivant un arrêt du conseil d'état du 2 décembre 1645.

Dans les lettres de Charles VI, du 17 octobre 1392, rapportées dans les ordonnances de la troisième race, le Chancelier de l'université de Toulouse est nommé deux fois avant le recteur.

Toutes les commissions de la cour de Rome pour les universités, sont adressées au Chancelier.

Le Chancelier est le premier officier de l'université de Dijon ; mais il faut observer que cette université n'est composée que d'une seule faculté, qui est celle de droit civil, canonique & françois. Il a un Vice-Chancelier.

Chancelier de la basoche. C'est le nom que

porte le préſident de la baſoche. Il en a été parlé à l'article BASOCHE.

Chancelier du haut & ſouverain empire de gálilée. C'eſt le préſident d'une juriſdiction que les clercs des procureurs de la chambre des comptes exercent pour juger les conteſtations qui peuvent ſurvenir entre eux.

Le chef de cette juridiction prenoit autrefois le titre d'empereur de Galilée ; ſon Chancelier étoit le ſecond officier : mais Henri III ayant défendu qu'aucun de ſes ſujets prît le titre de roi, comme faiſoient le premier officier de la baſoche & les chefs de pluſieurs autres communautés, le titre d'empereur ceſſa dans la juridiction des clercs dont il s'agit, laquelle conſerva néanmoins toujours le titre d'empire ; & le Chancelier en devint le premier officier. On voit par-là que l'uſage de lui donner le titre de Chancelier eſt fort ancien.

Le Chancelier eſt ſoumis de même que tout l'empire, au protecteur, qui eſt le doyen des maîtres des comptes, protecteur né de l'empire. Il fait, lorſqu'il le juge à propos, des réglemens pour la diſcipline de l'empire. Ces réglemens ſont adreſſés, *à nos amés & féaux Chancelier & officiers de l'empire,* &c.

Lorſque le Chancelier actuellement en place donne ſa démiſſion, ou que ſa place devient autrement vacante, on procéde à l'élection d'un nouveau Chancelier à la requiſition du procureur-général de l'empire. Cette élection ſe fait, tant par les officiers de l'empire, que par les autres clercs actuellement employés chez les procureurs de la chambre. Les procureurs qui ont été officiers de l'empire, peuvent auſſi

aſſiſter à cette nomination, & y ont voix délibérative.

Celui qui eſt élu Chancelier prend des proviſions du protecteur de l'empire ; & lorſqu'elles
ſont ſignées & ſcellées, il les donne à un maître
des requêtes de l'empire, qui en fait le rapport
en la forme ſuivante.

M. le doyen des maîtres des comptes prend
place au grand bureau de la chambre des comptes, où il occupe la place de M. le premier préſident. M. le procureur-général de la chambre
prend la première place à droite ſur le banc des
maîtres des comptes.

Le maître des requêtes de l'empire chargé des
lettres du Chancelier, en fait ſon rapport devant ces deux magiſtrats, l'empire aſſemblé &
préſent, ſans ſiége néanmoins.

Le Chancelier ſe préſente, & fait une harangue à la compagnie, enſuite il prend ſéance
à côté du protecteur, & ſe couvre d'une toque
ou petit chapeau d'une forme aſſez biſarre.

Le protecteur l'exhorte à faire obſerver les
réglemens ; enſuite il eſt conduit à l'empire aſſemblé dans la chambre du conſeil, où il prête
ſerment entre les mains du plus ancien des Chanceliers de l'empire : il fait auſſi un diſcours à
l'empire.

Il en coûte ordinairement quatre ou cinq cents
livres pour la réception : pluſieurs néanmoins ſe
ſont diſpenſés de faire cette dépenſe, qui n'eſt
pas d'obligation.

Un des priviléges du Chancelier eſt que,
lorſqu'il ſe fait recevoir procureur à la chambre
des comptes, ſes proviſions ſont ſcellées gratis
à la grande chancellerie de France.

Quand la place de Chancelier n'est pas remplie, c'est le plus ancien maître des requêtes de l'empire qui préside à la chambre de l'empire.

Il n'y a que le Chancelier, les maîtres des requêtes & les secrétaires des finances qui aient voix délibérative dans les assemblées.

On ne peut choisir que parmi les officiers de l'empire pour remplir la charge de Chancelier.

Les nominations aux offices vacans se font par le Chancelier, les maîtres des requêtes & les secrétaires des finances. Les lettres sont visées & scellées par le Chancelier.

Le coffre des archives, titres & registres des arrêts & délibérations de l'empire, est fermé à deux clefs dont l'une est entre les mains du Chancelier, & l'autre entre les mains du greffier.

Voyez *Miraumont, origine de la chancellerie de France ; Pasquier, recherches de la France ; le Bret, traité de la souveraineté ; les ordonnances du louvre ; Tessereau, histoire de la chancellerie ; le traité des offices de France par Joly ; le glossaire de Ducange ; l'histoire des grands officiers de la couronne ; du Tillet, des rangs des grands de France ; Bouchel, bibliothèque du droit françois ; Sauval, antiquités de Paris ; les édits d'avril 1693, & d'avril 1719 ; l'ordonnance de la marine du mois d'août 1681 ; l'édit du mois de juillet 1720 ; Thomassin, traité de la discipline ecclésiastique ; Fuet, traité des matières bénéficiales ; du Boulays, histoire de l'université ; les arrêts de Bardet ; le journal des audiences ; les mémoires du clergé ; le recueil de Decombes ; la bibliothèque canonique ; les statuts de l'université de Paris ; &c.* Voyez aussi les articles CHANCELLERIE, CONSEIL, GARDE DES SCEAUX, REINE, PRINCE, CONSUL, UNIVERSITÉ,

UNIVERSITÉ, ÉCOLE, &c. (*Cet article appartient à M. BOUCHER D'ARGIS, ancien conseiller au conseil souverain de Dombes.*)

CHANCELLERIE. C'est le tribunal où l'on scelle certaines lettres avec le sceau du Prince.

Il y a plusieurs sortes de Chancelleries, dont la plus considérable est la *Chancellerie de France*, qu'on appelle autrement *grande Chancellerie*, par opposition aux autres Chancelleries établies près des cours & des présidiaux.

On entend aussi sous le terme de *Chancellerie de France*, le corps des officiers qui composent la Chancellerie, tels que le chancelier, le garde des sceaux, les grands audienciers, les secrétaires du roi du grand collége, &c.

L'établissement de la Chancellerie de France est aussi ancien que la monarchie ; elle n'a point emprunté son nom du titre de chancelier de France ; car sous la premiere race de nos rois, ceux qui faisoient les fonctions de chancelier n'en portoient point le nom ; on les appeloit référendaires, gardes de l'anneau ou scel royal ; & c'étoient les notaires ou secrétaires du roi que l'on appeloit alors *Cancellarii, à cancellis,* parce qu'ils travailloient dans une enceinte fermée de barreaux ; & telle fut aussi sans doute l'origine du nom de Chancellerie.

Ce ne fut que sous la seconde race que ceux qui faisoient la fonction de chancelier du roi commencèrent à être appelés *grand Chancelier, archi-Chancelier, souverain Chancelier,* & alors le terme de Chancellerie devint relatif à l'office de chancelier de France.

Lorsque cet office se trouvoit vacant, on disoit que la Chancellerie étoit vacante, *vacante*

Cancellariâ : cette expreſſion ſe trouve uſitée dès l'an 1179. Pendant la vacance on ſcelloiṭ les lettres en préſence du roi.

Le terme de *Chancellerie* ſe prenoit auſſi pour l'émolument du ſceau : on le trouve uſité en ce ſens dès le tems de Saint-Louis, ſuivant une cédule de la chambre des comptes, portant entre autres choſes que ſur les lettres qui devoient ſoixante ſous pour ſcel, le ſcelleur prenoit dix ſous pour ſoi & la portion de la commune Chancellerie, de même que les autres clercs du roi.

Cette même cédule fait auſſi connoître que le chancelier avoit un clerc ou ſecrétaire particulier, & qu'il y avoit un regiſtre où l'on enregiſtroit les lettres de Chancellerie. On y enregiſtroit auſſi certaines ordonnances, comme cela s'eſt pratiqué en divers tems pour certains édits qui ont été publiés le ſceau tenant.

Guillaume de Creſpy, qui fut chancelier en 1293, ſuſpendit aux clercs des comptes leur part de la Chancellerie ; parce qu'ils ne ſuivoient plus la cour comme ils faiſoient du tems de Saint-Louis, ſous lequel ils partageoient à la groſſe & menue Chancellerie.

Il y avoit déja depuis long-tems pluſieurs ſortes d'officiers pour l'expédition des lettres que l'on ſcelloit du grand ou du petit ſcel.

Les plus anciens étoient les chancelliers royaux, *Cancellarii regales,* appellés depuis notaires, & enſuite ſecrétaires du roi. Il eſt parlé de ces chancelliers dès le tems de Clotaire I. Sous Thierri on trouve des lettres écrites de la main d'un notaire, & ſcellées par celui qui avoit le ſceau, lequel étoit le grand référendaire.

Sous Dagobert I, on trouve jufqu'à cinq notaires ou fecrétaires; lefquels en l'abfence du
référendaire faifoient fon office, & fignoient en
ces termes : *ad vicem obtuli, recognovi, fub-
fcripfi.*

Du temps de Charles-le-Chauve on trouve
jufqu'à onze de ces notaires ou fecrétaires ; lefquels en certaines lettres font qualifiés *Cancellarii regiæ dignitatis*, & fignoient tous *ad vicem.* Du
tems de Saint-Louis on les appela clercs du
roi : on continua cependant d'appeler notaires,
ceux que le chancelier de France commettoit
aux enquêtes du parlement, pour faire les expéditions néceffaires.

Sous la troifieme race l'office de garde des
fceaux a quelquefois été féparé de celui de chancelier, foit pendant la vacance de la Chancellerie, ou même du vivant du chancelier. C'eft
ce que nous voyons aujourd'hui.

Dans un état de la maifon du roi fait en
1285, il eft parlé du chauffe-cire, ou valet
chauffe-cire.

Il y avoit auffi dès 1317, un officier prépofé
pour rendre les lettres lorfqu'elles étoient fcellées ; & fuivant des lettres de la même année,
les notaires-fecrétaires du roi (c'eft ainfi qu'ils
font appelés) avoient quarante livres parifis à
prendre fur l'émolument du fceau pour leur
droit de parchemin.

Tous ces différens officiers qui étoient fubor-
donnés au référendaire, appelé depuis chancelier de France, formèrent infenfiblement un
corps que l'on appela la Chancellerie, dont le
chancelier a toujours été le chef.

Cette Chancellerie étoit d'abord la feule pour

tout le royaume. Dans la fuite on admit trois Chancelleries particulieres ; l'une qui avoit été établie par les comtes de Champagne ; une autre par les rois de Navarre, & une Chancellerie particuliere pour les actes paffés par les Juifs.

Philippe V, dit le Long, fit au mois de février 1321 un règlement général, tant pour la Chancellerie de France que pour les autres Chancelleries : les fonctions des notaires du roi y font règlées ; il eft dit qu'il fera établi un receveur de l'émolument du fceau, qui en rendra compte trois fois l'année en la chambre des comptes; que le chancelier fera tenu d'écrire au dos des lettres la caufe pour laquelle il refufera de les fceller, fans les dépecer; que tous les émolumens de la Chancellerie de Champagne, de Navarre & des Juifs, tourneront au profit du roi comme ceux de la Chancellerie de France ; que le chancelier prendra pour fes gages mille livres parifis par an.

On voit par des lettres de Charles V, alors régent du royaume, que dès l'an 1358 il y avoit déjà des regiftres à la Chancellerie, où l'on enregiftroit certaines ordonnances & lettres-patentes du roi; & fuivant d'autres lettres du même prince alors régnant, du 9 mars 1365, le lieu où fe tenoit le fceau s'appeloit déjà l'audience de la Chancellerie, d'où les offices d'audienciers ont pris leur dénomination. En effet on trouve un mandement de Charles V, du 21 juillet 1368, adreffé *à nos audiencier & contrôleur de notre audience royale à Paris*, c'eft-à-dire de la Chancellerie.

Les clercs-notaires du roi avoient dès 1320 leurs gages, leurs droits de manteaux & la

nourriture de leurs chevaux à prendre fur l'é-
molument du fceau.

Pour ce qui eft de la diftribution des bourfes
de Chancellerie, (*) l'ufage doit en être auffi fort

(*) On appelle *bourfe de Chancellerie*, une portion des
émolumens du fceau qui appartient a certains officiers de
la Chancellerie.

Le reglément fait en 1320 par Philippe V, fur l'état
du grand fcel, & fur la recette des émolumens, porte,
article 10, que tous les émolumens de la Chancellerie de Champagne, de Navarre, & des juifs, viendront
au profit du roi comme la Chancellerie de France, que
tous les autres émolumens & droits que le Chancelier avoit
coutume de prendre fur le fcel, viendront pareillement
au profit du roi, & que le Chancelier de France prendra
pour gages & droits 1000 livres parifis par an.

Les clercs notaires du roi avoient auffi dès-lors des gages
& droits de manteaux, qu'on leur payoit fur l'émolument
du fceau; comme il eft dit dans des lettres du même roi,
du mois d'avril 1300.

On fit en la chambre, le 27 janvier 1328, une information fur la manière dont on en ufoit anciennement pour
l'émolument du grand fceau : on y voit que le produit de
certaines lettres étoit entièrement pour le roi ; que pour
d'autres on payoit fix fous, dont les notaires, c'eft-à-dire
les fecrétaires du roi, avoient douze deniers parifis, &
le roi le furplus; que le produit de certaines lettres étoit
entièrement pour les notaires ; que de toutes les lettres en
cire verte, il étoit dû foixante fous parifis, dont le Chancelier avoit dix fous parifis ; le notaire qui l'avoit écrite de
fa main, cinq fous parifis ; le chauffe-cire autant; & le commun de tous les notaires, dix fous parifis. Plufieurs autres
articles diftinguent de même ce que prenoit le Chancelier
de ce qui reftoit au commun des notaires.

Par les provifions que Charles V étant régent du royaume, donna le 18 mars 1357, à Jean de Dormans de l'office de Chancelier du régent, il lui attribua deux mille
livres parifis de gages par an, avec les bourfes, regiftres,

ancien, puifque le dauphin régent ordonna le

& autres profits que les Chanceliers de France avoient coutume de prendre ; & en outre avec les gages, bourfes, regiftres, & autres droits qu'il avoit comme fon Chancelier de Normandie. La même chofe fe trouve rappelée dans des lettres du 8 décembre 1358.

Les notaires & fecrétaires du roi ayant procuré aux céleftins de Compiègne un établiffement à Paris en 1352 ; & ayant établi chez eux leur confrairie, avoient délibéré entr'eux que pour la fubfiftance de ces religieux, qui n'étoient alors qu'au nombre de fix, ils donneroient chacun quatre fous parifis par mois fur l'émolument de leurs bourfes ; mais au mois d'août 1358, le d'auphin régent du royaume ordonna à la requifition des notaires & fecrétaires du roi, qu'il feroit fait tous les mois aux prieur & religieux céleftins établis à Paris une bourfe femblable à celle que chaque fecrétaire avoit droit de prendre tous les mois fur l'émolument du fceau ; ce que le roi Jean ratifia par des lettres du mois d'octobre 1361.

Le même prince fit une ordonnance pour reftraindre le nombre de fes notaires & fecrétaires qui prenoient *gages & bourfes*. Elle fe trouve au mémorial de la chambre des comptes, commençant en 1359, & finiffant en 1381.

Charles V confirma en 1365 la confrairie des fecrétaires du roi, & l'attribution d'une bourfe aux céleftins ; & ordonna que le grand audiencier pourroit retenir les bourfes des fecrétaires du roi, qui n'exécuteroient pas les réglemens portés par ces lettres-patentes.

Dans un autre réglement de 1389, Charles VI ordonna qu'à la fin de chaque mois les fecrétaires du roi donneroient aux receveurs du fceau un billet qui marqueroit s'ils avoient été préfens ou abfens ; que s'ils ne donnoient pas ce billet, ils feroient privés de la diftribution des droits de *collation*, ainfi que cela fe pratique, eft-il dit, dans la diftribution des bourfes ; car la diftribution des droits de collation ne fe doit faire qu'à ceux qui font à Paris ou à la cour, à moins qu'un fecrétaire du roi n'ait été préfent pendant une partie du mois, & abfent pendant l'autre ; ce qu'il fera tenu de déclarer dans le billet qu'il donnera aux receveurs.

Le *fciendum* de la Chancellerie, que quelques-uns prétendent avoir été écrit en 1413 ou 1415, d'autres un peu plus anciennement, porte que le fecrétaire du roi qui a été abfent, doit faire mention dans fa cédule s'il a été malade, qu'autrement il fera totalement privé de fes bourfes ; que s'il a été abfent huit jours, on lui rabattra la quatrième partie ; pour dix ou douze jours, la troifième ; la moitié pour quinze ou environ : que dans la confection des bourfes on a coutume de ne rien rabattre pour quatre, cinq, ou fix jours ; fi ce n'eft que le notaire eût coutume de s'abfenter frauduleufement un peu de temps : que le quatrième jour de chaque mois on fait les bourfes & diftribution d'argent à chaque notaire & fecrétaire, felon l'exigence du mérite & travail de la perfonne ; & aux *vieux*, felon qu'ils ont travaillé en leur jeuneffe, & felon les charges qu'ils ont eu à fupporter par le commandement du roi ; que le cinq du mois les bourfes ont accoutumé d'être délivrées aux compagnons, en l'audience de la Chancellerie : que la bourfe reçue, chaque notaire doit mettre la fomme qu'il a reçue en certain rôle, où les noms des fecrétaires font écrits par ordre, où il trouvera fon nom ; & qu'il doit mettre feulement *j'ai reçu*, & enfuite fon feing, fans mettre la fomme qu'il a reçue, a caufe de l'envie & contention que cela pourroit faire naître entre fes compagnons : qu'il arrive fouvent de l'erreur à cette diftribution de bourfes ; & que tel qui devroit avoir beaucoup, trouve peu : que s'il fe reconnoît trompé, il peut recourir à l'audiencier & lui dire ; *monfieur, je vous prie de voir fi au rôle fecret de la diftribution des bourfes, il ne s'eft pas trouvé de faute fur moi, car je n'ai eu en ma bourfe que tant :* qu'alors l'audiencier verra le rôle fecret ; que s'il trouve qu'il y ait eu de l'erreur, il fuppléera à l'inftant au défaut.

Il eft dit à la fin de ce *fciendum*, qu'en la diftribution *des bourfes defdits confrères*, qui étoient alors foixante fept en nombre, *les quatre premiers maîtres clercs de la chambre des comptes ne prennent rien, fi ce n'eft aux lettres de France : favoir, quarante fous parifis pour chaque charte.*

D iv

mille livres de gages , avec les bourſes & autres

Le règlement fait pour les Chancelleries en 1599 , ordonne que les notaires & ſécrétaires du roi ne ſigneront d'autres lettres que celles qu'ils auront écrites , ou qui auront été faites & dreſſées par leurs compagnons , & écrites par leurs clercs , à peine pour la première fois d'être privés de leurs bourſes ou gages pour trois mois , pour la ſeconde de ſix mois , & pour la troiſième pour toujours.

. L'ancien collége des ſecrétaires du roi , compoſé de cent vingt , étoit diviſé en deux claſſes ; ſavoir ſoixante *bourſiers* , c'eſt-à-dire qui avoient chacun leur bourſe tous les mois , & ſoixante *gagers* qui avoient des gages.

Il y a auſſi des bourſes dans les petites Chancelleries établies près des cours ſouveraines. Le règlement du 12 mars 1599 ordonne qu'elles ſeront faites le huit de chaque mois , comme il eſt accoutumé en la Chancellerie de France.

Le règlement du mois de décembre 1609 défendoit de procéder à aucune confection de bourſes , qu'il n'y eût pour le moins trois ſecrétaires bourſiers , deux gagers , & un ou deux des cinquante-quatre ſecrétaires qui formoient le ſecond collége , pour la conſervation de leurs droits.

Lorſqu'on créa le ſixième collége des quatre-vingt ſecrétaires du roi en 1655 & 1657 , le roi leur attribua pour leurs bourſes le droit d'un ſou ſix deniers ſur l'émolument du ſceau.

. . Il fut ordonné par arrêt du conſeil privé du 17 juillet 1643 , que les droits de bourſes des ſecrétaires du roi ne pourroient être ſaiſis , ni les autres émolumens du ſceau , qu'en vertu de l'ordonnance de M. le Chancelier.

Au mois de février 1673 , Louis XIV fit un règlement fort étendu pour les Chancelleries , lequel ordonna entr'autres choſes que les ſix colléges de ſecrétaires du roi ſeroient réunis en un ſeul ; que les céleſtins auroient par quartier ſoixante quinze livres , au lieu d'une bourſe dont ils avoient coutume de jouir ſur la grande Chancellerie ; que l'on donneroit pareillement ſoixante livres par quartier aux quatre maîtres de la chambre des comptes de Paris , ſecrétaires , pour leur tenir lieu des deux ſous huit deniers pariſis , droits accoutumés; & au mois d'août 1358, il ordonna que l'on feroit tous les mois pour les Céleſtins de Paris, une bourſe ſemblable à celle que chaque ſecrétaire du roi avoit droit de prendre tous les mois ſur l'émolument du ſceau.

La Chancellerie de France n'a été appelée grande Chancellerie, que lorſqu'on a commencé

---

qu'ils avoient droit de prendre ſur chaque lettre de charte viſée. Les diſtributions qui doivent être faites aux petits officiers, ſont enſuite reglées; & l'article ſuivant porte, que toutes ces ſommes ſeront réputées bourſes, & payées à la fin de chaque quartier, ſur un rôle qui en ſera fait à la confection des bourſes; que du ſurplus des droits de la grande Chancellerie & des petites, il ſera fait deux cens quatre vingt bourſes, dont l'une appartiendra au roi comme chef, ſouverain & protecteur de ſes ſecrétaires, laquelle lui ſera préſentée à la fin de chaque quartier par celui des grands audienciers qui l'aura exercé; une pour le Chancelier ou garde des ſceaux de France; une pour le corps des maîtres des requêtes, leſquels a ce moyen n'en auront plus dans les Chancelleries près des cours; une à chacun des deux cens quarante ſecrétaires du roi, ſans qu'ils ſoient obligés à l'avenir de donner leur *ſervivi*, ni de faire aucune réſidence; & une bourſe enfin aux deux tréſoriers du ſceau, à partager entr'eux. Il eſt dit auſſi que les bourſes ſeront faites un mois au plus tard, après chaque quartier fini par les grand audiencier & contrôleur général, en préſence & de l'avis des doyen, ſouſdoyen, des procureurs, des anciens officiers ou députés, tréſorier du marc d'or, & greffier des ſecrétaires du roi, & du garde des rôles en quartier; que les veuves des ſecrétaires du roi décédés revêtus de leurs offices, jouiront de tous les droits de bourſe appartenans aux offices de leurs maris, juſqu'au premier jour du quartier, qu'elles ſe déferont de ces offices, & que ceux qui s'y feront recevoir, commenceront à jouir des bourſes du premier jour du quartier, d'après celui de leur réception & immatricule.

d'établir des Chancelleries particulières près des parlemens, c'est-à-dire vers la fin du quinzieme siècle.

On a aussi ensuite institué les Chancelleries présidiales en 1557.

Toutes ces petites Chancelleries des parlemens & des présidiaux, font des démembremens de la grande Chancellerie de France.

Lorsque la garde des sceaux est comme aujourd'hui séparée de l'office de chancelier, c'est le garde des sceaux qui scelle toutes les lettres de la grande Chancellerie, & qui est préposé sur toutes les autres Chancelleries dont nous allons parler, en commençant par celle du palais.

Chancellerie du palais, qu'on appelle aussi *la petite Chancellerie*, pour la distinguer de la grande Chancellerie de France, est la Chancellerie particulière établie près du parlement de Paris pour expédier aux parties toutes les lettres de justice & de grâce qui font scellées du petit sceau, tant pour les affaires pendantes au parlement, que pour toutes les autres cours souveraines & autres juridictions royales & seigneuriales qui font dans l'étendue de son ressort, soit à Paris ou dans les provinces.

Cette petite Chancellerie est la première & la plus ancienne des Chancelleries particulières établies près des parlemens & autres cours souveraines. On l'a appelée Chancellerie du palais, parce qu'elle se tient à Paris au palais, près du parlement, dans le lieu même où l'on tient que Saint-Louis avoit son logement, & singulièrement sa chambre; car sa grande salle étoit où est présentement la tournelle criminelle.

Il eſt aſſez difficile de déterminer en quelle année précisément, & de quelle manière s'eſt formée la Chancellerie du palais.

On conçoit aiſément que juſqu'en 1302, que Philippe-le-Bel rendit le parlement ſédentaire à Paris, & lui donna le palais pour tenir ſes ſéances, il n'y avoit point de Chancellerie particulière près du parlement.

On trouve bien que dès 1303 il y avoit en Auvergne des chanceliers ou gardes des ſceaux, qui gardoient le ſcel du tribunal, & qu'il y avoit auſſi dès 1320 trois Chancelleries particulières; ſavoir, celle de Champagne, celle de Navarre, & celle des Juifs; mais cela ne prouve point qu'il y eût une Chancellerie près du parlement.

Du Tillet fait mention d'une ordonnance de Philippe-le-Long, du mois de décembre 1316, contenant l'état de ſon parlement, dans lequel ſont nommés trois maîtres des requêtes qui étoient commis pour répondre les requêtes de la langue françoiſe, & ſix autres pour répondre les requêtes de la *languedoc*; c'étoit ſur ces requêtes que l'on délivroit des lettres de juſtice, en ſorte que l'on peut regarder cette ordonnance comme l'origine de la Chancellerie du palais & de celle de Languedoc, qui eſt préſentement près du parlement de Toulouſe.

Philippe-le-Long, par une autre ordonnance du mois de novembre 1318, ordonna qu'il y auroit toujours auprès de lui deux maîtres des requêtes, un clerc & un laïc, leſquels, quand le parlement ne tiendroit point, délivreroient les requêtes de juſtice, c'eſt-à-dire les lettres, & que quand le parlement tiendroit, ils les ren-

verroient au parlement. Ils devoient auſſi examiner toutes les lettres qui devoient être ſcellées
du grand ſceau, & ces lettres étoient auparav-
vant ſcellées du ſcel ſecret que portoit le chambellan : mais cette ordonnance ne parle point du
petit ſceau.

Sous Philippe de Valois, le chancelier étant
abſent pour des affaires d'état, & ayant avec
lui le grand ſceau, le roi commit deux conſeillers pour viſiter les lettres que l'on apporteroit
à l'audience, & les faire ſceller du petit ſcel du
châtelet, & contre-ſceller du ſignet du parlement.

. Pendant l'abſence du roi Jean, les lettres furent ſcellées du ſceau du châtelet de Paris. Les
chanceliers uſèrent du petit ſceau en l'abſence
du grand, depuis l'an 1318 juſqu'en 1380. Ce
petit ſceau étoit celui du châtelet, excepté
néanmoins que pendant le tems de la régence
on ſe ſervit du ſceau particulier du régent.

Cependant en 1357, le chancelier étant de
retour d'Angleterre, & y ayant laiſſé les ſceaux
par ordre du roi, on voulut uſer d'autres ſceaux
que de celui du châtelet ; mais il ne paroît pas
que cela eût alors d'exécution.

Il y avoit près du parlement, dès l'an 1318,
un certain nombre de notaires-ſecrétaires du
roi qui étoient commis pour les requêtes. Ils
aſſiſtoient au ſiége des requêtes, & écrivoient
les lettres ſuivant l'ordre des maîtres des requêtes ; ils ne devoient point ſigner les lettres qu'ils
avoient eu ordre de rédiger, avant qu'elles euſſent été lues au ſiége, ou du moins devant celui des maîtres qui les avoit commandées ; &
ſuivant des ordonnances de 1320, on voit que

ces notaires du roi faifoient au parlement la même fonction qu'à la grande Chancellerie : il étoit encore d'ufage en 1344, qu'après avoir expédié les lettres, il les fignoient de leur fignet particulier connu au chancelier, & les lui envoyoient pour être fcellées.

Au mois de novembre 1370, Charles V, à la prière du collége de fes clercs-fecrétaires & notaires, leur accorda une chambre dans le palais, au coin de la grande falle du côté du grand pont, où les maîtres des requêtes de l'hôtel s'affembloient & tenoient quelquefois les requêtes & placets; il fut dit qu'ils feroient appareiller cette chambre de fenêtres, vîtres, bancs, & autres chofes néceffaires; qu'ils pourroient aller & venir dans cette chambre quand il leur plairoit, écrire & faire leurs lettres & écritures, & y parler de leurs affaires. Il paroît que ce fut-là le premier endroit où fe tint la Chancellerie du palais : mais depuis l'incendie arrivé au palais en 1618, la Chancellerie a été transférée dans l'ancien appartement de Saint-Louis, où elle eft préfentement.

Le premier article des ftatuts arrêtés entre les fecrétaires du roi le 24 mai 1389, porte qu'ils feront bourfe commune de tous les droits de collation des lettres qu'ils figneront ou collationneront, foit qu'elles aient été octroyées par le roi en perfonne, ou dans fon confeil, par le chancelier, ou par le grand-confeil, ou par le parlement, par les maîtres des requêtes de l'hôtel, par la chambre des comptes, par les tréforiers, ou qu'elles foient extraites du regiftre de l'audience, ou autrement.

En 1399, il fut établi une Chancellerie près des grands jours tenus à Troyes.

Le *sciendum* de la Chancellerie, que quelques-uns croyent avoir été rédigé en 1415, ne fait point encore mention de la Chancellerie du palais.

La première fois qu'il soit parlé de *Chancelleries* au plurier, c'est dans l'édit de Louis XI, du mois de novembre 1482, par lequel en confirmant les priviléges des notaires-fecrétaires du roi, il dit qu'ils étoient inftitués pour être & *affifter ès-Chancelleries, quelque part qu'elles fuffent tenues.*

Enfin on ne peut douter que la Chancellerie du palais ne fût établie en 1490, puifqu'il y en avoit dès-lors une à Touloufe. Il n'y eut d'abord que ces deux Chancelleries particulières ; mais en 1493, on en établit de femblables à Bordeaux, à Dijon, en Normandie, en Bretagne & en Dauphiné.

Depuis ce tems il a été fait divers règlemens, qui font communs à la Chancellerie du palais & aux autres petites Chancelleries, & fingulièrement à celles qui font établies près des parlemens & autres cours fupérieures.

La Chancellerie du palais a cependant un avantage fur celles des autres cours ; c'est que le fceau y eft toujours tenu par les maîtres des requêtes, chacun à fon tour, pendant un mois, fuivant l'ordre de réception, dans chaque quartier où ils font diftribués, excepté le premier mois de chaque quartier où le fceau eft toujours tenu par le doyen des doyens des maîtres des requêtes, qui eft confeiller d'état, au lieu que dans les Chancelleries des autres cours, les maîtres des requêtes, ont bien également le droit d'y tenir le fceau, mais ils n'y font pas ordinairement, c'eft un garde fcel qui tient le fceau en leur abfence.

Le procureur-général des requêtes de l'hôtel, qui a titre & fonction de procureur-général de la grande Chancellerie de France, & de toutes les autres Chancelleries du royaume, a droit d'affifter au fceau de la Chancellerie du palais, & a infpection fur les lettres qui s'y expédient, & fur les officiers du fceau pour empêcher les claufes vicieufes & les furprifes que l'on pourroit commettre dans les lettres, & faire obferver la difcipline établie entre les officiers de cette Chancellerie.

Il y a encore pour cette Chancellerie des officiers particuliers, autres que ceux de la grande Chancellerie de France; favoir, quatre fecrétaires du roi audienciers & quatre fecrétaires du roi contrôleurs, qui fervent par quartier : il n'y a point de fecrétaires du roi particuliers pour cette Chancellerie; ce font les fecrétaires du roi de la grande Chancellerie de France, qui font dans l'une & dans l'autre ce qui eft de leur miniftère.

Chancelleries près des cours fupérieures, c'eft-à-dire près des parlemens, des chambres des comptes, des cours des aides, &c. Ce font les tribunaux où s'expédient les lettres de juftice & de grâce qui font fcellées du petit fceau. Ces Chancelleries rempliffent les mêmes fonctions que celle du palais. Les officiers qui les compofent jouiffent de différens priviléges dont le détail fe trouve dans l'édit du mois de juin 1770 concernant les officiers de la Chancellerie établie près de la cour souveraine de Lorraine & Barrois, connue aujourd'hui sous le titre de parlement de Nancy.

Lorsque par l'édit du mois d'avril 1770, le roi créa cette Chancellerie, il ordonna que les officiers qui la composeroient jouiroient des honneurs, priviléges, prérogatives, &c. dont jouissoient les officiers des Chancelleries établies près des autres cours du royaume; mais ces priviléges n'ayant point alors été spécifiés, sa majesté expliqua par l'édit du mois de juin suivant en quoi ils devoient consister (*).

_____

(*) Cet édit détermine non seulement les privilèges des officiers des Chancelleries près des cours, il règle aussi la manière dont ceux de la Chancellerie de Nancy doivent remplir leurs fonctions, & les droits de sceau des lettres scellées dans cette Chancellerie.

Cette loi ayant été formée d'après ce qui s'observe dans les autres Chancelleries près des cours, nous l'inférerons ici :

Louis, par la grace de Dieu, roi de France & de Navarre : a tous présens & à venir; salut Par notre édit du mois d'avril dernier, nous avons créé & établi une Chancellerie près notre cour souveraine de Lorraine & Barrois à Nanci, & ordonné que tous les officiers créés pour le service d'icelle, jouissoient des memes privilèges & droits, & feroient les mêmes fonctions que les pareils officiers de nos autres Chancelleries près nos cours : & comme cette désignation indéfinie pourroit faire naître des difficultés & des doutes, nous avons estimé à propos d'expliquer par notre présent édit en quoi consistent les privilèges, droits & exemptions dont nous entendons faire jouir chacun des officiers de notredite Chancellerie, de déterminer leurs fonctions & de fixer les droits du sceau, & d'arrêter en conséquence en notre conseil, le règlement & l'ordre que nous voulons être gardé & observé en notredite Chancellerie, & un tarif des droits du sceau. A ces causes & autres

Chancelleries

à ce nous mouvant, de notre certaine science, pleine puissance & autorité royale, nous avons, par notre préfent édit perpétuel & irrévocable, ftatué, dit & ordonné, difons, ftatuons & ordonnons, voulons & nous plaît ce qui fuit.

ARTICLE PREMIER. Nos confeillers, garde des fceaux, audienciers, contrôleurs & fecrétaires, maifon, couronne de France en notre Chancellerie établie près notre cour fouveraine de Lorraine & Barrois à Nanci, jouiront, tant qu'ils feront revêtus defdits offices, ou en cas de démiffion après les avoir poffédés pendant vingt années & acquis la vétérance, de la nobleffe au premier degré, & de toutes les immunités, franchifes, privilèges, rang, féance, prééminences, exemption de franc-fiefs, & de tous droits dont jouiffent les nobles de notre royaume, fans pouvoir être inquiétés ni recherchés pour fait d'ufurpation de nobleffe, antérieurement à leurs provifions & réceptions efdits offices ; & fera ladite nobleffe tranfmife à leurs enfans, tant mâles que femelles, nés & à naître en légitime mariage, lefquels feront infcrits au catalogue des nobles de notre royaume pourvu toutefois que lefdits officiers décédent revêtus defdits offices, ou après les avoir poffédés pendant vingt années, & acquis la vétérance.

II. Voulons & nous plaît que lefdits officiers puiffent fe faire pourvoir de toutes charges qui requièrent nobleffe, & ne peuvent être poffédées que par des nobles ; & que fi quelques-uns defdits officiers viennent à acquérir ci-après des offices de nos confeillers fecrétaires, maifon, couronne de France & de nos finances, ou autres offices donnant la nobleffe au premier degré, le temps qu'ils auront poffédé leur office en notredite Chancellerie près notre cour fouveraine de Nanci, leur ferve & foit compté pour acquérir la vétérance dans les offices dont ils fe feront fait pourvoir.

III. Jouiront les officiers, de l'exemption de tous profits de fiefs, quint & requint, droits de lods & vente, relief,

établis près des préfidiaux pour y expédier &

---

treizième, rachat, échanges, & autres droits & devoirs
feigneuriaux & féodaux, de quelque nature qu'ils foient,
tant en achetant, vendant, qu'autrement, & qui pourroient être dus, tant à caufe de notre couronne, qu'à caufe
de nos domaines, foit qu'ils foient régis par nos fermiers,
foit qu'ils foient aliénés, ou donnés en apanage, le tout
feulement dans l'étendue du reffort de notredite Chancellerie, pourvu toutefois qu'il n'y ait ni dol ni fraude : &
pour y obvier, voulons qu'au cas qu'ils viennent à revenn-
dre à des non privilégiés les biens qu'ils auroient acquis
d'autres non privilégiés, dans les cinq ans du jour de la
premiere acquifition, les fermiers & receveurs de nos domaines, les appanagiftes & les engagiftes puiffent fe faire
payer des droits dus, pour raifon de l'une des deux acquifitions, à leur choix.

IV. Jouiront des droits de *Committimus* en la Chancellerie de Nanci, ou en celle près les cours du lieu où
ils feront domiciliés, à leur choix, fans qu'ils puiffent cu-
muler le privilege des deux *Committimus*.

V. Pourront exploiter & faire valoir par leurs mains
en tel endroit de notre royaume qu'il jugeront à propos,
& fans déroger à nobleffe, leurs biens ; néanmoins une
feule ferme dont le labour n'excédera pas la valeur de quatre
charrues, fera franche de Tailles, encore que les héritages
qui la compoferont foient fitués dans différentes paroiffes.

VI. Jouiront du droit de franc-falé, à raifon de deux
minots, de l'exemption du droit de confignation feulement
dans le cas de vente qui pourroit être faite fur eux de
leurs biens, du droit de greffe pour les jugemens qui les
concerneront, de tous droits de voirie, péage, paccage,
& autres de pareille nature, de l'exemption de fervice,
de contribution au ban & arriere-ban, de guet & garde,
logement de gens de guerre, tutelle, curatelle, nomination à icelles, de toutes taxes, octrois, tarifs, fubventions,
charges de ville & de police, emprunts, dons gratuits,
taxes de confirmations & toutes autres.

sceller différentes lettres relatives aux affaires

VII. Déclarons lesdits offices compatibles avec tous autres offices, soit militaires, soit de judicature ou de finance, non dérogeant à la noblesse.

VIII. Pourront résider en tel lieu de notre royaume qu'il leur plaira, pourvu toutefois qu'il y ait un nombre suffisant pour le service de notre Chancellerie.

IX. Les veuves desdits officiers qui décéderont revêtus desdits offices, ou qui les auront possédés vingt années, & acquis la vétérance, jouiront, tant qu'elles resteront en viduité, de tous les privilèges, exemptions & droits dont jouissoient leurs maris, & énoncés ès articles précédens.

X. Jouiront nos conseillers-référendaires, greffiers, gardes-minutes, le trésorier de l'émolument du sceau, & le chauffe-cire, du droit du franc salé, à raison d'un minot; du droit de *Committimus* en notre Chancellerie près notre cour souveraine de Nanci seulement, logement de gens de guerre, de tutelle, curatelle, nomination à icelles; & de toutes charges de ville & de police, & du droit de vétérance après vingt années de service; & jouiront des mêmes droits leurs veuves, tant qu'elles demeureront en viduité, si toutefois leurs maris décédent pourvus desdits offices ou ayant acquis la vétérance.

XI. Jouiront le valet-chauffe-cire, le porte-coffre & les huissiers, du droit de *Committimus* en notre Chancellerie seulement, & de logement des gens de guerre, collecte des tailles & du sel, de tutelle, curatelle, nomination à icelles, & de toutes charges de ville & de police; & auront lesdits huissiers le droit & faculté d'exploiter partout notre royaume, & de signifier & mettre à exécution tous jugemens & actes, de quelques juridictions qu'ils soient émanés.

XII. Sera suivi, gardé & observé en notre Chancellerie, le réglement arrêté en notre conseil, ci-attaché sous le contre-scel de notre présent édit, & fixant les fonctions de chacun des officiers de notredite Chancellerie, auquel ils seront tenus de se conformer, chacun en ce qui les concerne.

dont la connoiffance eft attribuée aux préfidiaux, foit au premier ou au fecond chef de l'édit.

XIII. Les lettres qui feront fcellées en notredite Chancellerie, feront taxées fuivant le tarif arreté en notre confeil, & ci attaché fous le contre-fcel, voulons & nous plaît qu'il foit exécuté felon fa forme & teneur, & enjoignons à tous les officiers de notredite Chancellerie de s'y conformer, & s'il furvient quelque difficulté fur l'exécution dudit tarif, il en fera référé à notre Chancellerie-garde-des fceaux de France, pour les décider; en interdifons la connoiffance à tous autres.

XIV. Voulons & nous plaît que les droits de fignature, fixés par ledit tarif, fur aucunes des lettres qui feront fcellées en notre Chancellerie, foient partagés également entre nos confeillers-audiencier, contrôleurs & fecrétaires, à raifon de leur affiftance au fceau, & les abfens n'y auront aucune part; & fera à la fin de chaque quartier & dans la huitaine du fuivant, arrêté l'état du montant defdits droits de fignature, & de ce qui reviendra à chacun; & fera ledit état arrêté figné par l'audienciers, contrôleur & nos fecrétaires au nombre de deux au moins; fera ledit état remis au tréforier de l'émolument du fceau, qui payera le montant revenant à chacun fur leur émargement en marge dudit état.

XV. Ordonnons que par préciput & fur le produit de l'émolument du fceau à nous appartenant, il foit prélevé chaque quartier, & payé à l'audiencier & au contrôleur qui auront fait le fervice pendant ledit quartier, & à chacun d'eux, deux cens livres, au fcelleur cent cinquante livres par an, au tréforier-receveur de l'émolument du fceau, pareille fomme de cent cinquante livres par an, & au chauffe-cire trois livres par chaque jour du fceau; à la charge par lui de fournir de plumes & d'encre pour le fervice de notre Chancellerie; & ne pourront lefdits officiers prétendre autre préciput en lettres en nature, ni autrement.

XVI. Il fera tous-les mois nommé par nos confeillers-fecrétaires, l'un deux, pour tenir le regiftre ou *populo*,

Les premières Chancelleries préfidiales ont

fur lequel fera fait mention des lettres fcellées à chaque
fceau , de la manière & ainfi qu'il eft porté par notredit
règlement , & un autre d'entr'eux pour mettre le fcellé au
dos des lettres ; & fera prélevé chaque mois fur le produit
dudit émolument du fceau à nous appartenant ; & payé ,
favoir au populotier quinze livres , & pareille fomme à celui
qui aura été prépofé pour mettre le fcellé.

XVII. Ne pourront lefdites fommes accordées par préciput auxdits officiers ci-deffus dénommés , ni les droits de
fignature être faifis pour quelque caufe que ce foit.

XVIII. Seront fcellées en notre Chancellerie toutes les
lettres de la nature défignée au tarif ci-attaché.

XIX. Ne feront introduites en notredite cour fouveraine
de Lorraine & Barrois, aucunes affaires en caufe d'appel ,
ni en première inftance , qu'il n'ait été obtenu en notredite
Chancellerie lettres de relief d'appel , d'anticipation ou
commiffion , à peine de nullité de toutes les procédures ,
d'interdiction des procureurs , de mille livres d'amende ,
dépens , dommages & intérêts des parties ; faifant défenfes à tous huiffiers ou fergens , fous pareilles peines , de donner aucunes affignations fur lefdits appels ou
demandes , qu'en vertu de lettres fcellées en notredite
Chancellerie.

XX. Ne feront mis à exécution aucuns arrêts & jugemens rendus en notredite cour fouveraine à Nanci , qu'ils
n'ayent été fcellés du fceau de notredite Chancellerie , à
peine de nullité , d'interdiction des huiffiers ou fergens ,
de mille livres d'amende , depens , dommages & intérêts
des parties.

XXI. Défendons à tous juges , dans le reffort de notredite Chancellerie , d'admettre & recevoir à fe porter héritier
par bénéfice d'inventaire , & à jouir du bénéfice d'âge ,
qu'il n'ait été obtenu & fcellé en notredite Chancellerie
le tres de bénéfice d'inventaire & de bénéfice d'âge , a peine
de nullité & caffation des jugemens , privation de la part
des juges de leurs offices , mille livres d'amende , dépens ,

été créées par édit du mois de décembre 1557.

dommages & intérêts des parties : défendons, sous pareilles peines, à tous greffiers d'expédier de pareils jugemens, & à tous procureurs de les requérir.

XXII. Pour maintenir le bon ordre en notredite Chancellerie, nous avons attribué & attribuons à notre conseiller-garde des sceaux en ladite Chancellerie, la connoissance de tout ce qui peut concerner la police & discipline intérieure de notredite Chancellerie ; & s'il survient quelques contestations entre les officiers de notredite Chancellerie, & qu'il y ait quelques réprimandes à leur faire pour faute dans l'exercice de leurs fonctions, le tout sera jugé sommairement par notredit conseiller-garde des sceaux, assisté des deux de nos conseillers-secrétaires, & puniront les déliquans de telles peines & amendes qu'ils aviseront, sauf l'appel de leur jugement à notre chancelier garde des sceaux de France.

XXIII. S'il se commet quelque faux, ou est fait quelques altérations dans les lettres scellées en notredite Chancellerie, en sera informé par notredit conseiller-garde des sceaux, & le procès par lui fait, assisté de deux de nos conseillers-secrétaires, jusqu'à sentence exclusivement, & le tout sera envoyé à notre chancelier pour être avisé ce qu'il appartiendra.

XXIV. Faisons défenses à notre cour souveraine de Lorraine & Barrois à Nanci, de prendre aucune connoissance sur le fait de notredite Chancellerie, droits d'icelles, pouvoirs, fonctions & exercice de nosdits conseillers-garde des sceaux, audienciers, contrôleurs, secrétaires & autres officiers de notre Chancellerie, la réservons à notre chancelier, & l'interdisons à tous autres.

XXV. Voulons & nous plaît qu'il ne soit apporté aucun trouble à nosdits conseillers-garde des sceaux, audienciers, contrôleurs, secrétaires & autres officiers de notredite Chancellerie dans la jouissance de tous les privilèges, exemptions & droits à eux attribués. Si donnons en mandement, &c.

Il en a été créé dans la fuite plufieurs autres, à

TARIF des droits du fceau, & taxe des lettres qui feront fcellées en la Chancellerie établie près la cour fouveraine de Lorraine & Barrois à Nanci.

La taxe des lettres fera compofée de deux droits, qui feront remis en un total, & ne formeront qu'une feule taxe qui fera mife en tête de la lettre.

1°. De celui de fceau, appartenant au roi.

2°. De celui de fignature, revenant & appartenant aux audienciers & fecrétaires du roi, pour leur honoraire & droit de fignature; & ne fera taxé ledit droit que fur aucunes defdites lettres, fuivant qu'il fera défigné au préfent tarif.

Ne feront point compris dans la taxe du fceau, qui fe mettra en tête des lettres les droits des référendaires, ni des greffiers gardes-minutes.

Sera fait une minute de toutes les lettres fur lefquelles eft attribué par le préfent tarif, droits aux greffiers gardes-minutes, qui conferveront lefdites minutes pour y avoir recours au befoin.

TITRE DES LETTRES.	Droit de fceau.	Droit de fignature	TOTAL.
A *Attribution de juridiction.* C'eft une lettre par laquelle il eft permis à un faififfant réellement de biens fitués en différentes juridictions, de pourfuivre la faifie-réelle dans celle des juridictions où la majeure partie des biens faifis eft affife. Cette forte de lettres ne pourra être fcellée en la Chancellerie de Nanci, que lorfque les différentes juridictions où les biens feront affis, feront toutes dans le reffort de la cour fouveraine de Lorraine & Barrois à Nanci.			

meſure que le nombre des préſidiaux a été aug-

TITRE DES LETTRES.	Droit de ſceau.		Droit de ſignature.		TOTAL.
	Liv.	ſous.	Liv.	ſous.	Sous.
Autrement ne pourra y être ſcellée , ſauf en ce cas, à ſe pourvoir par-devers ſa majeſté , en ſa grande Chancellerie.					
Pour un impétrant.	3.	6.	»	5.	3. 11.
A deux.	6.	12.	»	5.	6. 17.
A trois.	9.	18.	»	5.	10. 3.
A quatre.	13.	4.	»	5.	13. 9.

Ne ſera point taxé au-delà de quatre impétrans , quoiqu'il y en ait un plus grand nombre.

Les référendaires percevront dix ſous par lettre ſeulement , & non à raiſon des impétrans.

Les greffiers gardes-minutes, percevront ſept ſous par lettre ſeulement, & non à raiſon des impétrans.

B.

Bénéfice d'âge ou émancipation.

A un impétrant.	14.	»
A deux.	26.	»
A trois.	39.	»
A quatre.	50.	»

. . . *Nihil.*

Et ſi les impétrans excèdent le nombre quatre , la taxe ſera augmentée de dix livres par chaque impétrant.

Exemple.

A cinq impétrans.	60.	»
A ſix.	70.	»

Et ainſi de ſuite.

Le bénéfice d'âge étant une grace perſonnelle à chaque im-

menté. Il y en a eu auffi quelques-unes de fup-

TITRE DES LETTRES.	Droit de sceau.	Droit de signature	TOTAL.
	Liv. fous.		

pétrant, la lettre fe taxera à raifon du nombre des impétrans, quel qu'il foit.

Si la lettre eft obtenue par un tuteur ou curateur, il fera taxé autant d'impétrans qu'il y aura de mineurs ou de perfonnes pour lefquelles ftipuleroient les tuteurs ou curateurs, & feront à cet effet dénommés dans la lettre.

Il n'y aura point de droit de fignature fur ces lettres.

Les référendaires percevront fur ces lettres, dix fous par lettre feulement; & les greffiers gardes-minutes, fept fous par lettre feulement.

Bénéfice d'inventaire.

TITRE DES LETTRES.	Droit de sceau.	Droit de signature	TOTAL.
A un Impétrant.	8. 10.		
A deux.	15. 10.		... Nihil.
A trois.	12. 15.		
A quatre.	28. 16.		

Et au-delà de quatre, la taxe fera augmentée de fix livres par impétrant, attendu que ces lettres font grace perfonnelle à chaque impétrant.

Exemple.

TITRE DES LETTRES.	Droit de sceau.	Droit de signature	TOTAL.
A cinq impétrans.	34. 16.		
A fix.	40. 16		

Et ainfi de fuite.

Si la lettre eft obtenue par un tuteur ou curateur, il fera

primées, notamment dans les villes où il y a

quelque cour supérieure ; par exemple on a sup-

TITRE DES LETTRES.	Droit de sceau.	Droit de signature.	TOTAL
	Liv. sous		
taxé autant d'impetrans qu'il y aura de mineurs ou de personnes pour lesquelles stipuleront les tuteurs ou curateurs, & seront a cet effet dénommés dans la lettre.			
Il n'y aura point de droit de signature sur ces lettres.			
Les référendaires percevront dix sous sur chaque lettre seulement, & les gardes minutes sept sous sur chaque lettre seulement.			
C.			
Cession.			
Se taxera comme attribution de juridiction, tant pour sceau & signature, que pour les référendaires & gardes-minutes.			
Committimus.			
A un Impétrant.	1. 16.		
A deux.	3. 12		
A trois. . . . . -	5. 8.		
A quatre.	7. 4.		
A cinq.	9. »		
Et ainsi en augmentant d'une livre seize sous par chaque impétrant.			
Il n'y aura point de droit de signature pour ces lettres.			
Les référendaires n'auront aucun droit sur ces lettres.			
Les greffiers gardes-minutes auront sept sous sur chaque lettre seulement.			

TITRE DES LETTRES.	Droit de sceau.	Droit de signature.	TOTAL.
Compulsoire.			
Sera taxé comme simple, ci-après au mot SIMPLE.			
Contre-Sceau.			
Voyez ci-après au mot DOUBLE.			
D.			
Debitis.			
Se taxera comme le *Committimus*, sans droit de signature ni droit pour les référendaires.			
Mais il sera payé sept sous seulement par lettre pour les greffiers gardes-minutes.			
Double.			
Seront appellés *Doubles*, tous arrêts qui jugent définitivement ou par provision, qui font défenses d'exécuter sentences, de passer outre, ou qui prononcent, toutes choses demeurant en état ; ce qui opère une surséance.			
A l'égard des autres arrêts qui ne jugent point, & qui ne font que de simple instruction, tels arrêts qui tiennent une cause, procès ou instance pour replise avec le représentant d'un défunt, & qui joignent le profit d'un défaut à un procès ; arrêts interlocutoires & autres de			

primé celles de l'ancien & du nouveau châtelet de Paris.

TITRE DES LETTRES.	Droit d sceau.	Droit de signature.	TOTAL.
cette nature , ils seront appellés *simples* , & seront taxés comme il sera dit ci-après au mot SIMPLE.			
Il y aura deux sortes de doubles,			
Les uns sans droit de signature ,			
Les autres avec droit de signature.			
Les doubles sans droit de signature , seront les arrêts expédiés en forme , c'est-à-dire , dont l'intitulé commencera par ces termes : *LOUIS* , *par la grace de Dieu , Roi de France & de Navarre* , *&c.* Sur ces sortes d'arrêts étant en forme , en queue d'iceux sera apposé le sceau , & mention sera faite sur l'arrêt du scellé , & la taxe mise en tête de l'arrêt.			
Les doubles avec droit de signature , seront ceux qui ne seront point expédiés en forme , mais seulement par extrait.			
Ces sortes d'arrêts ne pourront point être représentés au sceau , qu'il n'y ait dessus un *pareatis* , portant permission de les mettre à exécution ; la taxe du sceau & la mention du scellé , se mettront sur le *pareatis* , & le sceau sera attaché en queue du *pareatis*.			

Pour l'exercice de ces Chancelleries préſidia-

TITRE DES LETTRES.	Droit de ſceau.		Droit de ſignature.	TOTAL.	
	Liv. ſous.		Sous.	Liv. ſous.	
Les doubles ſans ſignature, ſeront taxés ,					
Pour un impétrant.	3.	6.			
A deux-	6.	12.	Nihil.		
A trois.	9.	18.			
A quatre	13.	4.			

Outre cette taxe il ſe percevra un droit de contre-ſceau, à raiſon d'un ſou par chaque rôle d'arrêt.

Ne ſera cependant perçu aucun droit de contreſceau, loiſque l'arrêt n'aura qu'une feuille ou deux rôles, ou loiſqu'il ſera ſur un quarré.

Les doubles avec droit de ſignature, ſeront taxés,					
Pour un impétrant.	3.	6.	» 5.	3.	11.
A deux.	6.	12.	» 5.	6.	17.
A trois.	9.	18.	» 5.	10.	3.
A quatre.	13.	4.	» 5.	13	9.

Ce droit de ſignature ſe percevra à cauſe du *pareatis*.

Sur ces ſortes de doubles, & à cauſe du *pareatis*, les référendaires auront cinq ſous pour chaque *pareatis* ſeulement.

Et les greffiers gardes-minutes, ſept ſous par chaque *pareatis* ſeulement, & ne ſera fait minute que du *pareatis* ſeulement.

La quotité des impétrans ſe réglera par le nombre de ceux auxquels l'arrêt bénéficiera ; & ſera regardé comme gagnant & formant nombre des impé-

les , le roi leur a attribué à chacune un fcel par-

TITRE DES LETTRES.	Droit de fceau.	Droit de fignature.	TOTAL.
	Liv. fous.		
trans , ceux en faveur defquels il y aura condamnation de dépens prononcés, ou faculté , en cas de compenfation , de s'en faire payer, foit en les rétenant ou en déduifant, foit en les employant en frais & mifes , frais de direction , frais d'ordre , frais de pourfuites.			
Il ne fera néanmoins jamais taxé au-delà de quatre impétrans, quelque foit le nombre de ceux au profit defquels les arrêts fe trouveront rendus, fi ce n'eft cependant en matiere criminelle, où il fera taxé autant de droits que de perfonnes en faveur defquelles le jugement fe trouvera rendu.			

F.

Foi & Hommage.

A un impétrant.	6.	»	
A deux.	10.	10.	Nihil.
A trois.	16.	5.	
A quatre.	20.	»	

Et au-delà de quatre impétrans, augmentera de quatre livres par chaque impétrant.

Se taxera autant que d'impétrans , quel qu'en foit le nombre.

Ne fe percevra aucun droit, ni de fignature, ni par les référendaires & gardes-minutes.

riculier aux armes de France, au tour duquel

TITRE DES LETTRES.	Droit de sceau	Droit de signature	TOTAL.
	Liv. sous.	» Sous.	Liv. sous.
M.			
Main Souveraine.			
A un impétrant.	5. 16.	» 10.	6. 6.
A deux.	10. »	» 10.	10. 10.
A trois.	14. 16.	» 10.	15. 6.
A quatre.	18. »	» 10.	18. 10.
Et au-delà de quatre impé-trans, la taxe sera augmentée de trois livres, sans augmenta-tion de droit de signature.			
Se taxera autant que d'im-pétrans, quel qu'en soit le nombre.			
Ne sera perçu aucun droit pour les référendaires.			
Auront les greffiers gardes-minutes, sept sous par chaque lettre seulement.			
R.			
N'est point ici fait mention des lettres de rémission & par-don, parce qu'il n'en sera scel-lé ni délivré aucune, pour quel-que cause que ce soit, en ladite Chancellerie.			
Requête Civile.			
A un impétrant.	6. »	» 10.	6. 10.
A deux.	10. »	» 10.	10. 10.
A trois.	16. »	» 10.	16. 10.
A quatre.	19. »	» 10.	19. 10.
Et au-delà de quatre impé-trans, la taxe augmentera de			

font gravés ces mots, *le fcel royal du fiége pri*

TITRE DES LETTRES.	Droit de fceau.	Droit de fignature.	TOTAL.
deux livres douze fous par chaque impétrant, fans augmentation du droit de fignature.			
Sera taxé autant de droits que d'impetrans, quel qu'en foit le nombre.			
Les référendaires auront quinze fous par chaque lettre de requête civile feulement.			
Et les greffiers gardes minutes, dix fous auffi par chaque lettre feulement.			
Refcifion.			
Seront taxées comme fimples, fuivant qu'il fera expliqué ci-après au mot SIMPLE.			
S.			
Simples.			
Il y aura diftinction de fimples civiles & de fimples criminelles.			
Simples Civiles.			
Ce feront toutes lettres de la nature ci-après défignée, obtenues en matiere civile.			
Il y aura fimples civiles avec droit de fignature, & fimples civiles fans droit de fignature.			
Les Simples civiles avec droit de fignature, feront :			
Lettres de relief d'appel.			
Lettres d'anticipation.			

fidial

fidial de la ville de, &c. Le fceau y eft tenu

TITRE DES LETTRES.	Droit de fceau.		Droit de ignature.	TOTAL.	
	Liv. fous.		Sous.	Liv. fous.	
Lettres de défertion d'appel.					
Commiſſion en conſtitution de nouveaux Procureurs, en réprife d'inſtance, en déclaration de jugement commun.					
Debitis.					
Compulfoire.					
Pareatis fur arrêt & jugement, fcellés ès autres cours fouveraines, & qui feront obtenus pour les mettre à exécution dans l'étendue du reſſort de la cour fouveraine de Nanci.					
Surannation.					
Appel comme d'abus.					
Lettres de refcifion.					
Ces lettres ne feront point taxées au-delà de quatre impétrans, quel qu'en foit le nombre.					
A un impétrant..........	»	15.	» 5.	1.	»
A deux...............	1.	10.	» 5.	1.	15.
A trois...............	2.	5.	» 5.	2.	10.
A quatre..............	3	»	» 5.	3.	5.
Les référendaires auront cinq fous pour chacune defdites lettres feulement, fauf néanmoins fur les lettres d'appel comme d'abus, & lettres de refcifion, où ils auront dix fous par chacune lettre feulement.					
Les greffiers gardes-minutes auront fept fous par chacune defdites lettres feulement.					
Les Simples civiles fans fignature, feront:					
Exécutoire de dépens.					

par un confeiller garde des fceaux. Les maîtres des requêtes ont néanmoins droit de le

TITRE DES LETTRES.	Droit de fceau.	Droit de fignature.	TOTAL.	TITRE DES LETTRES.	Droit de fceau.	Droit de fignature.	TOTAL.
	Liv. fous.			Et feront taxées :	Liv jous.	Sous.	Liv. jous.
Arrêt d'*Iterato.*				A un impétrant.........	» 16.	» 5.	1. 1.
Tous arrêts interlocutoires &				A deux...............	1. 12.	» 5.	1. 17.
d'inftruction, qui tiendront cau-				A trois...............	2. 8.	» 5.	2. 13.
fes, inftances ou procès pour				A quatre.............	3. 4.	» 5.	3. 9.
reprifes, joindront ou disjoin-				A cinq...............	4. »	» 5.	4. 5.
dront; en un mot tous arrêts				A fix................	4. 16.	» 5.	5. 1.
qui ne jugeront rien définitive-				A fept...............	5. 12.	» 5.	5. 17.
ment ou par provifion, encore				A huit...............	6. 8.	» 5.	6. 13.
que lefdits arrêts prononçaffent				Et au delà de huit impé-			
condamnation de dépens.				trans, de feize fous par impé-			
Seront taxés :				trant, fans augmentation de			
A un impétrant........	» 15.			droit de fignature.			
A deux..............	1. 10.			Les référendaires & les gref-			
A trois..............	2. 5.	}	... *Nihil.*	fiers gardes-minutes auront les			
A quatre.............	3. »			mêmes droits que fur les fim-			
Ne fera taxé plus de quatre				ples civiles avec fignature, &			
impétrans.				ne fera fait minute que du pa-			
Il n'y aura aucun droit pour				reatis feulement.			
les référendaires ni pour les							
gardes-minutes.				Simples Criminelles fans figna-			
				ture, feront :			
Simples Criminelles.							
				Arrêt d'*Iterato.*			
Sera taxé autant de droits				Exécutoire de dépens.			
que d'impétrans.				Tous arrêts interlocutoires,			
Il y aura fimples criminelles				d'inftruction, & tous autres de			
avec droit de fignature.				cette nature en matiere crimi-			
Et fimples criminelles fans				nelle.			
droit de fignature.				Et feront taxés :			
				A un Impétrant.........	» 16.		
Simples Criminelles avec figna-				A deux...............	1. 12.		
ture, feront :				A trois...............	2. 8.		
				A quatre.............	3. 4		
Relief d'appel.				A cinq..............	4. »	}	... *Nihil.*
Les anticipations.				A fix................	4. 16.		
Les commiffions en reprifes.				A fept...............	5. 12.		
En déclaration d'arrêt com-				A huit...............	6. 8.		
mun.							

tenir, lorfqu'il s'en trouve quelqu'un fur le lie**r**

TITRE DES LETTRES.	Droit de fceau.		Droit de fignature	TOTAL.
	Liv. fous.		*Sous.*	*Liv. fous.*
Et au delà de huit impétrans, augmentera de feize fous par chaque impétrant.				
Il n'y aura aucun droit pour les référendaires ni pour les greffiers gardes-minutes.				
Nota. Lorfqu'une lettre contiendra en même-temps plufieurs objets, comme appel & anticipation, & commiffion pour affigner en reprife, ou déclaration d'arrêt commun, il fera taxé autant de droits qu'il y aura de nature de lettres différentes comprifes dans la même.				

T.

Terrier.

Ces lettres fe taxeront autant que d'impétrans, quel qu'en foit le nombre.				
A un impétrant.........	3.	»	» 5.	3. 5.
A deux.............	6.	»	» 5.	6. 5.
Et augmenteront par chaque impétrant, de trois livres, fans augmentation de droit de fignature.				
Les référendaires auront fur chaque lettre, feulement dix fous.				
Et les greffiers gardes-minutes, pareille fomme.				

FIXATION pour déterminer le nombre des impétrans.

Le mari & la femme, en matière civile, ne feront compté**e** que pour un impétrant ; mais en matière criminelle, feront comptés féparément, & feront deux impétrans.

Tuteurs & curateurs de mineurs & interdits, ne feront comptés que pour un, quoiqu'il y ait plufieurs mineurs, excepté toutefois dans la taxe des lettres de grace, c'eft-à-dire, lettres de bénéfice d'inventaire & autres lettres appellées *de grace*, pour la taxe defquelles il fera taxé autant d'impétrans qu'il y aura de mineurs ou d'interdits.

Procureurs, fabriciens, marguilliers, ne feront comptés que pour un, ainfi qu'un commiffaire au régime & gouvernement d'un bien faifi.

Abbé, religieux & couvent, lorfque l'abbé fera abbé régulier, ne feront comptés que pour un, attendu qu'il n'y a qu'une menfe.

Mais l'abbé commendataire & religieux & couvent, feront taxés deux, attendu qu'il y a deux menfes, l'abbatiale & la menfe conventuelle.

Doyen, chanoines & chapitre ne feront comptés que pour un, mais l'Evêque & le chapitre étant enfemble, feront comptés pour deux.

Les habitans d'un village en nom collectif, feront taxés quatre, fauf toutefois en matiere de taille & impofitions royales, où ne feront comptés que pour un.

Un particulier, tant en fon nom que comme ceffionnaire des droits d'un autre, ou comme héritier ou légataire d'un autre, ne fera compté que pour un.

Une veuve, tant en fon nom que comme tutrice de fes enfans, fera comptée, en matiere civile, pour deux ; favoir, un pour elle, & un à caufe de tous fes enfans mineurs.

Mais lorfqu'elle ne plaidera que comme tutrice, & non comme intéreffée en outre perfonnellement, elle ne fera, en matiere civile, comptée que pour un.

Traitans, fous-traitans, fermiers généraux, receveurs des domaines & bois, agiffant pour le recouvrement des droits royaux, feront comptés pour quatre, ainfi que les commis, agens des fermes, agiffant pour le recouvrement des droits de la ferme.

chaque Chancellerie préſidiale un office de c

Les officiers des cours, préſidiaux, bailliages & ju royales, ſeront comptés pour quatre, même quand la cédure ne s'inſtruiroit qu'à la requête du procureur du pour l'intérêt commun du corps.

Mais lorſque le procureur du roi, ou le procureur néral, agiront pour le bien public & pour le roi, tan matières civiles qu'en matières criminelles, il ne ſera taxé, mais les lettres ſeront ſcellées *pro rege*, ſans ſoit pour ce payé aucuns droits de ſceau ni autres ; s'il y a des parties jointes au miniſtère public, il ſera à raiſon des parties qui agiront pour leur intérêts ſonnel.

Fait & arrêté au conſeil royal des finances, ten Verſailles le vingt-ſixième jour de juin mil ſept cen xante-dix. *Signé* Louis. *Et plus bas*, le Duc de Choiſ

Règlement que le roi entend être gardé & obſervé ت Chancellerie établie près la cour ſouveraine de Nan

ARTICLE PREMIER.

La Chancellerie ſe tiendra deux fois par ſemaine, d dix heures du matin juſqu'à midi, dans le lieu qui ſe cet effet deſtiné, & aux jours qui ſeront les plus co bles, & arrêtés par le garde des ſceaux, les audienci contrôleurs & ſecrétaires du roi ; à l'effet de quoi, ſe un règlement qui ſera publié à l'audience du ſceau enregiſtré ſur les regiſtres d'icelle par les audiencie contrôleurs, & ne pourront leſdits jours être changés.

II. Le ſceau & le contre-ſceau ſeront renfermés un coffre à quatre clefs, dont le garde des ſceaux en une, l'audiencier & le contrôleur de quartier, auſſi eun une, & l'un des ſecrétaires du roi, une ; ledit c reſtera dans une ſalle où ſe tiendra le ſceau, & ſeral coffre renfermé dans un armoire qui ſera pratiquée à effet dans le mur, s'il eſt poſſible, & la clef de cette arm reſtera entre les mains du garde des ſceaux.

III. Il ſera choiſi dans le palais de la cour ſouve de Nanci, s'il eſt poſſible, ſinon le plus à portée, endroit pour y tenir la Chancellerie, & ſera compoſée d

feiller garde des fceaux, & un office de clerc-

---

falle où fe feront les expéditions, & où fe chauffera la
cire, d'un autre falle pour y tenir le fceau, & d'un cabinet
pour, après le fceau, y faire le contrôle & révifion de
la taxe des lettres, en faire l'état, & en charger le tréforier de l'émolument du fceau.

IV. Dans la falle deftinée pour y tenir le fceau, fera
placé un bureau long couvert d'un tapis vert, autour duquel
feront des banquettes à dos couvertes de tapifferies à
fleurs-de lys, pour s'affeoir.

V. Le garde des fceaux fera placé feul au haut du bureau
& au milieu.

Le long des côtés feront placés les audienciers; contrôleurs, fecrétaires du roi, fcelleur & chauffe-cire.

SAVOIR:

A la droite du garde des fceaux, l'audiencier; après le
fcelleur; enfuite le chauffe-cire.

A la gauche du garde des fceaux, les fecrétaires du
roi.

Au bas dudit bureau, dans le milieu & en face du garde
des fceaux, fe placera un coffre, dans lequel feront mifes
les lettres à mefure qu'elles feront fcellées, & s'apportera
ledit coffre chaque jour du fceau par le porte-coffre.

A côté dudit coffre, à la gauche d'icelui, fe placera le
contrôleur, & à la droite un fecrétaire du roi, de manière
que le coffre fe trouvera entre le contrôleur & l'un des fecrétaires du roi.

VI. N'entreront en la falle du fceau que les officiers
qui y feront néceffaires, qui feront le garde des fceaux;
les audienciers & contrôleurs, les fecrétaires du roi, le
fcelleur, le chauffe-cire, les référendaires & les huiffiers.

VII. L'huiffier reftera en dehors de la porte de la falle
du fceau, & n'y laiffera entrer que ceux dénommés en
l'article ci-deffus; & feront les huiffiers en robe.

VIII. Les audienciers, contrôleurs, fecrétaires du roi &
autres officiers de ladite Chancellerie, fe rendront en icelle
une heure avant la tenue du fceau, & fe tiendront dans la
falle des expéditions du fceau, pour y faire chacun les
fonctions de leur charge.

commis à l'audience, pour fceller les expédi-

___

IX. Il ne fera préfenté aucunes lettres au fceau qu'elles ne foient fignées par l'un des audienciers, contrôleurs & fecrétaires, qui tous figneront concurremment, favoir, les minutes des lettres qui y feront fujettes, avec paraphe, & les expéditions en parchemin avec grille & paraphe ; fur l'expédition en parchemin, en fin d'icelle & au milieu d'icelui, feront mis en plus gros caractères ces mots : par le confeil, & au bas l'un defdits audienciers, contrôleurs & fecrétaires du roi fignera avec grille & paraphe ; & feront toutes lefdites lettres dreffées par lefdits audienciers, contrôleurs & fecrétaires, & pourront les faire écrire par leurs commis, tant fur la minute que fur le parchemin.

Toutes les lettres feront écrites lifiblement, fans ratures, interlignes ni renvois.

X. Toutes les lettres fujettes à la collation des greffiers gardes-minutes, feront, après la fignature de l'un des audienciers, contrôleurs ou fecrétaires du roi, collationnées tant fur la minute que fur l'expédition, par l'un des greffiers gardes-minutes, qui gardera la minute fignée du fecrétaire du roi qui aura figné l'expédition en parchemin, & ledit greffier rendra ladite expédition en parchemin, en lui payant les droits à lui pour ce dus.

XI. Lorfque le garde des fceaux arrivera à la porte de la chambre, il fera conduit par l'huiffier jufqu'à fa place, & à la fortie du fceau, il fera reconduit par l'huiffier de fa place à la porte de la Chancellerie.

XII. Lorfque le garde des fceaux fera entré, il fera l'ouverture de l'armoire où fera renfermé le coffre du fceau, lequel fera pris par le fcelleur, & par lui porté fur le bureau du fceau ; le garde des fceaux ouvrira la ferrure dont il aura la clef, enfuite l'audiencier ; le contrôleur & le fecrétaire du roi feront de même, après quoi le fceau & le contre-fceau feront tirés du coffre par le fcelleur, & pofés à côté de lui fur le bureau.

Le fceau fini, le fcelleur remettra le fceau & le contre-fceau dans le coffre, le garde des fceaux fermera le coffre avec fa clef, enfuite l'audiencier, le contrôleur & le fecrétaire du roi feront de même ; le fcelleur prendra le coffre

tions & recevoir les émolumens. Ces offices

---

le remettra dans l'armoire qui fera fermée par le garde des fceaux.

XIII. Toutes les lettres feront préfentées au garde des fceaux , & rapportées par les audienciers , contrôleurs & , fecrétaires du roi concurremment , même par les réfé- rendaires pour celles feulement , par rapport à ces derniers, qui les concerneront.

XIV. Les référendaires fe tiendront debout dans la falle du fceau , & rapporteront , après toutefois les audienciers , contrôleurs & fecrétaires du roi , les lettres de requête civile, lettres d'appel comme d'abus, & lettres de refcifion feulement ; néanmoins pourront lefdits audienciers contrô- leurs & fecrétaires du roi , les rapporter par préférence à eux : pourront lefdits référendaires, concurremment avec les audienciers , contrôleurs & fecrétaires , dreffer minutes & groffoyer en parchemin lefdites lettres de requête civile , d'appel comme d'abus, de refcifion, fans pouvoir les figner mais feulement cotter leur nom en queue.

Les référendaires feront en robe & bonnet quarré à la main.

XV. Les lettres rapportées pafferont au fcelleur qui y appofera le fceau & le contre-fceau , lorfqu'il y aura lieu.

XVI. Le chauffe-cire qui fera à côté du fcelleur , ap- prêtera la cire au fcelleur, & la mettra en morceaux fuf- fifans pour qu'il puiffent recevoir l'impreffion du fceau & du contre fceau.

XVII. La lettre fcellée paffera entre les mains de l'au- diencier qui la taxera conformément au tarif, & mettra cette taxe en toutes lettres en tête de la lettre fcellée ; elle fera remife enfuite à l'un des fecrétaires du roi , qui au dos d'icelle mettra ces mots, *fcellé le....* en énonçant la date du jour, du mois & de l'année , & fignera avec pa- raphe, il examinera en même temps fi la taxe mife par l'audiencier eft conforme au tarif, & fi elle ne l'eft pas, le fera obferver, & l'audiencier réformera la taxe.

La lettre paffera enfuite au contrôleur, qui vérifiera pa- reillement la taxe, & s'il la trouve jufte, ou après la ré- forme, s'il y a eu erreur , mettra au-deffous de la taxe

ayant été supprimés par édit du mois de fé-

ou à côté, ces mots, *Contrôlé*; & paraphera seulement sans signer; après quoi il mettra la lettre dans le coffre étant à côté de lui.

XVIII. S'il survient quelque difficulté sur la taxe d'aucune des lettres, elle sera décidée sur le champ à la pluralité des voix de l'audiencier, du contrôleur & des secrétaires du roi.

XIX. Ne seront rendues aucunes lettres sous le sceau, mais seront toutes mises dans le coffre.

XX. Ne sera scellé ailleurs qu'en la salle du sceau, & le jour du sceau, icelui tenant.

XXI. Ne seront présentées au sceau que les lettres qui seront dans le cas d'être scellées en la Chancellerie de Nanci.

XXII. Ne pourront non plus y être scellées lettres de rescision, lorsqu'il y aura plus de dix années écoulées depuis la date des actes contre lesquelles elles auront été prises, non compris toutefois dans les dix années, celles de minorité, sauf en ce cas aux parties à se pourvoir en la grande Chancellerie, en la forme ordinaire.

XXIII. Lorsque le sceau sera fini, l'on fermera le coffre qui sera à deux clerfs, dont l'une sera remise à l'audiencier ou au contrôleur, & l'autre à l'un des secrétaires du roi.

XXIV. Le coffre ainsi fermé sera porté par le porte-coffre, de la Chancellerie dans le lieu destiné à faire le contrôle.

Et ledit coffre restera dans ledit endroit.

XXV. Entreront en la salle du contrôle, & assisteront au contrôle qui se tiendra à la suite du Sceau, & incontinent après icelui, les audienciers, contrôleurs, secrétaires du roi, le trésorier des émolumens du sceau, & le fermier des droits du sceau, ou celui qui sera préposé par le fermier: y assistera l'un des référendaires, celui d'entr'eux qu'ils choisiront à l'effet de prendre note des lettres sujettes aux droits de référendaires, desquels droits le trésoriers des émolumens du sceau fera la perceptioon, pour en compter amiablement aux référendaires avec celui d'entr'eux qu'ils nommeront à cet effet.

XXVI. Sera fait en ladite salle du contrôle une révision de la taxe des lettres, & sera fait mention sur deux regiftres appelés *Populos*, l'un tenu par l'audiencier, l'autre par l'un des secrétaires du roi, du nombre des lettres & de leur nature, avec distinction du droit de signature dû sur aucune d'icelles; & au bas desdits regiftres ou *populos*, sera fait calcul du montant desdites lettres, avec distinction du montant des droits de signature; & sera l'un & l'autre regiftre signé par l'audiencier & secrétaire du roi, & par le trésorier de l'émolument du sceau, & la signature dudit trésorier le chargera du montant du tout, & d'en compter.

XXVII. Le trésorier de l'émolument du sceau remettra les lettres à qui il appartiendra, en lui fourniffant le coût d'icelles.

XXVIII. Si l'un des maîtres des requêtes ordinaires de l'hôtel du roi se trouve à Nanci, & qu'il veuille y tenir le sceau, alors le garde des sceaux sera tenu de lui remettre la clef du coffre & de l'armoire.

XXIX. Si le garde des sceaux est absent, ou que l'office soit vacant, la clef du coffre sera remise à l'un des secrétaires du roi, & celle de l'armoire à l'un des audienciers ou contrôleurs, sans que lesdites deux clefs puissent être dans la même main, & le sceau sera tenu par le plus ancien des secrétaires, qui sera tenu de prendre l'avis des audienciers, contrôleurs & secrétaires du roi présens au sceau, & néanmoins nepourra se mettre à la place du garde des sceaux.

XXX. En l'absence de l'audiencier ou contrôleur, ou en cas de vacance desdits offices, leurs fonctions seront remplies par l'un des secrétaires du roi.

XXXI. Les conseillers-secrétaires du roi, maison, couronne de France & de ses finances, qui se trouveront à Nanci, pourront assister au sceau & au contrôle, & y auront séance, avant les officiers & secrétaires de ladite Chancellerie, sans néanmoins pouvoir prendre part aux émolumens du sceau & partager avec lesdits officiers; & en l'absence du garde des sceaux tiendront le sceau par préférence aux autres officiers de la Chancellerie. Fait & arrêté au conseil royal des finances, tenu à Versailles le vingt-sixième jour de juin mil sept cent soixante-dix. *Signé*, Louis. *Et plus bas*, le duc de Choiseul.

mois de février 1575, qui ordonna en outre que les greffiers d'appeaux signeroient les lettres de ces Chancelleries en l'absence des secrétaires du roi. En 1692 on créa les greffiers garde-minutes & expéditionnaires des lettres de Chancellerie pour les présidiaux ; & par édit de novembre 1707, le roi créa dans chaque Chancellerie présidiale deux audienciers, deux contrôleurs, deux secrétaires du roi à l'exception des présidiaux des villes où il y a parlement ; mais les offices créés par cet édit furent supprimés au mois de décembre 1708. Le nombre des officiers des Chancelleries présidiales fut fixé par édit de juin 1715, à un conseiller garde-scel, deux conseillers-secrétaires-audienciers, deux conseillers - secrétaires - contrôleurs , & deux conseillers secrétaires.

Enfin tous les offices qui avoient été créés pour les Chancelleries présidiales , ont été supprimés par un édit du mois de décembre 1727, qui ordonne que les fonctions du sceau dans ces Chancelleries seront faites à l'avenir, savoir, pour la garde du sceau, par le doyen des conseillers de chaque présidial, ou par telles autres personnes qu'il plaira au garde des sceaux de France de commettre : à l'égard des fonctions d'audienciers, contrôleurs & de secrétaires, qu'elles seront faites par les greffiers des appeaux des présidiaux en l'absence des conseillers-secrétaires établis près des cours, conformément aux édits de décembre 1557 & de février 1575.

Les actes qui s'expédient dans les Chancelleries présidiales sont, 1°. les commissions pour assigner au présidial tant en première instance que par appel, au sujet de demandes en garantie, sommation, anticipation, acquiescement, reprise d'instance, constitution de nouveau procureur, oppositions, intenventions, ou pour procéder relativement à des appellations principales, ou incidentes, renvois, incompétences, compulsoires, désertions ou autres demandes dans les cas de l'édit des présidiaux. C'est ce qui résulte de l'édit du mois de décembre 1557, & de l'arrêt du conseil du 7 août 1697, rendu pour Amiens.

Il faut toutefois excepter de cette règle les affaires qui avant l'édit du mois d'avril 1749 portant réunion des prévôtés aux bailliages ou sénéchaussées, étoient de la compétence des prévôtés, châtellenies, vicomtés ou vigueries, & qui en seroient encore sans la suppression portée par cet édit : dans ces affaires, les parties ont été dispensées par arrêt du conseil du 7 novembre 1749, d'obtenir des commissions pour faire donner les assignations en première instance aux siéges présidiaux dans les deux cas de l'édit. Au reste, le même arrêt a déclaré les jugemens rendus dans ces sortes d'affaires, sujets au sceau des sentences présidiales. La déclaration du 10 juillet 1739, avoit déja réglé la même chose pour Provins, lors de la réunion de la prévôté de cette ville au Bailliage.

2°. On doit obtenir dans les Chancelleries présidiales toutes les lettres de rescision ou de restitution nécessaires pour le jugement des instances ou procès dans les deux cas de l'édit, même dans les instances qui se poursuivent par devant les juges du ressort du présidial. C'est ce qui résulte de l'édit du mois de décembre 1557, & de divers règlemens du conseil des

20 août 1703, 3 & 17 mars 1704, 25 janvier 1706, 22 Novembre 1707 & 26 janvier 1751.

Il eſt vrai que quelques auteurs ont prétendu que pour les lettres de refcifion ou de reſtitution, il falloit ſe pourvoir dans les Chancelleries établies près des cours : c'eſt l'opinion de Maynard, & Lapeyrère rapporte un arrêt du parlement de Bordeaux qui l'a ainſi jugé ; mais ces autorités ne doivent pas l'emporter ſur celles qu'on vient de rapporter.

3°. On doit faire ſceller dans les Chancelleries préfidiales tous les jugemens, ordonnances & autres, ſujets au ſceau, tels que ſont les ſentences ou jugemens interlocutoires, provifoires ou définitifs dans les deux cas de l'édit, tant en matière civile qu'en matière criminelle, les exécutoires des dépens prononcés par ces ſentences, les ordonnances portant permiſſion de ſaifir, & les mandemens ou contraintes en forme de *débitis*, ſur titres ou contrats dans les cas de l'édit. C'eſt ce qui réfulte des arrêts du confeil des 21 avril 1670, 22 avril 1673, 20 août 1703, 3 & 17 mars 1704, 21 novembre 1707 & 27 janvier 1751.

Les lettres qui s'expédient dans les Chancelleries préfidiales, ſont au nom du roi comme dans les autres Chancelleries du royaume.

Ces expéditions ſe délivrent en parchemin & doivent être collationnées & paraphées par les greffiers garde-minutes.

Les droits qui ſe payent dans les Chancelleries préfidiales tant pour la taxe des lettres que pour le ſceau ſont réglés par les arrêts du confeil dont nous avons parlé, & ils doivent

être payés par toutes fortes de perfonnes indif-
tinctement, à l'exception des procureurs du
roi pour les affaires qui concernent fa majefté.

Suivant l'article 3 de l'édit du mois de décembre 1557, les Chancelleries établies près
des cours ont la prévention fur les Chancelleries préfidiales, & l'on peut fe pourvoir devant
les premières pour y obtenir les lettres qui
s'expédient dans les fecondes.

Chancelleries aux contrats. Ce font des juridictions établies en différentes villes du duché
de Bourgogne.

Pour bien entendre ce que c'eft que ces Chancelleries aux contrats, il faut d'abord obferver
que du tems des ducs de Bourgogne, le Chancelier, outre le garde du grand fcel, avoit
auffi la garde du fcel aux contrats, & le droit
de connoître de l'exécution des contrats paffés
fous ce fcel ; ce qu'il devoit faire en perfonne
au moins deux ou trois fois par an, dans les
fix fiéges dépendans de fa Chancellerie.

Il avoit fous lui un officier qui avoit le titre
de gouverneur de la Chancellerie. Il le nommoit, mais il étoit confirmé par le duc de Bourgogne. Le Chancelier mort, cet officier per-
doit fa charge & le duc en nommoit un pendant la vacance, lequel étoit deftitué dès qu'il
y avoit un nouveau Chancelier : en cas de mort,
ou de deftitution du gouverneur de la Chancellerie, les fceaux étoient dépofés entre les
mains des officiers de la chambre des comptes
de Bourgogne, qui les donnoient dans un coffret de laiton à celui qui étoit choifi. Ce gouverneur avoit des lieutenans dans tous les bail-

liages de Bourgogne, & dans quelques villes particulières du duché : ils gardoient les sceaux des siéges particuliers, & rendoient compte des profits au gouverneur. Un registre de la chambre des comptes de Bourgogne fait mention que le 7 août 1761, Jacques Paris, bailli de Dijon qui avoit en garde les sceaux du duché de Bourgogne, les remit à Jean de Vesranges, institué gouverneur de la Chancellerie ; savoir le grand scel & le contre-scel, & le scel aux causes, tous d'argent & enchaînés d'argent, ensemble plusieurs autres vieux scels de cuivre, & un coffret ferré de laiton, où on mettoit les petits scels.

Les lieutenans de la Chancellerie de chaque bailliage avoient aussi des sceaux, comme il paroît par un mémoire de la chambre des comptes de Dijon, portant que le 7 septembre 1396 il fut ordonné à Me. Hugues le vertueux, lieutenant de monseigneur le Chancelier, au siége de Dijon, un grand scel, un contre-scel, & un petit scel aux causes, pour en sceller les lettres, contrats & autres choses qui seroien à sceller dans ce siége, toutes les fois qu'il en seroit requis par les notaires leurs co-adjuteur au même siége. Dans quelques villes particulières de Bourgogne, il y avoit un garde de sceaux aux contrats, lequel faisoit serment la chambre des comptes, où on lui délivroi trois sceaux de cuivre, savoir un grand scel un contre-scel & le petit scel. Le Chancelie avoit aussi dans chaque bailliage des clercs ou secrétaires, appelés *libellenses*, qui percevoien certains droits pour leurs écritures.

L'état présent des Chancelleries aux contrats

es

eft que le gouverneur eft le chef de ces juridictions. Son principal fiége eft à Dijon. Il a rang
après le grand bailli, avant tous les lieutenans
& préfidens du bailliage & du préfidial. Il a un
affeffeur pour la Chancellerie, qui a le titre de
lieutenant civil & criminel, & de premier confeiller au bailliage.

Le reffort de la Chancellerie aux contrats,
féante à Dijon, pour les villes, bourgs, paroiffes & hameaux qui en dépendent, n'eft pas
précifément le même que celui du bailliage ; il
y a quelqueques lieux dépendans de l'abbaye
de Saint-Seine, qui font de la Chancellerie de
Dijon pour les affaires de Chancellerie, & du
bailliage de Chatillon pour les affaires bailia-
gères, fuivant des arrêts du parlement de Dijon, des 30 décembre 1560, & 4 janvier 1561.

Il y a auffi des Chancelleries aux contrats
dans les villes de Beaune, Autun, Châlons, Semur en Auxois, Châtillon-fur-Seine, appelé
autrement le bailliage de la Montagne. Ces
Chancelleries font unies aux bailliages & fiéges
préfidiaux des mêmes villes ; mais on donne toujours une audience particulière pour les affaires
de Chancellerie, où le lieutenant de la Chancellerie préfide ; au lieu qu'aux audiences du
bailliage, il n'a rang qu'après le lieutenant général.

Le gouverneur de la Chancellerie nommoit
autrefois les lieutenans de ces cinq juridiÆtions;
mais il ne les commet plus depuis qu'ils ont été
créés en titre d'office.

L'édit de François premier du 8 janvier 1535,
& la déclaration du 15 mai 1544 contiennent
des réglemens entre les officiers des Chancel-

leries & ceux des bailliages royaux. Il réfult de ces réglemens, que les juges des Chancelleries doivent connoître privativement aux baillis royaux & à leurs lieutenans, de toute matière d'exécution de meubles, immeubles héritages, criées & fubhaftations qui fe font en vertu de lettres reçues fous le fcel aux contrats de la Chancellerie, tant contre l'obligé que contre fes héritiers; qu'ils ont auffi droit de connoître des publications de teftamens paffés fous ce même fcel, & des appels interjetés de fergens, ou autres exécuteurs des lettres & mandemens de ces Chancelleries; en forte que les officiers des bailliages n'ont que le fceau des jugemens, & que celui des contrats appartient aux Chancelleries. Il y a dans chacune un garde des fceaux prépofé à cet effet.

Les jugemens émanés des Chancelleries de Dijon, Baune, Autun, Châlons, Semur en Auxois & Châtillon-fur-Seine, & tous les actes paffés devant notaires, fous le fceau de ces Chancelleries, font intitulés du nom du gouverneur de la Chancellerie; mais les contrats n'ont pas befoin d'être fcellés par le gouverneur; le fceau appofé par le notaire fuffit.

La ville de Semur, & les paroiffes & villages du Châlonnois, qui font entre la Saône & le Doux, plaident pour les affaires de la Chancellerie, à celle de Châlons, ou à celle de Beaune, au choix du demandeur, ainfi qu'il fut décidé par un arrêt contradictoire du confeil d'état en 1656.

L'appel des Chancelleries de Dijon & des cinq autres qui en dépendent, va directement au parlement de Dijon. Celle de Beaune, où il n'y a point de préfidial, reffortit au préfidial de Dijon, dans les matières qui font au premier chef de l'édit.

Il y a auffi à Nuys, à Auxonne, Saint-Jean-de-Lône, Montcenis, Semur en Briennois, Avallon, Arnay-le-Duc, Saulieu, & Bourbon-Lanci, des Chancelleries aux contrats; elles font unies comme les autres aux bailliages des mêmes villes, conformément aux édits des 29 avril 1542, & mai 1640.

Ces neuf Chancelleries ne reconnoiffent point le gouverneur de la Chancellerie de Dijon pour fupérieur; c'eft pourquoi les jugemens qui s'y rendent ne font point intitulés du nom du gouverneur, mais de celui du lieutenant de la Chancellerie.

L'appel de ces neuf Chancelleries va au parlement de Dijon, excepté qu'au premier chef de l'édit, les Chancelleries de Nuys, Auxône, & Saint-Jean-de-Lône, vont par appel, au préfidial de Dijon; celles de Montcenis, de Semur en Briennois, & de Bourbon-Lancy, au préfidial d'Autun; & celles d'Arnay-le-Duc & de Saulieu, au préfidial de Semur en Auxois.

A l'égard des contrats qui fe paffent dans toutes ces Chancelleries, foit celles qui dépendent en quelque chofe du gouverneur, ou celles qui n'en dépendent point, ils ne font pas intitulés du nom du gouverneur, & ils n'ont pas befoin d'être fcellés de fon fceau; & néanmoins ils ne laiffent pas d'emporter excution parée, pourvu qu'ils foient fcellés par le Notaire; c'eft un des priviléges de la province.

Voyez *le recueil des ordonnances du Louvre; Teffereau, hiftoire de la Chancellerie; l'arrêt du* conseil du 17 juillet 1643 ; le réglement du mois de février 1673 ; l'édit du mois de décembre 1557 ; Miraumont origine de la Chancellerie ; les édits de février 1561, février 1575, novembre 1707, décembre 1708, juin 1715, & décembre 1727 ; Joly, traité des offices de France ; la bibliothèque de Bouchel ; les arrêts du conseil des 20 août 1703, 3 & 17 mars 1704, 25 janvier 1706, 21 novembre 1707, & 26 janvier 1751 ; les questions de Maynard ; les décisions de la Peyrère ; le traité de la juridiction des présidiaux ; les mémoires pour servir à l'histoire de France & de Bourgogne ; l'édit du 8 janvier 1535 ; la déclaration du 15 mai 1544 ; les édits d'avril 1542 & mai 1640, &c. Voyez aussi les articles CHANCELIER, GARDE DES SCEAUX, MAÎTRE DES REQUÊTES, SECRÉTAIRE DU ROI, PRÉSIDIAL, PARLEMENT, SCEAUX, &c. (Cet article appartient pour la plus grande partie, à M. BOUCHER D'ARGIS, ancien conseiller au conseil souverain de Dombes).

CHANCELLERIE ROMAINE. C'est un bureau établi à Rome, où l'on expédie toutes les grâces que le pape accorde.

La Chancellerie romaine est composée de plusieurs tribunaux, de la chambre apostolique, de la daterie, &c. Ces tribunaux ont cependant des priviléges & des droits différens, & ils exercent leurs fonctions séparément. La Chancellerie paroît être le plus ancien : son nom tire son origine de ce qu'il y avoit autrefois une charge de Chancelier du saint-siége ; mais cette charge n'existe plus.

On fait dans ce bureau l'expédition de toutes les grâces que le pape accorde dans le consistoire. Il est sur-tout chargé d'expédier les bulles concernant les bénéfices confiftoriaux, tels que les archevêchés, évêchés, abbayes, &c.

Les canoniftes ne font pas d'accord fur la véritable époque où la Chancellerie romaine a été établie. Les uns prétendent qu'elle exiftoit avant le fixième concile œcuménique tenu en 680; ils fondent leur opinion fur ce qu'il y avoit alors un Chancelier à Rome; mais les autres foutiennent que le pape Luce III n'a fait cet établiffement que dans le treizième fiécle.

Il paroît certain que ce pontife eft le premier qui ait parlé de la charge de Chancelier.

Au-refte il n'y a plus de Chancelier à Rome. On attribue la fuppreffion de cette place à Boniface VIII. Ce pape ne voulut point, fuivant plufieurs auteurs, qu'il exiftât dans fa cour un officier qui eût autant de pouvoir que lui (*), & il créa un vice-Chancelier (**) qui fubfifte aujourd'hui.

Le vice-Chanelier eft le chef & le préfident de tous les officiers qui compofent la Chancellerie romaine. Toutes les affaires qui fe traitent dans ce bureau & toutes les bulles, refcrits, &c. qui s'y expédient, font foumis à fon infpection.

Outre le vice-chancelier, il y a un régent de la Chancellerie. Ses fonctions confiftent à connoître de toutes les réfignations & ceffions de bénéfices, & à les diftribuer aux prélats du collége de majori parco. Il met fa marque(***)fur

---

(*) Cancellarius certabat de pari cum papa. —
(**) Papa eft cancellarius in ecclefia Dei.
(***) Le vice chancelier met cette marque fur les expéditions N. Regens.

les expéditions à la marge du côté gauche de la signature.

Le régent de la Chancellerie a seul le droit de corriger les erreurs qui peuvent s'être glissées dans les bulles. Lorsqu'il corrige quelque faute ou quelqu'omission, il en fait mention au dessus de la première ligne de la bulle (*), & il signe.

Nous ne distinguons point en France le pouvoir du pape de celui du vice-Chancelier. Nous regardons comme une maxime certaine que tout ce qui émane de la Chancellerie romaine a été fait par sa sainteté (**).

La Chancellerie romaine n'avoit pas anciennement des droits aussi étendus que ceux dont elle jouit aujourd'hui ; mais les papes en ont augmenté successivement les priviléges à proportion des droits qu'ils ont exercés sur les bénéfices. C'est à présent un des établissemens les plus précieux & les plus importans pour la cour de rome.

D'Héricourt dit dans ses lois ecclésiastiques, « que les premiers Chanceliers de la cour de » Rome étoient des personnes plus distinguées » par leur mérite & par leur érudition, que » par leur dignité. Boniface VIII donna cet emploi à un cardinal ; son exemple fut suivi par » ses successeurs ; mais les cardinaux, (dit le » cardinal de Luca) regardent comme au-dessous » de leur rang, de tenir ces sortes d'emplois en » titre ; c'est pourquoi le pape ne les leur donne

(*) *Corrigatur in regiſtro pro ut jacet ;* & il signe son nom ainsi ...... *Regens.*
(**) *Quidquid geſſit cancellaria, videtur geſtum a papa.*

» que comme une efpèce de commiffion. Les
» prélats qui en font pourvus prennent aujour-
» d'hui la qualité de vice-Chancelier, au lieu
» de celle de Chancelier qui n'exifte plus ».

Nous n'admettons point en France toutes les
régles de la Chancellerie romaine. Il n'y en a que
trois qui font reçues dans le royaume (*). Ces
régles n'ont force de loi en France que lorfque
l'églife Gallicane les a admifes. C'eft auffi un
principe certain que le pape ne peut déroger
aux règles de Chancellerie dont la pratique eft
reçue parmi nous.

Outre les trois règles de Chancellerie romaine que nous avons citées, il y en a encore
plufieurs autres qui font fuivies dans le royaume,
mais c'eft comme régles d'équité fondées fur nos
lois & fur la jurifprudence des tribunaux françois, & non comme régles de Chancellerie.

Voyez *Rouffeau de la Combe, dans fon re-
cueil de jurifprudence canonique ; d'Héricourt ; le
père Thomaffin, dans fon traité de la difcipline
de l'églife ; Rebuffe, Louet, Vaillant, les mé-
moires du clergé*, &c. Voyez auffi les articles
BULLES, BÉNÉFICES, CONSISTOIRE, CHAM-
BRE APOSTOLIQUE, DATTES, DATTERIE,
PROVISIONS, RÉGLES DE CHANCELLERIE RO-
MAINE, RESCRITS, &c. (*Cet article eft de M.
DÉSESSARTS, avocat au parlement*).

CHANGE. C'eft une négociation par laquelle
on tranfporte à une perfonne les fonds qu'on a

_____

(*) Les trois règles de Chancellerie romaine admifes en
France font, 1º. *la règle de infirmis refignantibus* ; 2º. *la
règle de verifimili notitia obitûs* ; & 3º. *la règle de publi-
candis refignationibus.*

dans quelque endroit pour un prix convenu, ou qui se trouve réglé sur la place par le commerce. Ce transport se fait par le moyen d'un acte qui représente les fonds dont on fait la cession & qu'on appelle lettre-de-change.

On appelle aussi *Change*, le prix qu'un banquier prend pour l'argent qu'il fait remettre.

Nous diviserons cet article en six parties :

Dans la première, il sera traité de la nature & de l'utilité du Change.

Dans la seconde, de la forme des lettres-de-change & de leur origine.

Dans la troisième, de la qualité des personnes qui interviennent dans la négociation d'une lettre-de-change.

Dans la quatrième, des règles relatives à l'usage & au commerce des letttres-de-change.

Dans la cinquième, des dommages & intérêts résultans du défaut de payement d'une lettre-de-change.

Et dans la sixième, du *Change*, considéré dans l'acception où ce mot signifie le lieu où doivent être portées les monnoies tant étrangères que décriées & les matières d'or & d'argent pour en recevoir le prix.

PREMIÈRE PARTIE.

De la nature & de l'utilité du Change. Le contrat de Change a été introduit pour éviter le transport réel de l'argent, qui outre les frais & les risques, apporteroit un rétardement considérable au commerce que l'on n'a vu fleurir que depuis l'usage des lettres-de-change. Soit que le négociant tire des lettres-de-change, soit qu'il prenne sur la place des lettres tirées par d'autres négocians, il eft payé de fes ventes ou paye fes achats en lettres-de-change.

Or le Change eft une fixation de la valeur actuelle & momentanée des monnoies des divers pays ; il faut donc qu'un négociant étudie les variations de cette valeur, afin de ne payer ni d'être payé à fon défavantage ; il faut auffi qu'il connoiffe le pair du Change de chaque place, c'eft-à-dire, le prix moyen qui ne caufe ni profit, ni perte ; c'eft par la fcience exacte des variations du Change, qu'il difpofe fes opérations de façon à tourner le cours actuel à fon avantage. On entend par cours actuel, le prix auquel font les lettres-de-change pour faire des remifes d'une place à une autre.

Le pair du Change eft fondé fur une proportion arithmétique du titre, du poids, & de la valeur numéraire des efpèces réelles d'or & d'argent reçues & données en payement ; on en a par-tout des tables exactes, qu'on peut confulter au befoin. Mais le cours du Change s'éloigne fans ceffe de ce pair réel dans toutes les places, fuivant les circonftances ou la fituation momentanée de leur commerce refpectif, & ce font ces circonftances qui établiffent le cours actuel. Remontons au principe.

L'argent, comme métal, a une valeur, ainfi que toutes les autres marchandifes ; l'argent, comme monnoie, a une valeur que le prince peut fixer dans quelques rapports, & qu'il ne fauroit fixer dans d'autres.

1°. Le prince établit une proportion entre une quantité d'argent, comme métal, & la même quantité comme monnoie.

2°. Il fixe celle qui eft entre divers métaux employés à la monnoie.

3°. Il établit le poids & le titre de chaque pièce de monnoie.

4°. Enfin il donne à chaque piéce une valeur idéale.

Pour bien entendre ce qu'on vient de dire, il faut se repréfenter que quand l'or, l'argent & le cuivre furent introduits dans le commerce pour y être les fignes des marchandifes, & qu'ils furent convertis en monnoie d'un certain poids, les monnoies prirent leur dénomination du poids qu'on leur donna ; c'eft-à-dire, qu'une livre pefant d'argent fut appelée une livre.

Les befoins ou la mauvaife foi firent retrancher du poids de chaque pièce de monnoie, qui conferva cependant fa dénomination.

Ainfi il y a dans chaque pays une monnoie réelle, & une monnoie idéale.

Les monnoies idéales repréfentent une quantité déterminée de monnoies réelles, fans égard à leur valeur numéraire dans chaque pays ; par exemple, en Hollande, cinquante-quatre deniers de gros, monnoie idéale, repréfentent un écu de France monnoie réelle.

Quelques efforts qu'aient faits les fouverains pour faire circuler comme réelles, leurs monnoies devenues idéales par l'altération du poids ou du titre, le commerce les a toujours remifes à leur valeur pofitive, fuivant la quantité de carats ou de deniers de fin qu'elles contiennent : il fépare l'aloi, & c'eft fur ce pied qu'il établit le pair du Change ; & de même que le pair réel confifte dans la comparaifon des monnoies réelles, le pair idéal ou des monnoies de Change, eft le rapport des monnoies idéales de divers pays.

Les monoies de chaque état comparées avec les monoies des autres pays, ont donc une valeur relative qui dépend beaucoup de leur valeur positive, mais qui varie fans cefse par les circonftances : ces variations font réglées par l'eftime la plus générale des négocians, & ne peuvent l'être par l'ordonnance du prince. Pour fixer cette valeur relative, les diverfes nations doivent fe régler beaucoup fur celle qui a le plus d'argent : dans l'état actuel de la terre, c'eft la Hollande qui eft cette nation dont nous parlons ; examinons le Change par rapport à elle.

Il y a en Hollande une monnoie qu'on appelle un florin ; ce florin vaut vingt fous ou quarante demi fous ou deniers de gros. Pour fimplifier les idées, imaginons qu'il n'y ait point de florins en Hollande, & qu'il n'y ait que des deniers de gros ; un homme qui aura 1000 florins aura 40000 deniers de gros, ainfi du refte.

Or le Change avec la Hollande confifte à favoir combien chaque piece de monnoie des autres pays vaudra de deniers de gros ; & comme on compte ordinairement en France par écu de trois livres, le Change demandera combien un écu de trois livres vaudra de deniers de gros. Si le Change eft à cinquante-quatre, l'écu de trois livres vaudra cinquante-quatre deniers de gros ; s'il eft à foixante, il vaudra foixante deniers de gros : fi l'argent eft rare en France, l'écu de trois livres vaudra plus de deniers de gros ; s'il eft en abondance, il vaudra moins de deniers de gros.

Cependant cette rareté ou cette abondance d'où réfulte la mutation du Change, n'eft pas la rareté ou l'abondance réelle, c'eft une rareté ou une abondance relative ; par exemple , quand la France a plus befoin d'avoir des fonds en Hollande , que les Hollandois n'ont befoin d'en avoir en France , l'argent eft appelé commun en France & rare en Hollande & réciproquement.

Suppofons que le Change avec la Hollande foit à cinquante-quatre : fi la France & la Hollande ne compofoient qu'une ville , on feroit comme on fait quand on donne la monoie d'un écu · le François tireroit de fa poche trois livres, & le Hollandois tireroit de la fienne cinquante-quatre deniers de gros ; mais comme il y a de la diftance entre Paris & Amfterdam , il faut que celui qui me donne pour mon écu de trois livres cinquante-quatre deniers de gros qu'il a en Hollande , me donne une lettre-de-change de cinquante-quatre deniers de gros fur la Hollande : il n'eft plus queftion ici de cinquante-quatre deniers de gros , mais d'une lettre-de-change de cinquante-quatre deniers de gros ; ainfi pour juger de la rareté & de l'abondance de l'argent , il faut favoir s'il y a en France plus d'écus deftinés pour la Hollande , qu'il n'y a de lettres de cinquante-quatre deniers de gros ; s'il y a beaucoup de lettres offertes par les Hollandois , & peu d'écus offerts par les Frannois , l'argent eft rare en France & commun en Hollande , & il faut que le Change hauffe , & que pour votre écu on vous donne plus de cinquante-quatre deniers de gros , autrement vous ne le donnerez pas.

On voit que les diverfes opérations de Change forment un compte de recette & de dépenfe qu'il faut toujours folder , & qu'un état qui doit, ne s'acquitte pas plus avec les autres par le Change, qu'un particulier ne paye une dette en changeant de l'argent.

S'il n'y avoit, par exemple, que trois états dans le monde, la France, l'Espagne & la Hollande ; que divers particuliers d'Espagne dûssent en France la valeur de cent mille marcs d'argent, en même temps que divers particuliers de France devroient en Espagne cent dix mille marcs, & que quelque circonstance fît que chacun en Espagne & en France voulût tout-à-coup retirer son argent, que feroient les opérations du Change ? Elles acquitteroient réciproquement ces deux nations de cent mille marcs. Mais la France devroit toujours dix mille marcs en Espagne ; ainsi les Espagnols auroient toujours des lettres sur la France pour dix mille marcs, & la France n'en auroit point du tout sur l'Espagne.

Si la Hollande étoit dans un cas contraire avec la France, & que pour solde elle lui dût dix mille marcs, la France pourroit payer l'Espagne de deux manières, ou en donnant à ses créanciers d'Espagne des lettres sur ses débiteurs de Hollande pour dix mille marcs, ou bien en envoyant en Espagne dix mille marcs d'argent en espèce.

Il suit de là que quand un état a besoin de remettre une somme d'argent dans un autre pays, il est indifférent par la nature de la chose, que l'on y voiture de l'argent, ou que l'on prenne des lettres-de-change ; l'avantage de ces deux manières de payer dépend uniquement des circonstances actuelles. Il faudra voir ce qui dans ce moment donnera plus de deniers de gros en Hollande, ou l'argent porté en espèces, ou une lettre fur la Hollande de pareille fomme, les frais de la voiture & de l'affurance déduits ; car il faut faire attention qu'ordinairemeut le prix du Change ne s'élève point au deffus des frais, & des rifques du tranfport réel de l'argent , & qu'on préfère le tranfport réel, dès que le cours du Change y fait voir du bénéfice.

Lorfque le même titre & le même poids d'argent en France, rendent le même poids & le même titre d'argent en Hollande, on dit que le Change avec la Hollande eft au pair. Dans l'état actuel des monoies, le pair eft ordinairement à peu près à cinquante-quatre deniers de gros par écu. Lorfque le Change eft au deffus de cinquante quatre deniers de gros, on dit qu'il eft haut ; lorfqu'il eft au deffous, on dit qu'il eft bas.

Pour favoir fi dans une certaine fituation du Change , l'état gagne ou perd, il faut le confidérer comme débiteur, comme créancier, comme acheteur, comme vendeur. En France, lorfque le Change avec la Hollande eft plus bas que le pair, l'état perd comme débiteur, il gagne comme créancier ; il perd comme acheteur, il gagne comme vendeur.

On fent bien qu'il perd comme débiteur : par exemple , la France devant à la Hollande un certain nombre de deniers de gros , moins fon écu vaudra de deniers de gros , plus il faudra d'écus pour payer : au contraire , fi la France eft créancière d'un certain nombre de deniers de gros , moins chaque écu vaudra de deniers de gros, plus elle recevra d'écus ; l'état perd encore comme acheteur, car il faut toujours le même nombre de deniers de gros , pour acheter

la même quantité de marchandifes ; & lorfque
le Change baiffe , chaque écu de France donne
moins de deniers de gros ; par la même raifon
l'état gagne comme vendeur : je vends ma marchandife en Hollande le même nombre de deniers de gros que je la vendois ; j'aurai donc
plus d'écus en France , lorfqu'avec cinquante
deniers de gros je me procurerai un écu, que
lorfqu'il m'en faudra cinquante - quatre pour
avoir ce même écu : le contraire de tout ceci
arrivera à l'autre état ; fi la Hollande doit un
certain nombre d'écus, elle gagnera ; & fi on
les lui doit, elle perdra ; fi elle vend elle perdra ;
fi elle achete , elle gagnera.

Lorfque le Change eft au deffous du pair,
par exemple , s'il eft à cinquante au lieu d'être
à cinquante-quatre , il devroit arriver que la
France envoyant par le Change cinquatre-quatre
mille écus en Hollande , n'achetât des marchandifes que pour cinquante mille écus ; &
que d'un autre côté la Hollande , envoyant la
valeur de cinquante mille écus en France , en
rachetât pour cinquante-quatre mille, ce qui feroit une différence de huit cinquante-quatrièmes,
c'eft-à-dire , de plus d'un feptième de perte
pour la France, de forte qu'il faudroit envoyer
en Hollande un feptième de plus en argent ou en
marchandifes qu'on ne faifoit lorfque le Change
étoit au pair.

Il femble que cela devroit être , & cependant
cela n'eft pas ; car fi les défavantages du Change
font permanens & fenfibles, le négociant inftruit
dirige en conféquence fes opérations , & le
Change n'influe en aucune façon fur la valeur
réelle des denrées & marchandifes : le vendeur

ou l'acheteur pour qui le Change eft défavantageux, convient alors d'un prix différent, ou du
payement fur le pied du Change au pair ; c'eft
ainfi que le commerce reprend toujours fon ni-
veau entre les mains des négocians inftruits, &
que les variations du Change n'ont pas les inconvéniens qui paroiffent être à craindre.

Plufieurs caufes concourent à faire hauffer le
Change.

Lorfque les négocians font beaucoup d'achats
dans un pays, le Change fur ce pays devient
infailliblement défavantageux.

Il en eft de même, lorfqu'on demande une
grande quantité de lettres-de-change fur un pays
qui ne doit rien.

Cependant le Change de toutes les places tend
toujours à fe mettre à une certaine proportion,
& cela eft dans la nature de la chofe même.

Si le Change de l'Irlande à l'Angleterre eft plus
bas que le pair, celui de l'Irlande à la Hollande
fera encore plus bas, c'eft-à-dire, en raifon
compofée de celui de l'Irlande à l'Angleterre, &
celui de l'Angletèrre à la Hollande ; car un Hollandois qui peut faire venir fes fonds indirectement d'Irlande par l'Angletèrre ne voudra pas
payer plus cher pour les faire venir directement;
cependant il y a des circonftances qui font
varier ces chofes ; & la différence du profit
qu'il y a à tirer par une place ou à tirer par
une autre, eft l'objet de l'étude particulière du
banquier.

Au refte les connoiffances néceffaires au banquier, font auffi très-utiles à tout autre négociant pour profiter des avantages du Change,
lorfqu'il doit faire ou recevoir des payemens.

Il

Il doit favoir ce que c'eſt que le prix certain & le prix incertain : le prix certain eſt un prix fixe & invariable ; & le prix incertain eſt un prix variable ; c'eſt-à-dire, qu'une place dans le Change avec une autre place donne toujours le certain, pour avoir l'incertain, c'eſt-à-dire, plus ou moins ; & une autre donne l'incertain, ou plus ou moins, pour avoir le certain : par exemple, à Lyon, on donne un écu de trois livres pour avoir cinquante-cinq deniers de gros à Amſterdam, plus ou moins : Lyon donne ici le certain pour avoir l'incertain. Il donne au contraire l'incertain à Madrid, pour avoir le certain, c'eſt-à-dire, une quantité incertaine de ſous, depuis ſoixante-quatorze juſqu'à ſoixante-dix-huit, pour avoir une piaſtre.

Un négociant qui demeure dans une place où l'on donne le certain, étant obligé de faire une remiſe dans celle où l'on donne l'incertain doit pour la faire avec avantage, obtenir contre ſon prix certain, le plus d'eſpèces qu'il ſera poſſible, de la place où l'on donne l'incertain ; parce que plus il en reçoit pour ſon prix fixe, plus il gagne ; moins il en reçoit, plus il perd ou manque de gagner.

Le négociant au contraire qui fait une remiſe dans une place où l'on donne le certain, doit donner le moins qu'il peut d'eſpèces de ſa place, pour le prix fixe de celle qui lui donne le certain.

Ainſi le Change haut dans une place qui donne le certain, comme Paris avec Londres, indique l'avantage, & le Change bas le déſavantage. Par exemple : le pair de l'écu de France étant avec Londres trente deniers ſterling, il eſt évident que ſi le Change monte à trente-deux deniers, la France gagne deux deniers ; s'il baiffe à vingt-huit deniers , la France perd deux deniers fterling par écu. Au contraire dans une place qui donne l'incertain pour le certain , comme Lyon avec Madrid , le Change haut indique le défavantage , & le Change bas l'avantage. Le pair de la piaftre de huit réaux de *vieille platte* ou *vieil argent* , fuppofé à foixante-dix-fept fous tournois ; fi Lyon donne foixante-dix-huit fous pour avoir à Madrid , une piaftre de Change , Lyon perd un fou par piaftre ; fi le Change baiffe à foixane-feize , Lyon gagne un fou par piaftre.

En fuivant ces principes , le bénéfice que le négociant peut tirer du cours des Changes , eft une affaire d'attention & de calcul. La valeur des monnoies connues , le pair du Change & fon cours actuel donnés , le négociant voit dans un moment fur quelle place il lui eft plus avantageux de remettre ou de tirer , ou dans quelle place il lui convient mieux de donner des ordres pour faire tirer. Car il arrive fouvent qu'un négociant paye ce qu'il doit dans une place , en faifant tirer de cette place fur lui , à fon bénéfice : les opérations font fûres , fi le calcul eft exact.

Il eft aifé de voir parce que nous venons de dire , qu'il ne faut pas feulement confidérer la lettre de Change comme un moyen de faciliter les payemens en évitant le tranfport des efpèces, mais encore comme une marchandife , qui confidérée rélativement aux ràpports du Change dans les principales places de l'Europe , produit de grands bénéfices par la circulation , & forme une branche de commerce très-utile. Les négocians ne fe contentent pas de tirer des lettres de

Change pour payer leurs achats ; mais profitant de leur crédit dans diverſes villes de commerce, ils font d'autres lettres de Change ſans autre objet que de les négocier ſur la place avec profit ; ils en ont augmenté ainſi la quantité, & par là ls ont donné plus d'aĉtivité à la circulation & plus de facilité au commerce ; car ceux qui ont des re-miſes à faire dans tous les pays commerçans, trouvent toujours par ce moyen des lettres à prendre ſur la place ; mais on ne ſauroit apporter trop de ſoin dans le choix qu'on eſt ſans ceſſe obligé d'en faire ; tout particulier ayant la li-berté de produire ce papier dans le commerce ſous la même forme, il eſt extrêmement difficile de diſtinguer le papier ſolide de celui qui ne l'eſt pas ; car la plus grande partie de ces papiers ne ſont point une ceſſion d'un fonds aĉtuellement exiſtant, mais un uſage continuel du crédit, & une lettre de Change, quoiqu'acceptée & en-doſſée, ne mérite pas toujours une pleine con-fiance, parce que l'accepteur, fondé ſur l'ap-parence de la ſolidité du tireur, peut avoir ac-cepté au-deſſus de ſes forces.

Le négociant doit donc s'appliquer à connoî-tre toutes les bonnes maiſons de commerce de ſa place & celles des places étrangeres ; il ne lui ſera pas moins utile pour juger du mérite des lettres de Change, d'être informé du genre d'affaires dont chaque négociant s'occupe.

Il ſaura, autant qu'il eſt poſſible, quelles ſont les maiſons intéreſſées dans les faillites ; car quoiqu'une maiſon ait du crédit, elle ne doit plus jouir de la même confiance, ſi elle a eſſuyé des pertes qui peuvent abſorber ſa fortune ap-parente ; & les lettres de Change qu'elle tire,

peuvent n'être qu'une reffource préparée dan
le fecret de fes affaires, pour foutenir des entre
prifes ruineufes, ou un crédit fur le point d'ex
pirer. Un négociant qui a eu foin de s'inftruire
rejette dans la négociation des lettres de Chang
de cette efpèce.

Il faut diftinguer parmi les lettres de Change
celles qui font tirées ou acceptées par les ban
quiers, de celles qui font tirées ou acceptée
par les négocians qui ne font point le commerc
de banque. Celles du banquier n'ont jamais qu
deux caufes; le bénéfice d'une provifion ou l
bénéfice du Change; car c'eft à procurer ce
deux fortes de bénéfices, que confifte le com
merce de banque. Celles du négociant qui n
fait point le commerce de banque, n'ont pou
caufe qu'un payement; les bénéfices de provi
fion & de Change ne s'y trouvant que comm
des acceffoires & par une fuite naturelle de l'opé
ration; mais donnons à ceci une attention plu
particulière, car c'eft le fondement de la con
fiance.

Un banquier fage ne tire des lettres qu'à fo
avantage, & avec le bénéfice du Change en f
faveur: il n'accepte non plus que pour des mai
fons réputées folides, & pareillement avec bé
néfice. Ainfi celui qui tire à un Change défavan
tageux, qui féduit par l'appas d'une provifion
ou engagé par des premiéres acceptations qu
l'ont mis à découvert, continue d'accepter pou
une maifon dont les opérations font forcées,
rend fa fignature fufpecte: cela fe reconnoît à
des acceptations de traites faites à perte: car un
négociant ne tire à un tel Change, que forcé
par la néceffité de fe faire des fonds, & par

le befoin. Cette opération dangéreufe fe reconnoît encore aux retraites que fait le banquier,
ou fur la même maifon, ou fur une autre qui lui
eft indiquée pour fe procurer fon rembourfement.
Si dans ce cas, on examine avec un peu d'attention cette maifon, on la trouve embarraffée,
car cette fituation tranfpire toujours un peu, &
la maifon tierce qui fe prête aux retraites, eft infailliblement mauvaife ou affociée aux embarras
de la première : c'eft pourquoi la réputation du
banquier qui a eu l'imprudence de livrer fa fignature eft fortement compromife. Le négociant
qui reconnoît ce caractère dangéreux aux lettres
qu'on lui préfente, ne doit pas leur donner fa
confiance, tant à caufe des rifques de perdre,
que pour fa tranquillité. Il ne faut pas cependant
regarder cette obfervation comme une règle générale & applicable à toutes les places, fans
exception, car les banquiers après s'être affurés
de la folidité d'une maifon, lui prêtent fouvent
leur crédit, fans avoir égard au Change, &
l'ufage de ce crédit peut devenir néceffaire à
une maifon, dans des opérations de commerce
dont les bénéfices font bien fupérieurs aux frais
des traites & à la perte du change. Alors la réputation du négociant, l'étendue & la folidité
de fon commerce, & la fageffe du banquier
affurent le crédit de ces lettres, & font la bafe
de la confiance publique.

A l'égard des lettres tirées ou acceptées par des
négocians, il faut diftinguer cellesqui font tirées
ou acceptées par des négocians qui font le commerce de commiffion. Il y a peu d'attention à faire
aux avantages, & aux défavantages du Change, à

l'égard des lettres acceptées par un négociant ; qui vend par commiſſion pour le compte du tireur ; il eſt regardé comme ayant proviſion en main, & le crédit de ces lettres eſt de la plus grande ſolidité. Il importe peu que le tireur, propriétaire de la marchandiſe ou du fonds qui eſt entre les mains de l'accepteur, ait tiré par un beſoin preſſant à un Change déſavantageux, ſi les fonds de ſa traite ſont faits, & l'accepteur ſolide.

Les traites du commiſſionnaire pour ſe rembourſer ſur le négociant qui lui a commis des achats, ont également une double ſûreté ; la ſolidité du commiſſio naire tireur, & le fonds de la traite qui exiſte actuellement chez le négociant ſur qui la traite a été faite. Mais il eſt rare que le négociant qui a commis des achats les rembourſe autrement, qu'en faiſant tirer à ſon bénéfice ; parce que, pour s'acquitter, il a ſur la place des moyens de remettre à ſon avantage, ou tout au moins au pair. S'il en arrive autrement, ou le négociant eſt gêné, ou il travaille mal. Mais dans l'un & dans l'autre cas, il faut conſidérer principalement la ſolidité de la ſignature du commiſſionnaire qui a fait la traite.

Les traites & les acceptations d'un négociant, données en payement de marchandiſes, ſont ſans doute d'un ordre inférieur, mais cependant d'un crédit ſolide en général ; parce qu'on en voit la cauſe dans l'achat des marchandiſes qui ſont chez le bon négociant le gage de la ſolvabilité & de la confiance.

Il réſulte de ces obſervations qu'un négociant doit avoir ſous ſa main, la note des variations de tous les Changes, pour voir ſi les lettres qui lui font préfentées ont été tirées à un Change avantageux ou défavantageux ou au pair. Néanmoins dans le doute fur la folidité du tireur, de l'accepteur & du premier endoffeur, dans le cas même où les fignatures lui feroient inconnues, un feul endoffement connu raffure ou établit même la confiance.

Il faut encore obferver dans le choix des lettres de Change, fi elles font conformes par la date de leurs échéances, aux ufages des places d'où elles font tirées. Il y a peu de places dont les négocians tirent à plus de deux ou trois ufances; alors les lettres à plus long terme ne méritent guères la confiance, à moins qu'on n'ait des raifons particulières pour les juger folides.

DEUXIÈME PARTIE.

De la forme des lettres de Change & de leur origine. Pour former une lettre de Change, il faut le concours de trois chofes: 1°. Il faut que le Change foit réel & effectif, c'eft-à-dire, que la lettre foit tirée d'une place pour être payée dans une autre. Ainfi une lettre tirée de Paris fur Paris, n'eft qu'un mandement ordinaire & non une véritable lettre de Change.

2°. Il faut que le tireur, c'eft-à-dire, celui qui donne cette lettre, ait entre les mains de la perfonne fur laquelle il tire ce mandement, une fomme pareille à celle qu'il reçoit, ou bien qu'il le tire fur fon crédit; autrement ce ne feroit qu'un fimple mandement ou refcription.

3°. Il faut que la lettre de Change foit faite dans la forme prefcrite par l'article premier du titre 5, de l'ordonnance du mois de mars 1673; & qu'elle porte valeur reçue foit en deniers, mar-

H iv

chandifes, ou autres effets. C'eft ce qui diftingue les lettres de Change des billets de Change qui ne font point pour valeur fournie en deniers, marchandifes, ou autres effets, mais pour lettres de Change fournies ou à fournir.

La forme ordinaire d'une lettre de Change eſt la ſuivante :

» *A Paris , ce premier août 1776.*

'» MONSIEUR,

» A vue, il vous plaira payer par cette pre-
» mière de Change à monfieur André, la fomme
» de deux mille cinq cens livres pour valeur
» reçue comptant de monfieur Valentin, &
» mettez à compte comme par l'avis de

» votre très - humble ferviteur

» FABRICE,

» A monfieur
» Alexandre , négociant,
» à Bordeaux (*).

(*) Il eſt auſſi très-commun de faire des lettres de Change en cette forme :

A Paris ce 2 août 1776.

MONSIEUR,

A vue , il vous plaira payer par cette première de Change à monfieur Alexandre ou à fon ordre , la fomme de deux mille livres, pour valeur reçue comptant dudit fieur, & mettez à compte comme par l'avis de

Votre très-humble
ferviteur
THOMAZETTE.

A monfieur Blanchard,
Négociant à Marfeille,

Dans cet exemple la Lettre de Change eſt payable à celui qui en a donné la valeur, c'eſt pourquoi il n'y paroît que trois perfonnes.

Il entre ordinairement, comme on vient de

Quelquefois celui fur qui la lettre de Change eſt tirée, étant correſpondant de celui qui la fait & de celui qui en donne la valeur, elle eſt payable à lui-même, & alors il n'y paroît non plus que trois perſonnes, comme dans cet exemple :

A Paris, ce 15 août 1776.

MONSIEUR,

A trois uſances, il vous plaira payer par cette première de Change à vous-même la ſomme de deux mille écus, à cinquante-quatre deniers de gros pour écu, pour valeur reçue comptant de monſieur Pierrot, & mettez à compte comme par l'avis de

Votre très-humble
ſerviteur.

A monſieur Joſſe, Négo-
ciant à Rotterdam.   DANDART.

Il ne paroît de même que trois perſonnes dans une let-tre de change, lorſque celui qui la fait met que la valeur eſt de lui-même, comme dans cet exemple :

A Paris le 16 août 1776.

MONSIEUR,

Aux prochains payemens de Touſſaints il vous plaira payer à monſieur Larcher dix mille livres pour valeur en moi-même, & mettez à compte comme par l'avis de

Votre très-humble
ſerviteur

A monſieur Jacquet, Négo-
ciant à Lyon.   GALLOIS.

On voit auſſi des lettres de Change où il ne paroît que deux perſonnes, celle qui a fait la lettre & celle qui doit la payer, comme dans cet exemple :

A Paris le 20 août 1776.

MONSIEUR,

Aux prochains payemens de Pâques il vous plaira payer par cette première de Change à vous-même, la ſomme

le voir , quatre perfonnes dans la confeﬞtion d'une lettre de Change ; ﬞavoir , celui qui la fait , & qu'on appelle *tireur* ; celui qui a donné la valeur , celui qui la doit payer , & celui qui doit en recevoir le montant.

Il n'y a aucun veﬞtige de notre contrat de Change ni des lettres de Change dans le droit romain : les anciens ne connoiﬞﬞoient d'autre Change que celui d'une monnoie contre une autre ; ils ignoroient l'uﬞage de changer de l'argent contre des lettres.

On eﬞt fort incertain du tems où cette manière de commercer a commencé , auﬞﬞi-bien que ceux qui en ont été les inventeurs.

Quelques auteurs , tels que Giovan, Villani, en ﬞon hiﬞtoire univerﬞelle , & Savary dans ﬞon parfait négociant , attribuent l'invention des lettres-de-change aux Juifs qui furent bannis du royaume.

Ils prétendent que ﬞous le regne de Dagobert I, en 640 , ﬞous Philippe-Auguﬞte en 1181 , & ﬞous Philippe-le-Long en 1316 , ces Juifs s'étant retirés en Lombardie pour y toucher l'argent qu'ils avoient dépoﬞé en ﬞortant de France entre les mains de leurs amis , ils ﬞe ﬞervirent de l'entremiﬞe des voyageurs & marchands étrangers qui

---

de deux mille livres pour valeur en moi-même , & mettez à compte comme par l'avis de

Votre très-humble ﬞerviteur
A monﬞieur Lacroix , Négociant à Lyon. **ROBERT.**

Mais dans les lettres de cette eﬞpece on ﬞous-entend une perﬞonne dont il eﬞt queﬞtion dans la lettre d'avis , & pour le compte de laquelle la traite ou la remiﬞe eﬞt faite.

venoient en France, auxquels ils donnèrent des lettres en ſtyle concis, à l'effet de toucher ces deniers.

Cette opinion eſt réfutée par de la Serra, tant parce qu'elle laiſſe dans l'incertitude de ſçavoir ſi l'uſage des lettres de Change a été inventé dès l'an 640, ou ſeulement en 1316, ce qui fait une différence de plus de ſix cents ans ; qu'à cauſe que le banniſſement des Juifs qui étoit la punition de leurs rapines & de leurs malverſations, leur ayant attiré la haine publique, cet auteur ne préſume pas que quelqu'un eût voulu ſe charger de leur argent en dépôt, les aſſiſter & avoir commerce avec eux, au préjudice des défenſes portées par les ordonnances.

Il eſt cependant difficile de penſer que les Juifs n'aient pas pris des meſures pour faire paſſer en Lombardie la valeur de leurs biens ; ce qui ne ſe pouvoit faire que par le moyen des lettres de Change : ainſi il y a aſſez d'apparence qu'ils en furent les premiers inventeurs.

Les Italiens Lombards qui commerçoient en France ayant trouvé cette invention propre à couvrir leurs uſures, introduiſirent auſſi en France l'uſage des lettres de Change.

De Rubys, en ſon hiſtoire de la ville de Lyon, attribue cette invention aux Florentins ſpécialement, leſquels, dit-il, ayant été chaſſés de leur pays par les Gibelins, ſe retirèrent en France, où ils commencèrent, ſelon lui, le commerce des lettres de Change, pour tirer de leur pays, ſoit le principal, ſoit le revenu de leurs biens. Cette opinion eſt même cel'e qui paroît la plus probable à de la Serra, auteur du traité des lettres de Change.

Il eſt à croire que cet uſage commença dans la ville de Lyon, qui eſt la ville de commerce la plus proche de l'Italie ; & en effet, la place où les marchands s'aſſemblent dans cette ville pour y faire leurs négociations de lettres de Change & autres ſemblables, s'appelle encore la place du change.

Les Gibelins chaſſés d'Italie par la faction des Guelphes, s'étant retirés à Amſterdam, ſe ſervirent auſſi de la voie des lettres de Change pour retirer les effets qu'ils avoient en Italie ; ils établirent donc à Amſterdam le commerce des lettres de change, qu'ils appelèrent *polizza di cambio*. Ce furent eux pareillement qui inventèrent le rechange, quand les lettres qui leur étoient fournies revenoient à protêt, prenant ce droit par forme de dommages & intérêts. La place des marchands à Amſterdam eſt encore appelée aujourd'hui la place Lombarde, à cauſe que les Gibelins s'aſſembloient en ce lieu pour y exercer le Change. Les négocians d'Amſterdam répandirent dans toute l'Europe le commerce des lettres de Change par le moyen de leurs correſpondans, & particulièrement en France.

Ainſi les Juifs retirés en Lombardie ont probablement inventé le commerce des lettres de Change, & les Italiens & négocians d'Amſterdam en ont établi l'uſage en France.

Ce qui eſt de certain, c'eſt que les Italiens, & particulièrement les Génois & les Florentins, étoient dans l'habitude dès le commencement du treiſième ſiecle de commercer en France, & de fréquenter les foires de Champagne & de Lyon ; tellement que Philippe-le-Bel fit en 1294 une convention avec le capitaine & les corps de ces marchands & changeurs Italiens, contenant que de toutes les marchandifes qu'ils acheteroient & vendroient dans les foires & ailleurs, il feroit payé au roi un denier par le vendeur & un par l'acheteur ; & que pour chaque livre de petits tournois à quoi monteroient les contrats de Change qu'ils feroient dans les foires de Champagne & de Brie, & dans les villes de Paris & de Nîmes, ils payeroient une pite. Cette convention fut confirmée par les rois Louis Hutin, Philippe-de-Valois, Charles V & Charles VI.

On voit auffi que dès le commencement du quatorzième fiecle il s'étoit introduit dans le royaume beaucoup de florins, qui étoient la monnoie de Florence ; ce qui provenoit fans doute du commerce que les Florentins & les autres Italiens faifoient dans le royaume.

Mais comme il n'étoit pas facile aux Florentins & aux autres Italiens de tranfporter de l'argent en France pour payer les marchandifes qu'ils achetoient, ni aux François d'en envoyer en Italie pour payer les marchandifes qu'ils tiroient d'Italie ; ce fut ce qui donna lieu aux Florentins & aux autres Italiens d'employer les lettres de Change, par le moyen defquelles on fait tenir de l'argent d'un lieu dans un autre fans le tranfporter.

Les anciennes ordonnances font bien quelque mention de lettres de Change ; mais elles n'entendent par-là que les lettres que le roi accordoit à certaines perfonnes pour tenir publiquement le Change des monnoies ; & dans les lettres-patentes de Philippe-de-Valois du 6 août 1349, concernant les priviléges des foires de

Brie & de Champagne, ce qui eſt dit des lettres paſſées dans ces foires ne doit s'entendre que des obligations & contrats qui étoient paſſés ſous le ſcel de ces foires, ſoit pour prêt d'argent, ſoit pour vente de marchandiſes; mais on n'y trouve rien qui dénote qu'il fût queſtion de lettres tirées de place en place ; ce qui caractériſe eſſentiellement les lettres de Change.

La plus ancienne loi où l'on voie qu'il ſoit véritablement queſtion de ces ſortes de lettres, eſt l'édit de Louis XI, du mois de mars 1462, portant confirmation des foires de Lyon. L'article 7 veut *que comme dans les foires les marchands ont accoutumé uſer de Changes, arrière-Changes & intérêts, toutes perſonnes de quelque état, nation ou condition qu'elles ſoient, puiſſent donner, prendre & remettre leur argent par lettres de Change, en quelque pays que ce ſoit, touchant le fait de marchandiſe, excepté la nation d'Angleterre, &c.*

L'article ſuivant ajoute que ſi *à l'occaſion de quelques lettres touchant les Changes faits ès-foires de Lyon pour payer & rendre argent autre part ou des lettres qui ſeroient faites ailleurs pour rendre de l'argent auxdites foires de Lyon, lequel argent ne ſeroit pas payé ſelon leſdites lettres, en faiſant aucune proteſtation ainſi qu'ont accoutumé de faire les marchands fréquentant les foires, tant dans le royaume qu'ailleurs ; qu'en ce cas ceux qui ſeront tenus de payer ledit argent tant pour le principal que pour les dommages & intérêts, y ſeront contraints tant à cauſe des Changes, arrière-Changes qu'autrement, ainſi qu'on a coutume de faire ès-foires de Pezenas, Montignac, Bourges, Genêve & autres foires du royaume.*

On voit par ces difpofitions que les lettres de Change tirées de place en place étoient déja en ufage non-feulement à Lyon, mais aufli dans les autres foires & ailleurs.

La juridiction confulaire de Touloufe établie en 1549, celle de Paris établie en 1563, & les autres qui ont été enfuite établies dans plufieurs autres villes du royaume, ont entr'autres chofes pour objet de connoître du fait des lettres de Change entre marchands.

Mais c'eft l'ordonnance du commerce donnée au mois de mars 1673 qui a fixé la jurifprudence fur cette matière.

TROISIÈME PARTIE.

De la qualité des perfonnes qui interviennent dans la négociation d'une lettre de Change. L'ufage des lettres de Change n'a d'abord été introduit que parmi les marchands, banquiers & négocians pour la facilité du commerce qu'ils font, foit avec les provinces, foit dans les pays étrangers. Il a été enfuite étendu aux receveurs des tailles, receveurs généraux des finances, fermiers du roi, traitans & autres gens d'affaires & de finance, à caufe du rapport qu'il y a entr'eux & les marchands & négocians pour tirer des provinces les deniers de leur recette, au lieu de les faire voiturer; & comme ces fortes de perfonnes négocient leur argent & leurs lettres de Change, ils deviennent à cet égard jufticiables de la juridiction confulaire.

Les perfonnes d'une autre profeffion qui tirent, endoffent ou acceptent des lettres de Change, deviennent pareillement jufticiables de la juridiction confulaire, & même foumifes à la contrainte par corps ; c'eſt pourquoi il ne convient point à ceux qui ont des bienſéances à garder dans leur état, de tirer, endoſſer ou accepter des lettres de Change ; mais toutes fortes de particuliers peuvent ſans aucun inconvénient être porteurs d'une lettre de Change tirée à leur profit.

Les eccléſiaſtiques ne peuvent ſe mêler du commerce des lettres de Change : les lettres qu'ils adreſſent à leurs fermiers ou receveurs ne ſont que de ſimples reſcriptions ou mandemens qui n'emportent point de contrainte par corps, quoique ces mandemens aient été négociés.

Les mineurs qui ſont marchands ou banquiers de profeſſion peuvent intervenir dans la négociation des lettres de Change, en tirer & en accepter ſans eſpérance de reſtitution. C'eſt ce que porte l'article 6 du titre premier de l'ordonnance du commerce.

Quant aux mineurs qui ne ſont par état ni marchands, ni banquiers, M. Pothier penſe judicieuſement qu'ils doivent être reſtitués contre les obligations qu'ils ont pu contracter en tirant ou en acceptant des lettres de Change. Il fonde ſon opinion ſur ce qu'il n'y a aucune loi ni juriſprudence qui tire les lettres de Change de la règle générale ſuivant laquelle la reſtitution eſt accordée aux mineurs contre tous les actes par leſquels ils ſont lézés. On trouve d'ailleurs au journal des audiences un arrêt du 19 avril 1717, par lequel il a été jugé qu'un mineur quoique marié ne pouvoit valablement accepter ni endoſſer des lettres de Change pour des ſommes qui excédoient ſes revenus.

Les femmes qui ſont ſous puiſſance de mari &

& qui comme marchandes publiques, font au
fçu de leurs maris un commerce dont ils ne fe
mêlent pas, peuvent fans avoir befoin d'autorifation, contracter valablement les engagemens
ufités dans les négociations relatives aux lettres
de Change.

A l'égard des autres femmes fous puiffance
de mari , elles ne peuvent intervenir valablement dans ces fortes de négociations fans y être
autorifées, quand même ce feroit pour les affaires de leurs maris. Cela eft conforme aux difpofitions des articles 234 & 235 de la coutume
de Paris ; & c'eft d'après le même principe, que
Savary dans fes parères, juge nulle l'acceptation faite par une femme d'une lettre de Change
que fon mari tire fur elle.

S'il étoit juftifié que la femme d'un marchand
a coutume, au fçu de fon mari , de figner des
lettres de Change pour lui, fa fignature en ce
cas feroit valable; mais ce ne feroit pas la femme qui feroit obligée, ce feroit le mari ; il feroit
cenfé avoir contracté par le miniftère de fa
femme.

L'article premier du titre 2 de l'ordonnance
de 1673, & l'article 34 de l'arrêt du confeil du
24 feptembre 1724, défendent aux agens de
Change de faire pour leur compte particulier
aucun commerce de lettres de Change, foit
fous leurs noms, foit fous des noms interpofés,
fous peine de privation de leurs charges & de
trois mille livres d'amende.

Cette défenfe a eu pour objet de prévenir les
monopoles auxquels pourroit donner lieu la
connoiffance que les agens de Change ont des
affaires des divers négocians de la ville où ils

font établis. Si, par exemple, un agent de Change de Bordeaux fçavoit que les remifes que les négocians de cette ville ont à faire à Cadix dans le cours de l'année font confidérables, & que ce qu'ils ont à en tirer eft de peu de confé-quence, cet agent de Change pourroit, fi la lo n'y mettoit pas obftacle, fe hâter de prendr pour fon compte particulier toutes les lettre de Change à tirer fur Cadix, & les revendr enfuite à un prix exorbitant aux négocians qu en auroient befoin.

Remarquez néanmoins que quoiqu'il foit dé fendu aux agens de Change de faire un com, merce de lettres de Change, & même d'êtr cautions des tireurs ou endoffeurs, comme nou l'avons dit à l'article AGENT DE CHANGE, le actes qu'ils paffent en contravention des lois que nous avons citées ne laiffent pas d'être valables, la raifon en eft que ces lois n'ont pas prononc la nullité de ces actes, mais une autre peine.

QUATRIÈME PARTIE.

Des règles relatives à l'ufage & au commerc des lettres de Change. Il fe forme par le moye d'une lettre de Change un contrat entre le tireu & celui qui donne la valeur. Le tireur s'en-gage à faire payer le montant de la lettre de Change.

Un tel contrat n'eft point un prêt, c'eft u contrat du droit des gens & de bonne foi, u contrat nommé contrat de Change ; c'eft un efpèce d'achat & de vente, de même que le ceffions ou tranfports ; car celui qui tire la lettr de Change vend, cède & tranfporte la créanc qu'il a fur celui qui la doit payer.

Ce contrat eſt parfait par le ſeul conſentement, comme l'achat &. la vente ; tellement
que lorſqu'on traite d'un Change pour quelque
payement ou foire dont l'échéance eſt éloignée,
il peut arriver que l'on ne délivre pas pour lors
la lettre de Change ; mais pour la preuve de la
convention, il faut qu'il y ait un billet portant
promeſſe de fournir la lettre de Change ; ce
billet eſt ce qu'on appelle billet de Change, lequel, comme on voit, eſt totalement différent
de la lettre même ; & ſi la valeur de la lettre
de Change n'a pas non plus été fournie, le billet
de Change doit être fait double, afin de pouvoir prouver reſpectivement le conſentement.

Les lettres de Change doivent contenir ſom-
mairement, ſuivant l'article premier du titre 5 de
l'ordonnance de 1673, 1°. le nom de la perſonne
à laquelle le contenu doit en être payé, ce qui
s'exprime ainſi : *vous payerez à Monſieur*.....

On prétend que les banquiers font difficulté
d'acquitter une lettre de Change dans laquelle
le tireur ayant omis d'indiquer celui à qui elle
doit être payée, a néanmoins fait mention de la
perſonne qui en a fourni la valeur, comme s'il
eut dit : *à vue, vous payerez la ſomme de mille
écus valeur reçue de M. Paul* : mais M. Pothier
obſerve fort bien qu'en cas pareil il ſeroit rai-
ſonnable de préſumer que le tireur a entendu
que la lettre fût payable à celui de qui il a déclaré en avoir reçu la valeur.

2°. La loi citée veut qu'une lettre de Change
ſpécifie le tems auquel elle doit être payée.

Il faut conclure de cette diſpoſition que la
lettre où le tems du payement ne ſera pas exprimé ne vaudra pas comme lettre de Change ;

mais elle vaudra comme une reconnoiſſance que celui qui a donné la lettre a reçu la ſomme y mentionnée, & en conſéquence, la perſonne qui a donné cette ſomme aura une action pour la répéter ſi celui à qui la lettre eſt adreſſée ne la paye pas.

Les termes des payemens des lettres de Change ſont de cinq ſortes.

La première eſt des lettres payables à vue ou à volonté : celles-ci doivent être payées auſſi-tôt qu'elles ſont préſentées.

La ſeconde eſt des lettres payables à tant de jours de vue ; en ce cas, le délai ne commence à courir que du jour que la lettre a été préſentée.

La troiſième eſt des lettres payables à tant de jours d'un tel mois, & alors l'échéance eſt déterminée par la lettre même.

La quatrième eſt à une ou pluſieurs uſances qui eſt un terme déterminé par l'uſage du lieu où la lettre de Change doit être payée, & qui commence à courir, ou du jour de la date de la lettre de Change ou du jour de l'acceptation il eſt plus long ou plus court, ſuivant l'uſage de chaque place. En France, les uſances ſont fixées à trente jours par l'ordonnance du commerce, titre 5, ce qui a toujours lieu, quoique les mois aient plus ou moins de trente jours ; mais dans les places étrangères il y a beaucoup de diverſité. A Londres, par exemple l'uſance des lettres de France eſt du mois de date ; en Eſpagne, de deux mois ; à Veniſe, Gênes & Livourne, de trois mois, & ainſi des autres pays : on peut voir à ce ſujet l'art des lettres de Change, par Dupuy de la Serra.

La cinquième efpèce de terme pour les lettres de Change eft en payemens aux foires ; ce qui n'a lieu que pour les places où il y a des foires établies, comme Lyon, Francfort & autres endroits, & ce tems eft déterminé par les règlemens & ftatuts de ces foires.

3°. L'ordonnance veut que la lettre de Change contienne le nom de celui qui en a fourni la valeur, & en quoi cette valeur a été fournie.

Cette dernière difpofition eft, felon la remarque de M. Pothier, un droit nouveau établi pour empêcher les fraudes des banqueroutiers, qui ayant des lettres de Change portant fimplement *valeur reçue*, & defquelles ils n'avoient fourni d'autre valeur que leur billet, paffoient des ordres la veille de leur banqueroute à des créanciers fuppofés pour recevoir fous leur nom le montant de ces lettres, au moyen de quoi ils faifoient perdre la valeur de ces mêmes lettres à ceux qui les leur avoient fournies.

Faute d'avoir exprimé en quoi la valeur a été fournie, la lettre ne vaut pas comme lettre de Change ; on ne la confidère que comme un fimple mandat de payer à la perfonne à qui la lettre a été donnée : c'eft pourquoi dans le cas de faillite de cette perfonne, le tireur peut, en rendant le billet qui lui a été donné pour valeur, retirer la lettre qu'il a fournie.

Pareillement lorfqu'on n'a pas exprimé en quoi la valeur a été fournie, celle qui eft mentionnée dans la lettre eft préfumée fictive relativement aux créanciers du tireur. Ils peuvent faifir entre les mains de celui fur qui la lettre eft tirée, la fomme y énoncée, comme ayant toujours appartenu au tireur leur débiteur, & le porteur de la lettre ne peut obtenir main-levée de la saisie qu'en justifiant soit par les livres du tireur, soit autrement, que le tireur en a effectivement reçu la valeur. C'est ce qu'a décidé Savary le 8 juin 1683 , dans son quarante-sixième parère.

Quant au tireur qui a reconnu avoir reçu la valeur en ces termes *valeur reçue*, quoiqu'il n'ait pas spécifié conformément à l'ordonnance en quoi il a reçu cette valeur, il ne doit point être écouté en niant qu'il l'a reçue, à moins qu'il ne le justifie par le billet de celui auquel il a fourni la lettre.

Outre les choses prescrites par l'ordonnance pour la validité d'une lettre de Change, on conçoit bien qu'elle doit aussi contenir le nom de la personne à qui elle est adressée, ou du moins une désignation suffisante de cette personne & de la somme qui doit être payée.

Il convient d'écrire cette somme en lettres plutôt qu'en chiffres, afin d'éviter les altérations dont les chiffres sont plus susceptibles que les lettres : au surplus, une lettre de Change où la somme ne seroit désignée qu'en chiffres ne laisseroit pas d'être valable, parce qu'il n'y a aucune loi qui oblige le tireur à écrire la somme en lettres.

Si en cas pareil l'accepteur craignoit qu'on n'altérât la lettre de Change, il pourroit écrire en lettres, *accepté pour la somme de tant*.

Ordinairement le tireur qui fournit une lettre de Change en avertit par une lettre d'avis celui sur qui il la tire ; mais cela n'est pas nécessaire pour la validité de la lettre de Change ; il y a même beaucoup de négocians qui tirent des lettres de Change fur leurs correfpondans fans les en avertir, fur-tout lorfque les fommes ne font pas confidérables.

Obfervez que le défaut de date ou une erreur dans la date d'une lettre de Change, ne peuvent être oppofés ni par le tireur, ni par l'accepteur. Il faut en dire autant de l'omiffion du lieu où la lettre de Change a été écrite.

Obfervez auffi qu'on fait quelquefois plufieurs exemplaires d'une même lettre de Change, afin que dans le cas où le porteur de la lettre en auroit égaré un, il pût fe faire payer fur celui qui lui refteroit. Il eft même affez ordinaire de tirer par *première* & *feconde* les lettres de Change qui ont un certain nombre d'ufances à courir, furtout lorfqu'on les envoie à l'étranger: on adreffe la première à celui qui doit l'accepter, & l'on paffe l'ordre fur la feconde, en défignant au bas le banquier ou négociant chez lequel on trouvera la première acceptée.

Si le tireur a manqué d'exprimer dans le premier exemplaire quelqu'une des chofes prefcrites par l'ordonnance, il peut rectifier ce défaut dans le fecond exemplaire.

Toute lettre de Change doit être acceptée purement & fimplement & par écrit. Une acceptation conditionnelle pourroit être regardée comme un refus, & l'ordonnance a abrogé l'ufage des acceptations verbales: C'eft ce que nous avons fait remarquer à l'article ACCEPTATION.

Lorfqu'il n'y a eu qu'un feul exemplaire d'une lettre de Change payable à un tel particulier, & que cet exemplaire fe trouve adiré, le payement de la fomme y mentionnée peut être fait en vertu d'une feconde lettre fans donner caution, en faifant mention que c'eft une feconde lettre, & que la première ou autre précédente demeurera nulle. Un arrêt de règlement du 30 août 1714, décide qu'en ce cas celui qui eft porteur de la lettre de Change doit s'adreffer au dernier endoffeur de la lettre adirée pour en avoir une autre de la même valeur & qualité que la première, & que le dernier endoffeur, fur la réquifition qui lui en eft faite par écrit, doit s'adreffer au précédent endoffeur, & ainfi en remontant d'un endoffeur à un autre jufqu'au tireur, &c.

Si la lettre adirée eft payable au porteur ou à ordre, le payement n'en doit être fait que par ordonnance du juge & en donnant caution.

Les fignatures au dos des lettres de Change ne fervent que d'endoffement & non d'ordre, s'il n'eft daté & ne contient le nom de celui qui a payé la valeur en argent, marchandife ou autrement.

Les lettres de Change endoffées dans la forme qui vient d'être dite, appartiénnent à celui du nom duquel l'ordre eft rempli, fans qu'il ait befoin de tranfport ni fignification.

Au cas que l'endoffement ne foit pas dans la forme qui vient d'être expliquée, les lettres font réputées appartenir à celui qui les a endoffées & peuvent être faifies par fes créanciers & compenfées par fes débiteurs.

Il eft défendu d'antidater les ordres, à peine de faux.

Ceux qui ont mis leur aval fur des lettres de Change, fur des promeffes d'en fournir, fur des ordres ou des acceptations, fur des billets de Change ou autres actes de pareille qualité concernant le commerce, font tenus folidairement avec les tireurs, endoffeurs & accepteurs, quoi qu'il n'en foit pas fait mention dans l'aval.

En cas de protêt d'une lettre de Change, elle peut être acquittée par tout autre que celui fur qui elle a été tirée, & au moyen du payement il demeure fubrogé en tous les droits du porteur de la lettre, quoiqu'il n'en ait point de tranf-port, fubrogation ni ordre.

Les porteurs de lettres de Change qui ont été acceptées, ou dont le payement échet à jour certain, font tenus fuivant l'ordonnance, de les faire payer ou protefter dans dix jours après celui de l'échéance ; mais la déclaration du 10 mai 1686 a réglé que les dix jours accordés pour le protêt des lettres & billets de Change ne doivent être comptés que du lendemain de l'é-chéance des lettres & billets, fans que le jour de l'échéance y puiffe être compris.

La ville de Lyon a fur cette matière un rè-glement particulier du 2 juin 1667, que l'arti-cle 7 du titre 5 de l'ordonnance du commerce a confirmé (*).

(*) *Comme ce règlement contient des difpofitions qu'il importe de connoître nous allons le rapporter.*

ARTICLE PREMIER. L'ouverture de chaque payement fe fera le premier jour non ferié du mois de chacun des quatre payemens de l'année, fur les deux heures de rele-vee, par une affemblée des principaux négocians de ladite place, tant François qu'étrangers, en préfence de M. le prévôt des marchands ou en fon abfence, du plus ancien échevin, qui feront priés de s'y trouver. En laquelle affem-blée commenceront les acceptations des lettres de Change, payables en icelui, & continueront inceffamment, à me-fure que lefdites lettres feront préfentées jufques au fixième

Après le protêt celui qui a accepté la lettre

jour dudit mois inclusivement , après lequel , & icelui passé , les porteurs desdites lettres pourront faire protester, faute d'acceptation , pendant tout le courant du mois, & ensuite les renvoyer pour en tirer le remboursement, avec les frais du retour.

II. Que pour faire les comptes & établir le prix des Changes de ladite place de Lyon avec les étrangers , il sera fait pareille assemblée le troisième jour de chacun desdits mois, non férié , aussi en présence de M. le prévôt des marchands ou du plus ancien échevin. ,

III. Que les acceptations desdites lettres de Change se feront par écrit , datées & signées par ceux sur qui elles auront été tirées , ou par personnes duement fondées de procuration , dont la minute demeurera chez le notaire. Et toutes celles qui seront faites par facteurs, commis, & autres non fondés de procuration, seront nulles, & de nul effet contre celui sur qui elles auront été tirées, sauf le recours contre l'acceptant. ·

IV. Que l'entrée & ouverture du bilan & virement de parties commencera le sixième de chaque mois desdits quatre payemens non férié, & continuera jusques au dernier jour desdits mois inclusivement, après lesquels, icelui passé , il ne se fera aucun virement, ni écriture, à peine de nullité.

V. Que l'on entrera pendant lesdits quatre payemens en la loge du Change , le matin à dix heures, pour en sortir précisément à onze heures & demie, passé laquelle heure , ne se feront aucunes écritures , ni viremens de parties; & pour avertir de ladite heure, on sonnera une cloche.

VI. Que ceux qui en leurs achats de marchandises auront réservé la faculté de faire escompte , si bon leur semble, seront tenus de l'offrir dès le sixième jour du mois de chacun desdits payemens, après lequel & icelui passé, ils ne seront plus reçus.

. VII. Que toutes parties virées seront écrites sur le bilan par les propriétaires , ou par leurs facteurs , ou agens , qui en seront les porteurs , sans qu'ils puissent être désavoués

peut être pourfuivi à la requête de celui qui en
eft le porteur.

par lefdits propriétaires ; & feront lefdites écritures auffi
bonnes & valables , que fi elles avoient été par eux-mêmes
écrites & virées.

VIII. Que tous viremens de parties feront faits en préfence de tous ceux qu'on y fait entrer , ou des porteurs
de leurs bilans , à peine d'en répondre par ceux qui auront
fait écrire pour les abfens ; & ce fur les bilans & non
en feuilles volantes : & à l'égard des autres perfonnes de
la ville , qui ne portent point de bilan , ils donneront
leurs ordres à leurs débiteurs par billets , qui leur ferviront
de décharge du payement qu'ils feront des parties , au defir
de leurs créanciers ; & pour ceux de dehors , pour lefquels
les courtiers difpofent les parties , ils donneront auxdits
courtiers pouvoir fuffifant, qui fera remis chez un notaire,
pour la fureté de ceux qui payeront , & pour y avoir recours en cas de befo.n.

IX. Que les lettres de Change acceptées , payables en
payement , qui n'auront été payées du tout , ou en partie,
pendant icelui & jufques au dernier jour du mois inclufive-
ment , feront proteftées dans les trois jours fuivans , non
feriés , fans préjudice de l'acceptation , & lefdites lettres,
enfemble les protêts envoyés dans un temps fuffifant, pour
pouvoir être fignifiés à tous ceux & par qui il appartiendra ;
favoir , pour toutes les lettres qui auront été tirées au dedans
du royaume , dans deux mois ; pour celles qui auront été
tirées d'Italie , Suiffe , Allemagne , Hollande , Flandres ,
& Angleterre , dans trois mois ; & pour celles d'Efpagne,
Portugal , Pologne , Suede & Dannemarck , dans fix mois,
du jour & date des protêts , le tout à peine d'en répondre
par le porteur defdites lettres.

X. Que toute lettre de Change payable efdits payemens , fera cenfée payée ; favoir , à l'égard des domiciliés
porteurs de bilan fur la place du Change de ladite ville ,
dans un an ; & pour les autres , dans trois ans après l'é-
chéance d'icelle , & n'en pourra le payement être répété
contre l'acceptant , fi l'on ne juftifie de diligences valables
contre lui faites dans ledit temps.

Les porteurs peuvent auſſi, par la permiſſion

XI. Que ſi les étrangers remettent en comptant, ou en lettre de Change, après le dernier jour du mos, on ne ſera obligé de les recevoir en l'acquittement de leurs traites faites durant ledit payement.

XII. Que lorſqu'il arrivera une faillite dans ladite ville, les créanciers des faillis, qui ſe trouveront être de certaines provinces du royaume, ou des pays étrangers, dans leſquels, ſous prétexte de ſaiſie & tranſport, & en vertu de leurs prétendus privilèges ou coutumes, ils s'attribuent une préférence ſur les effets de leurs débiteurs faillis, préjudiciable aux autres créanciers abſens & éloignés, ils y ſeront traités de la même manière, & n'entreront en répartement des effets dudit failli, qu'après que les autres auront été entièrement ſatisfaits, ſans que cette pratique puiſſe avoir lieu pour les autres regnicoles, ou étrangers, leſquels étant connus pour légitimes créanciers, ſeront admis audit répartement de bonne foi, & avec équité, ſuivant l'uſage ordinaire de ladite ville, & de la juridiction de la conſervation des privilèges de ſes foires.

XIII. Que toutes ceſſions & tranſports ſur les effets des faillis ſeront nuls, s'ils ne ſont faits dix jours, au moins, avant la faillite publiquement connue. Ne ſeront néanmoins compris en cet article les viremens des parties faits en bilan, leſquels ſeront bons & valables, tant que le failli, ou ſon facteur portera ſon bilan.

XIV. Que les teinturiers, & autres manufacturiers n'auront privilèges pour les dettes, ſur les effets & biens des faillis, que des deux dernières années; & pour le ſurplus, entreront dans la diſtribution qui en ſera faite au ſou la livre, avec les autres créanciers.

XV. S'il arrive qu'un mandataire de diverſes lettres de Change acceptées, auſſi créancier de l'acceptant, ne reçoive qu'une partie de la ſomme totale, & faſſe dans le temps dû, le protêt du ſurplus, la compenſation légitime de ſa dette étant faite, il ſera obligé de répartir le reſtant à tous ceux qui lui auront fait leſdites remiſes, au ſou la livre, & à proportion de la ſomme dont un chacun des remettans ſera créancier.

du juge , faisir les effets de ceux qui ont tiré ou

XVI. Tous ceux qui seront porteurs de procuration générale pour recevoir le payement des promesses , & lettres de Change , remettront les originaux de leur procuration ès mains d'un notaire , & feront lesdits porteurs de procuration obligés d'en fournir des expéditions à leurs frais, à ceux qui payeront les susdites lettres.

XVII. Toute procuration pour recevoir payement de lettres de Change , promesses, obligations, & autres dettes, n'aura plus de force passé une année , si ce n'est que le temps qu'elle devra durer soit précisément exprimé ; auquel cas elle servira pour tout le temps qui sera énoncé en icelle, s'il n'apparoît d'une révocation.

XVIII. Que les faillis & banqueroutiers ne pourront entrer en la loge du Change , ni écrire & virer parties, si ce n'est après qu'il auront entièrement payé leurs créanciers , & qu'ils en auront fait apparoir. Et pour donner moyen audits faillis de payer leurs créanciers des effets qu'ils auront à recevoir, ils le pourront faire par transports, procurations, ou ordres , à telles personnes qu'ils aviseront, lesquels payeront à leur acquit ce qu'ils ordonneront & seront nommés pour eux aux parties qui seront passées en écritures.

XIX. Les courtiers on agens de banque & marchandises de ladite ville seront nommés par lesdits prévôts des marchands & échevins , entre les mains desquels ils presteront le serment, en la manière accoutumée, en justifiant par des attestations des principaux négocians , en bonne & due forme , de leur vie & mœurs , & capacité au fait & exercice de ladite charge ; & seront lesdits courtiers réduits a un certain nombre , & tel qu'il sera jugé convenable par lesdits sieurs prevôt des marchands & échevins, sur l'avis desdits négocians.

XX. Que tous banquiers, porteurs de bilan, & marchands en gros, négociant sous les privilèges des foires de Lyon , seront obligés de tenir leurs livres de raison en bonne & due forme ; & tous marchands , boutiquiers & vandant en détail, des livres journaux ; autrement, en cas de déroute, seront déclarés banqueroutiers frauduleux & comme tels condamnés aux peines qu'ils devront encourir en ladite qualité.

endoffé les lettres, quoi qu'elles aient été acceptées, même les effets de ceux fur lefquels elles ont été tirées, en cas qu'ils les aient acceptées.

Ceux qui ont tiré ou endoffé des lettres doivent être pourfuivis en garantie dans la quinzaine, s'ils font domiciliés dans la diftance de dix lieues & au-delà, à raifon d'un jour pour cinq lieues, fans diftinction du reffort des parlemens pour les perfonnes domiciliées dans le royaume; & hors du royaume, les délais font de deux mois pour les perfonnes domiciliées en Angleterre, Flandre ou Hollande; de trois mois pour l'Italie, l'Allemagne & les cantons Suiffes; quatre mois pour l'Efpagne; fix mois pour le Portugal, la Suéde & le Dannemarck.

Faute par les porteurs des lettres de Change d'avoir fait leurs diligences dans ces délais,

---

XXI. Que très-expreffes inhibitions & défenfes feront faites à toutes perfonnes, de quelque qualité & condition qu'elles foient, de contrevenir à ce que deffus directement ou indirectement, à peine de trois mille livres d'amende contre chaque contrevenant, applicable, favoir, le quart à l'hôtel-dieu du pont du Rhône, le quart à l'aumone générale, le quart au dénonciateur, & le quart à la réparation de la loge des Changes; pour le payement de laquelle ils feront contraints par corps, faifie & vente de leurs biens & pour plus exacte obfervation des préfentes, fera permis à l'un defdits contrevenans, de dénoncer les autres contrevenans avec lui; auquel cas il fera déchargé, pour la premiere fois, de payer ladite peine, & aura fon droit de dénonciation. Et afin que perfonne n'en puiffe ignorer, feront les préfentes lues, & publiées à fon de trompe, & au public, & affichées au-devant de l'hôtel-de-ville, en la place des Changes, & autres lieux accoutumés, & paffé outre pour le tout, nonobftant oppofitions, ou appellations quelconques, & fans préjudice d'icelles.

ils font non-recevables dans toute action en garantie contre les tireurs & endoſſeurs.

A défaut d'acceptation ou de payement des lettres de Change, les tireurs & les endoſſeurs font tenus de prouver que ceux ſur qui elles étoient tirées leur étoient redevables ou avoient proviſion au tems qu'elles ont dû être proteſtées, ſinon ils doivent les garantir.

Si depuis le tems réglé pour le protêt les tireurs ou endoſſeurs ont reçu la valeur en argent ou marchandiſes, par compte, compenſation ou autrement, ils ſont auſſi tenus de la garantie.

Au bout de trois ans les cautions ſont déchargées lorſqu'il n'y a point de pourſuites.

Les lettres ou billets de Change ſont réputés acquittés après cinq ans de ceſſation de demande & pourſuite, à compter du lendemain de l'échéance ou du protêt, ou dernière pourſuite, en affirmant néanmoins par ceux que l'on prétend en être débiteurs, qu'ils ne ſont plus redevables.

Les deux fins de non-recevoir dont on vient de parler ont lieu même contre les mineurs & les abſens.

C I N Q U I È M E   P A R T I E.

Des dommages & intérêts réſultans du défaut de payement d'une lettre de Change. Par le contrat de Change le tireur contracte l'obligation de payer des dommages & intérêts à celui qui a donné la valeur de la lettre de Change, s'il arrive que cette lettre ne ſoit pas acquittée à l'échéance. Mais ces dommages & intérêts ne doivent point être portés au-delà de ce qu'a réglé l'ordonnance du commerce.

Suivant cette loi, le tireur qui a fourni la lettre de Change non acquittée, doit premièrement rembourſer la ſomme principale portée par la lettre de Change, ainſi que ce qu'il a pu recevoir pour droit de Change.

2°. Il eſt tenu des intérêts de ces deux ſommes, à compter du jour du protêt.

3°. Il eſt pareillement tenu des frais occaſionnés par le défaut de payement de la lettre de Change.

4°. Il doit auſſi payer les frais du voyage que le propriétaire de la lettre fournie a fait au lieu où elle devoit être acquittée. Mais ſuivant l'article 4 du titre 6, ces frais ne ſont exigibles qu'après que le propriétaire de la lettre a affirmé en juſtice qu'il a fait le voyage pour recevoir ſon payement, & qu'il ne l'eût pas fait s'il eût ſu que la lettre ne dut pas être payée.

Et ſuivant l'article 7 du même titre, les intérêts des frais de pourſuite & de voyage ne ſont dus que du jour de la demande.

5°. Le tireur de la lettre doit quelquefois rembourſer le rechange à celui qui a donné la valeur.

Pour entendre ce que c'eſt que ce rechange, il faut ſavoir que le porteur de la lettre peut en cas de non payement, & après avoir fait ſon protêt prendre d'un banquier de la ville une ſomme d'argent pareille à celle qui devoit lui être payée, & donner en conſéquence à ce banquier une lettre de Change de cette ſomme tirée à vue ſoit ſur le premier tireur ou ſur quelqu'autre perſonne.

Si pour avoir cet argent en échange de la lettre donnée au banquier, le porteur de la

lettre

lettre proteftée lui a payé un droit de Change,
parce que l'argent gagnoit alors fur les lettres,
ce droit de Change eft ce qu'on appelle *le rechange.*

Mais pour être rembourfé de ce rechange,
le propriétaire de la lettre proteftée eft tenu
de juftifier par des pièces valables qu'il a pris
de l'argent dans le lieu où cette lettre devoit
être payée. C'eft ce qui réfulte de l'article 4 du
titre 6. Il en eft des intérêts du rechange comme
de ceux des frais de pourfuite & de voyage,
ils ne font dus que du jour de la demande.

Il faut obferver que la lettre de Change donnée au banquier doit être tirée fur le lieu où
s'eft faite la remife de la lettre proteftée : fi le
porteur de celle-ci tiroit l'autre fur un lieu plus
éloigné, & qu'en conféquence il payât un rechange plus confidérable que n'eût été celui
qu'on auroit demandé fi la lettre eût été tirée
fur le lieu où s'eft faite la remife de la lettre
proteftée, il ne pourroit répéter au tireur de
celle-ci le remboursement de ce rechange que
jufqu'à concurrence de ce qu'il auroit couté fi
la lettre eut été tirée fur le lieu où s'eft faite la
remife de la lettre proteftée. C'eft ce qui réfulte de l'article 5.

Il fuit de cette décifion, que fi une lettre de
Change revenue à protêt a été négociée dans
plufieurs villes du royaume & même hors du
royaume ; qu'ayant, par exemple, été tirée de
Paris fur Bordeaux, elle ait été négociée à Marfeille, à Rouen, à Londres, &c. le tireur ne
fera néanmoins tenu de payer que le rechange
de Bordeaux à Paris. Quant aux Changes & rechanges dus pour les négociations faites dans les
autres villes, ils feront fuivant le même arti-

cle 5, à la charge des donneurs d'ordres, chacun
en droit foi pour les ordres qu'ils ont donnés.
C'eft pourquoi fi la lettre tirée de Paris fur Bordeaux a été négociée, par exemple, de Paris à
Marfeille, enfuite de Marfeille à Cadix, &
enfin de Cadix à Bordeaux, le porteur de la
lettre payable à Bordeaux n'aura fon recours
après le protêt, tant pour le payement de la
lettre que pour le rechange, que contre le négociant de Cadix qui a paffé l'ordre à fon profit,
ce négociant de Cadix aura fon recours contre
le négociant de Marfeille, & ainfi des autres.

Remarquez cependant que fi le tireur avoit
donné pouvoir de négocier la lettre de Change
pour d'autres villes que celle ou elle doit être
acquittée, il feroit tenu de payer les frais de
rechange relativement aux négociations qu'ils
auroit autorifées. (*) C'eft ce qui réfulte de
l'article 6. Ainfi en fuppofant que dans une lettre de Change tirée de Paris fur Marfeille, le
tireur ait donné pouvoir d'en difpofer pour
Londres, il fera tenu fi cette lettre revient à
protêt, de payer le rechange de Marfeille à
Londres, & celui de Londres à Paris. Il en eft
de même du cas où le pouvoir de négocier la
lettre eft indéfini : le tireur doit alors autant de
rechanges qu'il y a de lieux différens fur lefquels
la lettre proteftée a été négociée.

SIXIÈME PARTIE.

*Du mot CHANGE, confidéré dans l'acception
où il fignifie le lieu où doivent être portées les monnoies tant étrangères que décriées, & les matières
d'or & d'argent pour en recevoir le prix. Suivant*

(*) Le pouvoir de négocier une lettre de Change pour
différens lieux peut être donné par la lettre même ou par
un écrit particulier.

...rêt du conseil du 26 décembre 1771, enregistré à la ...ur des monnoies le 22 janvier suivant, on doit recevoir ...payer dans tous les bureaux de Change du royaume les ...ières & les espèces vieilles ou étrangères d'or & d'ar-...nt que les particuliers peuvent y porter.

...Les payemens de ces matières ou espèces doivent être ...ts en conformité du tarif arrêté au conseil le 15 mai 1773 (*).

(*) Ce tarif étant d'un usage journalier est important à connoître ; ...si nous allons le rapporter.

EXTRAIT des registres du conseil d'état du 15 mai 1773.

...Évaluation & tarif du prix que doivent être payées aux hôtels des ...onnoies & bureaux du Change, les espèces de France vieilles & hors ...cours, les espèces étrangères, & les autres matières d'or & d'argent ; ...exécution de l'arrêt du conseil du 15 septembre 1771, sauf la retenue, ...tant à celles d'or au-dessous du titre de 21 karats 22 trente-deuxièmes, ...t quant à celles d'argent au-dessous du titre de 10 deniers 21 grains, ...s frais d'affinage, conformément audit arrêt du conseil, & des droits ...tribués aux changeurs par autre arrêt du conseil du 26 décembre 1771.

OR.

LE MARC & ses divisions.	Dénominations & Prix.			
	Sequins de Venise & Sequins Foundoukli de Turquie.	Sequins de Gênes.	Sequins de Florence aux Lys.	Sequins de Florence à l'Effigie.
	à 23k 29|32.es	à 23k 28|32.es	à 23k 27|32.es	à 23k 25|32.es
1 Marc.	781^l 10^s 8^d	780^l 10^s 3^d	779^l 9^s 9^d	777^l 8^s 11^d
4 Onces.	390. 15. 4.	390. 5. 1.	389. 14. 10.	388. 14. 5.
2 Onces.	195. 7. 8.	195. 2. 6.	194. 17. 5.	194. 7. 2.
1 Once.	97. 13. 10	97. 11. 3.	97. 8. 8.	97. 3. 7.
4 Gros.	48. 16. 11.	48. 15. 7.	48. 14. 4.	48. 11. 9.
2 Gros.	24. 8. 5.	24. 7. 9	24. 7. 2.	24. 5. 10.
1 Gros.	12. 4. 2.	12. 3. 10.	12. 3. 7.	12. 2. 11.
1 Denier.	4. 1. 4.	4. 1. 3.	4. 1. 2.	4. " 11.
2 Grains.	2. " 8.	2. " 7.	2. " 7.	2. " 5.
6 Grains.	1. " 4.	1. " 3.	1. " 3.	1. " 2.
1 Grain.	" 3. 4	" 3. 4.	" 3. 4.	" 3. 4.

K ij

Mais il faut obferver que fi les matières d'or étoient fous du titre de vingt-un karats vingt-deux trente-

OR.   OR.

Dénominations & Prix.

LE MARC & fes divifions.	Sequins de Piémont à l'Annonciade.	Franc à pied & à cheval, & Agnelets de France.	Ducats ad legem Imperii d'Allemagne & d'Hollande, & Ducats de Pruffe.	Ducats de l'A... déploy... de Ru...
	à 23k 21|32es	à 23k 18|32es	à 23k 15|32es	à 23k 11|
1 Marc.	773. 7. 2	770. 5. 11	767. 4. 7	763. 1.
4 Onces.	386. 13. 7	385. 2. 11	383. 12. 3	381. 11.
2 Onces.	193. 6. 9	192. 11. 5	191. 16. 1	190. 15.
1 Once.	96. 13. 4	96. 5. 8	95. 18.	95.
4 Gros.	48. 6. 8	48. 2. 5	47. 19.	47. 13.
2 Gros.	24. 3. 4	24. 1. 8	23. 19. 6	23. 16.
1 Gros.	12. 1. 8	12. 8.	11. 19. 9	11. 18.
1 Denier.	4. 6.	4. 2.	3. 19. 11	3. 19.
12 Grains.	2. 3.	2. 1.	1. 19. 11	1. 19.
6 Grains.	1. 1.	1.	19. 11	19.
1 Grain.	3. 4.	3. 4.	3. 3.	3.

	Ducats de l'Empereur, de Hambourg, de Francfort, & Ducats fins de Danemarck	Ducats...	Sequins de Malte, Ducats de Pologne & de Suède	Ducats de Heffe d'Armftat à la Croix Saint-A... de Ru...
	à 23k 20|32es	à 23k 17|32es	à 23k 13|32es	à 23k 5|
1 Marc.	772. 6. 9	769. 5. 6	765. 3. 9	757.
4 Onces.	386. 3. 4	384. 12. 9	382. 11. 10	378. 10.
2 Onces.	193. 1. 8	192. 6. 4	191. 5. 11	189. 5.
1 Once.	96. 10. 10	96. 3.	95. 12. 11	94. 13.
4 Gros.	48. 5. 5	48. 1. 7	47. 16. 5	47. 6.
2 Gros.	24. 2. 8	24. 9.	23. 18. 2	23. 11.
1 Gros.	12. 1. 4	12. 4.	11. 19. 1	11. 16.
1 Denier.	4. 5.	4. 1.	3. 19. 8	3. 18.
12 Grains.	2. 2.	2. 1.	1. 19. 10	1. 19.
6 Grains.	1. 1.	1.	19. 11	19.
1 Grain.	3. 4.	3. 4.	3. 3.	3.

Dénominations & Prix.

g MARC & fes divifions.	Sequins de Rome.	Souverains de Flandre & Pays-Bas Autrichiens, & Impériales de Ruffie.	Piftoles de Genève, de Florence, & Rider de Hollande.	Louis de France avant 1709, de 36 ½ au marc, Piftoles du Mexique, & Roupies d'o du Mogol.
	à 22k 21|32es	à 21k 3|32es	à 21k 29|32es	à 21k 25|32es
1 Marc.	740. 13. 4	718. 3. 10	716. 5.	712. 1. 3
4 Onces.	370. 6. 8	359. 1. 11	358. 1. 6	356. 7.
2 Onces.	185. 3. 4	179. 10. 11	179. 9.	178. 3.
1 Once.	92. 11. 8	89. 15. 5	89. 10. 4	89. 1.
4 Gros.	46. 5. 10	44. 17. 8	44. 15. 2	44. 10.
2 Gros.	23. 2. 11	22. 8. 10	22. 7. 9	22. 5.
1 Gros.	11. 11. 5	11. 4. 5	11. 3. 9	11. 2. 6
1 Denier.	3. 17. 1	3. 14. 9	3. 14. 7	3. 14. 2
12 Grains.	1. 18. 6	1. 17. 4	1. 17.	1. 17. 1
6 Grains.	19. 3	18. 8	18. 7	18. 6
1 Grain.	3. 2	3. 1	3. 1	3. 1

	Écus d'or de France.	Guinées d'Angleterre, Portugaifes & Millerets de Portugal.	Piftoles d'Efpagne au Balancier aux Armes & à l'Effigie.	Louis de France de 1716, de 20 au marc, & de 1718, de 25 au marc.
	à 22k 16|32es	à 21k 30|32es	à 21k 26|32es	à 21k 22|32es
1 Marc.	735. 11. 2	717. 3. 5	713. 1. 8	709.
4 Onces.	367. 15. 7	358. 11. 8	356. 10. 10	354. 10.
2 Onces.	183. 17. 10	179. 5. 10	178. 5.	177. 5.
1 Once.	91. 18. 10	89. 12. 11	89. 2. 8	88. 12. 6
4 Gros.	45. 19. 5	44. 16. 5	44. 11. 4	44. 6. 3
2 Gros.	22. 19. 8	22. 8. 2	22. 5. 8	22. 3. 1
1 Gros.	11. 9. 10	11. 4. 1	11. 2. 10	11. 1. 6
1 Denier.	3. 16. 7	3. 14. 8	3. 14. 3	3. 13. 10
12 Grains.	1. 18. 3	1. 17. 4	1. 17. 1	1. 16. 11
6 Grains.	19. 1	18. 8	18. 6	18. 5
1 Grain.	3. 2	3. 1	3. 1	3.

deuxièmes, & celles d'argent au-dessous du titre d'tiers vingt-un grains, les frais d'affinage pour les porter

OR.   OR.

Dénominations & Prix.

Le Marc & ses divisions.	Louis de France de 1709 à 1715, de 30 au marc, & Pistole d'or de Piémont depuis 1755.	Louis de l'année de 1723, de 37½ au marc, & nouvelles Pistoles d'Espagne, de la fabrication comme en 1772.	Pistoles du Pérou.	Albert & Ecus trisous de Flandre & du Pays-Autriche.
	à 21k 21|32es.	à 21k 16|32es.	à 21k 17|32es.	à 21k ...
1 Marc.	707 19 6	705 18 8	703 17 10	695 ...
4 Onces.	353. 19. 9.	352. 19. 4.	351. 18. 11.	347. ...
2 Onces.	176. 19. 10.	176. 9. 8	175. 19. 5	173. ...
1 Once.	88. 9. 11.	88. 4. 10.	87. 19. 8.	86. ...
4 Gros.	44. 4. 11.	44. 2. 5.	43. 19. 10.	43. ...
2 Gros.	22. 1. 5.	22. 1. 2.	21. 19. 11.	21. ...
1 Gros.	11. 1. 8.	11. 1. 7.	10. 19. 11.	10. ...
1 Denier.	3. 13. 8.	3. 13. 6.	3. 13. 3.	3. ...
12 Grains.	1. 16. 10.	1. 16. 9.	1. 16. 7.	1. ...
6 Grains.	" 18. 5.	" 18. 4.	" 18. 3.	" 18. ...
1 Grain.	" 3.	" 3.	" 3.	" ...

Le Marc & ses divisions.	Florins de Brunswick.	Pistoles du Palatinat.	Pièces à la Rose de Florence, & vieilles Pistoles de Piémont.	Ducats de Danemark, de Naples & Sequin Tunis.
	à 21k 20|32es.	à 21k 18|32es.	à 21k 13|32es.	à 20k ...
1 Marc.	706 19 1	704 18 3	699 16 2	683 ...
4 Onces.	353. 9. 6.	352. 9. 1.	349. 18. "	347. ...
2 Onces.	176. 14. 9.	176. 4. 6.	174. 19. "	170. ...
1 Once.	88. 7. 4.	88. 2. 3.	87. 9. 6.	85. ...
4 Gros.	44. 3. 8.	44. 1. 1.	43. 14. 9.	42. ...
2 Gros.	22. 1. 10.	22. " 6.	21. 17. 4.	21. ...
1 Gros.	11. " 11.	11. " 3.	10. 18. 8.	10. ...
1 Denier.	3. 13. 7.	3. 13. 5.	3. 13. "	3. ...
12 Grains.	1. 16. 9.	1. 16. 8.	1. 16. 5.	1. ...
6 Grains.	" 18. 4.	" 18. 4.	" 18. 2.	" ...
1 Grain.	" 3.	" 3.	" 3.	" ...

Dénominations & Prix.

Le Marc & ses divisions.	Onces de Sicile.	Pagodes d'or au Croissant des Indes.	Florins d'Hanovre.	Florins du Palatinat, de Bavière & d'Anspach.
	à 20k 5|32es.	à 19k 15|32es.	à 18k 11|32es.	à 18k 13|32es.
1 Marc.	658 18 9	634 8 5	609 18 4	601 14 7
4 Onces.	329. 9. 4.	317. 4. 2.	304. 19. "	300. 17. 3.
2 Onces.	164. 14. 8.	158. 12. 1.	152. 9. 6.	150. 8. 7.
1 Once.	82. 7. 4.	79. 6. "	76. 4. 9.	75. 4. 3.
2 Gros.	41. 3. 8.	39. 13. "	38. 2. 4.	37. 12. 1.
1 Gros.	20. 11. 10.	19. 16. 6.	19. 1. 2.	18. 16. "
1 Denier.	10. 5. 11.	9. 18. 3.	9. 10. 7.	9. 8. "
6 Grains.	3. 8. 7.	3. 6. 1.	3. 3. 6.	3. 2. 8.
1 Grain.	1. 14. 2.	1. 13. "	1. 11. 9.	1. 11. 4.
	" 17. 1.	" 16. 6.	" 15. 10.	" 15. 8.
	" 2. 10.	" " "	" 2. 7.	" 2. 7.

Le Marc & ses divisions.	Zeramabouck de Turquie.	Pagodes d'or à l'Étoile des Indes.	Florins du Rhin & de Hesse-d'Armstad.	Florins de Bade-Dourlach.
	à 19k 22|32es.	à 19k 8|32es.	à 18k 17|32es.	à 18k 5|32es.
1 Marc.	642 11 10	626 5 11	605 16 4	593 11 1
4 Onces.	321. 5. 11.	313. 2. 5.	302. 18. 2.	296. 15. 6.
2 Onces.	160. 12. 11.	156. 11. 2.	151. 9. 1.	148. 7. 9.
1 Once.	80. 6. 5.	78. 5. 7.	75. 14. 6.	74. 3. 10.
4 Gros.	40. 3. 2.	39. " 9.	37. 17. 3.	37. 1. 11.
2 Gros.	20. 1. 7.	19. 12. 4.	18. 18. 7.	18. 10. 11.
1 Gros.	10. " 9.	9. 13. 2.	9. 9. 3.	9. 5. 5.
1 Denier.	3. 6. 11.	3. 5. 1.	3. 3. 1.	3. 1. 10.
12 Grains.	1. 13. 5.	1. 12. 7.	1. 11. 6.	1. 10. 10.
6 Grains.	" 16. 8.	" 16. 3.	" 15. 9.	" 15. 5.
1 Grain.	" 2. 9.	" 2. 8.	" 2. 7.	" 2. 6.

A l'égard des autres matières & espèces d'or, elles seront

K iv

à ces titres, feroient à la charge des propriétaires de ┊tires. Ceux-ci en cas pareil doivent convenir de ces

ARGENT.

payées, à proportion de leur titre, fuivant l'évaluation ci- ┊ **Dénominations & Prix.**

ÉVALUATION des Karats d'or fin. Sur le pied de 784 l. 11 f. 11 d. 598|694 e le marc.	ÉVALUATION des Trente-deuxièmes d'or Sur le pied de 784 l. 11 f. 598|694 e le marc.
liv. fous. den.	liv. fous. den.
1 vaut 32. 13. 9. 690|694 es	1 vaut 1. » 5. 130 e
2 .. 65. 7. 7. 686.	2 .... 2. » 10. 260.
3 .. 98. 1. 5. 682.	3 .. 3. 1. 3. 390.
4 .. 130. 15. 3. 678.	4 .. 4. 1. 8. 520.
5 .. 163. 9. 1. 674.	5 .. 5. 2. 1. 650.
6 .. 196. 2. 11. 670.	6 .. 6. 2. 7. 86.
7 .. 228. 16. 9. 666.	7 .. 7. 3. » 216.
8 .. 261. 10. 7. 662.	8 .. 8. 3. 5. 346.
9 .. 294. 4. 5. 658.	9 .. 9. 3. 10. 476.
10 .. 326. 18. 3. 654.	10 .. 10. 4. 3. 606.
11 .. 359. 12. 1. 650.	11 .. 11. 4. 9. 42.
12 .. 392. 5. 11. 646.	12 .. 12. 5. 2. 172.
13 .. 424. 19. 9. 642.	13 .. 13. 5. 7. 302.
14 .. 457. 13. 7. 638.	14 .. 14. 6. » 432.
15 .. 490. 7. 5. 634.	15 .. 15. 6. 5. 562.
16 .. 523. 1. 3. 630.	16 .. 16. 6. 10. 692.
17 .. 555. 15. 1. 626.	17 .. 17. 7. 4. 128.
18 .. 588. 8. 11. 622.	18 .. 18. 7. 9. 258.
19 .. 621. 2. 9. 618.	19 .. 19. 8. 2. 388.
20 .. 653. 16. 7. 614.	20 .. 20. 8. 7. 518.
21 .. 686. 10. 5. 610.	21 .. 21. 9. » 648.
22 .. 719. 4. 3. 606.	22 .. 22. 9. 6. 84.
23 .. 751. 18. 1. 602.	23 .. 23. 9. 11. 214.
24 .. 784. 11. 11. 558.	24 .. 24. 10. 4. 346.
	25 .. 25. 10. 9. 474.
	26 .. 26. 11. 2. 604.
	27 .. 27. 11. 8. 40.
	28 .. 28. 11. 1. 170.
	29 .. 29. 12. 6. 300.
	30 .. 30. 12. 11. 430.
	31 .. 31. 13. 4. 560.
	32 .. 32. 13. 9. 690.

REMARC & fes Divifons.	Gros Écus du Palatinat.	Jettons de France, & Roupies de Pondichéry.	Vaiffelle plate foudée de Paris, & Roupies de Madras.	Vaiffelle montée de Paris, & Phillippe de Milan.
	à 11 d. 1 gr.	à 11 d. 1 gr.	à 11 d. 8 gr.	à 11 d. 6 gr.
1 Marc	52 l 10 f 8 d	50 l 17 f 3 d	50 l 9 f 10 d	50 l 2 f 4 d
4 Onces	26. 5. 4.	25. 8. 7.	25. 4. 11.	25. 1. 2.
4 Onces	13. 2. 8.	12. 14. 3.	12. 12. 5.	12. 10.
1 Once	6. 11. 4.	6. 7. 1.	6. 6. 2.	6. 5. 3.
1 Once	3. 5. 8.	3. 3. 6.	3. 3. 1.	3. 2. 7.
4 Gros	1. 12. 10.	1. 11. 9.	1. 11. 6.	1. 11. 3.
2 Gros	" 16. 5.	" 15. 10.	" 15. 9.	" 15. 7.
1 Gros	" 5. 5.	" 5. 3.	" 5. 3.	" 5. 2.
1 Denier	" 2. 8.	" 2. 7.	" 2. 7.	" 2. 7.
2 Grains	" 1. 4.	" 1. 3.	" 1. 3.	" 1. 3.
6 Grains	" " 2.	" " 2.	" " 2.	" " 2.
1 Grain				

	Gros Écus de Naffau-Weilbourg.	Vaiffelle plate de Paris, & Roupies du Mogol.	Roupies d'Arcate des Indes.	Vaiffelle plate de Province.
	à 11 d. 17 gr.	à 11 d. 8 gr.	à 11 d. 7 gr.	à 11 d. 1 gr.
1 Marc	52. 3. 3.	50. 13. 6.	50. 6. 1.	49. 18. 8.
4 Onces	26. 1. 7.	25. 6. 9.	25. 3. 1.	24. 19. 4.
1 Onces	13. » 9.	12. 13. 4.	12. 11. 6.	12. 9. 8.
1 Once	6. 10. 4.	6. 6. 8.	6. 5. 9.	6. 4. 10.
4 Gros	3. 5. 2.	3. 3. 4.	3. 2. 10.	3. 2. 5.
2 Gros	1. 12. 7.	1. 11. 8.	1. 11. 5.	1. 11. 2.
1 Gros	" 16. 3.	" 15. 10.	" 15. 8.	" 15. 7.
1 Denier	" 5. 5.	" 5. 3.	" 5. 2.	" 5. 2.
2 Grains	" 2. 8.	" 2. 7.	" 2. 7.	" 2. 7.
6 Grains	" 1. 4.	" 1. 3.	" 1. 3.	" 1. 3.
1 Grain	" " 2.	" " 2.	" " 2.	" " 2.

frais avec les changeurs, qui toutefois ne peuvent voir pour ces frais au-delà des prix accordés par marc

A R G E N T.　　　　　　　　A R G E N T.

Le Marc & ses divisions.	Vaisselle plate soudée & Vaisselle montée d'Provence.	Ducatons de Liége.	Écus de banque de Gênes.	Piastres & ses divisions. Piastres deux Globes Mexico & Sevillanes, Écus de Rome, &c. de huit aux roses.	Le Marc & ses divisions.	Ducats de Naples & Écus de Suéde.	Piastres à l'Effigie, de la fabrication commencée en 1772.	Écus de Hécovre & de Hambourg.	Double Écu de Danemarck.
	à 11d 28℔.	à 11d.	à 10d 128℔.	à 10d 1℔		à 10d 15℔.	à 10d 17℔.	à 10d 128℔.	à 10d 8℔.
1 Marc.	49ˡ 11ˢ 3	49ˡ 9ˢ 1	48ˡ 11ˢ 8	48ˡ 9ˢ	1 Marc.	48ˡ 11ˢ 6	47ˡ 14ˢ 1	46ˡ 15ˢ 7	46ˡ 8ˢ
4 Onces.	24. 15. 7	24. 10.	24. 6. 4.	24. 4	4 Onces.	24. 9.	23. 17.	23. 7. 9.	23. 4.
2 Onces.	12. 7. 9.	12. 5.	12. 3. 2.	12. 2	2 Onces.	12. 4.	11. 18. 6.	11. 13. 10.	11. 12.
1 Once.	6. 3. 10.	6. 2. 6.	6. 1. 7.	6. 1	1 Once.	6. 2.	5. 19. 3	5. 16. 11.	5. 15. 1.
4 Gros.	3. 1. 11.	3. 1. 3.	3. 9.	3.	4 Gros.	3. 1.	2. 19. 7.	2. 18. 5.	2. 17. 6.
2 Gros.	1. 10. 11.	1. 10. 7.	1. 10. 4.	1. 10	2 Gros.	1. 10.	1. 9. 9.	1. 9. 3.	1. 8. 9.
1 Gros.	15. 5	15. 3.	15.	15	1 Gros.	15.	14. 10.	14. 7.	14. 4.
1 Denier.	5. 1.	5. 1.	5.	5.	1 Denier.	5.	4. 11.	4. 10.	4. 9.
12 Grains.	2. 6.	2. 6.	2. 6.	2. 6	12 Grains.	2. 6.	2. 5.	2. 5.	2. 4.
6 Grains.	1. 3.	1. 3.	1. 3.	1. 3	6 Grains.	1. 3.	1. 2.	1. 2.	1. 2.
1 Grain.	4. 3.	2.	2.	1.	1 Grain.	2.	2.	2.	2.

Le Marc & ses divisions.	Couronnes & Schellings d'Angleterre.	Vieux Écus de France, de 8, 9, 10 & 19 au marc.	Écus de France demi-Écus, 24ᵉˢ & 12ᵉˢ, Dixiemes & Vingtiemes de la fabrication actuelle hors de cours par l'effet exécuté des empreintes.	Écus de Pibac	Le Marc & ses divisions.	Croisades de Portugal	Pièces de douze Carlins d'Italie.	Florins d'Autriche.	Ducatons & Écus de Flandre & du Pays-bas Autrichiens, Rixdalles de Hollande & Couronnes de Gênes.
	à 11d 15℔.	à 10d 12℔.	à 10d 21℔.½	à 10d 10℔		à 10d 15℔.	à 10d 12℔.	à 10d 11℔.	à 10d 7℔.
1 Marc.	49ˡ 3ˢ 10	48ˡ 16ˢ 5	48ˡ 10ˢ 10	48ˡ 5	1 Marc.	47ˡ 17ˢ 10	47ˡ 3ˢ 4	46ˡ 11ˢ 10	45ˡ 17ˢ 8
4 Onces.	24. 11. 11.	24. 8. 2.	24. 5. 5.	24. 2	4 Onces.	23. 18. 11.	23. 11. 6.	23. 5. 11.	22. 18. 6.
2 Onces.	12. 5. 11.	12. 4. 1.	12. 2. 8.	12.	2 Onces.	11. 19. 5.	11. 15. 9.	11. 12. 11.	11. 9. 3.
1 Once.	6. 2. 11.	6. 2.	6. 1.	6.	1 Once.	5. 19. 8.	5. 17. 10.	5. 16. 5.	5. 14. 7.
4 Gros.	3. 1. 5	3. 1.	3. 8.	3.	4 Gros.	2. 19. 10.	2. 18. 11.	2. 18. 2.	2. 17. 3.
2 Gros.	1. 10. 8.	1. 10. 6.	1. 10. 4.	1. 10	2 Gros.	1. 9. 11.	1. 9. 5.	1. 9.	1. 8. 7.
1 Gros.	15. 3.	15. 3.	15. 2.	15.	1 Gros.	14. 11.	14. 8.	14. 6.	14. 3.
1 Denier.	5. 1.	5. 1.	5.	5.	1 Denier.	4. 11.	4. 10.	4. 10.	4. 9.
12 Grains.	2. 6.	2. 6.	2. 6.	2. 6	12 Grains.	2. 5.	2. 5.	2. 5.	2. 4.
6 Grains.	1. 3.	1. 3.	1. 3.	1.	6 Grains.	1. 2.	1. 2.	1. 2.	1. 2.
1 Grain.	3.	3.	3.	1.	1 Grain.	2.	2.	2.	2.

de fin réſultant d'affinage , aux offices d'affineurs établis & à Lyon : c'eſt pourquoi les changeurs ſont tenus

ARGENT.   ARGENT.

Dénominations & Prix.

LE MARC & ſes diviſions.	Patagons de Genéve.	Écus de Brunſwick, de Ratisbonne, & Madouines de Génes.	Écus ou Rixdalles d'Anſpack & de Bavière.	Roubles de Ruſſie.
	à 10ᵈ 2ᵍʳ.	à 9ᵈ 22ᵍʳ.	à 9ᵈ 20ᵍʳ.	à 9ᵈ 11ᵍʳ
1 Marc.	44ᴸ 18ˢ 5ᵈ	44ᴸ 3ˢ 7ᵈ	43ᴸ 16ˢ 1ᵈ	42ᴸ 2ˢ
4 Onces.	22. 9. 2.	22. 1. 9.	21. 18. »	21. 1.
2 Onces.	11. 4. 7.	11. » 10.	10. 19. »	10. 10.
1 Once.	5. 12. 3.	5. 10. 5.	5. 9. 6.	5. 5.
4 Gros.	2. 16. 1.	2. 15. 2.	2. 14. 9.	2. 12.
2 Gros.	1. 8. »	1. 7. 7.	1. 7. 4.	1. 6.
1 Gros.	» 14. »	» 13. 9.	» 13. 8.	» 13.
1 Denier.	» 4. 8.	» 4. 7.	» 4. 6.	» 4.
12 Grains.	» 2. 4.	» 2. 3.	» 2. 3.	» 2.
6 Grains.	» 1. 2.	» 1. 1.	» 1. 1.	» 1.
1 Grain.	» » 2.	» » 2.	» » 2.	» »

LE MARC & ſes diviſions.	Écus de Malte.	Anciennes pieces de France, dite de 10 ſous 10 ſou & 4 ſous ; Rixdalles & Couronnes de Danemarck, & Piéce de douze Tarenſ de Sicile.	Ducats de Veniſe.	Florins de Mayence.
	à 9ᵈ 23ᵍʳ.	à 9ᵈ 11ᵍʳ.	à 9ᵈ 12ᵍʳ.	à 8ᵈ 23ᵍʳ.
1 Marc.	44ᴸ 7ˢ 3ᵈ	43ᴸ 19ˢ 10ᶜ	43ᴸ 8ˢ 9ᵈ	39ᴸ 18ˢ
4 Onces.	22. 3. 7.	21. 19. 11.	21. 14. 4.	19. 19.
2 Onces.	11. 1. 9.	10. 19. 11.	10. 17. 2.	9. 19.
1 Once.	5. 10. 10.	5. 9. 11.	5. 8. 7.	4. 19.
4 Gros.	2. 15. 5.	2. 14. 11.	2. 14. 3.	2. 9. 10
2 Gros.	1. 7. 8.	1. 7. 5.	1. 7. 1.	1. 4. 11
1 Gros.	» 13. 10.	» 13. 8.	» 13. 6.	» 12. 5
1 Denier.	» 4. 7.	» 4. 6.	» 4. 6.	» 4.
12 Grains.	» 2. 3.	» 2. 3.	» 2. 3.	» 2.
6 Grains.	» 1. 1.	» 1. 1.	» 1. 1.	» 1. »
1 Grain.	» » 2.	» » 2.	» » 2.	» »

Dénominations & Prix.

LE MARC & ſes diviſions.	Florins de Bade-Dourlach.	Écus de Bareith.	Piaſtres de Tunis.
	39ᴸ 10ᶜ 9ᵈ à 8ᵈ 23ᵍʳ.	38ᴸ 19ᶜ 7ᵈ à 8ᵈ 18ᵍʳ.	28ᴸ 4ᶜ 3ᵈ à 8ᵈ 8ᵍʳ.
1 Marc.	39ᴸ 10ᶜ 9ᵈ	38ᴸ 19ᶜ 7ᵈ	28ᴸ 4ᶜ 3ᵈ
4 Onces.	19. 15. 4.	19. 9. 9.	14. 2. 1.
2 Onces.	9. 17. 8.	9. 14. 10.	7. 1. »
1 Once.	4. 18. 10.	4. 17. 5.	3. 10. 6.
4 Gros.	2. 9. 5.	2. 8. 8.	1. 15. »
2 Gros.	1. 4. 8.	1. 4. 4.	» 17. 7.
1 Gros.	» 12. 4.	» 12. »	» 8. 9.
1 Denier.	» 4. 1.	» 4. »	» 2. 11.
12 Grains.	» 2. »	» 2. »	» 1. 5.
6 Grains.	» 1. »	» 1. »	» » 8.
1 Grain.	» » 2.	» » 2.	» » 1.

LE MARC & ſes diviſions.	Écus de Lubeck, & Koptuck de Heſſe-d'Armſtad & de Cologne.	Florins de Mékelbourg.	
	39ᴸ 3ᶜ 4ᵈ à 8ᵈ 12ᵍʳ.	32ᴸ 9ᶜ 8ᵈ à 7ᵈ 7ᵍʳ.	
1 Marc.	39ᴸ 3ᶜ 4ᵈ	32ᴸ 9ᶜ 8ᵈ	
4 Onces.	19. 11. 8.	16. 4. 10.	
2 Onces.	9. 15. 10.	8. 2. 5.	
1 Once.	4. 17. 11.	4. 1. 2.	
4 Gros.	2. 8. 11.	2. » 7.	
2 Gros.	1. 4. 5.	1. » 3.	
1 Gros.	» 12. 2.	» 10. 1.	
1 Denier.	» 4. »	» 3. 4.	
12 Grains.	» 2. »	» 1. 8.	
6 Grains.	» 1. »	» » 10.	
1 Grain.	» » 2	» » 1	

A l'egard des autres matiéres & eſpèces d'argent, elles ſeront

de donner aux propriétaires des matières susceptibles d
nage un reçu motivé des sommes qu'ils ont retenu
raison de cette opération. Telles sont les disposition
l'arrêt du conseil & des lettres-patentes du 15 sep
bre 1771, enregistrés à la cour des monnoies le 2
même mois.

---

payées, à proportion de leur titre, suivant l'évaluation ci a

ÉVALUATION

des Deniers de fin d'argent.

Sur le pied de 53ˡ 9ˢ 2ᵈ 234|261ᵉˢ le marc.

	liv.	sous.	den.	
1 vaut.	4.	9.	1.	63|261ᵉˢ.
2 . . .	8.	18.	2.	126.
3 . . .	13.	7.	3.	189.
4 . . .	17.	16.	4.	252.
5 . . .	22.	5.	6.	54.
6 . . .	26.	14.	7.	117.
7 . . .	31.	3.	8.	180.
8 . . .	35.	12.	9.	243.
9 . . .	40.	1.	11.	45.
10 . . .	44.	11.	»	108.
11 . . .	49.	»	1.	171.
12 . . .	53.	9.	2.	234.

ÉVALUATIO

des Grains de fin d'argen

Sur le pied de 53ˡ 9ˢ 2ᵈ 234|261ᵉˢ le

	liv.	sous.	den.	
1 vaut.	»	3.	8.	144|
2 . . .	»	7.	5.	27.
3 . . .	»	11.	1.	171.
4 . . .	»	14.	10.	54.
5 . . .	»	18.	6.	198.
6 . . .	1.	2.	3.	81.
7 . . .	1.	5.	11.	225.
8 . . .	1.	9.	8.	108.
9 . . .	1.	13.	4.	252.
10 . . .	1.	17.	1.	135.
11 . . .	2.	»	10.	18.
12 . . .	2.	4.	6.	162.
13 . . .	2.	8.	3.	45.
14 . . .	2.	11.	11.	189.
15 . . .	2.	15.	8.	72.
16 . . .	2.	19.	4.	216.
17 . . .	3.	3.	1.	99.
18 . . .	3.	6.	9.	243.
19 . . .	3.	10.	6.	126.
20 . . .	3.	14.	2.	9.
21 . . .	3.	17.	11.	153.
22 . . .	4.	1.	8.	36.
23 . . .	4.	5.	4.	180.
24 . . .	4.	9.	1.	63.

Fait & arrêté au conseil d'état du roi, sa majesté y étant, ten
Versailles le quinzième jour de mai mil sept cent soixante-treize.

Signé, Phelypeaux.

CHANGE. 159

Les changeurs font d'ailleurs autorifés à fe faire payer pour droits de Change, les falaires fixés par l'article 2 de l'arrêt du confeil du 26 décembre 1771, & qui fe trouvent rapportés à l'article CHANGEURS.

Lorfqu'il fe trouve fous les fcellés ou parmi des meubles & effets faifis, ou dans des démolitions de maifon & de quelqu'autre manière que ce foit, quelques vieilles monnoies de France, l'article 4 de la déclaration du 7 octobre 1755, veut que fous peine de confifcation, elles foient portées au plus tard dans la quinzaine du jour où elles auront été trouvées, aux hôtels des monnoies ou aux Changes les plus prochains, & la valeur des mêmes efpèces doit y être payée fans difficulté aux porteurs, qui font tenus de tirer certificat des changeurs ou receveurs au Change des monnoies auxquels les efpèces ont été remifes.

Ces difpofitions ont été confirmées par l'arrêt du confeil du 26 décembre 1771, qui a enjoint aux changeurs de veiller, chacun dans leur reffort, à ce qu'il ne fût fait aucune vente à l'encan des vaiffelles & argenteries ni diftraction des efpèces vieilles trouvées après décès ou dans les faifies, & à ce qu'elles fuffent apportées dans leurs bureaux ou aux hôtels des monnoies : fuivant le même arrêt, les changeurs doivent en cas de contravention à ce qu'il prefcrit en donner avis au procureur général de la cour des monnoies.

Voyez *Darius, combinaifon générale des Changes ; Dernis, traité des Changes étrangers ; l'art des lettres de Change par Dupuy de la Serra ; l'hiftoire univerfelle de Villani ; le recueil des or-*

donnances du Louvre ; l'histoire de la ville
Lyon par Rubys ; le traité général du commerce
des Changes ; les réflexions politiques de M. Dut
l'essai politique sur le commerce, par M. Melon ;
traité des Changes & des arbitrages, par Sencha
Scachia, de commerciis cambiorum ; l'ord
nance du mois de mars 1673 ; le parfait négoci
& les parères de Savary ; les commentaires sur l'
donnance du commerce ; le traité du contrat
Change par Pothier ; la déclaration du 10 n
1686 ; l'arrêt de règlement du 30 août 1714 ; l'
du mois de décembre 1665 ; les œuvres de Henry
le journal de audiences ; les déclarations des 14
cembre 1689 & 7 octobre 1755 ; les arrêts du co
seil & les lettres-patentes des 15 septembre &
décembre 1771 ; le traité des monnoies, par Al
de Bazinghen, &c. Voyez aussi les articles A
CEPTATION, BILLET, ENDOSSEMENT, PR
TÊT, CONTRAINTE PAR CORPS, TIREU
USANCE, FOIRES, JOURS DE GRÂCE, CO
MERCE, GARANTIE, PRESCRIPTION, ORDR
AVAL, MONNOIE, &c.

CHANGEURS. Ce sont des officiers étab
par le Roi ou autorisés par la cour des mo
noies, pour recevoir dans les différentes vill
du royaume les espèces anciennes, défectue
ses, étrangères, hors de cours, ainsi que tout
sortes de matières d'or & d'argent, & donn
en échange à ceux qui les leur portent, u
valeur prescrite en espèces courantes.

Comme l'état de Changeur demande une ce
taine connoissance des monnoies, il falloit a
ciennement avant d'obtenir ce titre, qu'on e
fait un apprentissage chez ceux qui exerçoie
cette profession à Paris sur le pont qu'on a d
pu

puis appelé *Pont-au-Change*. Pour donner à cet état plus de confiftance, & pour la fûreté publique, Charles VI commit par des lettres-patentes du 14 novembre 1421, les généraux-maîtres des monnoies à l'effet de recevoir Changeurs dans la ville de Paris, tous ceux qui fe trouveroient avoir été apprentis au Pont-au-Change, pendant trois ans. Cette autorité des généraux des monnoies fur les Changeurs, fe trouve établie par nombre d'autres monumens qu'il feroit trop long de détailler, mais dont on peut voir l'énumération dans le traité des monnoies de M. Abot de Bazinghen. Ils ont une pleine & entière juridiction fur eux ; les gardes des monnoies prononcent à leur fujet en première inftance, & les généraux-maîtres en dernier reffort. Un édit du mois de janvier 1551, rendu après l'érection de la chambre des monnoies en cour fouveraine, confirme cette juridiction des généraux des monnoies fur les Changeurs.

Les Changeurs furent érigés en titre d'office héréditaire par un édit du mois d'août 1555; mais cet édit n'ayant point eu d'exécution, Charles IX ordonna par une déclaration du 10 juillet 1571, qu'il feroit inceffamment exécuté. Vint enfuite Henri III, qui par un nouvel édit du mois de mars 1580, confirma la création des offices de Changeur, & en détermina le nombre dans chaque ville de fon royaume.

Ces officiers furent déclarés par des lettres-patentes du 29 décembre 1581, exempts de toute commiffion royale, de la collecte des tailles, de la fonction de marguillers, tréforiers,

Tome IX. L

&c. du guet, de la garde, du logement d[e]
gens de guerre, des corvées, &c.

Henri IV supprima par un édit du mois [de]
décembre 160 , les Changeurs établis dans l[es]
villes où il y avoit monnoie ; & il incorpor[a à]
perpétuité le Change aux fermes & maîtri[ses]
particulières de ses monnoies ; mais cet[te]
fut révoquée par un autre édit du mois d'av[ril]
1609, qui rétablit les changeurs dans leur p[re]
mier état, avec les mêmes priviléges & [les]
mêmes immunités ; & en restreignit toutefois[le]
nombre à moitié dans chaque ville. Il fut [or]
donné en même-temps à ces Changeurs de te[nir]
un journal fidele de tout ce qu'ils changeroien[t]
& de cisailler sur l'heure les pièces décriées.[Il]
fut défendu aux maîtres des monnoies de faire
change ailleurs que dans leur comptoir éta[bli]
aux hôtels des monnoies. Le change fut inte[r]
dit à tout autre particulier, à peine de de[ux]
cens écus d'amende pour la première fois,[&]
de punition corporelle en cas de récidive ;[il]
fut même défendu de vendre à d'autres qu'a[ux]
fermiers des monnoies, les matières d'or [&]
d'argent, à peine de la vie.

Indépendamment de ces Changeurs en ti[tre]
d'office héréditaire, dont le rétablissement a[voit]
été confirmé par un arrêt du conseil du 23 j[uin]
1617, les généraux des monnoies n'en ont [pas]
moins conservé le droit d'en établir par co[m]
mission dans les lieux où ces offices n'avoie[nt]
point été levés, & dans ceux encore où il ét[oit]
nécessaire d'en établir. Il y en avoit déja be[au]
coup d'établis lorsque Louis XIV, par un é[dit]
du mois de juin 1696, jugea à propos de r[é]
voquer toutes les commissions de Changeurs[,]

de créer trois cens Changeurs en titre d'office héréditaire. Il fut porté par cet édit que les Changeurs tiendroient des regiftres en bonne forme de toutes les anciennes efpèces à réformer ainfi que des matières d'or, d'argent & de billon à convertir qui tomberoient dans leurs changes; ils furent en même-tems affujettis à les porter ou envoyer aux hôtels des monnoies les plus proches de leur réfidence, où la valeur devoit en être payée fur le pied porté par le tarif de la cour des monnoies, fans pouvoir les divertir, commercer ni remettre dans le public à peine d'être punis comme billonneurs. Il fut dit auffi qu'il y auroit pour ces Changeurs une attribution de cinquante livres pour trois quartiers de foixante-fix livres treize fous, quatre deniers de gages; qu'ils jouiroient de plus des droits de change portés par les tarifs & par les règlemens de la cour des monnoies, ainfi que de l'exemption du logement des gens de guerre, de tutelles, curatelles & autres charges publiques.

De ces trois cens offices de Changeurs, il n'en fut levé que cent foixante-feize: ceux qui reftoient à lever, furent fupprimés par un édit du mois de feptembre 1705, au moyen de quoi la cour des monnoies fut autorifée comme auparavant à donner des commiffions dans les lieux où il n'y avoit point de Changeurs en titre; & comme il exiftoit beaucoup d'édits, de déclarations, d'arrêts du confeil fur le fait des Changeurs dont le fouvenir s'effaçoit aifément, cette cour crut devoir faire un relevé de ces réglemens, & les renouveler en fubftance par un arrêt du 7 janvier 1716, dont voici l'analyfe.

L ij

ARTICLE I. Les Changeurs en titre ou com
mis aux changes établis dans les villes du royau
me, doivent avoir leurs bureaux dans des lieu
apparens fur la rue, & les tenir ouverts tou
les jours non fériés, en été depuis 6 heures d
matin jufqu'à huit du foir; & en hiver, depu
fept jufqu'à 6.

ARTICLE II. Ils doivent avoir fur leurs bu
reaux des balances juftes avec le poids de mar
& les diminutions étalonnées fur le poids or
ginal de France qui eft à la cour des monnoie
ils doivent aufîi avoir le tarif portant évalua
tion des efpèces, des vaiffelles & des matièr
d'or & d'argent, avec les inftrumens néceffair
pour cifailler les pièces qui font dans le cas d
l'être.

ARTICLE III. Ils font tenus de recevoir tour
les efpèces & matières d'or ou d'argent, tar
les pièces décriées, légères, fauffes & défec
tneules, que les pièces anciennes non réformée
& d'en payer comptant la valeur & le prix fu
vant le tarif, à la déduction de leurs falaires.

ARTICLE IV. Ils doivent cifailler toutes l
efpèces décriées, légères, défectueufes & fau
fes, & difformer les ouvrages d'or & d'arger
en préfence de ceux qui les leur apportent,
peine de confifcation fur eux des efpèces & d
matières non cifaillées ni difformées & d'amend
arbitraire.

ARTICLE V. Ils font obligés de tenir un re
regiftre cotté & paraphé par le premier des pre
fidens ou des confeillers de la cour trouvé f
les lieux, ou par un des juges gardes des mon
noies, & en leur abfence par le plus prochai
juge royal des lieux, & cela fans tirer à confé

quence & fans frais, & d'écrire dans ce regiftre la qualité, la quantité & le poids des efpèces & des matières qui leur fent apportées, ainfi que le nom, le furnom & la demeure de ceux qui les apportent & le prix qu'ils en ont payé.

ARTICLE VI. Il faut qu'ils envoyent de mois en mois, & même plutôt s'il fe peut & s'ils en font requis, les efpèces & les matières aux bureaux des changes des plus prochaines monnoies ouvertes, où la valeur leur en doit être rendue comptant.

ARTICLE VII. Il leur eft défendu de divertir les monnoies & de les vendre à des orfévres, joailliers, affineurs, batteurs & tireurs d'or & d'argent, à des banquiers, ni à d'autres perfonnes qui ont des charges de finance ; il ne leur eft même pas permis d'avoir avec eux ou avec gens qui travaillent en or & argent, aucune fociété.

ARTICLE VIII. Ils ne peuvent avoir dans leurs maifons ni ailleurs, aucun fourneau propre à fondre & à faire des effais ; fauf à ceux qui ont des matières dont le titre n'eft pas connu, à fe retirer aux hôtels des plus prochaines monnoies ouvertes pour en faire la fonte & l'effai.

ARTICLE IX. Par la même raifon il eft défendu aux orfévres, joailliers, affineurs, batteurs & tireurs d'or & d'argent de fe mêler du fait de change de quelqce manière que ce foit, & à toute autre perfonne de le faire fans lettres de fa majefté dûment vérifiées en la cour, & fans au préalable y avoir prêté le ferment, à peine d'être punis comme billonneurs fuivant la rigueur des ordonnances.

ARTICLE X. A l'égard du ferment on peut le

prêter devant un des officiers de la cour trouvé
fur les lieux ou devant un des juges-gardes des
monnoies, ou en leur abfence devant le plus
prochain juge royal des lieux, à la charge d'envoyer au greffe de la cour une expédition de
cette preftation de ferment.

ARTICLE XI. Finalement il eft dit que les
Changeurs ou commis jouiront des priviléges &
des exemptions portées par les ordonnances,
édits & déclarations rendus à ce fujet.

Un arrêt du confeil du 26 décembre 1771,
qui forme le dernier état relativement aux droits
& falaires des Changeurs, a autorifé ces officiers,
foit qu'ils foient en titre ou par commiffion, à
fe faire payer par les porteurs ou propriétaires
des matières ou efpèces vieilles ou étrangères
d'or & d'argent, favoir un denier par livre de la
valeur des mêmes matières, lorfque ces Changeurs font établis dans les villes où il y a hôtel
des monnoies; trois deniers lorfqu'ils font établis ailleurs, jufqu'à la diftance de dix lieues;
quatre deniers pour ceux qui font établis plus
loin, jufqu'à vingt-cinq lieues; cinq deniers,
lorfque la diftance eft au-deffus de vingt-cinq
lieues, jufqu'à quarante lieues, & fix deniers
lorfque la diftance eft de plus de quarante lieues.
Ces différences dans les droits des Changeurs
font relatives aux frais du tranfport des matières aux hôtels des monnoies. Le même arrèt fait
défenfe aux Changeurs d'exiger d'autres droits
que ceux qu'on vient de fpécifier, à peine de
deftitution & même de plus grande peine fuivant l'exigence des cas. Et afin que ces droits
foient connus du public, il eft ordonné à chaque
Changeur d'afficher dans le lieu le plus appa-

rent de son bureau un exemplaire de l'arrêt cité au pied duquel doit être énoncé le droit qu'il est autorisé à percevoir relativement à la distance qu'il y a de son domicile à l'hôtel de la monnoie le plus prochain. Voyez au surplus l'article CHANGE, où sont rapportés les autres droits & obligations des Changeurs.

Comme il n'est pas permis aux Changeurs en titre ou par commission de se mêler du commerce de l'orfévrerie ni de la mercerie, de crainte qu'ils n'abusent de la réunion de ces deux états, que néanmoins en 1758 il se trouvoit beaucoup de ces Changeurs qui frondoient les dispositions des ordonnances sur cet article, la cour des monnoies pour remédier à cet abus, rendit un arrêt le 2 septembre de la même année, par lequel elle réitéra les défenses faites aux Changeurs établis dans les différentes provinces de son ressort; tant en titre que par commission, de faire aucun commerce des matières & ouvrages d'orfévrerie ; elle ordonna une visite pour faire saisir & apporter aux hôtels des monnoies, tous ceux qu'on trouveroit chez eux, & pour faire condamner ces Changeurs à telles peines qu'il appartiendroit, même pour les poursuivre comme billonneurs.

Voyez *les lettres-patentes du 14 novembre 1421; les édits de janvier 1551, d'août 1555 ; la déclaration du 10 juillet 1571 ; l'édit de mai 1580 ; la déclaration du 17 octobre 1581 ; les lettres-patentes du 29 décembre de la même année ; un édit du mois de décembre 1601 ; un édit du mois d'avril 1607 ; un arrêt du conseil du 23 juin 1617 ; un édit de juin 1696 ; un arrêt de règlement de la cour des monnoies du 7 janvier 1716 ; un arrêt du conseil* du 22 octobre 1729, un arrêt en règlement de la cour des monnoies du 2 septembre 1758 ; un arrêt du conseil du 26 décembre 1771 ; le nouveau traité des monnoies, &c. Voyez aussi les articles MON-NOIES, CHANGE, DÉCRI, &c. (*Article de M. DAREAU, Avocat*, &c.)

CHANOINES. On appelle Chanoines les ecclésiastiques, qui dans les églises cathédrales ou collégiales, sont pourvus de bénéfices que l'on nomme canonicats ou prébendes, & qui forment le corps ou le chapitre de ces églises.

Le nom de Chanoines vient d'un mot grec qui signifie *règle*, *pension* ou *portion*, & *catalogue* : il peut dans ces trois significations également convenir aux Chanoines, puisqu'ils sont inscrits sur le catalogue de l'église à laquelle ils sont attachés, qu'ils en reçoivent une pension ou portion annuelle en vertu de leur titre, & qu'ils y ont des règles à suivre & des devoirs à remplir.

· On peut considérer les Chanoines relativement à leur origine, à leur état actuel, à l'âge requis pour être pourvu d'un canonicat, aux usages & formalités à suivre pour en prendre possession & entrer en jouissance, aux droits qui en naissent, aux obligations qui en résultent, & aux pivilèges en vertu desquels certains Chanoines sont dispensés en partie ou d'une partie de leurs obligations.

I. *De l'origine des Chanoines.* L'établissement des Chanoines ne remonte guères qu'au huitième siècle. Voici comment s'explique sur ce sujet le célébre M. Talon avocat général au parlement de Paris, portant la parole dans une cause fameuse entre M. l'Archevêque de Sens & son chapitre en 1677.

» Dans les premiers siècles , les prêtres', les
» diacres & les autres clers vivoient en commun
» avec l'évêque dont ils étoient comme les con-
» seillers & les conducteurs (ou pour parler
» plus exactement les cooperateurs) dans la
» charge des ames , & le gouvernement de son
» diocese.

» De ce clergé appelé par les pères *presbite-*
» *rium* , une partie demeuroit auprès de l'évêque
» pour le soulager dans ses fonctions, & l'autre
» étoit envoyée dans les églises de la campagne
» pour administrer les sacremens.

» En ce temps le nombre des chrétiens étoit
» petit : en chaque ville il y avoit une église
» principale , où demeuroit l'évêque avec son
» clergé & ses prêtres, lesquels selon la commodi-
» té des peuples, il envoyoit aux églises particu-
» lieres, où ayant rendu le service, ils revenoient
» à l'église episcopale. Toutes les oblations qui
» étoient faites à ces églises appartenoient à
» l'évêque, pour les dispenser aux usages desti-
» nés par les canons , de quoi nous avons encore
» des marques dans le concile d'Agde de l'an 506,
» & dans celui d'Auvergne de 535. *Si quis ex*
» *præsbyteris & diaconis qui neque in civitate, neque*
» *in parochiis Canonicus esse dignoscitur* (*) , *sed*
» *in villulis habitans , in oratoriis officio divino*
» *deserviens celebret divina officia festivitates prin-*
» *cipales nullatenus alibi nisi cum epíscopo suo in*
» *civitate teneat.* La même obligation étoit pour
» les habitans même de la campagne, *quicumque*
» *etiam sunt cives natu majores , in urbibus ad*

(*) Le mot *Canonicus* ne signifie point ici Chanoine,
mais un clerc inscrit sur le catalogue d'une église.

» *pontifices fuos in prædictis feftivitatibus veniant.*

» Depuis, le nombre des chrétiens s'étant
» accru & celui des églifes augmenté, les prê-
» tres furent attachés aux églifes, & leur mi-
» niftère rendu fixe pour adminiftrer les facre-
» mens aux paroiffiens ; ce qui a vraifemblable-
» ment commencé par celles de la campagne à
» caufe de leur éloignement, & a été enfuite in-
» troduit dans les villes.

Tandis qu'une partie du clergé étoit ainfi attachée aux églifes paroiffiales des villes & des campagnes, l'autre partie demeura auprès des évêques pour le fervice de l'églife principale où
les évêques continuoient de remplir toutes les
fonctions de vrais pafteurs des ames.

La divifion des biens eccléfiaftiques s'étoit
faite à peu près vers le même temps, & l'on
avoit affigné des portions aux prêtres, diacres
& autres clercs qui rempliffqient leur miniftère
auprès des évêques auffi bien qu'à ceux qui fe
trouvoient attachés aux églifes paroiffiales.

» Depuis, reprend M. Talon, les mœurs de
» ces prêtres & des autres eccléfiaftiques s'étant
» relachées, & la difcipline s'étant corrompue
» par l'ignorance, par la débauche, & par la dé-
» fobéiffance des clercs qui abandonnoient leurs
» églifes, on a cru qu'on ne pouvoit lui rendre
» fa première vigueur qu'en rétabliffant cette
» communauté régulière, qui autrefois étoit entre
» les miniftres de l'églife. Pour cet effet les rois
» & les évêques ordonnerent qu'on bâtiroit des
» cloîtres dans chaque ville auprès de l'églife
» & de la maifon épifcopale, où les clercs de-
» meureroient & vivroient en commun afin que
» leur faifant embraffer une vie en quelque façon

» cénobitique & religieuse, & les dirigeant sous
» une règle uniforme, ils pussent conserver l'u-
» nion entre eux & l'obéissance à leur évêque.

» Nous voyons cet établissement dès le temps
» de Charlemagne *in concilio Vernensi* de l'an
» 755, au canon 11, où ce prince veut que tous
» les ecclésiastiques (autres sans doute que ceux
» qui déservoient les cures & paroisses), soient
» réduits sous deux ordres les uns en une com-
» munauté monastique, & sous la direction des
» abbés, les autres en un corps canonique sous
» la supériorité des évêques : *aut in monasterio*
» *sint sub ordine regulari, aut in manu episcopi sub*
» *ordine Canonico.* Dans le concile tenu à Aix-la-
» Chapelle en 789, chapitre 73, il dit la même
» chose, & veut que ceux qui ont embrassé la
» cléricature vivent en commun : *qui ad clerica-*
» *tum accedunt, quod nos nominamus Canonicam*
» *vitam, volumus ut illi Canonicè vivant, &*
» *episcopus eorum regat vitam sicut abbas mona-*
» *chorum.* Il confond les clercs & les Chanoines,
» la cléricature & la vie canoniale n'étant qu'une
» même chose.

En l'an 818 le concile de Tours enjoignit
aux évêques de mettre les clercs dans leurs
maisons épiscopales & de les enfermer sous un
même cloître, un même refectoire, un même
dortoir. » *Canonici & clerici civitatum*, porte le
» canon 23, *qui in episcopiis versantur, conside-*
» *ravimus ut in claustris habitantes simul omnes in*
» *communi dormitorio dormiant & uno reficiantur*
» *refectorio.* Dans ce canon le mot *episcopium*
» signifie la maison épiscopale, pour montrer l'o-
» bligation des évêques d'avoir le soin & la con-
» duite des Chanoines, & d'autre côté, la sou-
» mission des Chanoines envers les évêques.

» Louis-le-Débonnaire acheva ce qui avoit été
» si heureusement commencé, & dans le concile
» d'Aix-la-Chapelle assemblé en 816 il fit com-
» piler une règle tirée des livres des peres pour
» corriger la vie des ecclésiastiques. Cette règle
» n'est pas seulement une instruction pour de
» jeunes clercs qui étoient élevés dans ces cloî-
» tres comme en un séminaire , mais pour les
» prêtres & ceux qui étoient dans le ministère
» actuel de l'église. Car nous voyons que tous
» les premiers articles de cette compilation regar-
» dent les prêtres, les diacres , les soudiacres &
» ceux qui étoient dans les quatre-mineurs.

» Charles-le-Chauve a tellement fait exécuter
» ces constitutions si saintes & si nécessaires au
» rétablissement de la discipline , qu'il veut dans
» le concile de Meaux au canon 53 , que si les
» bâtimens qui sont voisins de la maison épis-
» copale, appartiennent à l'église, & sont occu-
» pés par des tiers détenteurs ils soient retirés,
» pour y construire des cloîtres, & que s'ils sont
» du domaine du prince, ils leur soient donnés
» gratuitement : & *in concilio Pontigonensi* de
» l'an 876 , *episcopi in civitatibus suis proximum*
» *ecclesiæ clauſtrum inſtituant , in quo ipſi cum*
» *clero secundum Canonicam regulam Deo militent.*

« Depuis ce temps nous voyons que la plu-
» part des cloîtres ont été construits, & les
» Chanoines institués suivant l'établissement
» prescrit par les canons. Il est vraisemblable ,
» que cette réformation des clercs, & ce genre
» de vie régulière ont commencé d'introduire
» dans l'église le nom de Chanoines, lequel a
» continué jusqu'à présent.

Voilà suivant le grand magistrat que l'on a

cité, & d'après les faits & les monumens histo-
riques où il avoit puisé ses idées & ses réflexions à cet égard, qu'elles furent vers la fin du
huitième siécle, & le commencement du neuvième, l'origine, la formation & l'institution de
ces communautés de clercs que l'on désigna &
que l'on a continué de désigner sous le nom de
Chanoines. On y vit refleurir cette union des
esprits & des cœurs, cette unité de propriétés
& de possessions, qui avoient rendu si respectables les premiers fidèles de Jérusalem, & dont
le clergé avoit soutenu l'éxemple durant les
quatre premiers siécles de l'église.

Il est aisé de sentir, comme le remarque
Van-Espen, combien les Chanoines rassemblés
sous les yeux de leur évêque dans une même
maison, nourris à une même table & des mêmes mets, habillés des mêmes étoffes & de la
même manière, prenant leur repos & leur
sommeil dans un même dortoir, trouvoient
dans cette vie commune & régulière des remèdes & des secours contre l'esprit de luxe, de
somptuosité, d'avarice ou de paresse, qui n'est
que trop à craindre pour les riches bénéficiers;
combien ils y trouvoient de moyens pour le
soutenir & s'avancer dans l'état de perfection
que leur nom seul annonçoit.

On ne peut donc trop s'étonner de l'espèce
de ridicule que les auteurs du dictionnaire de
Trevoux ont essayé de jeter sur cette vie canoniale, en reprochant aux Chanoines de s'ê-
tre alors livrés à un esprit de monachisme &
d'avoir fait leur principal & presque leur unique
objet du chant.

Le chant des offices & la célébration du service-divin font bien dignes fans doute d'occuper utilement & noblement des miniftres de l'églife ; il a toujours paru convenable d'en appliquer une partie à la folemnité du culte public, & cette application n'a point empêché ceux qui en faifoient leur objet principal de rendre encore d'autres fervices à l'églife. Perfonne n'ignore combien elle eft redevable aux grands ordres religieux, qui malgré la pfalmodie prefque continuelle dont leurs membres étoient occupés, n'ont pas laiffé de fournir de docteurs profonds, de judicieux critiques, de favans & des écrivains célèbres dans tous les genres.

D'ailleurs les Chanoines, tout appliqué qu'ils étoient au chant & aux cérémonies de l'églife, n'y bornoient pas leurs foins : ils étoient les coopérateurs des évêques dans la prédication de la parole fainte, dans l'adminiftration des facremens & comme fes confeils dans le gouvernement des diocèfes ; & la vie canoniale ou la vie régulière, car c'étoit alors la même chofe, ne faifoit que rendre les Chanoines plus propres à ces importantes fonctions.

Auffi cet établiffement des Chanoines jeta-t-il d'abord le plus grand éclat, & fut-il d'une utilité générale. L'avantage qu'on en retiroit porta même bientôt l'églife à en établir de nouvelles communautés indépendamment de celle qui s'étoient formées dans les églifes cathédrales auprès des évêques : c'eft de-là que les églifes collégiales tirent leur origine : elles furent d'abord établies dans les villes & les bourgs où il n'y avoit point de réfidence épifcopale, & enfuite dans les villes mêmes où les évêques avoient leur siège, lorsque le clergé s'y trouvoit trop nombreux pour ne former qu'une seule communauté.

Une régularité si frappante & si édifiante ne dura malheureusement pas toujours. Le relâchement ne tarda pas à s'introduire dans ces communautés d'abord si ferventes ; peu à peu on s'y éloigna de la vie commune & régulière. Dès le dixième siècle l'abbé Tritheme gémissoit de l'avoir vue abandonnée d'abord par les Chanoines de l'église de Trèves, & ensuite à leur exemple par ceux de Mayence, de Worms, de Spire & de plusieurs autres églises. Dans d'autres églises cette vie commune se maintint un peu plus long-temps : on en voit des preuves à Liege jusques vers la fin du douzième siècle ; mais Yves de Chartres se plaint de ce que de son temps il n'en restoit presque plus aucun vestige.

A la cessation de la vie commune & régulière parmi les Chanoines, il se passa quelque chose de semblable à ce qui s'étoit pratiqué lors de la division générale des biens de l'église. Les biens qui avoient formé le patrimoine des communautés des Chanoines ou des chapitres, comme on avoit commencé de les nommer depuis quelque temps, furent partagés & distribués en différentes manières & en portions diverses ; il y en eut d'affectées aux dignités, d'autres aux simples Chanoines, d'autres à l'entretien de l'église, d'autres pour les ministres inférieurs, enfans de chœur & serviteurs des églises. Dans quelques chapitres, les portions destinées à chaque Chanoine furent divisées réellement pour être administrées par celui à qui le droit en ap-

partiendroit. Dans d'autres églises, les biens
qui devoient fournir ces portions restèrent communs & durent être régis en commun, pour en
être ensuite les revenus annuels, tant ordinaires
qu'extrordinaires, repartis entre les Chanoines
avec la faculté à chacun de disposer, comme il
jugeroit à propos, de ce qui lui seroit échu. Ces
portions ainsi divisées ou à prendre sur la masse
commune, formèrent ce qu'on appela des *pre-*
bendes, & devinrent autant de titres particuliers. Les Chanoines devinrent aussi, & par la
même raison, de vrais titulaires particuliers,
en continuant néanmoins de ne faire qu'un seul
& même corps avec ceux qui avoient partagé
avec eux ces biens, & d'acquitter & de rempli
les offices & services divins qui se faisoient dan
leurs églises.

Cette célébration des offices & services e
commun fut la seule des obligations commune
qui se maintint dans ces communautés, & la
principal lieu spirituel qui désormais en réuni
les membres. Ces membres n'en conservèren
pas moins le nom de Chanoines quoiqu'ils ne
retinssent & n'observassent plus aucune de
pratiques & des règles qui le leur avoient fai
donner.

II. *De l'état actuel des Chanoines.* Les communautés & chapitres de Chanoines ne font plu
comme autrefois des communautés de clerc
vivant dans un même enceinte, sous une même règle, & n'ayant rien chacun en propre qu
le droit d'être logés vêtus, nourris & entrete-
nus sur les biens communs : ce sont des corp
d'ecclésiastiques dont chacun a droit à une certaine portion des revenus, jadis communs,

pour

pour en difpofer à fon gré, à la charge d'affifter aux offices & fervices divins.

Il y a ordinairement dans les églifes cathédrales ou collégiales trois rangs ou trois claffes de places & de titres : la première claffe comprend les dignités ; la feconde, les prebendes ou canonicats ; la troifième, des titres inférieurs fous le nom de chapelles ou autres.

Les dignités donnent à ceux qui en font revêtus quelque juridiction ou prééminence dans le chœur : ceux qui font pourvus des bénéfices inférieurs dans ces églifes font prefque toujours chargés de quelque fervice, miniftère ou fonction particulière ; les prebendes tiennent comme le milieu entre ces deux rangs ; elles ne donnent ni prééminence ni juridiction & n'impofent point de charge particulière. Ce font ceux qui en font pourvus qu'on nomme Chanoines ; ce font eux & eux feuls qui forment & compofent ce qu'on appelle le chapitre des églifes, où les dignitaires fi ce n'eft le doyen, n'ont point entrée s'ils ne font en même-temps Chanoines, & dont les bénéficiers inférieurs font également & à plus forte raifon exclus à moins que quelques titres particuliers ne les y faffent admettre.

Il n'y a rien de particulier à dire fur les bénéfices inférieurs qui exiftent dans la plupart des chapitres : ce qui concerne les dignités, foit en général, foit en particulier, fera traité tant au mot DIGNITÉS que fous les noms de chaque dignité particulière : ainfi on ne s'occupera uniquement ici que de ce qui ragarde les Chanoines feulement & fimplement comme Chanoines.

Les Chanoines, comme on vient de le voir,

font ceux qui font pourvus de prebendes dan
les églifes cathédrales ou collégiales, & la prin
cipale obligation des Chanoines eft d'affifte
au chœur.

Quoique bien moins parfait qu'il ne l'étoi
dans fon établiffement, l'état actuel des Chanoines ne laiffe pas de leur attirer & de mériter par lui-même une jufte confidération. Rien
de plus noble que la célébration des offices &
fevices divins à laquelle les Chanoines font fpécialement dévoués & obligés étroitement : cet
te célébration fait une partie confidérable d
culte public & folemnel fi convenable à la ma
jefté, fi néceffaire au maintien de la religior
Rien de plus édifiant que la manière dont ce
offices & fervices font célébrés dans la plupart
des églifes cathédrales & collégiales ; & le bo
ufage qu'un grand nombre de Chanoines fort
du temps qui leur refte après la célébration de
offices, ajoûte encore à la dignité de leur éta
Pour en foutenir & en augmenter la confidéra
tion, il feroit bien à defirer, que ceux qui nom
ment ou préfentent aux prébendes, & ceux qu
en font pourvus, n'oubliaffent jamais quell
doit être la vie d'un Chanoine pour répondre
la dignité de fon état, à la fainteté de fes fonc
tions, aux règles & aux vœux de l'églife.

III. *De l'âge requis pour être Chanoine*. Pa
rapport à l'âge requis pour être pourvu de
Prébendes, on ne trouve rien de fixé par no
loix, & la jurifprudence des tribunaux d
royaume n'eft point du tout conforme aux dif
pofitions des dernières loix canoniques. On
fuit affez genéralement la dix-feptième des rè

gles (*) de chancellerie du pape Innocent VIII,
qui avoit ſtatué qu'il falloit avoir quatorze ans
accomplis pour être pourvu des canonicats dans
les égliſes cathédrales, & dix ans paſſés pour
être pourvus des prébendes dans les égliſes collégiales.

Cette règle n'a plus été miſe dans les règles
de chancellerie de Pie V, de Gregoire XIII &
des autres papes depuis le concile de Trente,
parce que dans le chap. 11 de réform. ſeſſ. 24,
ce concile avoit ordonné qu'on eût au moins
l'âge requis pour le ſoudiaconat, pour pouvoir
être Chanoines dans les égliſes cathédrales (**).

Pluſieurs conciles provinciaux en France, tels
que celui de Rouen en 1581 *tit. de epiſcopis &
capitulis* §. 20, celui de Rheims en 1583 même

(*) Reg. 17. *Item Quòd proviſiones aut conceſſiones,
vel mandata de providendo de cathedralium eccleſiarum
canonicatibus & præbendis, quæ pro quibusvis perſonis,
ſi decimum quartum ætatis ſuæ annum non compleverint,
quomodo libet emanaverint, niſi eis quod eos in minori
ætate recipere poſſint, per apoſtolicam ſedem ſpecialiter
conceſſum fuerit, & quicumque impetrationes de canonicatibus & habendis in collegiatis eccleſiis, ſe impetrantes,
majores decem annis non fuerint & de hoc in impetratio-
nibus hujuſmodi expreſſa mentio non fiat, nullius ſint ro-
boris vel momenti, & habeantur pro infectis.*

(**) Conc. Trid. ſeſſ. 24. c. 12. de reformat. *In omnibus
eccleſiis cathedralibus, omnes Canonicatus ac portiones ha-
beant annexum ordinem præsbyterii, diaconatûs vel ſubdia-
conatûs; epiſcopus autem cum conſilio capituli deſignet ac
diſtribuat, prout viderit expedire, quibus quiſque ordo ex
ſacris annexus eſſe in poſterum eſſe debeat, ita tamen ut
dimidia ſaltem pars præsbyteri ſint, cæteri verò diaconi aut
ſubdiaconi, ubi verò conſuetudo laudabilior habet ut plu-
res vel omnes ſint præsbyteri, omninò obſervetur.*

M ij

titre, celui de Bordeaux même année, *tit. 1*, *de capitulis & Canonicis*, celui de Tours même année & même titre, & celui de Bourges en l'année ſuivante ; dont les décrets ſont rapportés aux mémoires du clergé tom. 2 pag. 934 & ſuivantes ; avoient adopté les diſpoſitions du concile de Trente à cet égard. Mais ces diſpoſitions n'ayant jamais reçu la ſanction de l'autorité royale ſont, toujours demeurés ſans exécution. Les tribunaux ont continué de ſuivre dans leurs jugemens l'uſage introduit par la dix-ſeptième règle de chancellerie.

Ce fut conformément à cet uſage que par arrêt du 9 mai 1616 rendu au parlement de Paris ſur les concluſions de M. Servin, il fut dit qu'il avoit été nullement & abuſivement ordonné par le chapitre du Mans, dans le refus qu'il avoit fait au ſieur Drugeon de le recevoir & admettre en qualité de Chanoine de ce chapitre, à cauſe qu'il n'avoit pas vingt-deux ans ſuivant le décret du concile de la province de Tours, cité ci-deſſus, & le ſieur Drugeon fut maintenu dans ſon titre.

On avoit même voulu adoucir encore les diſpoſitions de la dix-ſeptième règle de chancellerie au ſujet des canonicats des égliſes collégiales, & prétendre qu'on pouvoit être pourvu de ces prebendes dès l'âge de ſept ans. Cela donna lieu à une conteſtation célèbre décidée par arrêt rendu le 29 mars 1589 au parlement de Paris, & rapporté par M. Louet en ſon recueil d'arrêts lettre P chap. 11. Il s'agiſſoit du poſſeſſoire d'une prebende de l'égliſe collégiale de Champeaux diocèſe de Paris, & il étoit queſtion de ſavoir ſi à huit ou neuf ans on pouvoit être pourvu d'une semblable prébende.

La question fut proposée aux chambres, & par l'arrêt susdaté, la prébende fut adjugée au dévolutaire sur le pourvu avant l'âge de dix ans.

La disposition de la dix-septième règle de chancellerie peut donc être regardée, non par elle-même, mais d'après l'usage établi & suivi constamment, comme la jurisprudence commune & universelle du royaume, suivant laquelle il est nécessaire & il suffit d'avoir quatorze ans accomplis pour être pourvu des canonicats dans les églises cathédrales & dix ans pour les prébendes des églises collégiales.

M°. d'Hericourt remarque même qu'au grand conseil, il suffit d'avoir dix ans pour être réputé capable de posséder une prebende dans une église cathédrale; & il observe que la dix-septième règle de chancellerie n'ayant point force de loi en France, chaque tribunal y peut suivre son usage, qui tient lieu de règle à cet égard.

Quant aux prebendes vacantes en régale, dont la collation appartient au roi, plusieurs auteurs avoient écrit qu'on pouvoit en être pourvu avant l'âge de quatorze ans dans les cathédrales, & ils se fondoient sur l'autorité d'un arrêt du premier avril 1388 rapporté par Rusé dans son traité de la régale, & par lequel il étoit, suivant cet auteur, décidé que le roi avoit le droit de conférer ces prebendes à ceux qui avoient l'âge de sept ans. M°. Heraut a prouvé au contraire par les termes mêmes de l'arrêt, que la collation faite en régale d'une prebende de l'église de Sens à Guy Coquelin

M iij

mineur de quatorze ans avoit été jugeé nulle, & la nouvelle collation de la même prébende faite à Jean de Coiffy jugée bonne & valable à caufe feulement du défaut d'âge du premier pourvu, ce qui fait tomber le préjugé & laiffe la queftion indécife.

Il eft inconteftable que le roi ne peut être lié par la difpofition de la dix-feptième règle de la chancellerie Romaine ; mais à moins qu'il ne dé clare manifeftement le contraire , on doit préfu mer qu'il n'a point entendu s'écarter des ufages reçus & fuivis dans fon royaume , & regarde comme obreptices ou fubreptices, les brevets que des follicitations importunes peuvent en faire obtenir, lorfque ces brevets font oppofés à ces ufages & à ces maximes.

Tel fut vraifemblablement le motif qui, lor de l'arrêt dont on vient de rendre compte , fit déclarer nulle la collation & nomination royale d'une prébende de l'églife de Sens obtenue en faveur d'un clerc âgé de moins de quatorze ans. La furprife faite au fouverain à ce fujet étoit ici préfumée avec d'autant plus de raifon , que le fouverain lui-même fembloit l'avoir reconnue, en accordant une autre collation du même béné- fice à un autre fujet , & faifoit affez connoître par là que fon intention n'étoit pas de conférer les canonicats des cathédrales à des clercs au deffous de l'âge de quatorze ans.

La jurifprudence admife à ce fujet dans les différens tribunaux du royaume pourroit bien tirer fon origine du premier état où l'on a ci- deffus obfervé que s'étoient trouvé les commu- nautés de Chanoines lorfque la difcipline canoni- que y fut rétablie dans les feptième & huitième fiècles ; mais l'on ne peut guères s'empêcher de

fentir que les règlemens faits par le concile de
Trente feroient bien plus conformes & bien plus
favorables à l'état où font aujourd'hui les chapitres.

Tandis en effet que les communautés de Chanoines fe maintinrent dans la régularité qu'elles
avoient embraffée, tandis que la vie commune
y fut en vigueur & que perfonne n'y poffédoit
rien en propre, bien loin qu'il y eût de l'inconvénient d'y admettre de jeunes clercs, ces jeunes clercs y trouvoient au contraire tous les fecours dont ils avoient befoin pour fe former aux
fciences & aux vertus eccléfiaftiques, c'étoit là
pour eux comme autant d'écoles & de féminai-
res. Comme ils n'y entroient en vertu d'aucun
titre, & qu'y étant aggrégés ils n'acquéroient
que le droit d'être logés, nourris & vêtus en
commun, nul autre motif ne les y pouvoit retenir que le defir d'y fuivre la vie régulière que
tout leur retraçoit : leur grande jeuneffe au lieu
de former un obftacle à leur admiffion ne pouvoit que la rendre plus avantageufe pour eux-
mêmes & pour les chapitres.

Mais à préfent que les chapitres font fur un
pied différent, & que la qualité de Chanoine
fans affujettir ceux qui en font revêtus, à une vie
plus canonique & plus régulière que celle du
refte du clergé, leur donne un rang diftingué,
la qualité de confeil des évêques & d'adminiftrateurs nés des diocèfes dans les églifes
cathédrales, & fouvent des revenus confidérables; avant de conférer ces bénéfices importans
à tant d'égards, ne feroit-il pas plus à propos,
comme l'a voulu le concile de Trente par fon
règlement, d'attendre que l'âge de ceux que

M iv

l'on veut en gratifier pût mettre les collateurs ou patrons en état de juger au moins de leurs dispositions pour la cléricature & des services que l'église pourroit s'en promettre par la suite? N'est-il pas contraire aux règles & à l'esprit de l'église d'enrichir de ses revenus des enfans qui n'ont encore rien fait, & qui peut-être ne feront jamais rien pour elle? Ne doit-il pas paroître singulier de voir placés dans les sénats des diocèses, de jeunes gens qui ont encore un grand besoin, & qui souvent sont si peu susceptibles d'être conduits?

On ne manquera pas de répondre que ces canonicats & prébendes conférés à de jeunes clercs sont pour eux une ressource & les mettent à portée de se disposer par de bonnes & solides études, à rendre un jour à l'église des services importans, & que l'espérance de ces services à venir suffit pour justifier l'indulgence actuelle dont on use à leur égard.

C'est là sans doute le seul point de vue favorable sous lequel on puisse envisager l'usage qui permet en France de pourvoir les jeunes clercs de canonicats & prébendes, même des cathédrales, & d'autres bénéfices. Cependant il arrive souvent que les jeunes clercs qui sont gratifiés de ces collations ne sont pas ceux qui donnent le plus d'espérances, & qui auroient le plus besoin d'être soutenus.

Il seroit donc bien à désirer qu'il plût au souverain d'ériger en loi ce qu'un concile général a réglé, & ce qu'ont demandé tant de conciles provinciaux en France.

Le vœu que l'on forme ici, & qui ne sauroit paroître déplacé dans un recueil où en même-

tems que l'on expofe l'état actuel de la jurifprudence on doit chercher à infpirer l'amour des
règles & du meilleur ordre, ce vœu a déjà été
rempli dans la fondation de la fainte-chapelle de
Vincennes : aux termes de cette fondation faite
par le roi Charles V en 1379, les tréforiers,
chantres, Chanoines & vicaires doivent être
prêtres lors de leur réception, ou fe faire promouvoir à la prêtrife dans l'année de leur réception (*). Quelques autres églifes ont de femblá-
bles règlemens, comme le remarque l'auteur
des mémoires du clergé, tom. 2. pag. 937.

Ce même vœu a préfidé à la formation du
chapitre de la Rochelle, & à la rédaction des
lettres-patentes données le 20 mai 1664, pour
la tranflation de l'évêché de Maillezais à la Rochelle, & la fécularifation & érection du chapitre
dans la même ville. Voici le difpofitif de ces lettres-patentes.

» Nous ayant égard au befoin que ladite églife,
» ville & pays circonvoifins ont de perfonnes
» de mérite, expérience & capacité pour l'ac-
» croiffement de la foi & religion catholique,
» afin que les fiéges de l'églife ne foient pas
» remplis d'enfans à l'âge de quatorze ans,
» au fcandale & préjudice du bien qui en doit
» dériver fur toute la province, au lieu de fages
» & vénérables perfonnes par leur âge & leur
» doctrine, voulons & ordonnons qu'aucun ne
» puiffe être pourvu d'une defdites dignités,
» qu'il n'ait atteint l'âge de vingt-cinq ans com-

_____

(*) *Cum ipfos in dictâ capellâ five ecclefia pacificè re-*
cipi contigerit, vel infra annum a die fuæ acceptionis.

» mencés , & pour les fimples prébendes l'âge
» de vingt-deux ans aufli commencés , & que
» les pourvus d'icelles chacun à leur égard foient
» tenus de recevoir, favoir, les titulaires des
» dignités, l'ordre de prêtrife, & les pourvus des
» prébendes, l'ordre de foudiaconat, dans l'an
» de leur prife de poffeffion ».

Rien de plus conforme à l'efprit de piété qui
a toujours animé nos fouverains, que les motifs
expofés dans ces lettres-patentes : ils ne font
pas aufli preffans pour toutes les provinces eccléfiaftiques du royaume ; mais il n'en eft aucune
qui ne put les réclamer avec fondement ; il n'en
eft aucune , ou fi ce n'eft pas un fcandale , ce ne
foit au moins un préjudice pour le bien de la
religion , que les fiéges des églifes foient remplis d'enfans de quatorze ans au lieu de perfonnes de mérite, d'expérience, de capacité, vénérables par leur âge & par leur doctrine.

Ces lettres-patentes furent enregiftrées au
parlement de Paris le 4 mai 1665 , fans aucune
modification fur cet article.

D'où l'on peut conclure que les collations de
prébendes faites à des clercs de quatorze ans
dans les cathédrales & de dix ans dans les collégiales, peu favorables en elles-mêmes , & peu
avantageufes aux diocèfes, ne font foutenues que
par l'ufage & la jurifprudence, ufage & jurifprudence qu'on doit refpecter tant qu'ils fubfiftent
mais dont il eft bien permis de defirer le changement.

IV. *Des formalités prefcrites pour prendre poffeffion & entrer en jouiffance des canonicats.* Les
eccléfiaftiques pourvus de prébendes & canonicats doivent pour en prendre poffeffion & en

trer en jouissance, se conformer aux usages légitimes & remplir les formalités usitées & prescrites.

On ne parlera point ici des formalités communes à toutes les prises de possession de bénéfices, elles regardent les pourvus de canonicats, aussi bien que tous les autres pourvus ; il en sera traité en général au mot PRISE DE POSSESSION.

Il faut seulement observer ici qu'à l'égard des prébendes & canonicats, de même que pour les dignités & encore pour les autres bénéfices fondés & desservis dans les églises cathédrales & collégiales, les actes de prise de possession en sont valablement dressés par les secrétaires des chapitres de ces églises, sans le ministère des notaires apostoliques, auxquels on n'a recours à cet égard, qu'en cas de refus de la part des chapitres.

Mais indépendamment de ces formalités générales & communes, il y en a de particulières à remplir pour les pourvus des canonicats & prébendes.

1°. Dans les chapitres qui demandent la qualité de noble, il faut que les pourvus administrent les preuves de leur noblesse ; il faut de même qu'ils établissent leur légitimité dans les chapitres dont les statuts excluent les enfans illégitimes.

Lorsque ces statuts sont autorisés & revêtus des formalités prescrites dans le royaume, le Pape ne peut donner dispense de légitimité, & les provisions obtenues sur ces dispenses sont nulles & abusives.

C'est ce qui a été jugé solemnellement au parlement de Rouen par arrêt du 22 mars 1708, en faveur de l'églife de Bayeux & du fujet qu'elle avoit pourvu.

Malgré les ftatuts obfervés & gardés de tout temps dans cette églife, qui ne permettent pas d'y admettre des bâtards, le fieur Philippe Laffont, clerc infecté de ce défaut de naiffance, avoit impétré en cour de Rome une prébende de cette églife avec difpenfe de l'illégitimité. Le chapitre de Bayeux & le pourvu par le colla-teur ordinaire, auxquels M. l'évêque de Bayeux fe joignit, appelèrent comme d'abus des provi-fions fur réfignation & de la difpenfe obtenues en cour de Rome par le fieur Laffont. La caufe fut plaidée avec le plus grand appareil, & enfin par l'arrêt ci-deffus daté il fut dit qu'*il y avoit abus dans l'obtention des provifions de cour de Rome, difpenfe d'icelles, & vifa accordé par le mé-tropolitain fur le refus de l'ordinaire.*

Le chapitre de Bayeux ne rapportoit point le ftatut ou le privilége originaire, mais il y fup-pléoit par une foule d'autres titres qu'il produi-foit, entre autres par une bulle du pape Nico-las IV, de l'année 1290.

Cet ufage de l'églife de Bayeux de ne rece-voir aucun chanoine qui foit de naiffance illégi-time, eft fuivi dans plufieurs autres églifes, où les chanoines font tenus lors de leur réception, de jurer qu'ils font nés en légitime mariage : c'eft la pratique de l'églife de faint-Hilaire de Poitiers. Le fieur Thiébault ayant été pourvu fur réfignation en cour de Rome, d'un canonicat de cette églife, le chapitre fit refus de le rece-voir à raifon de fon illégitimité, quoiqu'il en eût été canoniquement difpenfé pour être promu aux ordres & pourvu de bénéfices, & que fon défaut de naiſſance fût exprimé dans ſes proviſions : le chapitre interjeta appel comme d'abus de l'obtention des proviſions, & le ſieur Corbin ayant impétré le même canonicat par dévolut, il y fut maintenu par arrêt du 9 juillet 1693.

Les diſpenſes obtenues en cour de Rome par des illégitimes pour les rendre capables de poſſéder des canonicats & même des dignités dans des égliſes cathédrales ſont cependant reçues en France dans les cas ordinaires, & un ſimple ſtatut qui ne feroit qu'une délibération capitulaire, ne feroit pas un moyen ſuffiſant pour exclure un bâtard pourvu d'une prébende, dont il auroit été rendu capable par une diſpenſe canonique. L'excluſion doit être portée par la fondation ou par un ſtatut approuvé de l'égliſe & confirmé par des lettres-patentes enregiſtrées. Pluſieurs chapitres ont pris le parti de faire de ſemblables ſtatuts approuvés par le ſaint ſiége.

Chopin *de ſac. polit. lib. 1. tit. 8. §. 1.* cite pluſieurs anciens arrêts contre les chapitres qui avoient fait refus de recevoir des illégitimes canoniquement diſpenſés pour poſſéder des prébendes dans des cathédrales. Vraiſemblablement ces chapitres n'avoient point de ſtatuts à cet égard, ou ces ſtatuts n'avoient point été revêtus des formes légales.

2°. Les pourvus de canonicats ou prébendes doivent ainſi que les autres bénéficiers, deux mois au plus tard après leur priſe de poſſeſſion, faire leur profeſſion de foi entre les mains de l'évêque, ou de ſes grands vicaires ou officiaux, & en outre dans le chapitre avant d'être reçus.

Ainſi l'avoit ordonné le concile de Trente, *ſeſſ.* 24. cap. 12. *de reform.* Conformément à ce décret, & pour son exécution, le pape Pie IV fit publier le 13 novembre 1664, une bulle dans laquelle il prescrivit la formule qui seroit suivie dans les professions de foi. Elle est rapportée dans la première partie des mémoires du clergé, tit. 3 des conciles, chap. 1. des conciles généraux, page 764.

Les conciles provinciaux tenus en France depuis le concile de Trente ont ordonné l'exécution de ce décret & de la bulle de Pie IV, & ont suivi la formule de profession de foi contenue dans cette bulle. Tels sont le concile de Rouen en 1581, tit. 1. *de fide & religione*, §. 2, & tit. *de episcopis & capitulis*, §. 16, où il prescrit les précautions à prendre & la conduite à tenir à l'égard de ceux qui seroient fortement soupçonnés sur ce point important : le concile de Rheims en 1583. tit. *de fide*, & tit. *de capitulis & canonicis :* le concile de Bordeaux en la même année tit. *de professione fidei*, & le concile de Tours, aussi de la même année tit. 3, *de professionis fidei tuendæ curâ.*

Enfin il y en a une disposition expresse dans l'article 10 de l'ordonnance de Blois, qui n'est que la traduction littérale du décret du concile de Trente, en voici les termes :

» Ceux qui seront dorénavant pourvus de
» quelques bénéfices ecclésiastiques, de quelque
» qualité qu'ils soient, seront tenus, avant de
» pouvoir en prendre possession s'ils sont pré-
» sens, sinon deux mois après ladite prise de
» possession, de faire profession de foi entre les
» mains de l'évêque ou de son vicaire général,
» ou en cas de son absence, de son official, dont
» sera fait registre & outre, si c'est dignité, per-

»sonnat, office ou prébende d'églife cathédrale
»ou collégiale, fera tenu le pourvu faire fem-
»blable profeffion de foi au chapitre de ladite
»églife avant d'être reçu, & ce à peine de
»perte des fruits defdits bénéfices, après ledit
»temps paffé. Laquelle profeffion de foi fe fera
»& continuera auffi aux conciles fynodaux &
»provinciaux par tous ceux qui de droit ou de
»coutume y ont entrée ou affiftance, autrement
»en feront les refufans exclus, & fera procédé
»contre eux par les peines portées par les faints
»décrets, & femblable profeffion de foi feront
»tenus faire tous ceux qui voudront fe faire
»promouvoir aux faints ordres.

3°. Dans la plupart des chapitres il y a certains droits d'entrée établis auxquels les nouveaux Chanoines font obligés de fe foumettre &
de fatisfaire.

Ces droits ont été autrefois plus étendus encore & bien moins réguliers. Les nouveaux Chanoines devoient abandonner une portion ou
même la totalité des revenus de leur première
année au chapitre, ou lui faire un préfent en argent; & le montant de ce don ou de cet aban-
don fe diftribuoit entre les anciens Chanoines.

Dès la fin du dix-huitième fiècle, Urbain IV,
donna une bulle inférée aux extravag. comm.
lib. 5. tit. 1. *de fimonia*, s'éleva avec force
contre ces exactions odieufes & les profcrivit
fous les plus rigoureufes peines.

Ces défenfes furent renouvelées par les conciles généraux de Conftance & de Bafle. Le décret que ce dernier concile en avoit fait a été
confervé dans la pragmatique fanction dreffée
par l'églife de France affemblée à Bourges fous

le roi Charles VII. On fait combien cette loi fut chère à la France, & qu'elle n'a rien perdu de fa force fur tous les points auxquels il n'a point été dérogé par le concordat ou par des ordonnances poftérieures.

On trouve encore de femblables défenfes dans le concile de Trente feff. 24. chap. 14. *de reform.* dans une bulle de Pie V du premier juin 1570, donnée pour l'explication & l'exécution du décret du concile ; & dans des décrets des conciles provinciaux de Rheims en 1583, & de Bordeaux en 1584.

Mais ces deux derniers conciles, à l'exemple du pape Pie V, diftinguent avec foin des odieufes exactions qu'ils réprouvent, ce qu'une louable coutume auroit établi de faire donner par les nouveaux Chanoines, en faveur des fabriques, pour les ornemens & la décoration des églifes & ils permettent de conferver & de retenir ces ufages.

L'auteur du commentaire fur la pragmatique citée ci-deffus, au mot *confuetudinis*, expliquant l'ufage de fon temps, exige trois conditions pour approuver la coutume où font les chapitres de recevoir des droits d'entrée. 1°. Que le préfent foit volontaire & qu'il ne foit pas exigé. 2°. Qu'il foit pour le fervice divin & non pour les particuliers, 3°. qu'il foit pris fur la prébende & non fur le prébendé.

Quant à la première condition que demande cet auteur, il paroît porter la rigueur plus loin que les conciles provinciaux de Reims & de Bourges, & que les termes ne femblent le fouffrir ; on fait que les coutumes paffent en efpèce de loix, & il n'y a point d'inconvénient à leur en laiffer acquérir la force, lorfque ces coutumes n'ont rien que de louable, comme ces conciles & le pape Pie V l'ont dit de celles-ci. Les droits d'entrée peuvent donc être exigés, pourvu que les deux dernières conditions, dont parle cet auteur, s'y rencontrent.

C'eft d'après ces principes qu'un arrêt rendu au confeil privé le 26 janvier 1644 entre M. l'Evêque de Langres & fon chapitre, & rapporté dans les mémoires du clergé, tome 2, page 1610 & fuivantes, a, non pas défendu d'exiger fuivant l'ufage du chapitre, trois cens livres de chacun des Chanoines qui tenoient des maifons dans le cloître, mais ordonné qu'il en feroit tenu compte pour en fournir des obits, & que les deniers d'entrée feroient employés en ornemens.

Ainfi le nouveau Chanoine ne feroit point fondé à fe refufer au payement de ces droits, à moins que les deniers n'en duffent être diftribués ou tourner au profit des membres du chapitre, puifque c'eft feulement contre l'exaction de ces fortes de droits que les conciles fe font élevés.

4°. Dans plufieurs chapitres, tant d'églifes cathédrales que d'églifes collégiales, les nouveaux Chanoines avant de pouvoir gagner les fruits & jouir des honneurs & droits de leurs prébendes font tenus de faire ce qu'on appelle le ftage ou la rigoureufe : on entend par là une réfidence & une affiftance exacte & continuelle que les nouveaux Chanoines font obligés de faire, pendant le temps fixé par les ftatuts des chapitres. Ce temps ne paffe guères le terme de fix mois, dans les chapitres où le ftage eft le

Tome IX. N

plus long ; il eſt plus court dans beaucoup d'autres : il s'exige auſſi & il ſe règle avec plus de
rigueur dans les uns que dans les autres ; chacun
doit ſe conformer aux uſages qu'il trouve établis
dans les divers chapitres.

Pluſieurs croient que le ſtage ou la rigou-
reuſe tirent leur origine de l'ancien état de régularité des Chanoines, & qu'ils repréſentent
l'eſpèce de noviciat auquel on aſſujettiſſoit les
nouveaux Chanoines, dans le temps que les
Chanoines vivoient en commun & ſous une
diſcipline régulière.

Différentes cauſes peuvent diſpenſer des Chanoines de l'obligation du ſtage ou de la rigou-
reuſe. On les expliquera dans le dernier para-
graphe où il ſera queſtion des chanoines privilégiés.

5°. Il peut y avoir dans quelques chapitres
d'autres formalités ou conditions particuliéres à
remplir dont le détail ſeroit ici ſuperflu. Les
nouveaux pourvus doivent éviter avec ſoin d'é-
lever à cet égard des conteſtations toujours peu
favorables : mais les chapitres ne doivent pas
être moins attentifs à ne point impoſer de nouvelles obligations aux pourvus ſans cauſe très
légitime & ſans s'y être fait autoriſer ; autrement
leurs actes capitulaires pourroient être attaqués
& le ſeroient avec ſuccès par la voie de l'appel
comme d'abus.

Le chapitre de Noyon ayant fait refus de recevoir des Chanoines pourvus de prébende autrement que ſous la condition qu'ils feroient une
retraite au ſéminaire ; & ne voulant point comprendre le temps de la retraite dans celui du
ſtage de rigueur qui eſt d'uſage dans ſon égliſe,

il fut dit par arrêt du parlement de Paris du 23 mars 1695, qu'il y avoit abus dans ces actes.

V. *Des droits des Chanoines.* Il ne s'agira point ici des droits qui appartiennent aux Chanoines confidérés en corps & comme formant le chapitre, on en traitera plus convenablement au mot chapitre, puifque c'eft aux corps des chapitres que ces droits font accordés. On ne parlera que des droits que les Chanoines peuvent réclamer comme membres particuliers des chapitres, relativement à ces chapitres ou à leurs collégues.

1°. Les Chanoines doivent avoir un rang dans le chœur de leur églife. Ce rang ne fe règle point d'après la prife de poffeffion de la prébende reçue par un notaire, il ne fe prend que du jour où le Chanoine a été réellement & perfonnellement inftallé au chœur par le chapitre. Cette queftion a été agitée & jugée au Parlement d'Aix le 14 Décembre 1671 entre deux Chanoines de l'églife cathédrale de Fréjus : l'un avoit pris poffeffion de fa prébende avant l'autre, mais celui-ci s'étoit fait inftaller au chœur avant celui-là, en conféquence il prétendit qu'il devoit le précéder dans le chœur ; & la cour prononça en fa faveur.

La différence des ordres facrés dont peuvent être pourvus les Chanoines, met à cette règle une exception bien légitime. Dans le chœur, les fonctions des Chanoines font des fonctions publiques & toutes eccléfiaftiques : ce feroit donc une forte d'indécence, d'y voir un fous-diacre ou un diacre avoir la préféance fur un prêtre, fous prétexe qu'ils auroient été réçus, & inftallés avant le prêtre. On ne peut dans ce cas alléguer aucun usage, aucune préscription contraires, parce que jamais on ne peut préscrire contre l'honneur & la révérence qui sont dus dans l'église à l'ordre & au caractère sacerdotal. Lors donc que l'on dit que le rang des Chanoines dans le chœur doit se régler à compter du jour de leur installation, cela se doit entendre des Chanoines égaux en ordres, autrement les prêtres ont le rang & le pas sur les diacres, & les diacres sur les sous-diacres.

Mais cette distinction & cette préférence que la dignité du sacerdoce fait accorder avec raison dans le chœur aux Chanoines qui sont prêtres sur les Chanoines qui ne seroient que diacres, quoique plus anciennement installés, cessent & n'ont plus lieu dans le chapitre : la raison en est que les assemblées capitulaires ne sont que des assemblées particulières, dont les délibérations ne concernent que les droits utiles des canonicats & des prébendes affectés aux Chanoines suivant l'ordre de l'installation, & non suivant la dignité des ordres sacrés, tels que sont l'option des maisons canoniales, le tour dans la collation des bénéfices, & ce n'est donc plus à la qualité de la personne qu'il faut avoir égard, mais à l'ancienneté de l'installation.

Ce fut sur ces observations & sur ces réflexions, que M. de Lamoignon portant la parole, en qualité d'avocat-général, dans une cause élevée au sujet de la préséance entre les Chanoines de la collégiale de Clermont en Beauvoisis, appuya les conclusions qu'il crut devoir prendre, & qui furent adoptées par l'arrêt rendu en la grand'chambre du parlement de Paris le 24 janvier

1696, & rapporté dans les mémoires du clergé tome 2, page 1423 & fuivantes.

On vient de voir que la maxime de régler le rang des Chanoines au chœur d'après les dates de leur inftallation, fouffroit une exception lorfque le dernier inftallé fe trouvoit dans l'ordre de prêtrife, tandis que le premier inftallé n'étoit conftitué que dans un ordre inférieur, & qu'alors la dignité du facerdoce l'emportoit fur l'ancienneté de l'inftallation; mais cette préféance fi juftement accordée aux prêtres entre des Chanoines de même rang a-t-elle également lieu lorfque dans un chapitre il y a différens ordres de Chanoines, & que les uns ne font que femi-prébendés pendant que les autres jouiffent de prébendes pleines? Le Chanoine femi-prébendé prêtre doit-il avoir rang fur le Chanoine pléni-prébendé qui n'eft que diacre?

La maxime n'eft plus fi généralement reçue, ni l'ufage auffi conftant. Il y a plufieurs chapitres où l'on conferve le rang du à la dignité du facerdoce fans avoir égard aux prébendes pleines, ni aux femi-prébendes; mais il y en a d'autres où l'on obferve cette diftinction, & dans lefquels les Chanoines femi-prébendés quoique promus à la prêtrife n'ont rang qu'après les Chanoines à pleines prébendes quoique feulement diacres, fous-diacres & même fimples clercs.

Tel eft l'ufage de l'églife collégiale de Saint-Severin-les-Bordeaux. Envain les Chanoines femi-prébendés & prêtres de cette églife entreprirent dans le fiècle dernier de s'élever contre cet ufage & de le faire réformer : par arrêt contradictoire rendu au parlement de Bordeaux, le 4 avril 1671 rapporté au journal du palais, il

, fut ordonné que conformément à l'ufage de cette églife, les *Chanoines prébendés non promus aux ordres facrés précéderoient les Chanoines femi-prébendés ès-proceffions qui fe font tant dedans que dehors l'églife, avec inhibitions & défenfes aux Chanoines femi-prébendés d'y apporter aucun,trouble ni empêchement.* Les Chanoines femi-prében-dés ayant depuis refufé d'affifter aux proceffions, le même parlement par un autre arrêt du 12 du même mois d'avril, fur la requête du fyndic du chapitre, ordonna que celui du 4 avril feroit exécuté, & en conféquence enjoignit aux Chanoines femi-prébendés de Saint-Severin, quoique prêtres, *de céder le pas aux Chanoines de la même églife non promus aux ordres facrés, ès proceffions qui fe font dedans & dehors icelle, auxquelles ils feroient tenus d'affifter, même à la communion du jeudi faint, à l'adoration de la croix du vendredi faint & à l'offrande, leur faifant inhibi tion & défenfe d'y contrevenir fous les peines de droit.*

Il y a d'autres églifes où l'on règle toujour la préféance des Chanoines fuivant le grade de ordres facrés, même à l'égard des dignités & des perfonnats. Le parlement de Paris par arrê du 20 décembre 1683, ordonna que dans l'é-glife cathédrale d'Orléans, le fieur de Menou Chanoine fous-chantre, mais feulement fous diacre, prieroit l'un des Chanoines de cett églife de faire fes fonctions de fous-chantre juf qu'à ce qu'il fût diacre, & qu'il ne pourroi prendre fa féance au chœur & au chapitre fon rang aux proceffions, ftations, & fur le tables de la même églife qu'après les diacre Cet arrêt eft rapporté au journal des audience

A l'égard du rang & de la féance des Chanoi

nes qui n'étoient que fimples clercs tonfurés,
lors de leur prife de poffeffion & inftallation,
& qui depuis ont été promus aux ordres facrés,
il y a trois ufages à diftinguer. Dans plufieurs
églifes ils ne reprennent point le rang de leur
réception, les autres Chanoines confervent toujours leur préféance felon le rang de leur ordre.
C'eft l'ufage de l'églife de Paris & de prefque
tous les chapitres du diocèfe. Dans d'autres
églifes les Chanoines-clercs étant promus aux
ordres facrés, prennent féance dans le chapitre
du jour de leur réception, mais on en ufe autrè-
ment dans le chœur, & ils n'y ont rang qu'après
ceux qui fe trouvoient avant eux élevés aux
mêmes ordres. Enfin dans d'autres églifes, l'u-
fage eft établi de donner la préféance au chœur
& dans les affemblées capitulaires aux Chanoines mineurs après leur promotion aux ordres
facrés ; ils reprennent leur féance du jour de
leur inftallation felon le rang de leur ordre. Plufieurs arrêts confirment cette difcipline, entr'autres un arrêt du parlement de Paris du mois
de mars 1695, confirmatif d'une fentence du
bailli de Loudun, dans la caufe d'un Chanoine
de l'églife collégiale de fainte-Croix de Loudun.
Ces trois fortes d'ufages n'ont rien de contraire
aux faints décrets & les chapitres y ont toujours
été maintenus, lorfque leur poffeffion s'eft trou-
vée bien établie.

2°. Le rang & féance que les Chanoines doivent avoir au chapitre auffi bien qu'au chœur,
ne font point un rang oifif & une préfence ou
féance ftérile. Les Chanoines ne s'affemblent
que pour traiter des affaires ou intérêts du corps
Ces affaires concernent tous & chacun d

membres, tous & chacun ont droit d'en être
inftruits, d'y prendre part, de concourir aux
réfolutions qui s'y forment, aux délibérations
qui s'y prennent. Le droit de féance au chapitre emporte donc avec foi le droit de voix délibérative. Chacun des Chanoines ayant ce droit,
tous doivent être appellés aux affemblées capitulaires ; & s'il s'en tenoit quelqu'une fans être
formée & convoquée en la manière accoutumée
& ordinaire, un feul abfent pourroit avec raifon s'oppofer à tout ce qui auroit été fait réglé
& arrêté en fon abfence & la délibération ainfi
prife feroit nulle & de nul effet par ce feul
défaut. En effet, fuivant un axiome de droit affez
connu, l'abfence d'un feul qui auroit du être
appelé, & qui ne l'a pas été, nuit bien plus que
n'auroit pu le faire l'oppofition de ce membre,
s'il eut été préfent, & même bien plus que ne
pourroit le faire l'oppofition de plufieurs ; & la
raifon en eft bien fimple : on ne peut guères fe
flatter, & l'on fait combien il eft rare de réunir
tous les avis ; il étoit donc indifpenfable pour
l'expédition des affaires de régler que dans les
affemblées le plus grand nombre des fuffrages
l'emporteroit & concluroit les déterminations ;
ainfi l'oppofition d'un ou de plufieurs membres
ne peut ni ne doit arrêter les conclufions, quand
il fe trouve pour ces conclufions le nombre de
fuffrages prefcrit par l'ufage ou par la loi. Mais
les loix défendant & l'ufage ne pouvant permettre de priver perfonne de fon droit, fi ce n'eft
dans les cas prévus par les lois elles-mêmes, on
fent qu'il n'eft pas poffible de faire une délibération valable fans y appeler ceux qui ont droit
d'y affifter & d'y délibérer. Ils peuvent quand

ils font duement convoqués, négliger de fe
rendre à l'affemblée, fans nuire à la force de ce
qui pourra y être arrêté ; mais on ne peut fans
expofer les délibérations négliger de les y ap-
peller en la forme ordinaire.

Les Chanoines qui ne font point dans les ordres facrés n'ont ni entrée ni féance, & encore
moins de voix en chapitre. C'eft l'expreffe difpofition du concile général de Vienne (*), qui
a depuis été renouvelée par le concile de
Trente : la jurifprudence des arrêts y eft conforme. Par arrêt du parlement de Paris du 6
juin 1554 rapporté par Tournet, il fut dit entre
autre chofes que *défenfes étoient faites à tous les
Chanoines de l'églife de Loches qui ne font en ordres facrés d'entrer & avoir voix délibérative en
chapitre, & s'affeoir & fe mettre aux hautes chaires, & ordonné qu'ils fe mettroient & affeoiroient
ès-baffes chaires avec les chapelains & enfans de
chœur de la dernière églife jufqu'à ce qu'ils foient
promus aux ordres facrés.* Un arrêt plus récent du
4 octobre 1727, entre M. l'évêque de Saint-
Malo & fon chapitre, porte que les Chanoines-
clercs fimples, n'auront ni entrée ni voix dans
les affemblée capitulaires, fous peine de nullité
des délibérations prifes en leur préfence & dans
lefquelles ils auront opiné, qu'ils n'auront point
de rang dans les chapitres généraux, & qu'ils fe
retireront après les avis qu'on leur aura donnés.
Cet arrêt fe trouve dans les rapports d'agence
du clergé, *rapport de 1739.*

(*) *Statuimus ne nullus de cætero in hujufmodi ecclefiis
vocem in capitulo habeat ; etiamfi hoc fibi ab aliis liberè
concedatur nifi faltem in fubdiaconatûs ordine fuerit inf-
titutus.*

On s'eſt ſans doute propoſé par là d'engager
les jeunes Chanoines à ſe mettre en état d'être
plus édifians & plus utiles en ſe préparant à la
réception des ſaints ordres pour en remplir enſuite dignement les fonctions.

3°. Le même motif & la même raiſon qui demandent la préſence & le concours de tous les
Chanoines capitulaires aux aſſemblées capitulaires, parce que dans ces aſſemblées il s'agit des
intérêts du corps, exigent auſſi que tous ces
capitulans participent également aux droits &
aux fruits qui peuvent appartenir en commun
au corps : on place dans ce rang les bénéfices
qui ſont à la collation ou à la préſentation de
chapitres ; tous les Chanoines capitulaires doivent donc avoir part & concourir aux collations ou préſentations que le chapitre peut &
doit en faire. Le principe eſt certain , & le droit
inconteſtable : la manière d'uſer de ce droit e
différente ſuivant les divers uſages des chapitres
à cet égard.

Dans pluſieurs chapitres l'uſage s'eſt mainten
de nommer ou de préſenter conjointement &
en corps aux bénéfices dépendans de ces chapitres : la nomination & la préſentation s'y fo
dans des aſſemblées capitulaires , ordinaires c
extraordinaires , & s'y concluent comme l
autres affaires à la pluralité des ſuffrages , r
quiſe par l'uſage ou par les ſtatuts pour form
une concluſion & délibération capitulaire. C
que l'on a dit ci-devant du droit qu'avoit ch
que Chanoine en particulier d'être convoqu
d'aſſiſter & d'opiner à toutes les aſſemblées c
pitulaires, pour rendre la délibération valabl
reçoit ici une entière application , & doit êt
abſolument obſervé.

Dans d'autres chapitres, & c'eft le plus grand nombre, pour prévenir les brigues, les cabales, les manœuvres que n'y occafionnoient que trop fouvent les vacances des bénéfices dépendans des chapitres, on a réglé qu'aux bénéfices de cette nature qui viendroient à vaquer en chaque femaine, il feroit par le Chanoine qui feroit en femaine nommé ou préfenté au chapitre un clerc capable de les remplir, & qu'à ce clerc ou eccléfiaftique dans les ordres, fi le genre du bénéfice le requéroit, ainfi nommé ou préfenté par le Chanoine femainier ou tournaire ou inta-bulé, car on défigne par ces trois noms les Chanoines qui fe trouvent en tour, le chapitre donneroit fes lettres de collation ou de préfen-tation.

Enfin dans d'autres chapitres on a partagé les bénéfices, non par le temps des vacances, mais en eux-mémes, en les affectant nommément & en particulier à chacune des prébendes dont les titulaires nomment ou préfentent à ces bénéfices en quelque temps qu'ils viennent à vaquer.

Il y a même des chapitres où fe rencontre cette double répartition de bénéfices, en forte qu'il y en a d'attachés à chaque prébende, & d'autres qui reftent à la difpofition du corps du chapitre, & qui font conférés ou préfentés par les Chanoines en tour.

On confidère fouvent les Chanoines comme des patrons à l'égard des bénéfices auxquels ils nomment ainfi, foit en vertu d'une affectation fpéciale à leur prébende, foit en qualité de femainiers ou de tournaires; il paroîtroit cependant que dans les vraies maximes du droit, on devroit les regarder feulement, & furtout les

femainiers ou tournaires, comme les député
les repréfentans, les vicaires fi l'on veut d
chapitres pour le choix à faire des fujets à pour
voir, mais vicaires & repréfentans non-révo
cables d'après les anciens ufages ou ftatuts. E
effet, non-feulement on ne découvre aucun
voie canonique & légale par laquelle ces chap
tres aient fait paffer aux Chanoines en partic
lier le droit de collation ou de préfentation q
n'appartenoit d'abord qu'au corps du chapit
en général ; mais de plus on voit que ces chap
tres continuent d'exercer eux-mémes & e
corps ces droits de collation ou de préfentatic
par les lettres qu'ils en font expédier fur les n
minations qui leur font faites par leurs Cha
noines.

Quoi qu'il en foit de cette obfervation, lor
que ces partitions des nominations aux béné
fices dépendans des chapitres font trop ancienne
pour en laiffer appercevoir l'origine, on le
conferve en fuppofant qu'elles tiennent en que
que forte à la conftitution des chapitres : on
a beaucoup moins d'égard lorfqu'elles font d'un
date plus récente.

Les Chanoines de l'églife cathédrale du Mar
firent en 1617 une ordonnance capitulaire pa
laquelle ils partagèrent & divifèrent entr'eu
tous les bénéfices étant à la difpofition du cha
pitre, & les affignèrent à chacun d'eux pour
nommer feuls & féparément. Peu d'années apré
& dans le mois de juillet 1622, il vint à vaquer
une chanoinie, qui en vertu du partage étoit le
feul bénéfice à la nomination du fieur Cohon,
alors Chanoine du Mans, & depuis évêque de
Nîmes : celui-ci nomma au bénéfice vacant,

ais ce bénéfice fut en même-temps requis par
n docteur en théologie gradué nommé de l'univerfité de Paris fur l'églife du Mans. Le Chanoine lui fit refus fous prétexte qu'il avoit déja
pourvu au bénéfice ; de fon côté le gradué fe
pourvut auffi & la complainte s'engagea aux
requêtes du palais.

Le feul moyen que l'on oppofoit au gradué
étoit que la partition de 1607 n'étoit ni nouvelle
ni établie de nouveau, mais fimplement décla-
rative d'une bien plus ancienne faite en 1236,
à quoi l'on ajoutoit que le fieur Cohon n'ayant
à fa nomination en vertu de ce partage ancien
que la feule chanoinie contentieufe, il ne pouvoit comme collateur être foumis à l'expectative
des gradués, d'après les difpofitions du concordat.

L'univerfité de Paris intervint dans la caufe
pour fon nommé ; elle interjeta appel comme
d'abus du partage de 1617, & même en tant
que befoin du prétendu partage de 1236,
comme contraire à la pragmatique fanction &
au concordat : l'un & l'autre partage y étoient
également contraires il eft vrai, mais pouvoit on
faire également le reproche à l'un & à l'autre ?
N'étoit-il pas fingulier de propofer comme un
moyen d'abus contre le partage prétendu de
1236, fon oppofition à la pragmatique fanction
& au concordat qui n'avoient été promulgués
que plus de deux fiècles après?

Auffi M. Talon, qui porta la parole en cette
caufe en qualité d'avocat général, fans s'arrêter
à ce moyen d'abus en tira un bien plus puiffant
contre ce partage, de ce que par là les Chanoines, fans y être autorifés par le fouverain, pro-

tecteur des fondations & des églises de ſo
royaume, avoient contrevenu à la fondation
changé l'état de leur égliſe.

Sur ces concluſions le partage fut déclaré n
& abuſif par arrêt du parlement de Paris du
août 1625.

Le même parlement dès le ſiècle précéden
par arrêt du 18 avril 1662, ſur un appel comn
d'abus interjeté par le procureur général de
reine Catherine de Médicis, avoit déclaré nul
de nul effet & valeur quoiqu'homologué en co
de Rome, un ſtatut ou règlement arrêté par l
Chanoines de l'égliſe de Clermont en Auvergn
par lequel ces Chanoines avoient accordé & r
ſolu que les prébendes & bénéfices étant à le
collation, ne ſeroient plus lorſqu'ils viendroie
à vaquer, conférés conjointement par tout
corps, ainſi qu'ils l'avoient été précédemmen
mais que chacun des Chanoines pourroi
ſon tour & en ſa ſemaine les conférer à ceux c
ſe préſenteroient.

D'où l'on doit inférer que les chapitres vo
droient inutilement aujourd'hui entreprend
d'établir de tels partages & que ces parta
demeureroient ſans force & ſans effet, ſi l
chapitres n'avoient ſoin d'obtenir & de faire e
regiſtrer des lettres-patentes néceſſaires à c
effet.

Pour jouir par les Chanoines du droit qu
peuvent avoir de nommer aux bénéfices à le
tour de ſemaine, & d'être pour cet effet int
bulés ſur la table ou liſte qui doit en être dre
ſée, il faut d'une part que les Chanoines ſoie
réſidens au lieu où le chapitre eſt établi. Il a é
jugé par arrêt rendu au parlement de Paris,

---

18 février 1724 sur les conclusions de M. Gilbert avocat général, dans une cause entre le chapitre de Péronne intervenant, les sieurs Lagneau, Perdreau, l'Ecuyer, &c. qu'après que la table *ad nominandum ad beneficia*, qu'on a coutume d'arrêter dans un chapitre général pour y comprendre les Chanoines prêtres ou dans les ordres sacrés & résidens, a été arrêtée par le chapitre, cette table est invariable, & qu'après que sur la nomination faite à un bénéfice par le Chanoine, qui suivant la table, étoit en tour de semaine lors de la vacance de ce bénéfice, le chapitre a présenté à l'évêque, ou a conféré le bénéfice, un Chanoine député à Paris pour les affaires du chapitre, n'est pas recevable à se rendre appelant comme d'abus de cette table, ni à se plaindre de n'avoir pas été compris sur cette table, où il se seroit trouvé la semaine de la vacance du bénéfice, ni à demander d'être maintenu dans le droit de nomination au bénéfice qui a vaqué dans cette semaine.

Il faut d'une autre part que ces Chanoines soient au moins constitués dans l'ordre du sousdiaconat ; les Chanoines simples clercs ou seulement dans les ordres mineurs, & qui comme on l'a vu n'ont ni voix, ni séance, ni rang au chapitre, ne sont pas plus réputés capables de nommer aux bénéfices dépendans des chapitres. L'usage contraire de quelques églises a toujours été déclaré abusif par les tribunaux lorsqu'il leur a été dénoncé.

La question se présenta au parlement de Rouen le 21 juin 1673 dans cette espèce. La cure de Saint-Nicolas qui est à la collation du chapitre avoit été résignée au sieur Quesnel, mais le ti-

tulaire étant mort avant l'admiſſion de la r
ſignation en cour de Rome , un Chanoine cle
en tour de nommer préſenta le ſieur Michel
chapitre , & le chapitre lui donna ſa collatio
De là complainte entre les deux pourvus. Cel
de Rome ſoutenoit que les proviſions de ſ
adverſaire étoient nulles comme données par
chapitre de Coutances ſur la préſentation d'i
Chanoine qui n'étoit pas dans les ordres ſacre
& qui par cette raiſon étoit incapable & ſa
droit de préſenter aux bénéfices dépendans
chapitre , quoique le ſtatut du chapitre de Co.
tances l'y autoriſât.

Ce ſtatut pourſuivoit le pourvu de cour
Rome , eſt viſiblement abuſif, 1°. parce qu
réſiſte à la diſcipline de l'égliſe univerſell
2°. parce qu'il eſt contraire à la diſpoſition
concile de Vienne adoptée & renouvelée par
concile de Trente , 3°. parce qu'il n'a pu êr
fait ſans l'exprès conſentement du roi, l'égl
de Coutances étant de fondation royale ,
qu'il prouvoit par pluſieurs arrêts.

M. de Guerchois avocat général qui porta
parole inſiſta ſur ces mêmes moyens & les ſo
tifia par de nouvelles réflexions, obſervant qu
ſi l'amour de la paix engageoit à tolérer la pa
tition des nominations, quoique peu régulier
ment introduite dans le chapitre de Coutance
l'amour des règles & du bon ordre ne permett
pas de ſouffrir que ce chapitre ni d'autres a
miſſent des Chanoines non promus aux ordre
aux tours des nominations aux bénéfices déper
dans des chapitres.

La cour adopta les concluſions de ce magiſtra
L'arrêt prononça qu'il avoit été mal , nullemer

&

& abufivement ftatué par le chapitre, en tant qu'il avoit conféré le bénéfice vacant fur la préfentation d'un Chanoine clerc, en conféquence déclara les préfentation & collation abufives, maintint le pourvu de Rome en poffeffion du bénéfice ; & faifant droit fur les plus amples conclufions du procureur général, fit défenfes aux chapitres du reffort de la cour de conférer aucun bénéfice fur préfentations de Chanoines à moins qu'ils ne fuffent promus aux ordres facrés.

Cet arrêt, ainfi que les moyens des parties & le plaidoyer de M. l'avocat-général, font rapportés au journal du palais; on les trouve auffi dans les mémoires du clergé. Le rédacteur de ces mémoires ajoute en note, que le fieur Michel qui avoit été pourvu par le chapitre fur la préfentation du Chanoine clerc, voulut fe pourvoir au confeil en caffation de cet arrêt, comme contraire à un ftatut obfervé depuis plus de trois cents ans dans le chapitre de Coutances ; mais que fa requête fut rejetée & que l'arrêt a eu fon exécution.

Me Piales dans fon traité des collations fur vacance par mort, obferve que fuivant la rigueur des principes fuivis en matière de prévention, il femble que le bénéfice contentieux dans cette efpèce auroit dû être déclaré vacant, parce qu'il eft de maxime qu'une collation nulle, mais qui ne l'eft pas radicalement, empêche la prévention du pape : or quelque défectueufe que fût la collation faite en ce cas par le chapitre de Coutances, il feroit difficile de foutenir qu'elle étoit radicalement nulle, & ne pouvoit former au moins un titre coloré. Mais il faut confidérer,

ajoute Mᶜ Piales, que le pourvu de cour ⌐
Rome étoit un réfignataire toujours plus favo
rable qu'un fimple préventionnaire, quoique |
provifion ne fût valable que *per obitum*.

Mᶜ Piales remarque au même endroit qu'il ⌐
important d'obferver que le règlement porté pa
l'arrêt du parlement de Rouen dont on vient ⌐
rendre compte, non plus que les maximes ⌐
les moyens fur lefquels il eft fondé, n'ont po⌐
d'application au cas où un Chanoine non prom
aux ordres facrés préfente ou confère un béné
fice qui dépend de fa prébende, parce qu'alo
rien ne fe paffe dans le chapitre, & par conf⌐
quent il n'eft pas néceffaire d'avoir voix ⌐
chapitre pour conférer ou préfenter valabl⌐
ment.

Ne faudroit-il pas encore diftinguer ici fi ⌐
bénéfices dépendent de la prébende à raifon ⌐
la fondation de la prébende ou des bénéfice
ou en vertu de l'union qui auroit été faite à ⌐
prébende en particulier de quelque bénéfice d⌐
auroient dépendu ceux qui dépendent actuel⌐
ment de la prébende elle-même, ou fi ces bé⌐
fices en dépendent en vertu de quelque parta⌐
fait entre les Chanoines pour la nomination ⌐
bénéfices dépendans du chapitre? Et ne faudr⌐
il pas encore borner la diftinction fi fagem⌐
propofée par Mᶜ Piales & la limitation qui ⌐
réfulte à la première efpèce, pour s'en tenir ⌐
la feconde au règlement fait par le parleme⌐
de Rouen & à la jurifprudence établie dans ⌐
royaume, d'après les difpofitions des conciles ⌐
Vienne & de Trente.

On fent bien en effet que fi les bénéfices ⌐
pendent de la prébende à un titre particulier ⌐

indépendamment de tout arrangement ou partition faits par le chapitre, ce n'eſt point le cas d'appliquer au titulaire de la prébende qui ne ſeroit que ſimple clerc, les diſpoſitions des conciles, de la juriſprudence & de l'arrêt de règlement dont on a parlé : ce titulaire doit jouir à l'égard de ces bénéfices du même droit & de la même liberté que ceux dont jouiſſent tous les autres patrons eccléſiaſtiques ou collateurs auxquels on n'a jamais impoſé l'obligation de ſe faire promouvoir aux ordres ſacrés pour pouvoir exercer valablement leur droit de collation ou de patronage.

Mais ſi les bénéfices dépendent des prébendes en vertu de concordats, d'arrangemens & de partages faits par les Chanoines pour la diſpoſition des bénéfices dépendans du corps du chapitre, il ſeroit difficile de ne pas reconnoître dans les titulaires de ces prébendes, pour pouvoir exercer valablement les droits de collation ou de préſentation attachés à leurs prébendes, la même obligation de ſe mettre en état & de ne point négliger de ſe faire promouvoir aux ordres ſacrés, que celle qui eſt impoſée aux titulaires des prébendes dans les chapitres où le partage des nominations s'eſt fait par tour de ſemaines, pour pouvoir entrer en tour de ſemaines, & être intabulés à l'effet des collations ou préſentations à faire des bénéfices. Il s'agit effectivement d'un côté comme de l'autre de bénéfices qui ont été autrefois à la diſpoſition des chapitres en corps ; d'un côté comme de l'autre, c'eſt par des partages que l'exercice du droit de collation a paſſé du corps en général aux membres en particulier, ou que les particuliers ont été chargés de repréfenter le corps dans l'exercice de ce droit; il n'y a de différence que dans la manière dont les particuliers ont été fubrogés au droit, ou plutôt à l'exercice du droit des corps; mais cette diverfité dans l'ufage à faire du même droit ne doit point donner d'atteinte aux règles générales qui doivent préfider à cet ufage. Et enfin, puifqu'en refufant la vóix & l'entrée au chapitre & la participation à la nomination des bénéfices aux Chanoines qui ne font pas dans les ordres facrés, le but des conciles & l'objet des tribunaux a été d'engager les Chanoines à fe préparer & à fe préfenter à la réception des faints ordres, peut-on douter que les conciles & les tribunaux n'aient voulu procurer le même avantage à tous les chapitres, foit que les nominations euffent été attachées aux prébendes en particulier par les partages faits, foit que les nominations y fuffent divifées par tour de femaines? Et n'en faut-il pas conclure que l'incapacité de participer à cette nomination des bénéfices prononcée par les conciles & les tribunaux contre les Chanoines non promus aux ordres facrés, ne regarde pas moins les Chanoines pourvus de prébendes dans des chapitres où les prébendes ont des droits de collation ou de préfentation en vertu de partages, que les Chanoines prébendés dans les chapitres où les nominations fe divifent par tour de femaines?

Il faut remarquer encore que dans les chapitres dont les ftatuts n'ont à cet égard rien de particulier, les chanoines femainiers tournaires ou intabulés ne perdent point leur droit à l'expiration de la femaine dans laquelle ils étoient en tour par rapport aux bénéfices qui auroient

vaqué pendant cette femaine; qu'ils confervent
après cette femaine tout le droit qu'ils avoient
de préfenter ou de conférer ces bénéfices, &
qu'ils ont pour exercer utilement ce droit tout le
tems que le droit accorde aux collateurs & aux
patrons ordinaires avant l'expiration de ce tems.
Aucun fupérieur, fi ce n'eft le pape, au moyen
de la prévention, ne peut conférer valablement
ces bénéfices.

C'eft ce qui a été jugé par un arrêt rendu au
parlement de Metz le 31 mai 1601, conformément aux conclufions de M. de Corberon, avocat-général. Entre plufieurs queftions que préfentoit la caufe décidée par cet arrêt, il s'agiffoit
de fçavoir fi le Chanoine tournaire avoit pu
conférer après fa femaine expirée un bénéfice
qui avoit vaqué par réfignation entre fes mains
pendant fa femaine. M. l'avocat-général ayant
expofé qu'après avoir beaucoup infifté en première inftance fur ce moyen contre le pourvu
par ce Chanoine tournaire, on fembloit l'avoir
en quelque manière abandonné dans la pourfuite
de l'appel, obferva qu'il fe contenteroit de dire
à ce fujet « que les Chanoines tournaires qui
» font aux droits des chapitres pour conférer
» doivent être regardés comme les collateurs
» ordinaires, lefquels ont fix mois pour remplir
» les bénéfices qui font vacans à leur collation ».

En conféquence, le pourvu par le Chanoine
tournaire, quoiqu'après l'expiration de la femaine de ce Chanoine, fut maintenu dans la
poffeffion de la prébende contentieufe. Cet arrêt
eft rapporté au journal des audiences.

Cette jurifprudence a été de nouveau confacrée par un arrêt rendu en la grand'chambre du parlement de Paris le 27 février 1744, lequel a maintenu dans la poſſeſſion d'un canonicat de ſaint Sernin de Touloufe celui qui en avoit été pourvu par le Chanoine en tour lors de la vacance de la prébende, mais après la ſemaine expirée, contre celui qui avoit été pourvu par le Chanoine dont la ſemaine avoit ſuivi celle de la vacance du bénéfice.

Le tems que le droit canonique & la juriſprudence des arrêts accordent aux collateurs & aux patrons pour uſer de leur droit, & dont la même juriſprudence a étendu, ainſi qu'on vient de le voir, la faveur aux Chanoines tournaires ou ſemainiers, peut cependant être reſtreint & limité par les ſtatuts des chapitres ; & comme en cela ces ſtatuts n'ont rien que de conforme aux vraies maximes du droit & au deſir de l'égliſe, qui par ſes règlemens ſur ce point a voulu prévenir & empêcher la trop longue vacance des bénéfices, les diſpoſitions de ces ſtatuts ne peuvent être que favorablement accueillies dans les tribunaux.

C'eſt ſur ce motif qu'eſt fondée, ſelon M. Piales, la diſpoſition d'un arrêt rendu au Parlement de Paris le 13 août 1691 : en voici l'eſpèce.

Le 25 Décembre 1685, un bénéfice dépendant de l'égliſe collégiale de ſaint Georges de Pluviers ayant vaqué par la mort du titulaire, le ſieur Malidor, Chanoine, qui étoit en tour en ce mois de décembre, le laiſſa écouler ſans faire uſage de ſon droit de nomination. Le ſieur Sinada, autre Chanoine de la même égliſe, qui se trouvoit en tour au mois suivant, c'est-à-dire au mois de janvier 1686, trouvant ce bénéfice vacant, y nomma son neveu, qui obtint des provisions du chapitre. De son côté, le sieur Malidor s'avisa de nommer le 6 du même mois au même bénéfice le sieur Masson, son neveu, qui sur le refus du chapitre, s'adressa à l'ordinaire & en obtint des provisions. Le sieur Masson étant mort dans un mois où le sieur Malidor se trouvoit de nouveau en tour de nommer, il présenta le sieur Joion au même bénéfice comme vacant par la mort de son neveu. Le chapitre qui avoit refusé des provisions au neveu du sieur Malidor, en refusa pareillement au successeur que le sieur Malidor lui vouloit donner. Le sieur Joion, à l'exemple de son prédécesseur, s'adressa encore à M. l'évêque d'Orléans, & d'après les provisions qu'il s'en fit expédier, il suivit la complainte; mais il fut débouté par l'arrêt cité qu'on trouve au journal des audiences.

La disposition de cet arrêt paroît d'abord entièrement contraire à celles des arrêts des 31 mai 1691, & 27 février 1744 qu'on vient de rapporter, & le rédacteur du journal des audiences en fait la remarque en tête du premier de ces deux arrêts : mais cette difficulté s'explique ou plutôt s'évanouit par l'observation que fait Me Piales : c'est que les statuts particuliers de l'église de Pluviers, en même temps qu'ils donnent à chaque Chanoine alternativement un mois pour conférer par tour les bénéfices dépendans de la collation du chapitre, portent que si celui qui est en tour néglige de nommer dans son mois, la nomination passera & appartiendra

au Chanoine qui fe trouvera en tour le mo'
fuivant.

Ainfi quelque difficulté & quelque oppofitio
qu'il paroiffe y avoir entre le prononcé des arrêts du 31 mai 1691 & 27 février 1744, & k
prononcé de l'arrêt du 13 août 1691, il n'y ¡
pour cela nulle variation dans la jurifprudence
Les deux premiers ont maintenu des pourvu
fur la nomination faite par des Chanoines tournaires, après leur femaine expirée, parce qu
ces Chanoines ne fe trouvant liés par aucu
ftatut particulier contraire, jouiffoient & devoient jouir de tout le tems & de toute la libert
que le droit commun laiffe aux collateurs & au
patrons. Le dernier arrêt au contraire n'a poin
eu d'égard à la nomination faite par un autr
Chanoine tournaire après l'expiration de fo
mois, parce qu'à l'égard de celui-ci la difpof;
tion des loix générales étoit reftreinte & reffer
rée par la force d'un ftatut particulier, don
l'objet n'étoit d'ailleurs que de mieux affure
l'exécution, & d'entrer mieux dans l'efprit de
règlemens généraux. La loi refte par conféquen
fans atteinte, & l'exception ne peut que la confirmer.

Enfin une dernière obfervation à faire fur c
fujet, c'eft que dans le cas où le Chanoine femainier, tournaire ou intabulé viendroit à décé-
der dans le cours & avant l'expiration de l
femaine ou du mois que les ftatuts lui avoien
affigné, ce droit de nomination ne pafferoit poin
au Chanoine qui le fuit pour le tour des femaine
ou des mois. Ce Chanoine fuivant & furvivan
ne peut en effet être confidéré comme le fucce-
feur, le repréfentant, l'ayant caufe de fon col-

legue défunt, & la mort de celui-ci ne peut faire ouvrir un nouveau droit en faveur de celuilà ; il n'en doit pas moins attendre l'inftant fixé pour l'exercice de fon droit : c'eft pourquoi la nomination dont le Chanoine auroit pu & dû jouir pour le reftant de la femaine ou du mois dans lefquels il décède, retourne au chapitre dont elle eft émanée & dont le Chanoine n'étoit lui-même à cet égard que l'ayant caufe & le repréfentant.

5°. Il eft un autre droit dont les Chanoines ont coutume de jouir dans plufieurs chapitres, lorfque les prébendes font inégales & qu'il y a des maifons ou des logemens deftinés pour les Chanoines. Lorfque ces prébendes ou ces maifons viennent à vaquer, l'option en eft déférée aux plus anciens Chanoines, qui en abandonnant les prébendes dont ils étoient pourvus, & les maifons ou logemens dont ils jouiffoient, peuvent prendre les prébendes, maifons ou logemens vacans.

Cet ufage commun dans plufieurs églifes cathédrales ou collégiales du royaume, n'eft point particulier à la France ; il eft même autorifé par une décrétale de Boniface VIII, rapportée dans le texte, titre *de confuetud. ch. 4;* décrétale à la vérité fans force en France, s'il s'agiffoit d'établir un droit ; mais qui fert pour conftater un fait & qu'on cite ici non comme loi, mais comme fimple témoignage hiftorique.

Suivant le rédacteur des mémoires du clergé, tome 2, page 1436, plufieurs auteurs regardent l'ufage de l'option des prébendes vacantes comme peu favorable en foi & peu conforme à l'efprit de l'églife, à caufe de l'efpece de variation &

d'inſtabilité qu'il met dans les titres des égliſes
où il eſt introduit , titres qui ne font que flotter
pour ainſi dire ſur les têtes des Chanoines, ſans
être fixés ſur aucune , & par la négligence des
entretiens & réparations de leurs maiſons ou logemens qu'inſpire aux jeunes Chanoines l'eſpérance d'obtenir bientôt une meilleure prébende
& des maiſons en meilleur état. Probus , dans
ſes queſtions de régale , ſoutient que cet uſage
ne doit ſon origine qu'a l'avarice des anciens
Chanoines.

On voit ici comme ailleurs que le pour & le
contre ſe rencontrent preſque par-tout , & que
la même choſe ſous divers points de vue peut
paroître tantôt avantageuſe , tantôt défavorable.
Ne ſembleroit-il pas en effet , d'un autre côté,
que la raiſon , l'équité , la juſtice , demandent
que dans la diſtribution des biens & revenus
eccléſiaſtiques entre perſonnes du même rang &
chargées des mêmes obligations , on ait des
égards , on prépare des reſſources , on ménage
des ſoulagemens pour ceux que de plus longs
ſervices en rendent plus dignes , & à qui les infirmités , triſtes compagnes de la vieilleſſe , les
rendent plus néceſſaires ? Ce motif d'humanité
& de piété même n'auroit-il pas autant & mieux
que l'avarice des anciens Chanoines, pu concourir à l'introduction de l'uſage de l'option des
prébendes ? Le paſſage des Chanoines d'une prébende à l'autre eſt-il auſſi vicieux en ſoi qu'on
le préſente dans les ſentimens de ces auteurs, y
retrouve-t-on tous les caractères qui ont fait
regarder les tranſlations comme ſi odieuſes? Les
prébendes ſont, il eſt vrai, actuellement autant de
bénéfices particuliers auxquels ſont attachés les

titulaires qui en font pourvus ; mais ces titulaires deviennent par-là membres & parties d'un corps, d'une communauté, voilà leur principal lien : tant qu'ils restent dans le corps & membres du corps, on ne peut point les taxer de variation, d'instabilité, quoiqu'ils changent le titre en vertu duquel ils avoient droit de prendre telle portion dans les revenus du chapitre, pour être pourvus d'un autre titre qui leur donne droit à cette autre portion des revenus de la même église ; ils restent toujours membres du même corps, toujours attachés à la même église, aux mêmes fonctions, il n'y a de changement à leur égard que celui du titre de la prébende, & ce changement n'a rien de repréhensible quand un usage légitime l'autorise. Enfin si les jeunes Chanoines négligent de faire les réparations nécessaires aux maisons & logemens qu'ils tiennent du chapitre ; le chapitre a le droit de les y obliger & des moyens pour les y contraindre.

Les inconvéniens qu'il peut y avoir dans l'usage de l'option des prébendes en faveur des anciens ne sont donc pas si grands, il n'est pas si difficile d'y remédier, & ces inconvéniens sont balancés par des avantages bien faits pour entrer en considération, & pour faire conserver cet usage dans les églises où il est depuis long-tems établi.

Par la raison que dans les assemblées capitulaires le rang se règle sur l'ancienneté de la réception & non d'après la supériorité des ordres que les capitulans peuvent avoir les uns sur les autres, parce que dans les assemblées capitulaires il n'est pour l'ordinaire question que des droits & intérêts temporels des chapitres ;

de même, pour l'option on s'en tient préſque
dans tous les chapitres à la même ancienneté
de réception, parce qu'il ne s'agit ici comme là
que d'un bien & d'un avantage temporel par rapport auquel les ordres ſacrés ne peuvent par
eux-mêmes donner à ceux qui y ſont promus
aucun titre de préférence.

Il a cependant été jugé par arrêt rendu au parlement de Paris le premier jour d'août 1643,
rapporté tome 2 des mémoires du clergé, page
1414, qu'en l'égliſe de ſaint Juſt de Lyon l'ordre
& le rang des Chanoines, tant pour la préſence
au chœur du chapitre, que pour le choix &
option des maiſons & gros fruits, ſe prendroit
par la promotion aux ordres ſacrés. Quelque
uſage ou ſtatut particulier du chapitre de ſaint
Juſt aura vraiſemblablement été le fondement de
la déciſion ſur-tout à l'égard du ſecond chef.

L'option des prébendes n'a lieu que dans les cas
de vacance par mort ou par réſignation entre les
mains du chapitre ou du collateur ordinaire, &
non pas dans le cas des réſignations faites entre
les mains du pape ou du vice-légat malgré les
ſtatuts contraires des chapitres.

Il y a ſur ce point deux arrêts du parlement
de Provence recueillis dans ceux de Bonifac
au ſujet de l'option des prébendes, & rapportés
dans les mémoires du clergé, tome 2, page 142
& ſuivantes.

Le premier de ces arrêts en datte du 15 Novembre 1646, en ordonnant que les parties ſeroient plus amplement ouies, adjuge cependant
à un réſignataire en la vice-légation d'Avignon
la recréance d'une prébende de l'égliſe de Venc
à lui réſignée, contre l'ancien Chanoine deman-

deur en option, & qui fe fondoit fur un ftatut
de l'églife de Vence l'an 1200 ou environ, fuivant lequel vacance avenant de quelque prébende, il étoit permis aux Chanoines plus anciens de l'opter s'ils le jugeoient à propos (*).

Par le fecond arrêt, le même parlement, le
7 feptembre 1661, fans s'arrêter aux requêtes
de plufieurs Chanoines de l'églife cathédrale de
Forcalquier dont les ftatuts font encore plus favorables à l'option que celui de l'églife de Vence,
a déclaré qu'il n'y avoit point lieu d'opter les
prébendes vacantes dans le même chapitre de
Forcalquier, fi ce n'étoit en cas de mort ou de
réfignation entre les mains du chapitre, & en
conféquence a maintenu le réfignataire en la vice-
légation d'Avignon dans la poffeffion & jouiffance de la prébende a lui réfignée.

On n'a donc pas regardé les réfignations en
faveur comme formant un genre de vacance ;
& en effet, il n'y a pas un inftant où la prébende puiffe être réputée vacante, puifqu'au
moment où, foit le pape, foit fon légat, admettent la démiffion du réfignant, ils font obligés
de conférer le bénéfice au réfignataire, qui fur
le champ remplace le titulaire démis.

Dès le temps que l'auteur de la glofe fur la
pragmatique écrivoit, l'option n'avoit pas lieu à
l'égard des prébendes données en permutation,
comme cet auteur en fait la remarque fur le titre
de annatis, par. voluit tamen.

Probus prouve que dans les vacances en régale
on n'a point d'égard, même dans les vacances

(*) *Quando contigerit vacare præbendam licitum erit
antiquioribus Canonicis eam optare fi voluerint.*

par mort, aux ſtatuts des chapitres qui ont établi l'uſage d'opter les prébendes vacantes. Perard
Caſtel fait la même obſervation dans ſes notes
ſur les définitions canoniques, n°. 5, ſous le titre
des *Chanoines & chanoinies*.

Relativement au droit d'opter & au rang dans
le chapitre, qui, comme on l'a dit, ſe règlent
preſque partout ſelon l'ordre de l'ancienneté de
la réception ou inſtallation, il peut ſe préſenter
une difficulté ſur laquelle on ne trouve point ou
que très-peu d'éclairciſſement dans les auteurs.
Il arrive quelquefois qu'un Chanoine pourvu
d'une prébende dont il a pris poſſeſſion & qu'il
a rempli pendant quelques années, eſt enſuite
pourvu dans la même égliſe d'une autre prébende qu'il prend en quittant la première : de
quel temps dans cette eſpèce faudra-t-il partir
pour régler ſon ancienneté & fixer ſon rang au
chapitre, & ſon droit d'opter? Devra-t-on
compter du jour de ſa première inſtallation, ou
s'en tenir à la ſeconde ; & dans ce ſecond cas
donner la préféance au chapitre & la préférence
dans l'option à un Chanoine qui auroit été inſ-
tallé dans l'intervalle écoulé entre la première
& la ſeconde inſtallation de l'autre Chanoine?

On ne connoît qu'un jugement dans cette
eſpece. Il a été rendu le 29 janvier 1715, aux
requêtes du palais en faveur du ſieur Courcier
Chanoine & Théologal de Paris : il avoit été
pourvu ſucceſſivement & avoit pris poſſeſſion
de deux prébendes dans l'égliſe de Paris ; entre
ces deux priſes de poſſeſſions, d'autres Chanoines avoient été reçus & inſtallés, & ceux-ci
prétendoient avoir rang & ſéance avant le ſieur

Courcier, par la raison que ce dernier ne pouvoit, disoient ses parties adverses, réclamer aucun droit qu'en vertu de sa prise de possession de sa seconde prébende, & que la premiere prise de possession ne pouvoit plus produire aucun effet en sa faveur, ce titre étant éteint par la renonciation qu'il avoit faite à la premiere prébende en acceptant la seconde. On n'eut aucun égard à ce moyen ; par le jugement cité, dont il n'y a point eu d'appel, le sieur Courcier fut maintenu dans le rang & séance qu'il avoit en vertu de sa premiere installation.

Ce jugement n'est pas moins conforme à la raison qu'aux usages pratiqués dans presque tous les corps. Un Chanoine qui accepte une seconde prébende dans l'église où il en avoit déja une, en quittant celle-ci pour celle-là, ne cesse pas un instant pour cela d'être Chanoine & membre de la même église ; il doit donc malgré le changement de prébende, conserver les droits attachés à la qualité de plus ancien Chanoine ; & n'y auroit-il pas une sorte d'indécence à vouloir lui faire céder le pas à celui qu'il auroit si long-temps précédé, & qui n'auroit acquis aucun titre sur lui ? Aussi voit-on que dans les assemblées du clergé, le rang entre les évêques se règle non par le jour où chacun a pris possession de l'évêché dont il jouit actuellement, mais par le jour de leur sacre qui les a rendus membres du corps épiscopal. De même dans les cours de parlement, qu'un conseiller d'abord pourvu d'un office de conseiller laïc, en obtienne ensuite un de conseiller clerc, ou de l'office de conseiller clerc, passe à celui de conseiller laïc, son rang

& fa féance n'en courent pas moins toujours du jour de fa première inftallation.

VI. *Des obligations des Chanoines.* Quoiqu'on ne fe propofe pas d'entrer ici dans le détail des obligations de la vie privée des Chanoines, on a cru cependant pouvoir & devoir donner une idée de ces obligations particulières, avant d'expliquer celles qu'impofent aux Chanoines la célébration de l'office divin dont ils font publiquement chargés.

Si, dit à ce fujet le célébre Vau-Efpen dont on ne fera que traduire ici les paroles, *juris ecclefiaft. univ. part. 1. tit. 7, de Canonicis, cap. 4,* fi l'églife a toléré enfin le changement de la difcipline extérieure par rapport aux Chanoines, elle n'a jamais entendu leur permettre de fe relâcher en rien de la fainteté de vie qu'elle exige d'eux, & de l'obligation où ils font de régler leur condpite fur les canons & les règles eccléfiaftiques : elle n'a jamais ceffé de les leur rappeler, de les leur recommander. Que l'on ne s'imagine donc pas que les Chanoines font moins obligés aujourd'hui à garder la modération, la tempérance & la frugalité dans leurs repas, qu'ils ne l'étoient lorfqu'ils mangeoient tous à un même réfectoire où toutes les portions étoient réglées ; qu'ils foient aujourd'hui moins obligés de vivre éloignés de l'efprit & des occupations, des amufemens du fiècle, d'éviter les compagnies & les familiarités fufpectes, qu'ils ne l'étoient lorfque vivant tous dans un même cloître, ils n'avoient aucun commerce avec le monde. Qu'on ne s'imagine pas parce qu'ils ont aujourd'hui leurs revenus en particulier & la libre adminiftration de ces revenus, qu'il leur foit plus permis

de

e prendre au-delà de leur néceſſaire ſur ces revenus, de les employer à enrichir leurs parens, à contenter leur avarice, à ſatisfaire leur luxe, leur vanité, qu'ils ne pouvoient le faire, lorſque tous les biens étant en commun chacun ne recevoit ſur la maſſe commune que ce dont il avoit beſoin ; qu'on ne s'imagine pas qu'il y ait aujourd'hui pour les Chanoines moins d'obligation de prier, d'être exacts, aſſidus, édifians à la célébration de l'office divin, qu'il n'y en avoit tant qu'ils ont eu le bonheur de conſerver la vie commune ; & qu'enfin les Chanoines ne ſont plus aujourd'hui comme autrefois, dans l'heureuſe néceſſité de ſe conſacrer tout entiers au ſervice de Dieu & de l'égliſe dans l'exercice continuel & le parfait accompliſſement de tout ce que demande d'eux le ſaint miniſtère.

Qu'on parcoure en effet, continue le même Auteur, qu'on liſe, qu'on peſe les canons dreſſés depuis la ceſſation de la vie commune & canonicale dans les chapitres, on n'y trouvera pas moins les mêmes devoirs preſcrits, les mêmes obligations impoſées, les mêmes règles renouvelées pour les Chanoines ; en un mot, la ceſſation de la vie commune n'a fait que rendre pour eux la vie régulière plus difficile, mais non moins néceſſaire.

Outre ces obligations privées & particulières, à l'égard deſquelles les Chanoines n'ont à répondre qu'à eux-mêmes & n'ont que leur propre conſcience à redouter pour ainſi dire, il eſt pour eux des obligations extérieures & publiques, auxquelles ils ſont également tenus par état & dont les ſupérieurs eccléſiaſtiques & même les

tribunaux féculiers font en droit d'exiger d'eux
l'accompliffement & de punir la violation.

1°. Les Chanoines font obligés à la réfidence.
Ce devoir autrefois impofé à tous les bénéficiers
qui ne jouiffoient des bénéfices , qu'à raifon des
offices qui s'y trouvoient attachés , & à la charge
de s'en acquitter , a depuis été négligé & n'eft
plus regardé comme une obligation relativement à un très-grand nombre de bénéfices que
l'on appelle pour cela bénéfices fimples , parce
qu'ils n'impofent & n'emportent point l'obligation fpéciale d'aucune fonction ou fervice que
l'on ait à remplir dans un endroit plutôt que
dans l'autre , ou du moins que l'on ne puiffe acquitter ou faire acquitter par une autre perfonne.
Mais jamais on n'a mis les canonicats au nombre
de ces bénéfices , jamais on n'a penfé que les
Chanoines puffent fe fubroger d'autres perfonnes
dans la célébration du fervice divin & fe décharger fur des vicaires de l'obligation de l'office. S'il leur a été permis de prendre des vi-
ca res , ce n'a été que pour leur prêter une
affiftance convenable , & non pour favorifer en
eux une intolérable négligence.

Plufieurs Chanoines s'y livroient néanmoins
depuis quelque temps , & jouiffoient tranquille-
ment des revenus de leurs prébendes , fans trop
fe mettre en peine d'en remplir les devoirs ;
& un ufage trop commun fembloit leur tenir
lieu d'une légitime difpenfe , lorfque l'églife
s'affembla dans la ville de Trente. Un tel abus
n'échappa point aux péres du concile. Si des
maux plus preffans attirèrent leurs premiers
foins , ils ne perdirent pas celui-ci de vue. Et enfin dans *le douzième chap. de réforme , feff.* 24 , il

renouvelèrent à cet égard les loix, & proscrivirent tout usage , coutume , statut qui auroient pu permettre aux Chanoines des églises, soit cathédrales , soit collégiales , de s'absenter de ces églises pendant plus de trois mois chaque année , sans prétendre par-là 'toucher aux constitutions des églises qui demandoient un service plus long. Ils voulurent que ceux qui seroient plus long-temps absens , fussent pour la première année privés de la moitié des fruits de la prebende ; qu'ils fussent privés du tout si la négligence devenoit plus longue ; & enfin si elle s'opiniâtroit , qu'ils fussent poursuivis par les voies & peines canoniques. (*).

Ces décrets du concile de Trente furent adoptés par les conciles provinciaux qui se tinrent peu de temps après dans le Royaume. On peut voir celui de Rouen de l'année 1581 , celui de Reims en 1583 , celui de Bordeaux en 1584. On en trouve des extraits tom. 2. des Mém. du clergé , pag. 949.

Nos souverains & leurs tribunaux n'ont pas été moins zélés pour le rétablissement & l'ob-

---

(*) *Obtinentibus in iisdem cathedralibus , aut collegiatiis dignitates, canonicatus, præbendas , aut portiones, non liceat vigore cujuslibet statuti vel consuetudinis ultrà tres menses ab iisdem ecclesiis quolibet anno abesse : salvis nihilominus earum ecclesiarum consuetudinibus quæ longiùs servitii tempus requirunt, alioquin privetur primo anno unusquisque dimidia parte fructuum , quos etiam ratione præbendæ fecit suos. Quod si iterum eadem fuit usus negligentiâ , privetur omnibus fructibus quos eodem anno lucratus fuerit; crescente verò contumaciâ , contra eos juxta sacrorum canonum constitutiones procedatur.* Conc. Trid. sess. 14. cap. 12. de ref.

fervation de la difcipline fur ce point. Quoique
les ordonnances générales fur la réfidence,
comme celle de Châteaubriant en 1551, celle
de Villers-Cotteretz en 1557, celle d'Orléans
en 1560, celle de Blois, article 14; & l'article
23 de l'édit de 1695, ne parlent expreffément
que des évêques, des curés & autres bénéficiers ayant charge d'ames, ce n'a jamais été
l'intention des légiflateurs que les Chanoines
puffent en inférer qu'ils étoient, eux, difpenfés
de la réfidence, parce qu'ils n'avoient point
cette charge. L'édit de 1580, connu fous le
nom d'édit de Melun, pour avoir été dreffé fur
les remontrances de l'affemblée générale du
clergé de France convoquée en cette ville, fuffiroit bien pour confondre une femblable prétention. Voici comment s'explique l'article
de cet édit : « Les chantres de notre chapelle
» après qu'ils feront hors de quartier, feront
» tenus d'aller deffervir en perfonne les pré-
» bendes & autres benéfices fujets à réfidence
» dont ils auront été pourvus; autrement, &
» faute de ce faire, feront privés des fruits def-
» dites prébendes & autres bénéfices fujets à
» réfidence ».

Voilà, comme on le voit, les prébendes &
canonicats compris bien formellement au nombre des bénefices où la réfidence eft requife,
l'obligation de cette réfidence bien clairement
impofée à ceux qui en font pourvus, dès que
les raifons de difpenfe ceffent pour eux, & la
peine établie difertement contre ceux qui manqueroient à ce devoir.

Auffi toutes les fois que la queftion s'en eft
préfentée dans les différens parlemens du royau-

me, ces tribunaux invariablement attachés au maintien des règles, ont toujours exigé des Chanoines pour gagner les gros fruits de leurs prébendes, une résidence au moins de neuf mois par an, & quelquefois plus longue lorsque les fondations ou statuts l'exigeoient, & ils ont toujours déclaré nuls & abusifs les statuts & règlemens des chapitres qui ne prescrivoient aux Chanoines qu'une résidence moins longue. Ce sont entr'autres les dispositions d'un arrêt du parlement de Bordeaux du 24 février 1604, pour réformer un abus du chapitre de Xaintes, qui accordoit les gros fruits à la résidence d'un seul jour & à l'assistance à un seul office; d'un arrêt du parlement de Paris du 7 septembre 1607 pour l'église d'Orléans; d'un autre du même parlement du 20 mai 1669, pour les Chanoines semi-prebendés de l'église de Sens; & d'un arrêt du conseil privé du 10 février 1698, concernant l'église de Châlons. Tous ces arrêts sont rapportés tom. 2 des mémoires du clergé, page 1191, 1177, 951 & 1367.

Les lois du royaume exigent donc la résidence des Chanoines aussi-bien que les lois de l'église, & la jurisprudence des tribunaux ne permet pas aux Chanoines d'être absens plus de trois mois, sans s'exposer à perdre les fruits de leurs bénéfices, conformément aux dispositions du concile de Trente & de nos conciles provinciaux.

Mais il faut bien observer ici, comme le remarque Rousseau de Lacombe, d'après Van-Espen qui cite lui-même Fagnan, & comme la seule raison l'indique indépendamment de toute autorité des auteurs, que le concile de Trente,

les conciles provinciaux & les Tribunaux du
royaume en foumettant à la privation des fruits
de leurs bénéfices les Chanoines qui feroient
abfens plus de trois mois, n'ont pas entendu
par-là juftifier & autorifer toute abfence qui
feroit moins longue ; ils ont feulement exempté
de peine l'abfence qui n'iroit pas à trois mois,
fans prétendre la légitimer, à moins qu'il y en
eût des caufes légitimes dont ils ont laiffé le
jugement à la connoiffance des Chanoines. En
un mot, on n'a jamais abfolument permis aux
Chanoines de s'abfenter fans caufe pendant trois
mois, mais on leur a défendu de s'abfenter
plus long-temps, à peine de privation de partie
ou de la totalité des fruits de leurs bénéfices.

2°. Les Chanoines font obligés d'affifter aux
offices, & l'on fent bien que c'eft à raifon de
cette obligation à l'affiftance au chœur, que la
réfidence leur a été fi rigoureufement prefcrite.
Ces lois générales, toures claires, toutes preffantes qu'elles étoient, ne fuffirent cependant
pas ; après avoir fi pofitivement, fi ftrictement
enjoint la réfidence aux Chanoines, les conciles
furent encore obligés de leur prefcrire auffi fé-
vérement l'affiftance aux offices divins ; & pour
rendre ces lois plus efficaces, d'ordonner qu'une
partie & au moins le tiers des fruits & revenus
des prébendes feroit converti en diftributions
quotidiennes affectées à chaque heure & partie
de l'office divin, qui feroient gagnées par ceux
qui auroient affifté aux offices & dont les abfens
feroient privés.

On a fur ce fujet les décrets du concile de
Bâle, feffion 21, chapitre 3 & 4, acceptés par
l'églife de France & tranfcrits dans la pragma-

ique fanction, les decrets des conciles provin-
iaux de Bourges & de Sens en 1528, ceux du
concile de Trente & de tous les conciles provinciaux tenus depuis dans le royaume; ils font
rapportés tome 2 des mémoires du clergé de
France depuis la page 1139, jufqu'à la pag. 1163.

Les tribunaux du royaume ont toujours maintenu avec vigueur l'exécution de ces décrets &
ordonnances; ils ont déclaré abufifs, caffé &
révoqué les ftatuts de plufieurs chapitres qui y
étoient contraires. Ce font les difpofitions d'un
arrêt rendu au parlement de Paris le 5 août
1535, portant règlement pour l'églife d'Orléans; d'un arrêt rendu aux grands jours de
Troyes le 12 octobre de la même année pour
l'églife de faint Etienne de Troyes; & d'un autre
arrêt du même parlement de Paris du 11 juillet
1672, pour l'églife de faint Pierre de Mâcon.
*Voyez les mémoires du clergé, tome , pages 1163
& fuivantes.*

La jurifprudence des cours féculières à cet
égard a même porté la févérité plus loin que la
difcipline eccléfiaftique : celle-ci, comme on l'a
vu, demande feulement que le tiers des fruits
des prébendes foit mis en diftributions quotidiennes; notre jurifprudence veut qu'il y en ait
la moitié. C'eft ce qui a été jugé par arrêt du
parlement de Paris du 10 juillet 1546 pour l'é-
glife d'Orléans; par l'arrêt des grands jours de
Troyes ci-deffus cité pour l'églife de faint
Etienne de Troyes; par arrêt des grands jours
de Clermont du 20 octobre 1665, & par l'arrêt
pour faint Pierre de Mâcon auffi cité ci-devant.
Voyez les mémoires du clergé à l'endroit indiqué.

Il s'étoit gliffé dans plufieurs chapitres deux

P iv

abus confidérables : le premier adjugeoit toutes les diftributions du jour au Chanoine qui avoit affifté à l'une des trois grandes heures ou offices du jour ; l'autre en gratifioit les doyen & autres dignitaires fans aucune affiftance de leur part. Ces abus réprouvés par les conciles de Bâle, de Sens & de Bordeaux , ont été formellement profcrits par plufieurs arrêts, & notamment par celui que rendit le parlement de Paris le 6 feptembre 1607 pour l'églife d'Orléans.

Les tribunaux ont été plus favorables à l'ufage établi dans plufieurs chapitres , d'accorder les diftributions quotidiennes, tant ordinaires qu'extraordinaires certaines, aux Chanoines abfens pendant le temps où les ftatuts & coutumes des chapitres leur permettent , ou pour mieux dire ne leur défendent pas de s'abfenter ; il y a fur cela plufieurs arrêts ; on en cite entr'autres un rendu le 30 mai 1672 au parlement de Paris pour l'églife de Laon : l'article 57 des règlemens qu'il contient, porte que dans toutes les diftributions , revenus & émolumens des dignités & des prébendes , nul ne gagnera franc en cas d'abfence , hors les temps accordés felon l'ufage du chapitre.

Cet ufage n'a rien que de conforme aux règles & aux principes, lorfque les Chanoines ne s'abfentent que pour des caufes légitimes : car l'églife n'ayant ordonné la converfion d'un tiers des fruits & revenus des prébendes en diftributions, qu'afin d'engager les Chanoines à une affiftance plus exacte à l'office, & n'ayant voulu punir par la privation de ces diftributions que ceux qui manqueroient à l'office par négligence & non pas ceux à qui des empêchemens ou des excufes légitimes ne permettroient pas de s'y trouver, il ñe feroit pas jufte de faire fupporter cette privation à ceux que l'églife fuppofe être legitimement empêchés, puifqu'elle ne leur défend pas de s'abfenter. Mais comme on l'a déja obfervé, c'eft aux Chanoines à fe juger eux-mêmes & à ne point abufer.de la loi qui s'en eft repofée fur eux.

A l'égard des autres queftions qui peuvent fe préfenter fur la nature des diftributions, leurs différentes efpeces, la manière de les établir, de les répartir, les conditions requifes pour les gagner, l'emploi à faire de celles que perdent les abfens, voyez au mot DISTRIBUTIONS ; on n'en a parlé ici que relativement à l'obligation impofée aux Chanoines d'affifter aux offices, & ce point doit paroître affez établi & fuffifamment éclairci.

3°. Ils font pareillement obligés d'affifter aux chapitres ou affemblées de. leurs corps. Ce devoir leur eft prefcrit par les règlemens de plufieurs conciles, par les ftatuts des chapitres eux-mêmes, & il réfulte de la nature même & de l'objet des affemblées capitulaires. Il y en a de deux fortes quant à l'objet : les unes regardent le maintien des regles, des ftatuts, de la difcipline, la confervation des mœurs, la correction des fautes ; les autres concernent l'adminiftration & la conduite des affaires temporelles & des intérêts civils des chapitres. Les plus juftes motifs & les raifons les plus preffantes doivent donc engager les Chanoines à fe rendre exactement aux uns & aux autres. Dans quelques églifes il y a une efpèce de diftribution affectée à cette affiftance, & une punition infligée aux délinquans.

Telles font à-peu-près les obligations particulières des Chanoines comme Chanoines dont
on avoit à traiter ici : ils en ont de communes
avec les autres bénéficiers : ils en ont de
particulières relativement à leurs chapitres.
Voyez au mot CHAPITRE ce qui regarde les
objets de juridiction, d'inspection & de correction que ces corps ont fur leurs membres.
Voyez auffi au mot MAISONS CANONIALES, ce
qui eft ordonné aux Chanoines relativement
aux maifons qu'ils poffédent à ce titre.

VII. *Priviléges ou caufes qui difpenfent les Chanoines de ces obligations.*

Il n'eft ici queftion que de l'obligation de réfider & d'affifter. On appelle *Chanoines privilégiés* ceux qui fans affifter & même fans réfider
jouiffent de tout ou du moins des gros fruits de
leurs prébendes.

Le concile de Trente, feffion 23, cap. 1. de
reform. rapporte à quatre chefs les principales
caufes pour lefquelles les titulaires de bénéfices
qui demandent réfidence peuvent en être difpenfés : ces chefs font, la charité chrétienne, l'urgente
néceffité, l'obéiffance due, l'évidente néceffité
de l'églife ou de l'état. Mais le concile n'a point
déterminé les cas auxquels cette fage règle pouvoit & devoit être appliquée. On réduit ces
quatre chefs à deux caufes générales de difpenfe : 1°. l'impuiffance à l'égard de ceux qui
feroient empêchés ou par une injufte détention
ou par des infirmités confidérables connues &
atteftées ; 2°. l'utilité publique à l'égard de ceux
dont les emplois font eftimés plus importans

our le service de l'église ou de l'état, que ne pourroit l'être la résidence d'un Chanoine & son assistance à l'office. La premiere espèce de cause répond aux deux premiers chefs désignés par le concile de Trente ; on sent bien que les personnes détenues injustement ou griévement malades, sont dans la triste nécessité d'être absentes de l'office & souvent loin du lieu où le chapitre est établi, mais que la charité chrétienne ne permet pas qu'on leur impute une telle absence, encore moins qu'on les en punisse par une privation de fruits qui leur sont alors plus que jamais nécessaires pour adoucir les rigueurs de leur situation. La seconde espèce de cause comprend également les deux derniers chefs de dispense proposés par les conciles : lorsque l'obéissance légitime ou l'utilité publique appellent un Chanoine loin de sa résidence ou le détournent du chœur, il est juste qu'il continue pourtant à jouir des fruits de son bénéfice, puisqu'il n'est point à l'égard de son bénéfice dans le cas de la négligence & de la mauvaise volonté que les canons & les ordonnances ont voulu punir par la privation des fruits, & que les services qu'il rend lui donnent d'ailleurs un nouveau titre aux bienfaits de l'église.

L'état d'infirmité, s'il n'est assez notoire par lui-même & que le chapitre l'exige, doit être constaté par des attestations de médecins : trop de sévérité de la part des chapitres à cet égard paroîtroit rigueur & seroit réprimé par les tribunaux. Un arrêt du parlement de Provence du 14 mai 1668 rapporté tome 2 des mémoires du clergé, page 1199, a jugé que le chapitre de Tarascon n'avoit pu révoquer la

délibération capitulaire par laquelle il avoit
exempté de la pointe un Chanoine âgé de soixante & dix ans , & qui en avoit cinquante-
quatre de service. Il y a cependant en quelques chapitres des règlemens sur ce sujet qui
pourroient paroître d'une rigueur excessive,
mais que la force des raisons qui les ont dictés
rend trop respectables pour laisser à ceux qui
voudroient s'en plaindre , l'espérance d'aucun
succès : tel est le règlement de l'église de Paris
qui n'admet aucune excuse de maladie pour le
défaut d'assistance aux matines : c'étoit peut-être
le seul moyen de maintenir dans cette célèbre
église l'usage pieux que seule des chapitres séculiers du royaume elle a conservé , de célébrer
cet office la nuit selon le rit de l'antiquité.

A l'égard des emplois, la règle la plus sûre
pour juger si telle est leur importance qu'elle
doive l'emporter sur l'obligation de la résidence
& de l'assistance imposée aux Chanoines par
leur état, c'est de s'en rapporter & de s'en tenir
à ce que l'usage a sagement établi, en observant
néanmoins que ceux qui veulent profiter de la
faveur de cet usage & jouir des priviléges que
leur donnent les états & emplois dont ils sont
revêtus, doivent entrer dans les motifs & remplir les vues qui ont fait accorder ces faveurs &
ces priviléges à ces états, autrement ils se ren-
droient indignes de l'indulgence de l'église & de
la faveur des lois, qui n'ont voulu que récom-
penser des services.

Il faut observer encore que les Chanoines privilégiés pour réclamer l'effet de leur privilége,
& avant de pouvoir en conséquence demander
d'être tenus présens , doivent avoir pris posses-

on perſonnelle de leurs prébendes : la priſe de
ſſeſſion par procureur ne leur ſuffiroit pas ,
nſi qu'il a été jugé par deux arrêts du parlement de Paris, le premier du 25 juin 1595 dans
la cauſe d'un Chanoine de l'égliſe de Sens, con-
ſeiller-clerc au parlement de Rouen ; le ſecond
du 4 mars 1614 dans la cauſe d'un Chanoine de
l'égliſe de ſaint-Cerneuf de Bellon en Auvergne ,
abſent pour ſes études. *Mémoires du clergé ,
tome 2 , page 1084 , & 1127.*

D'après ces obſervations on va ſuivre les différens états , emplois & genres d'occupations
qui ſelon nos uſages donnent aux Chanoines qui
les rempliſſent, le privilége de toucher les fruits
ou du moins le gros de leurs prébendes, malgré
la non-réſidence & non-aſſiſtance.

1°. *Évêques Chanoines.* Dans beaucoup de dio-
cèſes les évêques en cette qualité ſont Chanoines dans leurs égliſes, & ont des prébendes attachées & unies à leur menſe épiſcopale. On a vu
de grands prélats ſe faire un plaiſir & un devoir
de remplir celui de Chanoine , lorſque les autres
ſoins de leur charge paſtorale le leur permet-
toient, & c'étoit de leur part un exemple bien
édifiant pour le public & pour les chapitres, où
la préſence de l'évêque pouvoit contribuer beaucoup à maintenir la régularité. Mais rarement
les fonctions de l'épiſcopat peuvent s'accorder
avec l'aſſiſtance au chœur, & toujours elles méritent la préférence ; rien de plus juſte alors que
de tenir l'évêque comme préſent, & de le laiſſer
jouir de tous les fruits de ſa prébende ; il paroît
même étonnant que des chapitres aient entrepris de conteſter ce privilége & ce droit à leurs
évêques, car les chapitres n'étant preſque tous

dotés que des biens communs du diocèfe, qu
mieux a droit d'y participer que le chef & l
pafteur commun du diocèfe ? Auffi les prélats on
toujours été confervés dans ce droit. On cite un
arrêt rendu au parlement de Touloufe le 18 juil
let 1602, rapporté tom. 2 des mémoires du
clergé page 953 & fuivantes, par lequel M. d'El
bene évêque d'Alby fut maintenu en poffeffio
de jouir de tous les fruits, profits & émolumen
appartenans à la chanoinie qu'il poffèdoit en l'é
glife d'Alby comme évêque, & ce tant qu'i
feroit fa réfidence actuelle dans la ville d'Alby o
autre lieu de fon diocèfe, ou qu'il en feroit ab
fent pour caufe légitime fans qu'il pût être fuje
à la pointe, ni autrement privé de ces fruits.

C'eft dans les mêmes principes que le 4 Octo
bre 1727 on a jugé au confeil d'état en faveu
de M. l'évêque de S. Malo, que ce prélat jouiro
de tous les fruits, revenus & diftributions de l
prébende attachée à fa dignité fans que le chap
tre pût l'en priver ni retrancher partie, ni pr
tendre l'affujettir à la pointe. *Rapport de 1730*
pag. 185.

2°. *Chanoines commenfaux, officiers, & à l
fuite des évêques.* Les mêmes motifs qui ont fi ju
tement fait accorder aux évêques-Chanoine
tous les fruits & revenus des prébendes atta
chées à leurs évêchés, fans aucune affiftance d
leur part & même dans le temps qu'ils font abfen
de leurs diocèfes, pourvû que leur abfenc
ait des caufes légitimes ; ces mêmes raifons o
fait étendre la même faveur à ceux des Chanoi
nes que les évêques jugent à propos d'employe
pour les foulager dans l'adminiftration & gou
vernement du diocèfe.

Le droit autorife d'abord un évêque à prendre
es Chanoines pour s'en aider perpétuellement,
s avoir toujours auprès d'eux, en faire fes commenfaux. Les Chanoines que l'évêque choifit
infi & auxquels il donne des lettres qu'on appelle
comitatu font difpenfés de l'affiftance & même
le la réfidence, & n'en jouiffent pas moins des
fruits de leurs prébendes pendant tout le tems
qu'ils font dans leurs emplois. C'eft la difpofition
précife du droit canonique (*) qui n'excepte des
fruits à percevoir que ceux qui confiftent en
fvres, *victuales*. Les conciles provinciaux de
Rouen en 1581, & d'Aix en 1585 ont adopté
ces difpofitions. Les tribunaux les ont confacrées
par leur jurifprudence; l'attachement & le fervice des Chanoines commenfaux leur a même
paru fi digne de faveur qu'ils les ont autorifés à
percevoir les fruits de leurs prébendes même
avant d'avoir fait leur ftage dans les chapitres
qui en demandent, & ont dans la fuite ôté jufqu'à la réferve ou l'exception que le droit canonique avoit faite pour ce qui fe diftribue en
fvres. Ici les arrêts font prefque fans nombre.
Chopin lib. 2 *rerum monafticarum* tit. 3 §. 15
en rapporte un rendu au parlement de Paris le

(*) Cap. de cætero 7. de Cler. non refid. *Statuimus ne
Canonicis donec in fervitio tuo fuerint, quicquam fubtrahi
debent vel auferri, quod de communitatis fibi beneficio de-
betur, nifi forte fint victualia quæ non confueverunt abfen-
tibus exhiberi.*

Cap 15. *Ad audientiam ibid. decernimus ut duo ex
Canonicis ecclefiæ memoratæ in tuo fervitio exiftentes, fua-
rum fructus integre percipiant præbendarum, cum abfentes
fci non debeant qui tecum pro tuo & ipfius ecclefiæ fervitio commorantur.*

18 juin 1587, par lequel Adrien d'Amboise Cha
noine de Noyon, étant *de comitatu* de son évêque a été maintenu par cette raison en la jouïs-
sance des fruits de sa prébende, quoiqu'il n'eût
pas fait de stage : autre arrêt du même parlement
du 6 février 1606 par lequel il a été jugé que les
deux Chanoines de Meaux étant à la suite de
leur évêque jouiroient des fruits de leurs prébendes de même que les autres Chanoines privilégiés ; autre arrêt du même parlement du 19 mars
1612 portant qu'un Chanoine de Noyon qui
étoit à la suite de son évêque seroit payé de tous
les fruits de sa prébende, excepté les distributions manuelles & le bois qui se distribue aux
Chanoines ; autre arrêt de la même cour du 1
février 1628 en faveur d'un Chanoine d'Aux
qui étoit à la suite de son archevêque ; autre
arrêt de la même cour du 28 mai 1650 qui adjuge
à un Chanoine de Coutances toutes les distributions de cette église pour le temps qu'il étoit
à la suite de son évêque, excepté les distribution:
manuelles ; autre arrêt du 16 juillet même année
en faveur de deux Chanoines de Reims ; autre
arrêt du conseil d'état du 6 août 1677 qui ordonne
que les deux Chanoines choisis par l'évêque de
Lisieux pour être à sa suite seront tenus présents
& gagneront toutes les distributions tant grosses
que manuelles, en la même manière que les députés pour les affaires du chapitre ; enfin plusieurs
autres arrêts contenans de semblables dispos-
tions, *tome 2 des mémoires du clergé, depuis la
page 974 jusqu'à la page 985.*

Par rapport au nombre de Chanoines commensaux que les évêques peuvent choisir & retenir auprès d'eux, il ne se trouve fixé par aucun

lo..

oi : la deuxième décrétale citée & les arrêts rapportés ne parlent que de deux.

Les évêques peuvent prendre à leur suite les théologaux & les autres dignitaires de leurs églises aussi bien que les simples Chanoines. Les conciles de Rouen & d'Aix ci-dessus cités en contiennent une disposition expresse : on peut appliquer ici l'évidente nécessité de l'église annoncée par le concile de Trente pour l'un des quatre chefs des causes légitimes d'absence : c'est ce qui a été jugé par le parlement de Toulouse en faveur de M. l'archevêque d'Auch qui avoit pris à sa suite le théologal de son église auquel le chapitre refusoit de le tenir présent ; cet arrêt est rapporté par Albert en son recueil d'arrêts livre V, n. 8 : cet arrêtiste ajoute que la même chose avoit été déja jugée en 1634 en faveur de l'évêque de Castres.

Si le bien & l'avantage de l'église autorisent en effet les évêques à prendre parmi les Chanoines ceux qu'ils jugent devoir leur être utiles pour l'administration de leur diocèse, ils doivent avoir le droit de choisir entre eux ceux qu'ils croient devoir leur être le plus utiles. Il y auroit cependant une exception à faire pour les dignités chargées de quelques devoirs particuliers. Ainsi par l'arrêt ci-devant cité du 6 février 1606 en faveur des commensaux de M. l'évêque de Meaux, le parlement en adjugeant aux deux commensaux tous les fruits de leurs prébendes, adjugea au chapitre les fruits de la chancellerie dont l'un des deux étoit pourvu ; le chapitre avoit exposé & prouvé que son chancelier étoit en cette qualité tenu d'enseigner ou faire enseigner le chant aux jeunes clercs du chapitre. Les lettres de *comi-*

Tome IX. Q

tatu pouvoient bien le difpenfer comme C
noine de l'affiftance au chœur, mais elles ne pou
voient pas le décharger de l'obligation attaché
à fa dignité.

Les grands-vicaires, officiaux & promoteu
des évêques ont obtenu fur les mêmes mot
le même privilége, au confeil du roi : il y a é
rendu dans ce fiècle plufieurs arrêts en faveur
ces officiers. M. l'archevêque de Reims en obti
un contre fon chapitre le 11 avril 1723 par leq
il fut ordonné, que les deux Chanoines q
M. l'archevêque de Reims avoit droit d'av
à fa fuite, les vicaires-généraux au nombre
deux feulement, les officiaux métropolitain
diocèfain & le promoteur du diocèfe lorfqu
feroient employés dans leurs fonctions, feroi
tenus préfents en l'églife de Reims & jouiroi
tant des gros fruits de leurs canonicats que
toutes les difttributions manuelles & quotidie
nes de quelque nature qu'elles fuffent com
s'ils fervoient actuellement au chœur, en faif
apparoir au chapitre capitulairement affemblé
leurs titres & qualités. *Rapport* de 1740, page 1

En 1725 le 29 feptembre M. l'évêque d'O
léans obtint contre fon chapitre un arrêt port
à peu près les mêmes difpofitions, mais il y é
ajouté que les Chanoines ainfi employés po
jouir des droits de préfence, feroient tenus d'
vertir le chapitre capitulairement affemblé, e
le ponctuateur. Le chapitre d'Orléans ay
voulu faire l'application de cette claufe aux de
Chanoines *de comitatu*, M. l'évêque d'Orléa
obtint le 18 janvier 1727 un nouvel arrêt p
lequel en interprétant le précédent fa majel
déclara que fon intention n'avoit pas été d'af.

ttir les deux Chanoines *de comitatu*, à l'obli-
ation imposée aux autres eccléſiaſtiques d'a-
vertir le chapitre de leur abſence. Enfin le
même chapitre ayant encore par des concluſions des 27 juin, 8 juillet 1733 & 26 novembre 1735 arrêté que les deux Chanoines *de
comitatu* gagneroient les gros fruits & diſtributions, *lors ſeulement qu'ils ſeroient à la ſuite de
M. l'évêque ou employés aux affaires du diocèſe,
& non autrement.* Sur une nouvelle requête du
prélat, intervint un dernier arrêt le 27 mars
1736 qui caſſe les concluſions, ordonne qu'elles
ſeront rayées, & porte que les deux Chanoines
qui avoient des lettres *de comitatu*, continueroient
d'être tenus préſents au chœur pour le gain des
gros fruits & des diſtributions tant quotidiennes
que manuelles de quelque nature qu'elles ſoient,
ſans être tenus d'avertir le chapitre ni le ponctuateur de leurs abſences, ni de juſtifier des cauſes d'icelles même lorſqu'ils s'abſenteront hors
du diocèſe. *Même rapport pag. 138.*

Dès le 4 octobre 1727 dans le célèbre arrêt
du conſeil d'état entre M. l'évêque de S. Malo
& ſon chapitre, il avoit entr'autres règlemens
été ordonné que conformément aux règlemens
généraux du clergé de France des années 1606,
1625, 1635, 1645 & 1650, & aux arrêts du
conſeil du roi de 1636 & 1677, les Chanoines
commenſaux, grands vicaires & autres officiers
du ſeigneur évêque ſeroient tenus préſens &
gagnant toutes les diſtributions de quelque nature
qu'elles fuſſent tant groſſes que manuelles, même
celles des obits, anniverſaires & fondations, ainſi
que l'avoient été les députés du chapitre pour les
affaires du chapitre. *Rapport de 1730, page 183.*

Le chapitre de Rieux pour l'exécution d'un fondation qu'il avoit faite pour la fête de Noël & celle de la Nativité, ayant arrêté & délibéré que pour être tenus préſens, les malades & ceux qui feroient employés pour le ſervice ſpirituel & temporel de l'égliſe feroient tenus de ſe faire excuſer nommement; un Chanoine grand-vicaire & d'autres en appelèrent comme d'abus: M. l'évêque de Rieux adhéra à l'appel ſur ce fondement que le chapitre en exigeant que ceux qui ſe trouveroient occupés pour le ſervice de l'égliſe feroient tenus de ſe faire nommément excuſer, s'érigea en juge des raiſons que pourroient avoir les Chanoines *de comitatu*, les grands-vicaires & les officiers de l'évêque. Le parlement de Touloute jugea le 8 juillet 1733 en faveur du chapitre, mais M. l'évêque s'étant pourvu au conſeil, fut ordonné par arrêt du 26 ſeptembre 1726 que la clauſe de la délibération du chapitre portant que les Chanoines qui n'aſſiſteroient pas feroient tenus de ſe faire excuſer nommément, feroit entendue de manière que ceux qui feroient occupés aux affaires ſpirituelles ou temporelles de l'égliſe ou du diocèſe, feroient ſeulement avertir le pointeur lorſqu'ils s'abſenteroient, ſans que le pointeur ni d'autres puſſent entrer en aucune connoiſſance ni examen des cauſes d'abſence. *Rapport de 1740, page 24.*

Le ſieur Roſſignol aumônier de M. l'archevêque d'Alby ayant été pourvu d'un canonicat de la cathédrale, le chapitre par délibération du juin 1745 s'en remit au prélat pour décider ſi le ſieur Roſſignol feroit tenu préſent; M. l'archevêque décida pour ſon aumônier; cinq Chanoines s'y oppoſèrent. Le ſieur Roſſignol ſe pourvut au

conseil & allégua l'usage du chapitre & la circonstance qu'il étoit le seul chanoine à la suite de
l'archevêque ; par arrêt du 27 novembre 1745 il
fut ordonné que le sieur Rossignol seroit tenu &
réputé présent & jouiroit de toutes les rétribu-
tions de son canonicat tant qu'il feroit les fonctions d'aumônier auprés du sieur archevêque.
Rapport de 1750, page 96.

Il faut observer cependant qu'il y a une différence essentielle à faire entre les Chanoines choisis par l'évêque pour l'aider dans le gouvernement du diocése, qu'on appelle *de comitatu*, ainsi
que les grands-vicaires, officiaux, promoteurs,
& les simples officiers commensaux tels que sont
les aumôniers & secrétaires : les premiers sont
privilégiés de droit & doivent être tenus présens ; les seconds ne sont pas privilégiés de droit,
mais seulement lorsque l'usage en est établi, &
cet usage est plus favorablement reçu lorsque,
comme dans l'espèce de l'arrêt qu'on vient de
rapporter, l'évêque n'a pas consommé le droit
qu'il a d'avoir deux Chanoines à sa suite.

La raison de cette différence est sensible ; tous
ne sont pas propres au gouvernement & à concourir à l'administration d'un diocése ; lorsqu'un
évêque rencontre des personnes qui réunissent
les qualités & les talens nécessaires pour ces
fonctions relevées, il doit lui être permis de se
les attacher, & le bien qui en résulte pour l'é-
glise est une raison suffisante pour accorder à ceux
qu'il choisit ainsi la dispense d'assister & même
de résider : mais les fonctions d'aumônier & de
secrétaire des évêques ne demandant ni les mêmes talens ni les mêmes qualités, & ces fonctions
n'étant pas aussi relatives au bien général, il n'est

pas si convenable de donner des dispenses à ceux qui les remplissent.

On a douté si dans le cas où les évêques prendroient des Chanoines d'églises collégiales pour être *de comitatu*, ou pour en faire leurs grands vicaires, officiaux, ou promoteurs, ces Chanoines devoient jouir du privilége d'être réputés présens. Dumoulin dans ses notes sur le chapitre *ad audientiam* ci-dessus cité, est pour la négative. Du Pineau dans ses remarques sur les notes de Dumoulin, Fevret liv. 3, de l'abus, & d'autres ont adopté ce sentiment. De Selve dans son traité *de benef.* *4 part. quæst. 66*, & plusieurs canonistes ont embrassé le sentiment contraire; le chapitre *de cætero* est favorable à ce sentiment par les termes généraux dans lesquels est conçu, & la règle commune n'est pas moins propre à l'établir : si le bien de l'église a pu exiger qu'on tint pour présens les Chanoines absens pour l'utilité du diocèse, ils doivent également jouir de ce privilége soit qu'ils soient Chanoines dans la cathédrale, soit qu'ils le soient dans des collégiales du diocèse. C'est ce qui a été jugé par arrêt du conseil du 21 décembre 1648 en faveur d'un Chanoine de l'église collégiale de S. Pierre de Soissons pour le temps qu'il seroit à la suite de son évêque, & le 11 mai 1656 en faveur d'un Chanoine de la collégiale de S. Vast même diocese : ces deux Chanoines étoient en même-temps Chanoines de la cathédrale de Soissons, ce qui ne rendoit pas leur cause plus favorable.

La question s'est encore présentée depuis & a été jugée de même par arrêt du parlement de Paris du 31 décembre 1725, en faveur du sieur

arlot Chanoine de la collégiale d'Aire en Artois
ecrétaire de M. l'évêque de S. Omer, & auquel
ce prélat avoit donné des lettres *de comitatu*.
L'affaire fut instruite contradictoirement & avec
grand appareil ; on trouve les pièces & les
moyens des parties dans le *rapport de 1730*,
page 23 & suivantes.

3°. *Chanoines-missionnaires, archidiacres, agens-généraux, &c.* On compte avec raison au nombre des Chanoines privilégiés ceux qui sont occu-
pés à la prédication & aux missions dans le diocèse par l'ordre des évêques : on y joint comme
on vient de le voir les grands-vicaires, les officiaux, les promoteurs faisant les visites des diocèses ou autres fonctions de leurs charges dedans
ou dehors ; on y ajoute encore les archidiacres
pendant le cours de leurs visites, les agens-généraux du clergé pendant le temps de leurs agen-
ces, les députés aux conciles & aux assemblées
générales ou provinciales du clergé pendant le
temps de leur députation, y compris le temps
donné pour aller & revenir, les commissaires
députés aux chambres ecclésiastiques, les syndics
des diocèses, les députés des chapitres ; toutes
ces personnes sont dispensées de la résidence &
perçoivent les fruits de leurs prébendes.

C'est ainsi que l'ont réglé plusieurs délibérations des assemblées générales du clergé en 1579,
1602, 1605, 1614, 1619, 1625, 1635, 1645,
1650, & que l'ont décidé plusieurs arrêts du
conseil de 1636, 1638, 1640, 1645, 1670, &c.
voyez *tom. 2 des mémoires du clergé, page 990 &
suivantes*.

4°. *Chanoines officiers de la chapelle du roi, de
la reine, des princes du sang, &c.* On cite pour

Q iv

l'établissement du privilége si favorable accordé à ces officiers, différentes bulles des papes Alexandre IV, Grégoire X, Martin IV, Jean XXII: celle de Clément VI du 20 avril 1351 est plus connue : bien des auteurs prétendent que ce privilége est plus ancien que ces bulles.

Il est confirmé par des lettres - patentes de 1551, 1554, 1567, 1581, 1606, 1612, & 1666. Dans celles-ci Louis XIV confirme & approuve tous & chacun des priviléges accordés aux officiers de la chapelle & oratoire & autres ecclésiastiques employés dans les états des maisons royales, par les bulles des papes & les rois ses prédécesseurs, & ordonne qu'ils soient tenus présens en toutes les églises du royaume pour tous les bénéfices, offices & dignités durant tout le temps de leur service, savoir, les ordinaires pendant toute l'année, ceux de semestre pendant six mois, & ceux de quartier pendant trois mois, avec deux mois à chacun d'eux pour aller & venir ; qu'ils jouissent de tous les fruits de leurs bénéfices, des droits de nomination aux bénéfices & autres droits généralement quelconques, à la réserve seulement des distributions manuelles. Cette loi a été vérifiée au grand-conseil.

En conséquence ce tribunal par arrêt du 17 juillet 1725 rendu en faveur du sieur Delaitre aumonier de la maison du roi & Chanoine de saint Jacques de la Boucherie, a ordonné que les tables de la pointe de cette église pour les années 1723, 1724 & les six premiers mois 1725 seroient réformées; que le sieur Delaitre jouiroit de ses trois mois de vacances ordinaires, des six sous par jour d'augmentation & des bougies qui se distribuent manuellement à chaque Chanoine à matines & généralement de tous les fruits quelconques. *Rapport de 1730, page 37 & suivantes.*

La bulle de Clément VI ne parloit que des officiers de la chapelle du roi & de celle de la reine, & il y eut arrêt conforme au conseil du roi le 19 juin 1685.

Mais les privilèges des commensaux de la maison du roi ayant été étendus aux officiers des princes du sang, les Chanoines qui étoient leurs aumôniers prétendirent qu'ils devoient être tenus présens pendant leur service : & c'est ce qui a été jugé par deux arrêts du parlement de Paris, le premier du 20 février 1635 en faveur d'un Chanoine de saint Honoré, & le second du 31 janvier 1638 en faveur d'un Chanoine de saint Etienne de Bourges, tous deux aumôniers du prince de condé.

Il a été jugé par arrêt du conseil du 13 septembre 1677 qu'un précepteur des pages de la grande écurie, Chanoine de saint Quentin, seroit dispensé de la résidence & percevroit les fruits de la prébende.

Mais un aumônier du régiment des gardes, Chanoine de Crepy, qui avoit prétendu le même privilège, en fut débouté par arrêt du 6 mars 1658.

Les dignitaires peuvent comme les autres Chanoines jouir de ce privilège ; ils sont également compris dans la bulle de Clément VI & désignés dans la déclaration de 1666.

Ce privilège ne s'étend pas néanmoins à tous les bénéfices des cathédrales & des collégiales. Par arrêt du parlement de Paris du 27 juillet 1571 il fut jugé qu'un Chanoine hebdomadier de l'églife de Clermont ne pouvoit reclamer ce privilége. L'arrêt paroît avoir été fondé fur ce que le titulaire ne pouvant faire deffervir fon bénéfice *per vicarium*, le fervice auroit manqué. Ce motif peut s'appliquer à d'autres bénéfices de même qualité.

Des bénéficiers inférieurs des églifes d'Aix & de Rennes ayant prétendu comme chapelains de la fainte Chapelle de Paris jouir quoiqu'abfens des fruits de leurs bénéfices, les deux chapitres en adreffèrent leurs plaintes au clergé : l'affaire fut portée au confeil du roi qui pour terminer toute conteftation à cet égard donna une déclaration le 2 avril 1727. Elle veut que conformément aux priviléges exprimés dans les bulles des papes & la déclaration de mars 1666, les officiers de la chapelle & oratoire du roi & ceux de la fainte Chapelle de Paris foient réputés préfens en toutes les églifes du royaume pour tous les bénéfices, offices & dignités dont ils font & feront pourvus avec faculté de jouir des revenus y attachés quand même ils n'auroient pas fait le ftage prefcrit par les ftatuts, à la charge néanmoins de prendre poffeffion perfonnelle fi les ftatuts l'exigent, & de faire le ftage après le temps de leur fervice auprès du roi.

Mais à l'égard des bénéfices des églifes cathédrales & collégiales (autres que les dignités & prébendes) chargés par l'ufage des chapitres d'un fervice perfonnel & conditionnel, le roi veut qu'ils foient à l'avenir cenfés incompatibles avec les charges de fa chapelle & oratoire & avec le fervice de fa fainte-Chapelle de Paris; & que ceux qui en feront pourvus foient tenus d'opter felon les règles de droit & dans le temps y porté, paffé lequel fa majefté les déclare vacans & impétrables, dérogeant à cet égard en tant que de befoin à la déclaration de 1666. Cette déclaration a été enregiftrée au grand-confeil le 5 mai 1727.

Dans l'établiffement du privilége, les privilégiés étoient privés de toutes les diftributions même quotidiennes quoique prifes fur les gros fruits ; c'étoit la difpofition précife de la bulle de Clément VI ; mais la déclaration de 1666 & la jurifprudence des arrêts ont étendu la faveur du privilége à toutes les diftributions quotidiennes & autres, à la réferve feulement de celles qui de tout temps fe font faites à la main au chœur & pendant le fervice divin en argent fec & monnoyé.

Les Chanoines privilégiés n'ont pas befoin, comme il eft porté par la déclaration de 1727, d'avoir fait leur ftage pour jouir de leur privilége ; mais ils doivent rapporter à leurs chapitres des certificats de leur fervice donnés par le grand-aumônier ou tel autre qu'il appartient. Le parlement de Paris l'avoit ainfi ordonné par l'arrêt du 25 janvier 1582 pour l'enregiftrement des lettres-patentes obtenues par les chantres & chapelains du roi en 1581 : cette même condition a encore été prefcrite par un arrêt du confeil du 19 juin 1585.

Les bulles des papes n'avoient rien réglé fur le nombre de Chanoines privilégiés qui pouvoient être en chaque églife. Pour éviter que les églifes ne fuffentfur chargées par des privilégiés non réfidens, Henri II, par un édit de 1554, ordonna que dans les églifes cathédrales ou collégiales où il n'y a pas plus de quarente Chanoines , il n'y auroit au plus que quatre privilégiés des chapelles royales , & que dans les églifes où le nombre eft de plus de quarante , il pourroit y en avoir jufqu'à fix. L'exécution de cet édit a été ordonnée par l'arrêt du confeil-privé du 19 juin 1585 , rendu en forme de réglement pour l'églife de Meaux dans la caufe du fieur Lefchevel , Chanoine de cette églife & chantre de la chapelle du roi.

5°. *Chanoines-confeillers-clercs*. Plufieurs auteurs & les anciens arrêts tirent l'origine du privilége dont jouiffent les Chanoines-confeillers-clercs dans les cours fouveraines , d'être tenus préfens & de gagner les fruits. de leurs prébendes pendant leur fervice dans ces tribunaux , d'une extenfion donnée à une claufe des bulles par lefquelles les papes accordoient aux officiers de la chapelle & oratoire du roi & de la reine , la difpenfe de réfider & par conféquent d'affifter. Cette claufe eft celle par laquelle les fouverains pontifes défignoient les clercs qu'ils entendoient gratifier : elle étoit conçue en ces termes , *les chapelains & clercs qui font à votre fervice* (*) ; termes dans lefquels on a compris , comme on le devoit , les clercs-officiers dans les cours fouveraines , & qui font d'une manière fi diftinguée & fi utile au fervice des rois.

Cette origine du privilége n'auroit fans doute rien que d'honorable. Mais étoit-il befoin pour l'établir ce privilége , de recourir à une difpenfe du pape , & de s'appuyer fur l'extenfion d'une faveur dont les magiflrats-clercs n'auroient pas

_____

(*) *Capellani & clerici veftris obfequiis infiftentes.*

été les premiers objets, & dans laquelle ils ne
se trouveroient compris que par une forte d'interprétation ? La nobleffe & l'importance des
fonctions de la magiftrature n'offroient-elles pas
pour le privilége dont il s'agit, un titre auffi
refpectable & plus folide même qu'une difpenfe ?
Ce titre eft puifé dans les plus certaines maximes du droit ; c'eft d'après ces maximes, que
le concile de Trente a placé au nombre des
quatre chefs principaux, d'où fe doivent prendre les caufes qui difpenfent de réfider, l'utilité de la religion & celle de l'état ; cette double
utilité fe trouve dans le fervice que les confeillers-clercs rendent dans les cours fouveraines. Ils y concourent avec tous les membres
de ces auguftes corps au bien public de l'état,
& au maintien de nos libertés. L'églife gallicane
a bien fenti cet avantage, & a toujours regardé
comme l'un de ceux qu'elle tenoit de la bonté
de nos rois, les réglemens en vertu defquels il
y a dans les cours fouveraines un nombre fixe
de places qui ne doivent être remplies que par
des clercs. Le fervice qu'ils y rendent, & à
l'églife & à l'état, forme donc le vrai & le
plus beau titre, le plus affuré fondement de
leur privilége.

M. Dolive, confeiller au parlement de Touloufe, dans fon recueil de queftions notables, chapitre 11, aux notes, après avoir expofé le fentiment commun dont on a d'abord parlé ci-deffus,
fur l'originedu privilège dont il s'agit, rapporte,
comme des lettres-patentes d'un roi Charles,
un acte portant commandement au chapitre
de Clermont, de délivrer à un confeiller-clerc
de la cour, les fruits de fa prébende. Mais

fuivant Chopin, *de facra politica*, & Tourner dans fes arrêts, cet acte n'étoit pas des lettres patentes (*) expédiées en la grande chancellerie; c'étoit fimplement un certificat de fervice, donné au confeiller qui étoit Chanoine, avec un ordre du parlement au chapitre où il poffédoit fa prébende, de lui en faire délivrer les fruits.

Les chapitres ne manquoient guères de déférer à ces certificats & à ces ordres; fi quelques-uns entreprirent de tems en tems de s'y fouftraire, leurs tentatives à ce fujet furent toujours promptement réprimées par des arrêts qui ont affermi & fixé la jurifprudence fur ce point.

Il y en a un rendu au parlement de Paris le 1 décembre 1550, qui a condamné le chapitre du Mans à fournir à M. Gouvrot, confeiller en la

---

(*) Ces auteurs rapportent ainfi cet acte : *Carolus...*
dilectis noftris decano, Canonicis & capitulo.... falutem
Cum à fede apoftolicâ nobis fit inductum, ut clerici, & omnes perfonæ ecclefiafticæ noftris infiftentes obfequiis, fructus redditus & proventus fuorum beneficiorum eâ integritate percipiant, quâ ipfos perciperent, fi in ecclefiis in quibus ea obtinent perfonaliter refiderent, fignificamus vobis quod dilectus nofter in noftrâ parlamenti curiâ confiliarius N. præbendatus veftræ ecclefiæ noftris obfequiis ab anno inceffanter inftitit & infiftit, fuum officium in dictâ curiâ exercendo. Undè vos rogamus, nihilominus mandantes, quatenus eidem confiliario noftro, aut ejus procuratori, de fructibus, proventibus & emolumentis ad dictum Canonicatum & præbendam fpectantibus, quotidianis diftributionibus duntaxat exceptis, ab iis quorum intereft faciatis integrè refponderi, taliter acturi quod nobis & dicto confiliario noftro debeat effe gratum. Datum Parifiis in parlamento noftro, &c.

cour, & Chanoine prébendé en l'églife du Mans, les gros fruits & autres revenus de fa prébende, excepté les diftributions quotidiennes, depuis qu'il étoit poffeffeur de fa prébende, quoiqu'il n'eût point fait la première réfidence requife par les ftatuts de cette églife.

Un autre arrêt du confeil-privé, en date du 19 mai 1585, a condamné le chapitre de Meaux à payer à M. Coquelai, confeiller en la cour, la moitié des gros fruits & autres revenus de fa prébende, excepté les diftributions manuelles qui ont de tout tems *accoutumé d'être diftribuées en argent, aux préfens & affiftans au fervice de ladite églife, tant & fi long-tems qu'il feroit confeiller en ladite cour, & Chanoine en ladite églife de Meaux.* On ne doit pas s'étonner, & les chapitres ne doivent pas fe prévaloir de ce que le chapitre de Meaux n'eft condamné à payer que la moitié des gros fruits & autres revenus de fa prébende, à M. Coquelai. Ce confeiller-clerc, par un abus encore alors affez commun, étoit titulaire de deux prébendes, l'une à Paris, l'autre à Meaux. On lui adjugeoit donc autant que la totalité des revenus d'une prébende entière, en le faifant jouir de la moitié de l'une & de l'autre. L'arrêt ajoute, *à la charge toutes-fois que le fieur Coquelai fera tenu durant le tems accordé pour les vacations de ladite cour, réfider une partie dudit tems en ladite églife de Meaux, & affifter au fervice divin qui fe fait en icelle, pourvu qu'il ne foit retenu pour fervir en la chambre ordonnée, en tems de vacation.*

Un autre arrêt du parlement de Paris du 25 juin 1595, a de-même condamné le chapitre de Sens, à payer à M. de Mouffy, confeiller au parlement de Rouen, *les fruits & revenus de la prébende dont il étoit pourvu en cette église, tels que les autres Chanoines résidens, ont accoutumé prendre & percevoir, fors & excepté les distributions manuelles, depuis le jour qu'il a été reçu en personne.*

Deux arrêts du parlement de Toulouse des 18 juillet 1658, & 14 mars 1689 ont adjugé à des conseillers - clercs tous les fruits généralement de leurs prébendes, à l'exception des distributions manuelles que les assistans reçoivent à l'issue du chœur, & cela pour tout le tems de la tenue du parlement, hors duquel & dans le tems des vacations, les conseillers clercs qui ne font pas de service alors, sont sujets à l'obligation d'assister aux offices sous les peines ordinaires ; & ont déchargé néanmoins MM. les conseillers-clercs de servir leurs bénéfices, les jours fériés de la tenue du parlement.

M. Maynard, dans ses questions notables, rapporte un arrêt bien plus ancien de la même cour, qui, le 7 septembre 1486, condamna le chapitre d'Agde à payer à M. Lullier, conseiller, & servant continuellement au parlement, tous les fruits & émolumens de sa prébende.

On peut voir d'autres arrêts sur le même sujet, rapportés, ainsi que ceux qu'on vient d'extraire, dans le tome 2 des mémoires du clergé, pages 1083, & suivantes.

Il en résulte premièrement, que la jurisprudence s'est adoucie sur les distributions : suivant l'ancienne formule & les premiers arrêts, on exceptoit des fruits, que les conseillers-clercs devoient

devoient percevoir, toutes les diftributions quotidiennes ; on n'excepte plus aujourd'hui que les manuelles & avec raifon, comme on l'a déjà fait obferver : la privation des diftributions ordinaires eft une punition infligée à la négligence ; or il n'y a point de négligence à imputer à ceux qu'une caufe légitime difpenfe de réfider & d'affifter ; on ne doit pas même fuivant les régles du droit, regarder comme abfens, ceux qui ne le font que pour le fervice de la république ; & c'eft l'état des confeillers-clercs. Il réfulte fecondement de ces arrêts, que les confeillers-clercs font difpenfés du ftage dans les églifes où il eft requis par les ftatuts : Troifièmement, qu'ils doivent pourtant avoir pris poffeffion perfonnelle, parce que fuivant l'avis de M. Loüet, on ne doit pas admettre fiction fur fiction : Quatrièmement, que ce privilége n'a d'effet que pour le tems où les confeillers-clercs font occupés aux cours de parlement, & non en tems de vacation : Cinquièmement, que ce privilége n'a pas moins lieu, quoique les prébendes dont ils font pourvus ne foient pas dans l'étendue du reffort de la cour fouveraine où ils fervent. C'eft l'efpèce de l'arrêt rendu en faveur de M. de Mouffy.

Le rédacteur des mémoires du clergé, tome 1, page 1000, remarque il eft vrai, que fuivant l'avis de plufieurs, cet arrêt pourroit avoir été rendu en des circonftances particulières, & que dans la thèfe générale, la chofe pourroit fouffrir difficulté ; qu'on prétend même qu'il y a des arrêts contraires. Albert dans fon recueil du parlement de Touloufe, livre 1, article 7, écrit que la préfence ayant été re-

fufée par le chapitre d'Auch, à l'un de ſ
Chanoines, conſeiller au parlement de Rouen
le parlement de Toulouſe confirma ce refu
par arrêt du 16 mai 1628, & que le conſei
ler s'étant pourvu au conſeil, ſa requête fu
rejetée le 22 février 1629.

Ce feroit bien plutôt ici, ce ſemble, qui
faudroit recourir à des circonſtances particu
lières pour expliquer cette déciſion : car da
la thèſe générale, quels motifs pourroit-
alléguer pour reſtreindre au reſſort des cou
ſouveraines où ſervent les conſeillers-cler
le privilége que ce ſervice leur donne d'êt
tenus préſens aux prébendes dont ils peuve
être pourvus ? Si ce privilége vient, co
me on le penſe communément, de ce qu
ſont cenſés compris dans les diſpenſes accordé
par les papes, aux clercs attachés au ſervi
du roi, pourquoi ce privilége auroit-il mo
d'étendue en faveur des conſeillers-clercs, qu
faveur des officiers de la chapelle ? Or en ve
de ce privilége, ceux-ci ſont réputés préſe
dans toutes les égliſes du royaume, n'impor
en quelle province ces égliſes ſoient ſitué
Si l'on fonde le privilége des conſeillers fu
l'importance des ſervices qu'ils rendent à l'
gliſe & à l'état en cette qualité, ce titre
rend-il pas ce privilége également favora
dans toutes les parties de la France ? Ne fo
elles pas à cet égard en quelque ſorte to
tes ſolidaires les unes pour les autres.

Mais ce privilége doit-il s'étendre aux Ch
noines conſeillers-clercs aux préſidiaux & a
baĩlliages ? C'eſt une queſtion diſputée en
les auteurs, & la juriſprudence des arrê

'y paroît pas favorable. Henrys dans ſes ar-
êts, tome 1, livre 2, queſtion 17, la traite
plement, & apporte pluſieurs raiſons pour
rouver que ces Chanoines pendant leur ſervice dans ces tribunaux, ſont diſpenſés de réſider
à leurs bénéfices, & doivent en percevoir les
fruits : mais il avoue que trois fameux avocats,
conſultés ſur cette queſtion, l'ont jugée dou-
teuſe & ſe ſont décidés pour la négative. M.
d'Olive écrit que ce privilége a particulièrement été accordé aux conſeillers des parlemens,
& qu'on ne l'étend point aux autres compagnies
de juſtice. Il rapporte pour préjugé, un arrêt
du parlement de Toulouſe du 20 juin 1627,
qui a refuſé la jouiſſance de ce privilége à un
Chanoine de Caſtelnaudary, conſeiller en la
chambre eccléſiaſtique ; arrêt contraire aux
maximes & à l'uſage dont on a donné ci-deſſus
les preuves. Les conſeillers aux chambres eccléſiaſtiques ont même une raiſon particulière
pour être tenus préſens à leurs bénéfices pendant leur ſervice dans ces chambres. Albert à
l'endroit cité, rapporte un autre arrêt du même
parlement qui eſt plus dans l'eſpèce ; le ſieur
de Caſtera, Chanoine d'Auch, & conſeiller à
la ſénéchauſſée, ayant obtenu en 1640, un arrêt qui ordonnoit au chapitre de le tenir préſent, à la charge qu'il aſſiſteroit aux offices les
jours de fêtes, & pendant les vacations, le
ſieur Croiſſant, auſſi Chanoine & conſeiller,
prétendit devoir jouir du même privilége ; mais
le ſyndic du chapitre s'étant pourvu contre cet
arrêt obtenu ſur requête, & ayant ſoutenu que
le privilége n'avoit été accordé qu'aux conſeillers du parlement la cour par arrêt du 22

mars 1644, déclara n'empêcher que le cha
pitre pointât Croissant en cas d'absence.

Ces doutes & ces préjugés doivent faire
sentir que si les priviléges accordés par les
papes aux clercs de la chapelle & oratoire
du roi ont été l'occasion de celui qui s'est éta
bli en faveur des conseillers-clercs, ils n'e
ont été d'ailleurs ni la forme, ni la régle, ni
la mesure. Autrement comme le privilége des
clercs de la chapelle ne s'applique pas moins
aux derniers chapelains qu'aux aumôniers du
premier ordre, il auroit aussi fallu étendre le pri
vilége des conseillers-clercs aux conseillers des
présidiaux, & des bailliages, où ils font tous en
effet quoique dans un dégré inférieur, officiers
& conseillers du roi. Nouvelle preuve que c'est
à l'importance & à l'éminence des fonctions des
magistrats dans les cours souveraines, qu'il faut
attribuer les priviléges dont les conseillers
clercs y jouissent, bien plus qu'au simple titre
d'officiers du roi ; titre honorable sans-doute,
mais auquel ne font pas toujours attachés cer
tains priviléges.

6°. *Chanoines professeurs.* La faveur des études
& l'avantage universel qui en résulte, ont de
puis long-tems fait accorder aux régens &
aux écoliers des universités, la dispense de ré
sider & d'assister. Le privilége dont ils jouissent
à cet égard, est établi sur les decrets des con
ciles, les bulles des papes, les ordonnances
de nos rois & les arrêts des cours. Voyez
le tome 2 des mémoires du clergé, page 1002.

Les conciles & les bulles des papes n'ac
cordent ce privilége que pour un tems limité
pour l'ordinaire à cinq ans. Des conciles provin

ux du royaume & quelques anciens arrêts ont
dopté cet ufage, qui continue d'être fuivi en
Italie.

Une ordonnance de Louis XII du mois d'août
1498, article 17, règle diverfement le tems
qu'elle donne aux étudians dans les univerfités, pour y jouir de leur privilége de fchola-
nté : elle l'accorde aux artiens pour quatre
ans, aux légiftes pour fept, aux médecins pour
huit, aux théologiens pour quatorze.

Mais ce n'eft ni fur les decrets des conciles,
ni fur cette ordonnance, que l'on fe règle en
France pour fixer le tems pendant lequel les
jeunes Chanoines peuvent jouir du privilége
qui leur eft accordé en faveur des études ; il
n'y a mêmeme rien de déterminé à cet égard ;
ce privilége n'a d'autres bornes fuivant nos
ufages, que celui du cours des études des jeunes
Chanoines. Cet ufage de la France, fi différent de
celui de l'Italie & des autres pays qui fuivent
la difcipline du concile de Trente, vient de ce
que d'après les décrets de ce concile on ne
peut être pourvu de prébende dans les églifes
cathédrales, qu'à l'âge de vingt-deux ans commencés, au lieu qu'en France on peut en être
pourvu à quatorze ans, & même à dix ans dans
les collégiales : or on fent bien que pour l'ordinaire, cinq ans fuffifent à un eccléfiaftique
âgé de vingt-deux ans, pour achever le cours
de fes études, au lieu que ce feroit trop peu de
cinq ans pour un jeune homme de dix ou de
quatorze ans.

Le concile de trente ne difpenfe en termes
formels de la réfidence, en faveur des études,
que les écoliers en théologie. La congrégation

pour l'interprétation du concile, & l'usage de
plusieurs églises y ont ajouté les étudians e
droit canonique : mais en France, d'après le
bulles des papes Jean XXII, Clément VI & Gr
goire X, & conformément aux lettres-patent
de Charles V, du 18 mars 1266, confirm
tives des priviléges de l'université, & d'autr
lettres-patentes du mois de septembre 165
pour la même université, la dispense en fave
des études, s'étend à l'étude de la philosoph
& même aux humanités. L'usage d'admettre a
prébendes, des enfans de dix & de quator
ans, dont on parloit tout à l'heure, a pu co
tribuer aussi beaucoup à cette extension de
dispense ; on ne pouvoit pas exiger en effe
qu'à cet âge ces enfans fussent propres a
études de la théologie & de la philosophi
& l'on n'a pas cru devoir leur refuser pour c
la le secours que leurs prébendes pouvoient le
fournir pour des études inférieures.

Rebuffe *in praxi*, tit. *dispensatio de non* n
dendo, atteste que ce n'est pas la coutume
France, que les jeunes Chanoines qui veule
étudier, demandent la permission du chapit
pour s'absenter à cet effet, & jouir cepe
dant de leurs bénéfices. Brodeau sur Loue
& après lui Despeisses, citent un ancien arr
rendu au parlement de Paris le 6 mai 157
qui l'a jugé ainsi contre le chapitre de Never
au profit du sieur Albin, Chanoine de cet
église. On peut donner pour motif de cet arrê
que le droit accordant cette dispense en fave
des études, la permission des supérieurs n'e
pas nécessaire. Mais le bon ordre & la subord
nation qui seule peut le maintenir, exigent a

oins que les jeunes Chanoines qui veulent s'abnter pour caufe d'études en informent les chaitres ; & puifque les chapitres font en droit d'exiger des Chanoines confeillers-clercs, aumôniers ou chapelains du roi, des certificats de fervice pour les laiffer jouir des fruits de leurs bénéfices, ils doivent à plus forte raifon être autorifés à demander des certificats d'études aux Chanoines abfens pour étudier.

On cite un arrêt rendu au confeil privé le 3 juillet 1740, contre le fieur Lanes, Chanoine de Leiftoure, qui après s'être abfenté pour caufe d'étude fans avoir demandé la permiffion du chapitre, & fans y avoir reparu pendant les vacances de l'univerfité, demandoit néanmoins fes préfences. L'arrêt a ordonné qu'il en demeureroit privé tant qu'il refteroit abfent, & a fait défenfes à tout bénéficier de l'églife de Leictoure de s'abfenter pour caufe d'études fans avoir obtenu du chapitre une permiffion, & l'agrément de l'évêque, à peine de perte des fruits.

Mais on le voit, cet arrêt ne prive l'abfent que de fes préfences, c'eft-à-dire, des diftributions quotidiennes ; ce qui peut même n'être pas regardé comme une peine, ces diftributions n'étant pas toujours, ou plutôt n'étant prefque jamais accordées aux étudians. Quant au réglement porté par le dernier chef, il ne doit être confidéré que comme un règlement particulier pour l'églife de Leictoure. Il eft trop peu conforme à nos ufages pour être étendu à tous les chapitres. En général il doit fuffire de demander l'agrément du chapitre, & s'il le refufe, fon refus étant évidemment injufte, le jeune

K iv

Chanoine peut alors paſſer outre , & les tribunaux lui feront favorables.

A l'égard de l'âge juſqu'auquel un Chanoine
peut demander à jouir du privilége des étudians,
pluſieurs conciles ont réglé qu'ils ne pourroient
plus y prétendre après avoir atteint l'âge de
trente ans ; d'autres ont feulement réglé que
ceux qui auroient cet âge ne feroient point admis à commencer un nouveau cours d'études :
il ne s'agit dans ces conciles que d'étude de
théologie ou de droit canonique. Un concile
de Tours de 1590 , veut qu'ils foient au-deſſus
de vingt-cinq lorſqu'ils commencent leur cours.
Un ſtatut de l'égliſe collégiale de Vendôme du
26 janvier 1576 , confirmé par arrêt du parlement de Paris du 2 février ſuivant , ne leur accorde la difpenſe que juſqu'à vingt-quatre ans :
différens ſtatuts pour la réformation de l'univerſité de Paris en 1598 , & en 1675 , ont fixé
diverſement les âges pour le commencement des
études : tant que ces ſtatuts ont été en vigueur,
ils pouvoient en quelque forte fervir de règle
pour déterminer juſqu'à quel âge les Chanoines
pouvoient prétendre au privilége des études.
Mais depuis long-tems on ne fuit plus ces règlemens à la lettre , & il n'y en a aucun que
l'on puiſſe prendre pour principe de déciſion.
Comme lorſqu'il fut queſtion autrefois de dreſſer
ces règlemens, on ne manqua pas de fe conformer à ce qui étoit communément d'uſage,
on ne ſuivroit pas vraiſemblablement d'autre
méthode aujourd'hui, s'il venoit à s'élever à ce
ſujet quelque conteſtation : c'eſt-à-dire que depuis l'âge de vingt ans juſqu'à celui de vingt-
quatre ans environ, les jeunes Chanoines fe-

roient autorifés à commencer & achever leurs
cours de théologie, ou même de philofophie ;
mais qu'on n'accorderoit guères au-deffus de
cet âge la permiffion de s'abfenter pour commencer ces études : on ne pourroit guères pourtant à ce que l'on croit jufqu'à l'âge de quarante
ans, refufer à un Chanoine qui voudroit com-
pletter le cours de fes études théologiques par
les exercices de la licence, ou prendre des degrés en droit, de le difpenfer pendant ce tems
de la réfidence ; parce que l'on voit fouvent
des ecléfiaftiques auffi & plus âgés entreprendre
ces exercices ou ces études, & les faire avec
fuccès.

Ce n'eft plus une queftion aujourd'hui de favoir fi les Chanoines fans avoir fait le ftage dans
les églifes où il eft établi, peuvent néanmoins
jouir du privilege des étudians; M. Louet, rapporte que par arrêt du 21 mai 1583, le parlement de Paris a décidé l'affirmative contre le
chapitre de faint-Pierre de Laon. Mais ce magiftrat obferve avec raifon, que dans les chapitres où la rigoureufe réfidence du ftage eft requife par un ftatut particulier, l'obligation n'en
eft pas éteinte, mais feulement différée pour les
Chanoines étudians, qui doivent y fatisfaire
après leur cours d'études.

Mais il eft indifpenfable pour ces Chanoines
d'avoir pris poffeffion perfonnelle de leurs prébendes : on a déja vu que cette oligation étoit
de même impofée aux autres privilégiés. Brodeau dit que cela a été ainfi réglé par un arrêt
du parlement de Paris du 14 mars 1614, pour
l'églife de faint-Cerneuf de Billon.

Févret livre 3 ,de l'abus chapitre 1 §. 22, écrit que le nombre des chanoines qui peuvent en même tems jouir de ce privilége dans une églife, a diverfement été réglé par les arrêts à deux, trois ou quatre, fuivant le nombre des Chanoines de chaque églife : felon Brodeau, l'arrêt du 14 mars 1614, pour l'églife de Billon, a décidé qu'il ne pourroit y avoir que quatre Chanoines de cette églife qui jouiffent à la fois du privilége pour les études.

Sur ce point comme fur beaucoup d'autres, nous n'avons point de réglement général. Une règle bien fûre en elle-même, mais auffi peu certaine dans l'application, c'eft qu'il doit toujours refter un nombre fuffifant de Chanoines pour célébrer l'office divin avec la décence convenable au lieu & à l'état des églifes.

Il y a des églifes dont la fondation ne permet pas de difpenfer les Chanoines de la réfidence pour caufe d'études. Les fondateurs font cenfés avoir voulu que les prébendes n'en fuffent conférées qu'à des eccléfiaftiques qui auroient lors de la collation, la fcience & la capacité requifes. Févret, livre 3, de l'abus, chapitre 1, §. 13, rapporte un arrêt rendu au parlement de Paris le 2 juillet 1566, qui fur les conclufions de M. le procureur-général, a déclaré nulle & abufive la difpenfe de réfider, qu'un particulier avoit obtenue par la confidération qu'il étoit *in familiâ & confortio papæ.* L'arrêt, ajoute Févret, étoit fondé fur ce que la réfidence en ce bénéfice étoit requife & prefcrite *ex fondatione.* L'arrêt auroit également pu être fondé fur ce que la familiarité & le fervice du pape ne fauroit dispenser un françois de résider dans un bénéfice, demandant par sa nature résidence en France, sans l'agrément & la permission expresse du roi. Brodeau sur M. Louet, lettre L, chapitre 6, cite un arrêt rendu au même parlement le 11 mars 1570, contre le trésorier de la sainte-Chapelle de Vincennes. Il avoit obtenu des lettres-royaux portant dispense de résider & de faire l'office de trésorier pendant le tems qu'il étudieroit ; les Chanoines & chapitre se pourvurent contre ces lettres comme surprises, attendu que par la fondation de cette chapelle le trésorier est obligé de résider en personne, sans pouvoir y commettre ; le parlement après s'être fait représenter l'acte de fondation rendit l'arrêt cité.

Ce que les Chanoines étudians ont droit de percevoir sur leurs prébendes en vertu de leurs priviléges, n'est fixé par aucune loi précise du royaume : les décrets des conciles & les bulles des papes leur accordent les gros fruits.

C'est ce qui se pratique dans plusieurs églises, où selon le desir des mêmes conciles on a mis le tiers des revenus en distributions quotidiennes : on ne retranche aux étudians que ces distributions.

Dans plusieurs autres églises, les chapitres sont en possession de ne donner que des pensions, qui tiennent aux étudians lieu des gros fruits. Plusieurs arrêts ont confirmé ces usages, lorsque les pensions étoient proportionnées aux fruits des prébendes & jugées suffisantes pour la subsistance des étudians, quoique les revenus des prébendes fussent beaucoup plus considérables. La raison de cette jurisprudence peu conforme à celle que l'on suit à l'égard des officiers de la chapelle du roi, & des confeillers-clercs, vient de ce que ceux-ci à raifon des fervices qu'ils rendent d'ailleurs à l'églife & à l'état, ont droit d'être réputés préfents à leurs bénéfices, au lieu que les Chanoines étudiants n'ont point de fervices actuels à faire parler en leur faveur: la difpenfe qu'on leur accorde n'eft fondée que fur une pieufe confidération, & fur l'efpérance des fervices qu'ils fe mettront en état par-là de rendre un jour à l'églife. C'eft donc affez qu'ils en tirent des fecours proportionnés à leurs befoins actuels.

Dans quelques-uns de ces chapitres les penfions données aux étudians font différentes felon la diverfité des lieux où ils étudient : cet ufage n'a rien que de raifonnable : on pourroit encore fur les mêmes raifons graduer les penfions fuivant l'ordre des études auxquelles les Chanoines font appliqués. Un Chanoine qui prend des degrés dans les facultés fupérieures à befoin de plus de fecours que s'il étudioit dans les humanités.

Dans plufieurs chapitres où l'on diftribuoit une certaine quantité de pain par jour ou par femaine aux Chanoines réfidens, on a établi pour leur plus grande commodité de leur diftribuer tous les ans une quantité de blé plus ou moins grande à proportion de leur réfidence. Le chapitre de Poitiers a adopté ce changement. Deux Chanoines de cette églife étudians & jouiffant du gros de leurs prébendes prétendirent en outre avoir part à ces diftributions de blé; mais fuivant ce qu'en rapporte Brodeau, ils en furent déboutés par arrêt du parlement de Paris du 21 mars 1623, & avec raifon: ces deux Chaoines auroient été fans droit pour réclamer le pain qui fe diftribuoit aux préfens , ils ne pouvoient pas plus demander le blé qui fe donne à la place de ce pain.

Il y a des chapitres où tous les fruits des prébendes ont été convertis en diftributions qui fe font lors de chaque office. Des Chanoines étudians ont prétendu avoir droit à toutes ces diftributions, foutenant qu'ils ne devoient en être privés que lorfqu'il y avoit de gros fruits attachés à leurs prébendes. Rebuffe dans fon traité *de privilegiis fcholaft. priv. 31. n. 12.* Favorife leur opinion , fur ce motif que ces converfions de la totalité des fruits en diftributions ont été faites *in fraude privilegii.* On ne connoît pas d'arrêt qui ait prononcé fur cette prétention , & l'on à peine à croire qu'elle fût adoptée par les tribunaux. Les chapitres ne peuvent , il eft vrai par leurs ftatuts , déroger aux privilèges des étudians, il y auroit abus : mais les ftatuts dont il s'agit ici n'ayant rien que de favorable , tout ce que les étudians feroient en droit de demander , ce feroit qu'on leur adjugeât fur ces diftributions, ce qui feroit refté en gros fruits , fi l'on n'eût mis en diftribution que le tiers des fruits, felon les décrets des conciles , ou même la moitié fuivant la jurifprudence des tribunaux du royaume. C'eft ce qui fe pratique dans plufieurs églifes où tous les fruits font en diftributions ; & où l'on n'eft pas en poffeffion de donner des penfions aux étudians , on leur retranche une troifieme partie : on pourroit même felon la jurifprudence dont on vient de parler leur retrancher la moitié des diftributions.

Mais fi un jeune Chanoine après avoir pen
dant quelque années en vertu du privilège don
il s'agit, perçu le gros de fa prébende ou tou
ché une penfion pour fes études, vient enfuite
à quitter l'état eccléfiaftique, le chapitre où
étoit prébendé, fera il en droit de lui faire ref
tituer les fruits qu'il aura perçus en qualité d
Chanoine étudiant? C'eft une grande queftio
dit le rédacteur des mémoires du clergé, tom
page 1130, & les eglifes du royaume ont à ce
égard des ufages différens. Quelques unes obli
gent ces ex-Chanoines à reftituer ces fruits ; de
arrêts ont confirmé cette difcipline. On en cit
un rendu au parlement de Touloufe le 19 juille
1597.

Un autre arrêt du même parlement du 8 o
tobre 1618 a même ordonné qu'un Chanoin
étudiant donneroit pour jouir du privilége bonn
& fuffifante caution de reftituer les fruits pa
lui perçus le cas y échéant ; le même caution
nement a pareillement été ordonné par un arre
du confeil du 21 mars 1619. On rapporte auf
quelques décrets de conciles provinciaux qu
paroiffent favorables à cetufage, & on les appuy
de quelques raifonnemens.

Cet ufage comme l'obferve le rédacteur de
mémoires du clergé eft abfolument particulie
à quelques églifes du royaume. Suivant la dif
cipline ordinaire de l'églife de France, les Cha
noines qui font rentrés dans le fiècle ne for
point recherchés pour la reftitution des fruit
qu'ils ont pu percevoir pendant leurs études.

Pour peu que l'on y réflechiffe, on fentir
facilement combien cette difcipline eft plus fa
vorable en elle même que l'autre, & même plu

onforme aux vraies maximes. Vouloir obliger
ces jeunes gens ou leurs parens à rendre les
fruits qu'ils ont touchés, n'eſt ce pas engager les
parens à forcer leurs enfans à demeurer dans un
état auquel il ne ſe ſentent pas appelés plutôt
que de s'expoſer à un rembourſement ſouvent
très-genant pour eux ? en exiger une caution
pour ce rembourſement n'eſt ce pas ſouvent leur
impoſer une condition impoſſible, & les priver
ainſi ſans raiſon d'une reſſource que les lois leur
accordent ; d'ailleurs ſur quels principes voudroit-
on les obliger à rendre ces fruits qu'ils auroient
perçus ? En les percevant, ils n'ont fait qu'uſer
d'un privilège dont ils pouvoient legitimement
jouir : ils étoient alors véritablement Chanoines, & legal ment titulaires de leur prébendes.
C'eſt à ce titre que l'égliſe leur a voulu permettre de percevoir pour les aider dans leurs études,
une partie des fruits de leurs prébendes, & jamais l'égliſe en leur accordant cette permiſſion,
n'y a ajouté la condition qu'ils perſevereroient
dans l'état eccléſiaſtique ; elle la bien eſpéré,
mais elle ne l'a pas preſcrit. Pourquoi voudroit
on aller plus loin que cette pieuſe mere, autant
indulgente que ſage ?

Le privilège accordé aux profeſſeurs ne s'eſt
pas conſervé comme celui des écoliers : ce n'eſt
pas qu'il ne fût autant & même plus favorable :
mais l'état des profeſſeurs a bien changé depuis
la conceſſion de ces privilèges, & leur ſituation
ne demande plus les ſecours qu'elle exigeoit
alors. En effet il n'y avoit point de fondation
pour ces profeſſeurs, leurs places ne formoient
pas une état fixe, l'obligation de profeſſer étoit
une des conditions & l'un des exercices néceſ-

faires pour parvenir à la licence & au doctora
chacun des aspirants devoit les remplir pend
le temps requis, & après ce temps il s'empresso
de les abandonner. Il auroit sans doute été bie
dur de refuser à ces professeurs pour le tem
de ces exercices la dispense que l'on accord
à leurs écoliers. Tel fut le motif de ce priv
lège ; & l'on voit qu'il n'étoit accordé que p
cinq ans, ce qui renfermoit l'espace pend
lequel ils devoient professer. Mais depuis
temps toutes les chaires de professeurs dans t
tes les facultés ont été bien fondées & sont d
venues permanentes, & autant avantageu
qu'elles étoient onéreuses auparavant. Le m
de la concession du privilège cessoit des lo
plusieurs même des fondateurs voulurent
des clauses expresses que les chaires par
fondées fussent réputées vacantes après que c
qui les rempliroient auroient accepté des bé
fices qui requerroient une résidence personnel
ces clauses particulières à quelques fondati
sont devenues depuis une règle générale p
toutes les chaires, en vertu de l'arrêt de
glement du parlement de Paris rendu sur
remontrances & conclusions de M. le procur
général : l'article VI de ce règlement po
» qu'aux charges de supérieurs, sénieurs, m
» trises, principautés & sous maîtrises ne pourr
» être élus ni institués gens pourvus de bén
» ces qui ont charge d'ames & qui requierent
» sidence ; & si après qu'ils auront été élus
» pourvus desdites charges, ils étoient pourv
» de bénéfices de la qualité que dessus, décla
» ladite cour lesdites charges vacantes. Cet ar
cle est repeté dans l'article 77 de l'ordonnan

le Blois. Auffi depuis ce temps les profeffeurs le philofophie, du droit, de la médecine, & les regens dans les humanités n'ont ils point récla-né & n'auroient pas été bien reçus à demander la jouiffance du privilège accordé aux profef-feurs, quoique dans les bulles & ordonnances pour l'univerfité de Paris, ce privilège leur fût auffi bien accordé qu'aux profeffeurs en théo-logie : fi quelques uns de ces derniers l'ont demandé & y ont été admis comme le fut par arrêt du grand confeil, le fieur Bouft profef-feur de Sorbonne contre le chapitre de Char-tres, des circonftances particulières ont pu dé-terminer ces jugemens, mais ils ne peuvent éta-blir une règle générale. Cette règle feroit trop oppofée à une autre d'un ordre bien fupérieur fuivant laquelle il n'y a de difpenfes valables & légitimes, que celles dont une jufte nécef-fité ou une utilité louable font le principe. C'eft ce que ne doivent jamais perdre de vue tous les privilégiés dont on a parlé jufqu'à préfent & ceux dont il refte à parler.

7°. *Chanoines théologaux*. Le concile de Bafle *feff. 21.* & la pragmatique *tit. de collatione benefic.* Ordonnent que le théologal quand il remplit fes fonctions foit tenu préfent à l'office divin : les ordonnances d'Orléans art. 8, & de Blois art. 33 & 34 y font conformes. Quelques chapitres ayant fait des ftatuts contraires à ce privilège des théologaux, il ont été déclarés abufifs par les tribunaux. Rebuffe cite un arrêt du parlement de Paris contre le chapitre de Rheims du 4 jan-vier 1523, & un autre du 20 janvier 1544 con-tre le chapitre de Chartres ; on en trouve auffi dans Papon & dans Tournet.

Mais 'les faints décrets & les ordonnances
n'ayant accordé ce privilège aux théologaux
qu'en confidération de l'obligation où ils font
de prêcher & furtout d'enfeigner, ce privilege
n'a point lieu dans les églifes où ils n'ont pour
ces obligations à remplir.

8°. *Chanoines plaidant contre leur chapitre.*
Bouchel cite un arrêt du 24 mars 1505 contre
le fyndic du chapitre d'Auch, par lequel il a
été jugé que des Chanoines abfens pour la pour
fuite d'un procès contre le chapitre feroient tenu
préfens & joüiroient des fruits de leurs prében
des. La même chofe fut jugée au parlement de
Paris le 20 mai 1669 dans la caufe des Cha
noines dit à l'autel de Notre-Dame de l'églife
-de Sens contre les Chanoines pleni-prébenda
de la même églife ; on peut voir deux arrêts de
la même cour l'un du 11 juillet 1672 pour l'é
glife de faint Pierre des Maçons, l'autre du
août 1705 pour l'églife de Meaux, lefquels on
pareillement ordonné que les Chanoines, &
autres bénéficiers abfens pour caufe de procès
contre leurs chapitres feroient réputés préfens
Nombre d'autres arrêts contiennent de femblá
bles difpofitions : enfin l'arrêt rendu au confe
d'état le 4 octobre 1727, qui règle plufieur
points conteftés entre M. l'évêque de faint Malo
& fon chapitre, porte expreffément, que les *Cha
noines ayant procès contre le corps du chapitre
feront difpenfés de la réfidence pendant qu'ils feron
à la fuite defdits procès de la même manière que l
font les députés du chapitre.*

9°. *Chanoines adminiftrateurs d'hopitaux.* Il a
été jugé par arrêt contradictoire du parlement
de Touloufe du 3 décembre 1575, qu'un Cha

oine de Tuels qui étoit auſſi tréſorier ou ad=
miniſtrateur de la maiſon Dieu de Toulouſe joui=
oit pendant l'année de ſon adminiſtration de
ous les fruits de ſa prébende, comme s'il étoit
préſent. Cet arrêt ne doit pourtant pas être
tiré à conſéquence : quelque louable que ſoit
le ſoin pris pour l'adminiſtration du bien des
hôpitaux, les décrets des conciles ni les ordon=
nances n'en ont jamais fait une cauſe de diſpenſe
de réſider pour les Chanoines ; il n'y auroit au
plus que le cas où un chapitre ſeroit chargé du
ſoin d'un hopital & y prépoſeroit quelques Cha=
noines, qui pourroient motiver pour ces Chanoi=
nes une diſpenſe d'aſſiſter dans le tems où ils ſe=
roient occupés des affaires de l'hôpital, parce
qu'ils ſeroient alors cenſés occupés pour les
affaires mêmes du chapitre.

Les papes ont autrefois accordé aux Chanoines
de pluſieurs égliſes de France, entre autres à
ceux de la ſainte Chapelle de Paris, le privilège
de poſſéder en même-temps des canonicats en
différentes égliſes & d'y être tenus préſens ſans
réſider. Mais ce relâchement de la diſcipline à
depuis long-temps été reformé en France : les
Chanoines des égliſes qui avoient obtenu ces pri=
viléges abuſifs ne ſeroient pas reçus à en recla=
mer l'exécution.

Outre les décrets des conciles, les ordonnances
édits & déclarations cités dans cet article, ainſi
que les arrêts, voyez Rebuffe, *in praxi* ; Chopin,
de polit. ſac. Fevret, *traité de l'abus livre 3* ; *me-*
moires du clergé, tome 2, 3, 6, 7 ; recueil de ju-
riſprudence canonique ; lois eccleſ. 2 parties, Van-
Eſpen juriſ. eccleſ. univ. part. e premiere, tit. 7. Voyez
auſſi les articles BÉNÉFICE , CHAPITRE, DI=

GNITÉS, MAISONS CANONIALES, PRIVILÈGE
PRÉSÉANCE, RÉPARATIONS, RÉSIDENCE, &c
(*Cet article eſt de M. l'abbé* REMY , *avocat a*
parlement).

CHANOINES RÉGULIERS. Ce ſont des re
ligieux qui forment des chapitres à peu près com
me les Chanoines ſéculiers , avec cette diffé
rence qu'ils vivent en commun & ſous l'obſer
vance d'une règle particulière.

Saint Auguſtin eſt regardé comme le père &
le fondateur de la plupart des Chanoines régu
liers. Lorſque ce ſaint docteur fut fait évêque
il fit de ſa maiſon épiſcopale une communauté
de clercs qui deſſervoient ſon égliſe. Il leur fit
obſerver la vie commune que les premiers chré
tiens avoient pratiquée : aucun d'eux ne pouvoit
avoir rien en propre. Dans la ſuite la plupart
des évêques firent auſſi vivre leurs clercs en com
mun , dans l'exacte obſervance des canons ;
c'eſt délà que ces clercs tirent leur nom de
Chanoines , nom que les grecs donnoient indif
féremment alors aux eccléſiaſtiques , aux moi
nes , aux religieux & même aux vierges con
ſacrées à Dieu. Car ſous le nom de *Chanoines*
ou de *chanoineſſes* , ils entendoient des perſonnes
inſcrites dans le canon ou dans le catalogue de
la communauté (*).

(*) Nous croyons fort inutile de mettre en queſtion
les Chanoines reguliers doivent être compris ſous le nom
de *moines* dans le ſens que ce mot eſt aujourd'hui reçu :
une ſemblable queſtion agitée du tems du père Mabillon
entre les Chanoines réguliers & les bénédictins de la pro
vince de Bourgogne , lors de l'aſſemblée des états , par
une controverſe auſſi ridicule que déplacée. Les génove
fins qui compoſent la congrégation dite de France , &
croient ſeuls les vrais ſucceſſeurs de ces premiers clercs qu

Ce fut vers le douzième siècle que ces Chanoines furent appelés *Chanoines de faint Auguftin*, pour les diftinguer de ceux du temps de Louis le débonnaire, pour lefquels ce prince pieux avoit fait compofer par le diacre Amalarius, une règle qui fut approuvée l'an 816, au concile d'Aix la Chapelle. Mais dans la fuite furtout dans l'occident, ces Chanoines fe relâcherent à un point étonnant ; faint Pierre d'Amiens pour rémedier aux défordres auxquels ils s'étoient livrés, implora l'autorité du pape Nicolas I. Ce pontife affembla à Rome l'an 1059, un concile de 113 évêques, où après avoir condamné la fimonie & le concubinage, il ordonna que les clercs logeroient & vivroient enfemble, & qu'ils mettroient en commun ce qu'ils recevoient de l'églife pour mieux imiter la vie commune des apôtres qui n'avoient rien en propre.

La même chofe fut ordonnée dans un autre

---

 amerent la vie commune du tems de faint Auguftin, & nuls dignes du titre de Chanoines réguliers ; en conféquence le père de Hautecourt écrivant fur cette queftion contre les bénédictins, s'exprimoit en ces termes : *il s'agit de favoir qui doit avoir la préférence ou de la cathédrale d'Hyppone ou de l'abbaye du Mont-Caffin, ou le furplis & le froc, ou le bonnet quarré ou le capuchon, &c.* Mais le père Mabillon fi connu par fes favans écrits, lui fit voir que le droit d'aîneffe étoit pour les bénédictins ; que le froc & le capuchon étoient fans contredit plus anciens que la chape & le furplis dont on n'avoit point oui parler avant le dixieme fiecle, &c. Tout ce que nous pouvons obferver à ce fujet, c'est que les Chanoines réguliers étant quelquefois appelés à des fonctions qui appartiennent au gouvernement des ames, peuvent mériter à cet égard une certaine diftinction fur les autres religieux dont le vœu principal eft la folitude & l'oraifon.

concile tenu par Alexandre II en 1063. Il fall
pour recommander cette vie commune remo
ter à l'inftitution de faint Auguftin ; mais
que l'on en difoit n'étoit pas regardé comm
une vérité par tous les Chanoines. Il y en e
un grand nombre qui ne voulurent point accéd
à cette vie commune ; c'eft ce qui fit q
quelques Chanoines de l'églife d'Avignon q
vouloient abfolument l'embraffer , formere
dans ce temps-là la congrégation de faint Ru

Les Chanoines réguliers ne commencerent
faire des vœux folemnels que dans le douzi
me fiècle. La règle de faint Auguftin fut cel
qu'ils adoptèrent. Elle fe communiqua peu à p
à différentes maifons de l'ordre jufqu'à In
çent II qui dans le concile de Latran tenu l'
1139 ordonna que tous les Chanoines réguli
fe foumettroient à cette règle.

Voici une notice des principales congrég
tions de Chanoines réguliers qui font connu
en France.

Congrégation de faint Jean de Latran.

Le pape Eugene IV , mécontent des mœu
des Chanoines féculiers qui occupoient à Rom
la bafilique de faint Jean de Latran fa premiè
églife , puifqu'elle étoit dans ce temps-là l'égl
cathédrale , chercha en 1442 à leur fubftitu
des Chanoines réguliers qu'il tira de la congr
gation de fainte Marie de Frifonaire. Une cab
formée par la maifon des Colonnes s'oppofa d'
bord à l'exécution de ce deffein ; mais les efpr
s'étant pacificiés , le pape fit venir un certa
nombre de ces Chanoines qu'il logea dans l
palais contigu à cette églife. Les Chanoin

féculiers qui la deffervoient voyant quel étoit le projet du pape, profitèrent de la folemnité d'un jour de la fête du faint Sacrement pour déconcerter fon entreprife ; ils ameutèrent la populace contre les Chanoines réguliers, les allèrent furprendre chez eux, & leur firent toutes fortes d'outrages.

Le pape fit venir d'autres religieux de la même congrégation ; mais les Chanoines féculiers de leur côté continuèrent à cabaler ; ils firent entendre au peuple qu'on vouloit mettre à leur place des étrangers qui n'avoient d'autre deffein que d'emporter les têtes des faints apôtres que l'on conferve dans cette églife.

La crainte des fuites d'une émotion populaire fit prendre au pape toutes les précautions que les circonftances pouvoient exiger. Il y eut un confiftoire de cardinaux : deux de ces prélats furent nommés pour vérifier la néceffité du changement, & cette vérification ne fut nullement à l'avantage de Chanoines féculiers, qui convaincus de leurs défordres donnèrent eux mêmes volontairement la démiffion de leurs bénéfices. En conféquence le pape leur fubftitua les Chanoines réguliers en 1445, & voulut que les autres membres de la congrégation de fainte Marie de Frifonnaire portaffent tous le titre de Chanoines de faint Jean de Latran.

Après la mort du pape, les Chanoines féculiers regrettant leurs bénéfices, cherchèrent à les reprendre par voie de fait. Nicolas V fe vit comme forcé de les remettre en poffeffion de leur églife : cependant il ne le fit qu'à condition qu'ils ne fe mêleroient point des affaires des réguliers & n'affifteroient point au chœur avec

S iv

eux. La bonne intelligence ne put point s'établir entre ces deux espèces de Chanoines ; & le pape fut obligé de donner d'autres bénéfices aux séculiers.

Quand Nicolas fut mort, son successeur Calixte III voulant s'attirer l'amitié des romains, renvoya les réguliers dans leurs monastères & rétablit les Chanoines séculiers. Après tant de révolutions, les réguliers ne devoient plus penser à rentrer en possession de l'église de saint Jean de Latran. Cependant lorsque Paul II qui avoit été l'un des deux cardinaux chargés de vérifier les imputations que l'on faisoit aux Chanoines séculiers, fut sur la chaire de saint Pierre, il se rappela tous les désordres dont ces Chanoines étoient coupables ; & ne voulant pas les tolérer dans son église il y introduisit de nouveaux Chanoines réguliers, de la même congrégation ; mais à peine ce souverain pontife fut-il décédé, que les Chanoines séculiers entrèrent par force chez les réguliers avec un grand nombre de gens armés ; pillèrent leurs meubles, leurs papiers, & les chassèrent pour la dernière fois.

Sixte IV successeur de Paul n'osa point rétablir ces réguliers dans son église, mais il leur conserva par une bulle le titre de Chanoines, & leur fit bâtir au milieu de Rome une autre église sous le nom de *Notre Dame de la Paix* (*).

_____

(*) Cette église est présentement un titre de cardinal. Alexandre VII l'ayant fait réparer sous son pontificat, fit mettre son portrait sur un des côtés de la façade avec ce verset du pseaume 71 : *Orietur in diebus ejus justitia & abundantia pacis* : mais comme ce pape ne manquoit pas

Les Chanoines féculiers ont toujours été depuis ce temps-là paifibles poffeffeurs de la bafilique de faint Jean de Latran. Elle eft depuis plufieurs fiècles fous la protection des rois de France. Henri IV donna aux Chanoines de cette églife l'abbaye de Clerac en Languedoc ; auffi en reconnoiffance de ce bienfait, ils lui ont érigé une magnifique ftatue de bronze fous le portique de cette églife ; & tous les ans le 13 décembre, ils font chanter une meffe en grande mufique pour le roi & le royaume de France, à laquelle font invités l'ambaffadeur, les cardinaux & les prélats.

Les religieux de faint Jean de Latran font vœu de ne recevoir aucun bénéfice fans la permiffion du chapitre général. Leur habillement dans la maifon confifte en une foutane de ferge blanche avec un rochet pardeffus fort pliffé & un bonnet carré. Ils ajoutent un furplis au rochet fans aumuffe lorfqu'il vont au chœur ; & quand ils fortent, ils mettent un manteau noir comme les eccléfiaftiques.

Congrégation de faint Ruf.

Les Chanoines de l'églife d'Avignon ne voulant point, comme nous l'avons dit, embraffer d'un commun accord la vie régulière qu'on leur propofoit, quelques-uns d'entr'eux fe retirèrent dans une petite églife dédiée à faint Ruf. Leur vie exemplaire leur attira un grand nombre de compagnons ; & leur demeure de

---

d'ennemis, on fit parler Pafquin, & en changeant deux lettres, on lifoit : *Morietur in diebus ejus juftitia & abundantia panis.*

petite qu'elle étoit , devint en peu de temps un monastère considérable. Les Albigeois dans leurs incursions contre les catholiques en 1210, ayant détruit ce monastère , les religieux se retirèrent à Valence en Dauphiné & y formerent un nouvel établissement dans l'Isle d'Eparvière qui en est voisine. Cet établissement fut ruiné en 1560 par les guerres civiles , ce qui obligea les religieux de transporter le chef lieu de leur ordre dans un prieuré qu'ils avoient dans l'enceinte de la ville de Valence , & Henri IV approuva cette translation.

, Leur congrégation prit beaucoup d'accroissement en France ; elle s'étendit dans l'Espagne & l'Italie. Ces Chanoines sont vêtus de serge blanche avec une ceinture noire & une bande de linge en écharpe. Lorsqu'ils sortent ils ont un manteau noir comme les ecclésiastiques séculiers.

Congrégation du Mont saint-Eloi d'Arras, & de saint Aubert de Cambrai.

Le Mont Saint-Eloi est une fameuse abbaye située près d'Arras. Elle doit son origine à un oratoire dédié dans cet endroit à saint Eloi ; où à douze personnes y faisoient leur séjour comme des hermites. Fulbert évêque de Cambrai fit bâtir une nouvelle église à l'honneur de saint Pierre & de saint Paul , & mit à la place des hermites huit Chanoines séculiers qui demeurerent dans cette église jusqu'en 1066 ou environ, que saint Lietbert son successeur voyant qu'ils s'acquittoient mal de leur devoir les fit sortir, & leur substitua des Chanoines qui vivoient en commun. Il donna à ces Chanoines un certain

Jean pour premier abbé : cet abbé gouverna l'abbaye pendant 40 ans. Richard de Saſſy l'un de ſes
ſucceſſeurs fit conſtruire en 1219 l'égliſe dans
l'état qu'on la voit préſentement.

Les conſtitutions de ces Chanoines furent
adoptées par pluſieurs autres communautés de
Chanoines réguliers des pays-bas ; & en France
par ceux de ſaint Jean-des-jumeaux. Ces religieux ſont habillés de violet avec un rochet par
deſſus.

Saint Lietbert mit auſſi des Chanoines vivant
en commun dans l'abbaye de ſaint Aubert à Cambrai, & leur donna Bernard pour premier abbé.
Il fut arrêté dans ce temps-là que les ſucceſſeurs
de cet abbé ſeroient tirés du corps du chapitre.
Il y a apparence que ces Chanoines eurent les
mêmes conſtitutions que ceux de ſaint Eloi,
puiſqu'ils eurent le même fondateur, & qu'ils
furent pareillement habillés de violet.

Congrégation de ſaint Maurice d'Agaune.

Agaune eſt le nom d'un bourg du Vallais,
diocèſe de Sion en Suiſſe, où eſt une celebre
abbaye fondée ou du moins réparée par Sigiſmond roi de Bourgogne. C'eſt dans cette abbaye
que repoſe le corps de ſaint Maurice & ceux de
ſes compagnons.

Le premier abbé de ce monaſtère fut Himne-
mond que Sigiſmond fit venir du monaſtère de
Grave. Ce prince voulut que les religieux de
cette abbaye chantaſſent nuit & jour les louan-
ges du ſeigneur. Ils étoient diviſés en neuf
bandes pour ſe ſuccéder les uns aux autres :
c'eſt ce qu'on a appellé en latin *laus peren-
nis*. Pluſieurs autres monaſtères d'hommes &

de filles cherchèrent à imiter celui d'Agaune :
tels furent parmi les monastères des hommes
ceux de saint Bénigne de Dijon, de saint Denis
en France, de saint Martin de Tours, de saint
Riquier de Luxeuil & quelques autres ; &
parmi ceux des filles, les monastères de Remiremont & de saint Jean de Laon.

L'abbaye d'Agaune qui avoit une règle particulière, embraffa dans la fuite celle de faint
Benoît. Mais les religieux qui la compofoient
ayant été chaffés de ce monaftère en 824 par
Louis le débonnaire, on leur fubftitua des Chanoines féculiers. Le défordre fut une fuite de ce
changement. L'office divin ne fe fit plus comme
dans les premiers temps. On fut obligé d'y
mettre des Chanoines réguliers. Ces Chanoines
fe firent une telle réputation qu'on en defira
par-tout ; au moyen de quoi ils parvinrent à
former une congrégation dont l'abbaye de faint
Maurice fut le chef-lieu. Ils portoient un camail
rouge fur le rochet : Guillaume comte de Pon-
thieu, leur affigna en 1210 treize livres par an
fut la halle d'Abbeville pour leur acheter vingt
aunes d'écarlate.

Saint Louis ayant defiré d'établir de ces
Chanoines dans différens endroits de fon royaume, demanda des reliques de faint Maurice &
des martirs de fa légion ; il les fit porter dans
la ville de Senlis pour les dépofer dans l'églife
ou la chapelle qu'il vouloit fonder proche de
fon château ; & de crainte qu'il ne furvînt quelque different entre lui & l'évêque de Senlis,
touchant l'inftitution des Chanoines qu'il avoit
en vue, il fut convenu que ces Chanoines ob-
ferveroient l'ufage & les cérémonies de l'églife

de Paris ; que ces Chanoines pourroient du confentement du roi , recevoir des fujets fans en demander la permiffion à l'évêque ; qu'après la mort de leur prieur , ils en pourroient élire un autre de leur maifon ou d'une autre maifon de leur ordre ; que l'évêque de Senlis & fes fucceffeurs y pourroient prêcher , confirmer , donner les ordres & y faire l'office divin , en affurant le prieur par un acte , de n'entendre donner aucune atteinte aux priviléges de cette églife ; que l'évêque n'y pourroit faire la vifite qu'une fois l'an du confentement du roi ; que s'il y avoit quelque chofe à corriger , il en aver-tiroit le prieur ; & que fi la correction regardoit celui-ci l'abbé en feroit prévenu.

Saint Louis fit bâtir en 1264 à Senlis , l'églife & le monaftère de faint Maurice & y mit treize Chanoines. Le prieuré de Sémur en Bourgogne , fous le titre de faint Jean l'évangélifte , étoit de l'ordre de faint Maurice.

Congrégation de Saint-Jean-des-Vignes, à Soiffons.

L'abbaye de Saint-Jean-des-Vignes à Soiffons , fut fondée en 1076 par Hugues de Château-Thierry. Ce feigneur voulant reftituer à l'églife beaucoup de biens qu'il avoit ufurpés , alla trouver Thibaud évêque de Soiffons pour les lui remettre , mais ce ne fut qu'à condition que l'églife de Saint-Jean , qu'on appeloit pour lors du Mont , & qui étoit dans la ville de Soiffons , feroit deffervie par des Chanoines vivant en commun , & que les autres églifes avec les biens qui en dépendoient & dont il avoit eu la jouiffance , y feroient unis : le roi approuva ces conditions. Quelque temps après Hugues croyant n'avoir pas affez fatisfait fa confcience , fit don au monaftère de Saint-Jean , de trente arpens de vignes qui étoient aux environs ; d'où eft venu le nom de *Saint-Jean-des-Vignes* que ce monaf- tère a porté jufqu'à préfent.

L'établiffement de ces Chanoines fut agréable à Henri évêque de Soiffons ; & pour leur té- moigner fa fatisfaction , il leur donna une pré- bende dans fon églife cathédrale. Odon fut leur premier. abbé. Son fucceffeur nommé Roger obtint du pape Urbain I I un bref par lequel fa fainteté déclara qu'elle le prenoit & fes Cha- noines fous fa protection. Les conftitutions de l'abbaye furent en même - temps confirmées, ainfi que plufieurs donations qui lui avoient été faites. Hugues , feigneur de la Ferté-Milon, donna à ces Chanoines la chapelle de Saint-Vulgis dans fon château , à condition qu'il y auroit toujours au moins trois Chanoines pour la deffervir. Thibaut , comte de Champagne, leur donna auffi le prieuré d'Ouchi , après en avoir expulfé les Chanoines féculiers qui le pof- fédoient. Buchard , évêque de Meaux , fit auffi fortir d'autres Chanoines féculiers du prieuré de la Ferté-Gaucher, pour le donner à l'abbaye de Saint-Jean-des-Vignes. Cette même abbaye pof- féde deux autres prieurés , qui font Montmirel & la Ferté-fous-Jouare , & plus de trente pa- roiffes.

Le pape Lucius I I I permit par un bref à l'abbé , de mettre trois ou quatre Chanoines pour le moins dans chacune de ces paroiffes. L'abbé fe croyant en droit de les rappeler au cloître quand il jugeroit à propos, en fit revenir quelques-uns. L'évêque de Soissons prétendant que ces religieux étoient responsables envers lui de la conduite des ames dont il les avoit chargés, trouva mauvais que ce rappel se fît sans son consentement. L'évêque & l'abbé firent tous deux le voyage de Rome : Urbain III leur nomma des commissaires qui décidèrent en faveur de l'abbé. Les Chanoines qui de leur côté n'étoient pas contens de cette décision, en appelèrent directement au pape, & le dernier jugement fut qu'on ne pourroit faire sortir les Chanoines de leurs bénéfices ni les rappeler dans le cloître que pour de grands crimes (*). Ce qu'il y a de remarquable dans cette congrégation, c'est que les bénéficiers assistent à l'élection du grand-prieur de l'abbaye qui est aujourd'hui en commende, & qu'ils peuvent être élus; mais leur supériorité ne dure que trois ans, après lesquels ils retournent à leurs bénéfices.

Les Chanoines dont il s'agit ici avoient autrefois la direction d'un collége à Soissons, qui avoit été fondé par Aubert doyen de la cathédrale; mais cette maison fut cédée aux minimes en 1585. Le collége de Beauvais à Paris, a été fondé par le cardinal Jean de Dormans, à condition que l'abbé de Saint-Jean-des-Vignes auroit soin de ce collége & auroit droit d'y nommer des boursiers au nombre de vingt-quatre, parmi lesquels il pourroit y avoir un Chanoine ; qu'il lui seroit libre d'ôter à ces

(*) Mais voyez une déclaration du 22 août 1770 qui a introduit un changement à cet égard. Suivant cette loi le supérieur général peut rappeler au cloître le Chanoine bénéficier, pourvu toutefois que l'évêque diocésain y consente.

bourfiers leur place s'il en étoit mécontent ; en un mot qu'il veilleroit à ce que la fondation fut bien exécutée.

Le premier abbé commendataire de l'abbaye de Saint-Jean-des-Vignes, fut le cardinal Charles de Bourbon nommé par le roi : depuis ce temps là il n'y a point eu d'abbé régulier. La menfe abbatiale fut féparée de la conventuelle en 1566. L'abbé eft le premier Chanoine de l'églife cathédrale de Saint-Gervais de Soiffons, dont l'évêque a toujours été regardé par les membres de l'abbaye comme leur fupérieur.

Cette congrégation n'a point fouffert de réforme étrangère. Le confeil de la maifon eft compofé de quatre anciens, autrement nommé *fénieurs*, qui font élus dans les chapitres généraux. On les prend foit parmi les bénéficiers, foit parmi ceux qui compofent la communauté. Tous les ans à la faint Martin d'hiver, ils fe trouvent à Saint-Jean-des-Vignes pour y recevoir les comptes du procureur, & dans cette affemblée ils remédient aux abus qui peuvent s'être gliffés dans les obfervances de la règle.

Le chapitre général fe tient tous les trois ans vers la fête de la Pentecôte. Quand le temps approche, le grand-prieur envoie un mandement à tous les bénéficiers & vicaires de la campagne pour fe trouver au chapitre le jour indiqué. A l'ouverture de ce chapitre, le grand-prieur commence par propofer les différens fujets de délibérations ; après quoi l'on procéde à l'élection d'un nouveau prieur. La nomination de ce prieur étant faite, on le conduit au palais épifcopal pour avoir la confirmation de l'évêque de Soiffons. Ce prieur eft triennal & fait régulièrement liérement la visite pendant ses trois ans, de tous les bénéfices réguliers qui dépendent de l'abbaye. Il y en a trente-trois dans l'évêché de Soissons, & deux dans celui de Meaux, qui ne peuvent être possédés que par des Chanoines réguliers profès de l'abbaye, & qui ne font point sujets aux indults & aux grades, suivant que l'a jugé un arrêt du grand conseil du 31 décembre 1683.

L'habillement des Chanoines dont nous venons de parler est blanc & ne diffère presque point d'ailleurs de celui des prêtres séculiers, si ce n'est par le rochet que les Chanoines passent sur leur soutane.

Congrégations de Marbach & d'Arouaise.

On se rappelle le schisme qu'occasionnèrent les differends de l'empereur Henri IV avec le pape Grégoire VII. La religion étoit presque éteinte dans l'Alsace, lorsqu'un homme pieux nommé Manegolde de Lutembach, réunit un certain nombre de prêtres qui s'étoient réfugiés dans les bois, & leur fit construire un monastère à Marbach une des villes d'Alsace. Ces prêtres embrassèrent la vie commune des Chanoines réguliers, & Marbach devint le chef-lieu d'une congrégation considérable, mais il ne reste aucun souvenir des monastères qui en dépendoient. Cette congrégation est présentement sur le pied de celle de Saint-Victor de Paris & de quelques autres qui sont désunies & dont il ne subsiste plus que l'abbaye chef-lieu où se soient conservées les anciennes observances de l'ordre, & quelques prieurés qui ne sont plus que de simples cures. L'abbaye de Marbach est dans la même pofition, il lui refte quelques prieurés, & elle eft en poffeffion conjointement avec les Chanoines réguliers de la congrégation de Lorraine, de la cure de Saint-Louis à Strasbourg.

Les religieux de cette abbaye font habillés de noir avec une banderole de lin lorfqu'ils font hors de l'abbaye, mais dans l'abbaye ils ont une foutane blanche avec un rochet par-deffus. Ils portent au chœur une aumuffe noire fur les épaules, attachée par-devant avec un ruban bleu.

Arouaife étoit un lieu proche Bapaume en Artois, où il fe forma en 1097 une abbaye d'où dépendoient vingt-huit monaftères. Du nombre de ces monaftères étoient celui de Hennein-Leitard, à trois lieues de Douai ; celui de Saint-Nicolas, à Tournai ; de Choques & de Mareles, en Artois ; de Saint-Jean, à Valenciennes ; de Saint-Crépin & de Saint-Léger, à Soiffons. Il y a long-temps que cette congrégation ne fubfifte plus.

Congrégation de Saint-Antoine de Viennois.

Nous avons parlé de cette congrégation à l'article ANTONINS.

Congrégation du Saint-Sépulchre.

Après que Godefroi de Bouillon fut proclamé roi de Jérufalem en 1099, il mit des Chanoines dans l'églife patriarchale du Saint-Sépulchre & leur affigna des revenus. Baudouin, fucceffeur de Godefroi, leur fit embraffer la vie commune fous la règle de Saint-Auguftin. Ces Chanoines fe multiplierent beaucoup à la faveur des donations qu'on leur faifoit. Mais quand les Sarrazins

fe furent encore rendus maîtres de la Terre
Sainte fous le règne de Gui de Lufignan, ces
mêmes Chanoines fe virent contraints d'abandonner leurs monaftères pour fe réfugier en Europe. Plufieurs Princes qui avoient été dans la
Paleftine en amenèrent avec eux ; Louis-le-
Jeune roi de France, à fon retour, en mit dans
l'églife de Saint-Samfon d'Orléans. Les comtes
de Flandres en firent de même. Jaxa, gentilhomme Polonnois, leur fonda un monaftère à
Miekou, à huit lieues de Cracovie. Ce monaftère eft devenu le chef d'une congrégation qui
comprend une vingtaine de maifons : elle a un
fupérieur qui fe dit général de tout l'ordre du
Saint-Sépulchre. Ces Chanoines portent une foutane noire, un rochet & la croix patriarchale
du côté gauche.

Quand ces Chanoines eurent quitté la Terre
Sainte, les chevaliers du Saint-Sépulchre leur
fuccédèrent dans ce pays là.

Congrégation de Saint-Victor.

Comme ce que nous avons à dire de cette
congrégation mérite une certaine étendue, nous
en parlerons à l'article VICTORIN.

Congrégation des Prémontrés.

Nous remettons pareillement à parler de
cette congrégation à l'article PRÉMONTRÉ.

Congrégation de Ronceveaux & de Pampelune.

L'hôpital de Ronceveaux, fitué dans la Navarre près des monts Pirénées, a pour fondateur l'empereur Charlemagne. Ce prince y mit
des Chanoines pour en avoir foin ; il voulut

qu'il y eût une maison pour loger un Chanoine de la cathédrale de Pampelune auquel on donneroit l'administration de cet hôpital, & qu'après la mort de ce Chanoine, on en tirât toujours un autre de la même cathédrale pour le remplacer en qualité de prieur des Chanoines hospitaliers.

Cet établissement a pour objet principal de recevoir les pélerins qui vont de France, d'Allemagne & d'Italie à Saint-Jacques, & de recevoir aussi ceux de l'Espagne qui vont à Rome ou dans la Terre Sainte.

Le Prince Dom François de Navarre, qui fut nommé prieur de cet hôpital en 1531, en divisa les revenus en trois portions, du consentement des Chanoines : l'une de ces portions fut pour l'hôpital & pour les réparations, la seconde pour le prieur, & la troisième pour les Chanoines.

Les Chanoines de Pampelune sont réguliers comme ceux de Ronceveaux, tous habillés de la même façon, avec cette différence simplement que ceux-ci portent au côté gauche une F d'étoffe verte que n'ont pas ceux de la cathédrale.

Congrégation de l'ordre du Saint-Esprit de Montpellier.

Cet ordre qui a pour fondateur Guy, fils de Guillaume, seigneur de Montpellier, a commencé par un magnifique hôpital que ce seigneur fit bâtir dans cette ville & auquel il donna le nom du *Saint-Esprit*. Plusieurs personnages également distingués par leur piété & par leur naissance, s'empressèrent de seconder les vues de l'inftituteur en fe confacrant au fervice des pauvres : ils formèrent entr'eux un ordre d'hofpitaliers qu'Innocent III approuva. Ce pape fit venir Guy à Rome pour lui donner la direction de l'hôpital de Sainte-Marie *in Saxia*. Dans la fuite les chefs de ces deux hôpitaux fervis par des nobles & par des chevaliers, fe difputèrent l'honneur de la grande maîtrife : le pape pour terminer leur différend, partagea la fupériorité de cet ordre. Les laïques & même les gens mariés fe crurent en droit de prétendre aux commanderies affectées à cet ordre qui tomboit en décadence : il y a eu à ce fujet plufieurs conteftations & une infinité d'arrêts du confeil. Il a été relevé dans ces derniers temps. Il eft à préfent compofé de Chanoines réguliers de Saint-Auguftin, auxquels les bénéfices & les commanderies de l'ordre font fpécialement attribués.

Il y avoit encore des Chanoines réguliers fous le nom d'affociés de l'ordre du Saint-Efprit ; mais on ne fait ni l'année, ni le lieu de leur établiffement, ni ce qu'ils font devenus.

Congrégation de l'ordre de Sainte-Croix.

L'ordre des religieux de Sainte Croix, autrement dits *croifiers* ou *porte-croix*, doit fon inftitution à Théodore de Celles, iffu des anciens ducs de Bretagne. Ce feigneur fuivit l'empereur Fréderic Barberouffe dans la Terre Sainte ; à fon retour il fut fait Chanoine de l'églife de Liége : il engagea l'évêque à réformer les Chanoines de cette cathédrale & même de toutes les autres églifes du diocèfe. Cette réforme s'effectua, mais elle ne dura pas long-temps. Théodore ne fe rebuta point ; il porta quatre de fes confrères à continuer avec lui la vie commune. Peu de temps après il fut engagé en qualité de miffionnaire dans une croifade contre les Albigeois , & à fon retour il retrouva fes compagnons perfévérant dans le deffein d'abandonner le monde. Il en parla à l'évêque de Liége , qui pour favorifer leur intention, leur donna l'églife de Saint-Thibaud fituée fur une colline , appêlée Clair-Lieu , proche la ville d'Hui.

C'eft-là qu'ils jetèrent les fondemens de l'ordre de Sainte-Croix dont Théodore avoit pris connoiffance dans fon voyage de la Terre Sainte. Il obtint du pape Honorius III la confirmation de fon inftitut qui a fait beaucoup de progrès en France & dans les Pays-Bas. Saint Louis fit venir de ces religieux à Paris , & leur fit bâtir dans fa haute-juftice, rue de la Bretonnerie , une églife & un couvent à l'honneur de l'Exaltation de la Sainte-Croix.

Le pape Jean XXII reçut cet ordre fous la protection du faint fiége en 1318 , défendant expreffément aux ordinaires de prendre connoiffance des affaires qui le concernoient. Il y eut dans la fuite des commiffaires nommés par Léon X & par Clément VIII , pour travailler à la réforme du couvent de Sainte-Croix de la Bretonnerie. Ce fut à cette époque que le général de l'ordre qui s'étend beaucoup dans l'Italie , accorda aux religieux François un provincial de leur nation. Ce général fait ordinairement fa réfidence à Clair-Lieu : il fe fert d'ornemens pontificaux & porte une croix d'or comme le général des trinitaires. Il peut donner à fes religieux les quatre ordres mineurs.

Ces religieux portoient dans le commencement une foutane noire, avec un fcapulaire
gris, & par deffus une grande chape noire avec
un grand capuchon. Leur habillement eft aujourd'hui d'une foutane blanche, & d'un fcapulaire noir, chargé fur la poitrine d'une croix
rouge & blanche. Ils qualifient leur ordre de
canonial, militaire & hofpitalier. Ils ont des maifons de leur congrégation à Namur, Venlo,
Tournai, Bruges, Maftrik, Bois-le-Duc & dans
plufieurs autres endroits des pays-bas ; ils en ont
en France, outre celle de Paris, à Touloufe, à
Caen, au Verger en Anjou, à Bufançois, à Va-
renne en Bourbonnois, à Charny en Picardie, &c.

Congrégation de faint-Côme-lez-Tours.

Les Chanoines réguliers de cet endroit font
du nombre de ceux, qui ayant trouvé la règle
de faint-Benoît trop auftère, l'ont abdiquée
pour fuivre celle de faint-Auguftin. Quoique ces
Chanoines dépendent de ceux de faint-Martin
de Tours qui fe font fécularifés, ils ne laiffent
pas d'être réguliers : ils doivent leur inftitution
à Hervé, tréforier du chapitre de Tours. Ce
religieux voulant mener une vie folitaire, fe
retira au commencement du onzième fiécle,
dans une ifle de la Loire proche de Tours, &
y bâtit une petite églife (*) fous le nom de
faint Côme, avec un petit monaftère.

_____

(*) On prétend que le fameux Bérenger, fi connu par
fes erreurs fur le dogme catholique, y fut enterré. Ronfard,
le prince des poëtes du feizième fiècle, fut prieur com-
mandataire de faint Côme, & fes cendres y repofent dans
un magnifique tombeau.

Les Chanoines de Tours l'ayant obligé de rentrer chez eux, il les pria de donner cette île
avec le monaftère qu'il y avoit bâti, aux moines
de Marmoutiers ; ce que les Chanoines firent,
à condition qu'il y auroit habituellement douze
religieux pour faire l'office. Ces religieux quit-
tèrent la règle de faint-Benoît, & s'érigèrent
en Chanoines réguliers. Mais ils ont toujours dépendu de ceux de Tours, quoique ces derniers
foient aujourd'hui féculiers. Anciennement ils
n'étoient point foumis non plus que ceux-ci,
à la juridiction de l'archevêque de Tours ; mais
ce prélat a droit de vifite à préfent chez les
uns comme chez les autres.

Les Chanoines de faint-Côme font habillés
comme les eccléfiaftiques féculiers ; ils ne diffèrent d'eux à cet égard, que par une bande de
toile blanche de quatre doigts qu'ils mettent fur
leurs manches.

*Congrégation des hofpitaliers de faint-Jacques du
haut-pas, & des pontifs autrement dits faifeurs
de ponts.*

On ne fait pas trop quelle eft l'origine de
ces religieux. Ce qu'il y a de certain, c'eft qu'il
y a eu un ordre de faint-Jacques du Haut-pas,
dont une paroiffe de Paris a retenu le nom. Cet
ordre avoit un hôpital au fauxbourg faint-Jacques. L'évêque de Paris, du confentement du
commandeur de cet hôpital, érigea en 1566,
la chapelle qui en dépendoit, en églife fuccur-
fale pour les paroiffes de faint-Benoît, de faint-
Hypolite & de faint-Médard. En 1572 les Bénédictins de faint-Magloire furent transférés dans
cet hôpital. Ces religieux étant incommodés d'a-

oir une paroiffe dans leur églife, les habitans
n firent bâtir une à côté de ce même hô-
.tal, laquelle a retenu le nom du *Haut-pas*; &
l'hôpital qui portoit ce nom, prit celui de faint-
Magloire dont les reliques furent transférées
avec les Bénédiétins auxquels les prêtres de l'O-
ratoire ont fuccédé.

L'hôpital portoit le nom du Haut-pas, non
à caufe de la fituation du lieu, mais parce qu'il
dépendoit du grand hôpital de faint-Jacques du
Haut-pas de Luques en Italie, aux dépens duquel on entretenoit un paffage fur la rivière
d'Arno, dans l'état de Florence, pour les pélerins qui alloient à Rome.

On conjeéture que les hofpitaliers dont nous
parlons, étoient dans l'origine des frères lais
qui travailloient à fabriquer ou entretenir des
facs fur les rivières, pour faciliter le paffage
les pélerins: ils devinrent dans la fuite des religieux. Il refte des tombes dans l'églife de faint-
Magloire, où l'on voit encore de ces hofpitaliers portant fur leur habillement des marteaux,
dont les uns font en forme de maillet de ton-
nelier, & d'autres en forme de hache avec le
manche pointu.

Cet ordre fut fupprimé en 1459, par le pape
Pie II, mais fa bulle n'eut point d'exécution en
France; il y avoit encore quelques-uns de ces
religieux à l'hôpital de faint-Magloire lorfque
les Bénédiétins y furent transférés. Louis XIV,
en 1672, voulant réunir à l'ordre de faint-
Lazare les biens de plufieurs ordres militaires
& hofpitaliers, il y comprit ceux de faint-Jacques du Haut-pas.

On prétend que les religieux qu'on appeloit

pontifs ou *faiseurs de ponts*, étoient du même ordre que les hospitaliers dont nous venons de parler. Ces *pontifs*, qui ont eu sain-Benezet pour un de leurs chefs, furent les auteurs de la construction des fameux ponts d'Avignon, & du saint - Esprit. L'estime qu'on avoit pour eux leur procura de grandes richesses, & surtout un célèbre hôpital près du pont saint esprit.

Ces richesses leur firent perdre de vue leur premier institut. Nicolas IV, à la prière de Charles VII & de l'évêque d'Avignon, confirma à ces religieux toutes les grâces, tous les biens & tous les privilèges dont ils étoient en possession ; il leur donna l'habit blanc pour les distinguer des autres religieux. Ils passèrent ensuite à l'état séculier, mais ils retinrent leur habit bblanc ; aussi les appelle - t - on *les prêtres blancs*. Ils forment une espèce de collégiale sous la juridiction du prélat diocesain, qui est l'évêque d'Usez. Voilà tout ce qui reste de l'institut des *pontifs* ou des *faiseurs de ponts*.

Congrégation des Mathurins.

Comme cette congration mérite des détails particuliers, nous en parlerons à l'article MATHURIN.

Congrégation de Vindeseim.

Cette congrégation a pris naissance au diocèse d'Utrech. Comme elle n'est point connue en France, nous n'en parlons que pour dire qu'elle a eu pour membre ou suppôt, le c èbre Thomas-à-Kempis, mort en 1471. que plufieurs prétendent être auteur du livre de l'imitation de JESUS-CHRIST, quoique felon d'autres, il n'ait fait que le traduire. Cependant cette congrégation a donné commencement à une autre qui a fleuri en France pendant quelques années, fous le nom de faint Séverin de Château-Landon. Jacques d'Aubuffon de la feuillade ayant été nommé premier abbé commendataire de cette abbaye, située dans le Gâtinois, fit rétablir ce monaftère & y plaça fix Chanoines qu'il fit venir de Vindefeim. Ces Chanoines fe firent une fi bonne réputation que plufieurs autres monaftères fe joignirent à celui de faint-Séverin ; tels furent ceux de faint-Victor de Paris, de faint-Calixte de Ciffoing, de Notre-Dame de Livry, de Chaage, d'Epernai, de la Victoire & de faint-Maurice de Senlis, de faint-Sauveur de Melun, de faint-Achéal d'Amiens, de faint-Samfon d'Orléans, de faint-Martin de Nevers, &c. L'abbaye de Château-Landon fut réunie en 1517, à celle de faint-Victor qui fut jugée plus propre que la première pour la tenue des chapitres ; mais cette réunion ne fubfifta que jufqu'en 1624. La réforme de la congrégation de France fut introduite dans l'abbaye de Château-Landon, aujourd'hui foumife à cette congrégation. Mais Prégence de Monftier, fils du gouverneur du château, étant devenu abbé commendataire de faint-Séverin, embraffa l'héréfie de Calvin, & permit à fes fectaires de tenir leurs affemblées dans cette abbaye qui fut ruinée en 1567 ; Les fucceffeurs de cet abbé apoftat la réparèrent dans la fuite.

Congrégation de France, dite de sainte-Géneviève

Comme cette congrégation mérite d'être particulièrement connue, nous en parlerons à l'article GÉNOVÉFINS, où nous aurons occasion de parler en même tems de plusieurs anciennes congrégations qui y ont été unies.

Congrégation de Chancelade.

Nous avons parlé de cette congrégation à l'article CHANCELADIN.

Congrégation de Notre-Sauveur en Lorraine.

Le zèle que le cardinal de la Rochefoucauld avoit témoigné pour la réforme des Chanoines réguliers en France, excita en 1595 celui du cardinal de Lorraine, légat *à latere* dans le duché de ce nom. Ce prince écrivit à tous les supérieurs de ces religieux pour leur faire part de ses intentions; mais ses lettres ne produisirent point l'effet qu'il en espéroit. Après sa mort, arrivée en 1621, on songea encore à cette même réforme; il y eut un bref de Grégoire XV, pour l'autoriser. Jean de Maillane des Porcelets, évêque de Toul, employa tous ses soins à la faire réussir. Il fut merveilleusement secondé dans cette entreprise par le père Pierre Fourier, Chanoine régulier & curé de Matincourt. Ce religieux parvint à obtenir l'abbaye de saint-Remi de Luneville pour y commencer la réforme, & en attendant qu'elle fût propre à y recevoir de nouveaux religieux, ceux qui se destinoient à l'embrasser, se retirèrent dans celle de sainte-Marie-Majeure de Pont-à-Mousson de l'ordre de Prémontré, com-

ne dans un lieu d'emprunt , & y prirent l'ha-
it de la réforme le 2 février 1623 (*).

Ils allèrent enfuite à Lunéville faire leur no-
iciat. Le père Fourier travailla pendant ce
ems-là à leur donner des conftitutions, leur
propofa l'inftruction gratuite de la jeuneffe &
oulut qu'ils priffent le titre, non *de Saint-*
Sauveur , mais de *Notre-Sauveur ,* pour mon-
rer que JESUS-CHRIST eft tout à nous. Ils
intrèrent peu de tems après à faint - Pierre-
Mont, à Domèvre , à faint-Nicolas près Ver-
un , à Belchamp , à faint - Léon de Toul , à
faint-Nicolas de Pont-à-Mouffon , & au prieuré
de Vivier ; de-forte qu'en quatre années la
réforme fut introduite dans huit maifons. Urbain VIII permit que de la réunion de ces maifons, il fe formât une nouvelle congrégation ,
& qu'elle eût un général. Le père Guinet fut
le premier nommé à cette place, qui paffa
enfuite au père Fourier, malgré toutes les ré-
fiftances de ce dernier à l'accepter. La mémoire
du père Fourier eft en grande vénération à Ma-
incourt , & les habitans en confervent les re-
ques.

Congrégation de Bourgachard , en Normandie.

Bourgachard eft le nom d'un fameux prieuré
clauftral de faint-Lo , où il s'eft introduit des
Chanoines réguliers , fans que les hiftoriens
ayent pu favoir quelles font & l'origine & les
obfervances de ces religieux , qui ont toujours

_____

(*) Cet habit fut une foutane noire chargée d'une banderole de lin de la largeur d'environ cinq doigts dont les
extrémités fe joignent du côté gauche en forme d'écharpe.

affecté de conserver là-deſſus le plus grand ſecret. On ſait ſeulement par des *factums* publié
en 1712 , dans un procès intenté par le prieur
commendataire de Notre-Dame de Beaulieu
contre le père Jean Moulin, Prieur de ſaint
Cyr de Friardel, diocèſe de Liſieux, que ce
religieux voulant établir une réforme dans ſon
prieuré , y introduiſit des ſujets à ſon choix ; que
quelque tems après ces mêmes religieux , connus
ſous le nom de Chanoines, furent appelés dans
l'abbaye d'Yvernaux , proche Brie-Comte-Ro-
bert, diocèſe de Paris , abbaye qui étoit autrefois
une dépendance de l'ancienne congrégation de
ſaint-Victor ; qu'il y eut le 22 ſeptembre 16..
un concordat entre ce père Moulin & le prieur
commendataire de ſaint-Lo de Bourgachard, par
lequel il fut expoſé que le père Moulin avoit
déja donné des marques de ſa capacité , par le
rétabliſſement des deux communautés de Friardel & d'Yvernaux , & convenu qu'il entreroit
dans le prieuré de Bourgachard à perpétuité
pour y faire revivre les exercices réguliers &
y compoſer une communauté de Chanoines.
　Il paroît qu'effectivement ce concordat eut
ſon exécution , & que la réforme pénétra dans
l'abbaye de Notre-Dame du Vœu près de Cher-
bourg, dans les prieurés de Sauſſeuſe , de ſaint
Laurent de Lyon , & dans quelques autres Monaſtères. Mais en 1699, l'abbé de ſainte-Geneviève informé que le père Moulin, s'érigea
en réformateur, s'étoit emparé de pluſieurs maiſons dont il avoit changé la pratique, les con-
titutions & l'habit, qu'il étoit encore ſur le
point de s'introduire dans l'abbaye de Vaes,
diocèſe du Mans , pour laquelle il avoit traité

avec l'abbé commendataire, fit affigner au confeil ce père Moulin, pour rapporter ce traité, & les autres titres en vertu defquels il fe prétendoit fupérieur d'une congrégation particulière, ainfi que ceux à la faveur defquels il avoit uni les prieurés & les abbayes dont nous venons de parler à fa prétendue congrégation. Cette affignation arrêta les démarches que faifoit le père Moulin pour s'introduire dans l'abbaye de Vaeft; mais il fe tourna du côté du prieuré de Beaulieu, & fit fi bien, qu'avec le confentement de M. Colbert, archevêque de Rouen, & un arrêt du parlement de Normandie du 14 décembre 1699, il mit fes Chanoines en poffeffion de ce prieuré; mais en 1712, le prieur commendataire mécontent d'eux, les en fit fortir fous prétexte qu'ils y étoient entrés fans lettres-patentes du roi. L'évêque d'Evreux les fit fortir du prieuré de Liéra, fous le même prétexte.

Voyez *la vie de faint-Auguftin, le dixième volume de fes œuvres, données par les pères Bénédictins; les mémoires de Tillemont; le livre latin des opufcules de Pierre Damien; la difcipline eccléfiaftique du père Thomaffin; l'hiftoire des Chanoines réguliers, par Penot; les antiquités de Beauvais, par Louvet; le bullaire romain; l'hiftoire de toutes les religions, par Morigia; le catalogue de tous les ordres religieux, par Bonanni; le gallia chriftiana, par fainte-Marthe; la monarchie fainte de Dominique de Jefus; l'hiftoire eccléfiaftique de Fleury; l'hiftoire eccléfiaftique des pays-bas, par Gazet; l'hiftoire d'Occident, par le cardinal de Vitriac; l'hiftoire des ordres religieux, par Scoonebek, par Hermant, par le père*

Héliot ; la relation des voyages de Villamon; les annales de l'ordre de saint-Benoît , par Jean Mabillon ; l'histoire du même ordre , par Bulteau; les antiquités de Paris , par Dubreuil & Malingr; le traité latin des droits des religieux & des monastères , par Chopin ; le monasticon Augustinianum; le chandelier d'or d'Athanase de sainte-Agnès; livre latin des œuvres de Théophile Raynaud ; l'histoire des religieux pontifs , par Mange Agrico; l'histoire de France , par Mezerai ; l'histoire l'université de Paris , par Duboulay ; &c. Voya aussi les articles BÉNÉFICE, RELIGIEUX , &c. (Article de M. DAREAU , avocat, &c.)

CHANOINESSES RÉGULIÈRES. Ce so des religieuses qui font profession de la règle saint-Augustin, & qui portent à peu près le mé habillement que les Chanoines de cet ordre.

On ne sait trop si l'on peut dire que saint Augustin ait été l'instituteur des Chanoinesse comme on croit qu'il l'a été des Chanoines ré guliers. Le père le Large de la congrégation de France , avoue que le nom de Chanoine de Chanoisse dans les premiers tems de l'égli se donnoit indifféremment aux ecclésiastiques aux moines , aux religieuses , aux vierges à tous ceux qui étoient inscrits dans le ca non , c'est-à-dire dans la matricule de communauté ou de l'assemblée ; mais il soutie que depuis le sixiéme siécle il y a eu en O cident des Chanoinesses différentes des autre personnes du sexe qui embrassoient la vie re gieuse. Les preuves qu'il donne de cette asse tion ne sont pas convaincantes, il se fonde sur témoignage d'un moine de l'île de Seking le Rhin , qui écrivoit dans le dixième siéc

& qui ne parloit que par tradition, tandis qu'on fait que les Chanoineſſes n'étoient pas connues au commencement du huitième ſiècle ; car au concile d'Allemagne tenu en 742, il eſt parlé des religieux & des religieuſes, & nullement des Chanoineſſes. Il n'en eſt pas parlé non plus dans le capitulaire que fit Charlemagne a Hériſtal en 779, où il fut pareillement queſtion de la vie eccléſiaſtique & religieuſe. On voit ſeulement qu'au commencement du neuvième ſiècle, l'état religieux avoit beaucoup dégénéré, que pluſieurs moines avoient abandonné la règle de ſaint-Benoît, & que nombre de religieuſes en avoient fait autant ; qu'en conſéquence, le concile de Châlons ſur Saône, tenu l'an 813, ſe crut obligé de preſcrire des règlemens à ces filles qui ſe diſoient Chanoineſſes : *iis ſanctimonialibus quæ ſe canonicas vocant.* Ce qui fait penſer que le concile en ſe ſervant de ces termes, regardoit cette dénomination comme une nouveauté. Au concile de Mayence qui ſe tint peu de tems après, il fut parlé de ces Chanoineſſes d'une manière indirecte : il fut dit que les religieuſes qui ſuivoient la règle de ſaint-Benoît, vivroient régulièrement ; & que celles qui n'en faiſoient pas profeſſion, vivroient canoniquement (*).

Mais quels étoient les chanoines qui dans ce temps-là fuſſent aſſez inſtruits pour leur enſeigner la vie canonique ? Les hommes & les filles avoient également beſoin de leçons : c'eſt

(*) *Quæ verò profeſſionem ſanctæ regulæ Benedicti fecerunt, regulariter vivant ; ſin autem, canonicè vivant pleniter. Can.* 13.,

ce qui fit que l'empereur Louis-le-Débonnaire
fit dreffer des règles pour les uns & pour les
autres afin d'empêcher qu'ils ne s'écartaffent
totalement de la vie religieufe. On leur permit de garder leur bien en propriété, à la charge
de le faire adminiftrer par procuration. On leur
permit en même temps d'avoir des fervantes,
ce qui jufqu'alors n'avoit été accordé à aucune
religieufe. Mais il faut avouer que ce nouveau
genre de vie ne s'introduifit que dans quelques
cantons de l'Allemagne.

Penot dans fon hiftoire des chanoines réguliers, prétend faire remonter l'origine des Chanoineffes au temps de faint-Auguftin, à raifon
des habits blancs qu'elles portent ; & de ce qui
eft dit dans la règle qu'il donna aux religieufes
d'Hyppone, qu'elles laveroient elles - mêmes
leurs habits, ou qu'elles les feroient laver par
des foulons ; mais comme l'obferve très-bien
le père Héliot, l'habit blanc ne fait point la diftinction particulière des Chanoineffes d'avec
les autres religieufes ; car celles qu'on appelloit
Chanoineffes du temps du concile d'Aix la-Cha-
pelle tenu en 816, étoient vêtues de différentes couleurs, & plus communément de noir,
ainfi qu'on le remarque par le canon 10 de ce
concile. D'ailleurs les Bénédictines de faint
Pierre de Rheims, de Montmarte près Paris,
de Saintes, de la Trinité de Caën & d'autres
endroits, ont porté des habits blancs avec des
furplis, jufqu'au commencement du fiécle dernier époque de leur réforme. Les religieufes
de Fontevrault qui ne font point Chanoineffes
font encore habillées de blanc ; ainfi cette couleur ne décide rien fur l'origine des Chano-

neſſes ; il paroît au contraire que ce ne fut que vers le milieu du douzième ſiècle que les Chanoineſſes furent ſoumiſes à la règle de ſaint Auguſtin. Cependant elles ne laiſſerent pas de vivre ſéparément les unes des autres , juſqu'à la tenue du concile de Rheims de l'an 1148 , que le pape Eugène III obligea celles qui vivoient ſous la règle de ſaint Auguſtin de renoncer à toute propriété & d'embraſſer la vie commune : c'eſt à cette époque que ces religieuſes devinrent des Chanoineſſes régulières.

Comme dans le même temps il ſe forma des congrégations de chanoines réguliers qui pour ſe maintenir dans l'obſervace ſe donnèrent des règlemens , il y a apparence que quelques Chanoineſſes les imitèrent en ſe ſoumettant à ces mêmes réglemens: telles furent les Chanoineſſes de Latran ; celles de Vindeſeim dans la Flandre , & nombre d'autres.

Il y a en France des Chanoineſſes qui ne ſont d'aucune congrégation. De ce nombre ſont celles de ſaint Etienne de Rheims ; de Notre-Dame de la Victoire à Picpus près Paris ; de ſainte Périne de la Vilette , & d'autres endroits ; elles ſont habillées de blanc. Il y en a dans le Languedoc & dans la Guienne , pui ſont en noir avec une bande ou banderole de toile blanche de quatre doigts de large , qu'elles mettent en écharpe ou pour mieux dire en bondouillère. Il y a même quelques unes de ces religieuſes , qui portent le ſurplis avec l'aumuſſe. Les religieuſes de l'ordre de Prémontré portent cette aumuſſe dans quelques provinces. Les Chanoineſſes de Chaillot près Paris , la portent auſſi , mais noire , mouchetée de blanc , à la différence des Prémontrées qui la portent blanche, mouchetée de noir.

Voici une notice des principales congrégations des Chanoineffes regulières connues en France.

Chanoineffes de l'ordre du Saint-Sépulchre.

Ces religieufes ne font en France que depuis 1620, que la comteffe de Chaligny, fille du marquis de Mouy, veuve d'un prince de Lorraine, les fit venir du pays de Liége pour les établir à Charleville. Après que les lieux réguliers y furent établis, elle fit profeffion dans cet ordre & y mourut peu de temps après.

En 1635 il fut queftion d'établir une communauté de ces religieufes à Paris; on en fit venir de Charleville & on les mit au fauxbourg Saint-Germain au Pré-aux-Clercs, lieu plus particulièrement connu fous le nom de *Belle-Chaffe*. C'eft de cette communauté que fortirent celles qui firent l'établiffement de la maifon de Luynes. Il en vint d'autres quelque temps après de la Flandres, qui firent un quatrième établiffement en France à Vierzon dans le Berri.

Les conftitutions de ces Chanoineffes furent approuvées en 1631 par le Pape Urbain VIII. Une attention particulière de ces dames eft de garder par-tout l'uniformité dans les couvens de l'ordre. Un nouveau monaftère fondé, eft foumis à la juridiction de la prieure de celui dont il a tiré fon exiftence. Elle y peut changer les religieufes quand bon lui femble, jufqu'à ce qu'il y ait douze religieufes profeffes du nouveau monaftère; & tous entretiennent l'union & la correfpondance entr'eux par lettres, en fe donnant réciproquement avis de tout ce qui peut fe paffer.

Leurs conftitutions leur permettent de recevoir des dames fous le titre de *Données*, mais ces dames doivent avoir un logement féparé des religieufes. Les prieures de l'ordre font perpétuelles, & les autres officières changent tous les cinq ans; mais dans le monaftère de Belle-Chaffe à Paris, la fupérieure n'eft que triennale.

Les cérémonies qui s'obfervent à la vêture & à la profeffion de ces religieufes en France, ne font pas les mêmes que celles qui s'obfervent en Allemagne. En France la poftulante magnifiquement parée, fort feule du cloître pour aller entendre un fermon : elle eft enfuite conduite par le célébrant & fes affiftans aux portes du monaftère où elle eft reçue par les religieufes. Lors de la profeffion elle ne fort point du cloître, mais elle prononce fes vœux à la grille, les mains liées avec une ferviette préparée pour cet effet fur un carreau.

Leur habillement confifte en une robe noire & un furplis de toile fans manches. Sur le côté gauche elles portent une croix double de tafetas cramoifi. Elles ont une ceinture de cuir pendante fur le devant avec cinq clous de cuivre, en mémoire des cinq plaies de Notre-Seigneur. Au chœur & dans les cérémonies, elles mettent un grand manteau noir auquel, outre la croix double, font attachés par-devant deux cordons cramoifis de laine, qui traînent à terre avec cinq nœuds & deux houpes aux extrêmités. Elles portent uncore au quatrième doigt un anneau d'or où eft gravé le nom de Jefus avec la croix double. Les fœurs converfes n'ont que des furplis de toile noire avec des manches un peu

longues & larges & un voile blanc ; elles n'o
ni manteau ni anneau. Les tourrières du deho
doivent aussi porter la croix, mais elles ne fo
que des vœux simples.

Voyez la vie de la marquise de Moui dans l
éloges des dames illustres par Hilarion de Cos
& les constitutions des religieuses du Saint-S
pulchre, imprimées à Charleville en 16
Voyez encore ce qui a été dit de la congré
tion du Saint-Sépulchre à l'article CHANO
RÉGULIER.

Chanoinesses Prémontrées.

Il y avoit autrefois beaucoup de ces r
gieuses en France, mais il n'y en a plus ac
lement. Le dernier de leurs monastères a
celui de Sainte-Marguerite de la Rochelle
est maintenant occupé par des prêtres de l'o
toire ; c'est ce qui fait que nous nous croy
dispensés d'en parler.

Chanoinesses hospitalières.

Le père Moulinet en parlant des religi
de l'Hôtel-Dieu à Paris, a cru que ces r
gieuses & nombre d'autres qui servent dans
hôpitaux, étoient des Chanoinesses, mais i
trompe. Il sera parlé de ces religieuses à l'ar
HOSPITALIÈRES.

Chanoinesses de Notre-Dame.

Cette congrégation est d'une institution a
moderne. Elle a pris naissance en Lorraine
les soins du père Fourier, fondateur des C
noines réguliers de Lorraine dont il a été p
à l'article CHANOINE RÉGULIER.

REGULIÈRES.

Une dame nommée Alix le Clerc, fit part un jour au père Fourier de l'envie qu'elle avoit de former quelque inftitut nouveau. Ce deffein ayant percé dans le public, trois filles vinrent fe joindre a elle pour feconder fa réfolution. Le père Fourier commença par les faire habiter enfemble & leur prefcrivit un certain genre de vie. Les parens de la dame Alix n'approuvoient point, à beaucoup près, ces idées de nouvel établiffement. Pour la détourner de fes projets, ils la firent conduire dans un couvent de fœurs grifes du tiers ordre de faint François ; mais elle employa le crédit qu'elle avoit auprès de quelques Chanoineffes de Pouffey à qui elle avoit communiqué fon deffein : ces dames prièrent fes parens de la leur accorder, ce qu'elles obtinrent. En conféquence Alix le Clerc & fes compagnes allèrent à Pouffey, & ce fut dans cet endroit qu'elles jetèrent l'an 1597, les fondemens de leur congrégation.

Elles ne reftèrent auprès des Chanoineffes qu'un an. La dame d'Afpremont, l'une de ces Chanoineffes, leur acheta une maifon à Mataincourt & fe déclara leur proteétrice. Mais elles ne reftèrent pas long-temps dans cet endroit : leur logement étant trop petit fans que les habitans dont elles enfeignoient gratuitement la jeuneffe vouluffent contribuer à l'agrandir, la dame d'Afpremont les envoya à Saint-Mihiel dans une belle & vafte maifon qu'elle leur donna. Elles en prirent poffeffion le 7 mars 1601.

Les réglemens provifionnels que le père Fourier leur avoit donnés, furent approuvés du cardinal de Lorraine légat du pape. Leur con-

V iv

grégation fut érigée fous le titre de *Notre-Dame*
& elles obtinrent des bulles de cette érection e
1603.

Quand l'établissement à Saint-Mihiel fu
assuré, l'une des compagnes de la sœur Ali
fut appelée à Nancy pour en former un sen
blable : il s'en forma d'autres successivement
Verdun, à Pont-à-Mousson, à Châlons, &c.

Jusques-là on n'avoit point eu encore la pe
mission de faire des vœux solemnels, à cau
de la difficulté de concilier l'instruction des pe
tites filles externes avec la clôture religieuse
mais le cardinal de Lenoncourt primat de Nar
cy, s'intéressa pour elles & leur obtint deu
bulles de Paul V ; l'une du premier févri
1615 pour les trois vœux en religion ; & l'aut
du 6 octobre 1616, pour leur permettre l'in
truction des petites filles externes. Leur pre
mier monastère de clôture fut celui de Nancy.

Le père Fourier songea alors à leur donne
des constitutions telles qu'il les falloit à d
vraies religieuses. On présenta ces constitution
à l'évêque de Toul qui avoit pouvoir du pap
pour les confirmer, & le prélat y donna sc
approbation le 9 mars 1617. En conséquenc
la mère Alix & ses compagnes firent leurs vœu
entre les mains du père Fourier le 2 décembr
1618.

Les monastères de cet ordre se sont depuis
beaucoup multipliés en France, en Allemagn
& en Savoie. Quelques-uns de ces monastère
reçurent de nouvelles constitutions en 1641,
les autres demeurèrent dans l'observance de
celles du père Fourier. L'archevêque de Sens
obligea les monastères de Provins & de Joigny

d'Etampes & de Nemours dans son diocèse, de recevoir les nouvelles constitutions ; mais cette différence n'a pas empêché que toutes les maisons ne soient demeurées dans une parfaite union.

L'habillement de ces religieuses est noir. Elles prennent à Paris & dans quelques autres endroits, le titre de *Chanoinesses*, & cela sans doute parce qu'elles tiennent leurs réglemens du père Fourier qui étoit un chanoine de la congrégation de Lorraine. Elles suivent la règle de saint Augustin.

Voyez *le catalogue des ordres religieux par Hermant, & l'histoire de ces mêmes ordres par Schombert & par le père Héliot*, &c. Voyez aussi ce qui a été dit des Chanoinesses séculières. (*Article de M. DAREAU, avocat, &c.*)

CHANOINESSES SÉCULIÈRES. Les Chanoinesses séculières sont parmi nous des demoiselles de qualité qui, au moyen de certaines preuves de noblesse, entrent dans un chapitre & en deviennent membres sans faire vœu perpétuel de pauvreté, d'obéissance ni de chasteté, & sans aucun autre engagement que celui d'observer les statuts du corps où elles sont reçues. Devenues Chanoinesses, ces demoiselles conservent la liberté de se retirer quand elles le jugent à propos, & même de se marier si elles préfèrent le mariage au célibat.

Dans ces sortes de chapitres on distingue ordinairement trois ordres de personnes ; 1°. l'abbesse & les dignitaires, ou les supérieures & les officières qui dans la plupart de ces établissemens, font vœu de chasteté perpétuelle ; 2°. les Chanoinesses prébendées qui avec l'ab-

besse & les dignitaires, composent le corps d
chapitre ; 3°. les Chanoinesses non prébendées
mais simplement reçues, que l'on nomme coa
jutrices ou nièces, & qui jouissent en cet
qualité des honneurs & prérogatives du corp

Les devoirs des Chanoinesses se réduisent
chanter l'office de la Vierge à l'instar des cha
noines ; occupation qui n'a rien de pénible qu
sa trop grande uniformité.

Le père Mabillon en plusieurs endroits de s
ouvrages, & notamment dans sa préface sur
second siècle des Bénédictins, assure & prou
que la plupart de nos chapitres de Chanoiness
étoient originairement des monastères de sim
ples Bénédictines ; que vers le neuvième siècl
époque mémorable de ténèbres & de licence
ces religieuses rompirent les liens de la mo
nasticité & passèrent d'abord à l'état de Cha
noinesses régulières, ensuite à l'état de Cha
noinesses séculières. On trouve effectiveme
ce nom employé pour la première fois dans
chapitre 52 d'un concile tenu à Châlon en 813.

Par la règle faite pour elles, quelques anné
après, dans un concile d'Aix-la-Chapelle,
paroît que les Chanoinesses étoient encore ré
gulières, & même que plusieurs d'entre elle
n'étoient point nobles. Cette règle recommand
le vœu de continence auquel elles sont su
posées assujeties ; la même règle leur prescr
d'avoir un dortoir & un réfectoire communs
& défend aux Chanoinesses qui sont nobles d
s'en prévaloir envers celles qui ne le sont poin

La régularité & la vie commune cessèren
parmi elles en même-temps & de la mêm
manière qu'elles avoient cessé parmi les cha

noines. Le cardinal de Vitry, témoin oculaire de ces révolutions, en parle avec douleur dans son histoire d'occident, chapitre 5. L'église n'influa point dans ces innovations ; elles se firent les unes à son insçu, les autres malgré elle. Les souverains pontifes, au milieu de la barbarie universelle, ne pouvoient s'opposer au torrent des abus qui ravagèrent pour ainsi dire le monde chrétien depuis le neuvième jusqu'au quinzième siècle. Le pape Boniface VIII, en comprenant les chapitres des Chanoinesses dans les règlemens relatifs aux élections, déclare en termes formels qu'il n'entend point par sa constitution, *approuver l'état, l'ordre & la règle des Chanoinesses*. Clause que la plupart de ses successeurs ont renouvelée dans les bulles où il a été question de Chanoinesses.

Malgré les plaintes & les désaveux, le temps a changé les opinions sur ce point comme sur une infinité d'autres ; ces espèces de chapitres subsistent, & sont regardés aujourd'hui comme des établissemens plus utiles & mieux raisonnés que la plupart des autres institutions religieuses. Ce sont des asiles où l'indigénte noblesse peut se réfugier, où elle peut exercer toutes les vertus sociales, & d'où elle peut sortir pour rentrer dans le monde lorsqu'elle est intéressée à le faire.

L'état des Chanoinesses séculières diffère peu de l'état des ecclésiastiques simplement tonsurés qui peuvent comme elles abandonner leurs bénéfices, retourner au monde & se marier quand ils le jugent à propos.

Si l'on voit sans scandale les chevaliers de saint Lazare pourvus de bénéfice, quoique laïcs

& mariés, fi l'on a juftement applaudi au établiffemens faits pour l'éducation des jeune demoifelles de faint Cyr, à l'aide des biens pu rement eccléfiaftiques ; à quel titre pourroit-or défapprouver les chapitres de Chanoineffes peut-être feroit-il à defirer qu'on féculariffât de même la plupart des communautés religieufes ce feroit un moyen de remédier aux abus, er rendant les monaftères auffi utiles à la fociét qu'ils ont pu l'être à la religion.

Les chapitres de Chanoineffes, quoique com pofés de perfonnes laïques qui ne renoncent poin au fiècle ; font cependant confidérés comme de corps eccléfiaftiques ; ils font partie de l'ordr du clergé ; ils jouiffent des mêmes priviléges ils ont les mêmes droits rant pour leurs bien que pour leurs perfonnes. On voit dans un fy node de Cambrai de 1575, que les abbeffes d ces chapitres étoient convoquées aux affemblée générales ; trois procureurs de trois abbeffe foufcrivirent dans le fynode de Cambrai au non de ces abbeffes.

Quoique les Chanoineffes féculières fe difen indépendantes de toute juridiction épifcopale & qu'elles fe regardent comme immédiatemen foumifes au faint fiége, cette prétention ne le mettroit cependant pas à l'abri des entreprife d'un évêque ambitieux ; car le concile de Trente feffion 22, chapitre 8, donne aux évêques l droit de faire des vifites dans les chapitres d Chanoineffes, malgré l'exemption dont elle jouiffent : mais fi quelque chapitre fe trouvoi dans ce cas, il pourroit réclamer l'autorité d Van-Efpen, qui dans fa jurifprudence eccléfiaf tique, obferve que les Chanoineffes étant fou

la protection immédiate des souverains, les évêques doivent être munis d'une permission particulière pour y faire des visites.

Il seroit trop long d'entrer dans le détail des
lois constitutives des différens chapitres de Chanoinesses qui sont en France. Celles de Franche-
Comté diffèrent des Chanoinesses de Flandres ;
celles-ci se croient au-dessus des chapitres qui
se trouvent dans le Hainault, dans l'Alsace &
dans le Brabant ; les quatre chapitres de Lorraine se prétendent égaux entr'eux, & fort supérieurs à tous les autres : les Chanoinesses des
Trois-Evêchés & de la Champagne ont de même
leur gloire ou leur vanité. Comme leurs constitutions intéressent sur-tout la haute noblesse du
royaume, nous allons rendre compte de ce qui
concerne le chapitre de Remiremont, l'un des
plus considérables de tous ceux qui dans l'opinion publique jouissent de la prééminence.

Ce chapitre est composé d'une abbesse, de
plusieurs dignitaires & de simples Chanoinesses,
qui sont ou *prébendées*, ou *niéces*. Les premières
possedent une ou plusieurs prébendes, avec une
ou plusieurs maisons canoniales ; & les secondes,
qui n'ont ni maisons, ni prébendes, participent
seulement aux distributions qui se font chaque
jour au chœur.

Chaque Chanoinesse peut sans permission ni
de l'abbesse, ni du chapitre, quitter son état
pour en embrasser tel autre qui lui plaît. Il suffit
que les dames niéces remercient leurs tantes
par une simple lettre que celles-ci communi-
quent au chapitre ; à l'égard des dames prébendées, elles observent la même formalité envers
l'abbesse & le chapitre.

Pour être Chanoineffe de Remiremont, il fau
des preuves de nobleffe militaire du côté pa
ternel & du côté maternel ; preuves qui do
vent être en nombre égal de part & d'autre
c'eft-à-dire quatre lignes dans la branche de
pères & quatre dans la branche des mères : le
lignes doivent contenir deux cents ans de fili
tion, & pour preuves de ces lignes, on préfent
des teftamens, des contrats de mariage, de
actes de foi & hommage ou autres équivalen
tirés des lieux mêmes où fe font les lignes. L
chapitre ne reçoir que les actes originaux, o
des copies collarionnées & légalifées par l
juges des lieux ; & dans le cas où ces copies
paroîtroient fufpectes, on feroit obligé de r
préfenter les originaux.

Le jour où l'arbre généalogique eft préfent
le chapitre adreffe des lettres circulaires à l'a
beffe & aux Chanoineffes qui fe trouvent ablé
tes ; ces lettres contiennent le nom de la réc
piendaire, fon pays & le blafon des huit ligne
Si les lignes paroiffent régulières, on les reçoi
non en détail, mais toutes enfemble, & feule
ment après un délai de quatre mois du jour o
elles ont été préfentées. Lorfqu'il y a contefi
tion fur les lignes ou fur les titres juftificatif
foit que la conteftation vienne du chapitre o
d'une feule Chanoineffe, alors les oppofant
choififfent chacune un gentilhomme juré à R
miremont. Ils ne doivent ni porter le nom d
la récipiendaire, ni en être parent jufqu'au de
gré iffu de germain. Ces gentilshommes juge
la conteftation en premier & dernier reffor
S'ils ne peuvent s'accorder, ils prennent un a
bitre également gentilhomme, qui termine l

ontestation sous la foi du serment. La décision
est rapportée au chapitre, qui en ordonne l'en-
registrement, après quoi l'abbesse, ou la doyenne, ou la plus ancienne Chanoinesse en l'absence
de ces premières, est obligée de faire l'appré-
hendement ou réception de la demoiselle. Les
dames opposantes ont trois mois pour nommer
les arbitres, & neuf mois pour en obtenir le
jugement.

Outre les gentilshommes dont nous avons
parlé, & qu'on ne réclame que dans les cas extraordinaires, il est de règle de choisir trois
chevaliers pour examiner les preuves de chaque
récipiendaire ; cet examen doit se faire pendant
l'année de la présentation, & les chevaliers *ju-
rent les preuves* sur le livre de l'évangile dans le
chœur de l'église de Remiremont. Dès que les
lignes sont jurées, la dame tante nomme sa
niece au chapitre ; mais elle ne peut l'appréhender que six mois après cette nomination, à
moins qu'elle ne soit dangereusement malade.
Toute Chanoinesse prébendée qui se trouve en
danger de mort, peut nommer une nièce pour
succéder à ses prébendes. Elle doit faire cette
nomination pardevant un notaire ; elle en remet
l'acte entre les mains de telle dame qu'il lui plaît
de choisir ; celle-ci requiert la doyenne ou sa
lieutenante d'assembler le chapitre, ce qu'on est
tenu de faire à l'instant. Là on présente l'acte de
nomination, & tout se fait comme si la dame
tante étoit présente. Il faut cependant que la
dame tante soit à Remiremont, & que les lignes
de la demoiselle soient jurées ; qu'enfin l'appré-
hendement se fasse du vivant ou dans les vingt-
quatre heures après la mort de la tante.

C'eft l'époque de l'apprébendement qui règle
pour toujours le rang des Chanoineffes dans l'é-
glife, dans les proceffions & dans les autres cérémonies publiques.

Ce que nous venons de dire touchant les
preuves de nobleffe a reçu une modification en
1761, de la part de Staniflas, alors duc de Lorraine. Ce prince rendit une déclaration pour les
quatre chapitres de Chanoineffes qui font dans
cette province. Il y parle ainfi : « Voulant por-
» ter nos attentions encore plus loin que nos
» prédéceffeurs, en confirmant les prééminen-
» ces, libertés, prérogatives, exemptions, &
» généralement tous les droits dont nos quatre
» chapitres font en poffeffion, nous avons jugé
» pour la plus grande illuftration devoir encore
» faire remonter les preuves du côté paternel
» au-delà de celles qu'exigent les ftatuts ; & par
» compenfation, diminuer leur rigueur du côté ma-
» ternel ; ce qui préfente pour la nobleffe la plus
» diftinguée, des avantages fenfibles auxquels il
» eft jufte de ne laiffer participer que nos pro-
» propres fujets & ceux du roi très-chrétien.
» A ces caufes, ordonnons qu'à l'avenir dans
» les quatre chapitres de Remiremont, Bouxie-
» res, Epinal & Pouffey, les preuves de no-
» bleffe pour y avoir entrée feront faites de
» huit degrés du côté paternel, au lieu de qua-
» tre, reftreignant celles du côté maternel aux
» mêmes huit dégrés pour la dernière mère feu-
» lement ».

Cette déclaration fut enregiftrée en la cour
fouveraine de Nancy dès la même année & la
même loi reçut une nouvelle authenticité le 2}
avril 1765, par un arrêt du confeil qui enjoignit

à

l'abbesse de Bouxiere de s'y conformer. Il s'agissoit des preuves de mademoiselle de la Tour en Voivre ; son apprébendement avoit été suspendu parce qu'on les exigeoit suivant l'ancien usage. On obligea le chapitre de les recevoir conformément à la nouvelle déclaration : depuis ce temps, les chapitres de Bouxiere, d'Epinal & de Poussey ont obéi sans protestations ni réserves. Le seul chapitre de Remiremont s'est opposé par un acte capitulaire à cette innovation ; & quoique son acte capitulaire ait été biffé de ses registres en vertu d'une lettre de cachet, on n'en a pas moins suivi l'ancien usage, c'est-à-dire qu'on fait d'abord les preuves suivant la déclaration de Janvier 1761 ; & ensuite on ajoute, comme par surabondance, les lignes du côté maternel dont la déclaration dispense. Cette preuve surabondante annonce la résolution où est ce chapitre de solliciter le rétablissement de l'ancien état des choses en ce qui le concerne. S'il réussit, & que la déclaration n'ait plus lieu que pour les trois autres chapitres de Lorraine, alors la ligne de séparation entr'eux & celui de Remiremont sera tracée d'une manière ineffaçable ; & la prééminence de ce dernier sera fondée en titre. Au surplus, cette prééminence est déja en partie décidée par le fait : car dans toutes les occasions où les quatre chapitres se sont trouvés en concurrence, non-seulement celui de Remiremont a obtenu la préséance ; mais les simples Chanoinesses de ce chapitre ont eu le pas sur les dignitaires, & même sur les abbesses de Poussey, de Bouxiere & d'Epinal, lorsqu'elles ont été députées de l'église de Remiremont. Le cas s'est

Tome IX.   X

préfenté dans ces derniers temps fous Staniflas, duc de Lorraine. Les députés des quatre chapitres s'étant rencontrés en même temps à la cour de Luneville, madame de Grammont, fimple Chanoineffe, qui repréfentoit le chapitre de Remiremont, eut le pas fur l'abbeffe d'Epinal & fur les dignitaires des deux autres chapitres. Les richeffes du chapitre de Remiremont contribuent peut-être autant que fon ancienneté à lui conferver une prérogative fi flatteufe : il réunit toutes les efpèces de droits féodaux ; fa jurifdiction s'étend fur plufieurs villes, fur une multitude de villages, fur un quinzième du territoire de la province ; fes revenus forment un capital de plus de cent mille écus. L'abeffe a pour fa menfe trente-fix prébendes ; foixante dix-neuf autres font partagées en vingt & une *compagnies* ; fçavoir, cinq de cinq prébendes, huit de quatre, fix de trois & deux de deux. La dame qui a cinq prébendes a le droit d'apprébender trois nieces ; les deux premières ont chacune deux prébendes. La dame qui a quatre prébendes ne peut avoir que deux nieces, qui partagent par portion égale les revenus de leur tante. La dame qui a trois prébendes peut auffi apprébender deux nieces, dont la première a deux prébendes. La dame qui en a deux ne peut apprébender qu'une niece. Enfin la dame qui n'a qu'une prébende eft privée du droit d'apprébendement.

Lorfqu'une Chanoineffe meurt fans avoir aucune nièce, fes prébendes tombent dans la menfe de l'abbeffe ; mais alors l'abbeffe eft obligée de préfenter au chapitre, de fix mois en fix mois, une demoifelle qui hérite d'une partie des pré-

bendes de la défunte. Ces préfentations fe fuc-
cèdent jufqu'à ce que les prébendes dont l'abbeffe a hérité foient forties de fa menfe.

Immédiatement après fon apprébendement, la
dame niece eft obligée de faire une année de
ftage ou réfidence. Si ce temps eft interrompu
par quelqu'abfence, elle doit recommencer l'année entière.

Après l'année de ftage, les dames nieces ne
font tenues à réfider que le tiers du temps de
leurs abfences, c'eft-à-dire trois mois de réfidence pour neuf mois d'abfence, fix mois pour
dix-huit; mais ce droit a des bornes; il ne peut
s'étendre au-delà de cinq ans d'abfence : pendant
le cours de la fixième année, le chapitre fait à
la Chanoineffe abfente une fommation qu'on affi-
che aux maifons de la dame-tante; & après l'année révolue, la dame-nièce perd fon titre de
Chanoineffe. Si elle reparoît pendant le cours
de cette année, elle eft condamnée à un an de
réfidence continue; fi elle s'abfente de nouveau,
pendant cet intervalle, elle encourt les mêmes
peines, non plus à la fixième année d'abfence,
mais dès la quatrième.

La réfidence des Chanoineffes prébendées eft
plus longue que celle des dames-nièces. Lorfqu'elles jouiffent de plus d'une prébende, il leur
faut fept mois de réfidence pour une abfence de
cinq mois; il leur en faut quatorze pour dix,
vingt-un pour quinze, &c. L'inverfe de cette
règle s'oberve en faveur des dames qui n'ont
qu'une prébende. Lorfqu'une Chanoineffe prébendée s'abfente pendant trois années confécutives, au commencement de la quatrième on
lui fait une fommation de réfider; on renou-

velle cette fommation tous les quatre mois de cette même année, fommation qu'il fuffit d'afficher à fa maifon canoniale ; ce tems écoulé, la dame abfente eft déchue de plein droit de fes prébendes & de fon titre de Chanoineffe; mais fi elle revient pendant la quatrième année, elle eft tenue, pour recouvrer fes revenus, de faire une réfidence de deux années confécutives: faute par elle de remplir cette obligation, fes revenus font faifis du jour de fon abfence ; & dans ce fecond cas elle n'a plus le droit de s'abfenter que trois années ; pendant la dernière on renouvelle les fommations de réfider, après quoi la perte de fes prébendes & de fon titre de chanoineffe eft encourue, *ipfo facto.*

La réfidence pour les dames doyenne & fecrette, eft encore plus rigoureufe ; elle eft de huit mois par année ; elle n'eft que de fept pour les autres dignitaires : quant à l'abbeffe elle ne connoît d'autres lois que les faints canons, relatifs à la réfidence des prélats & autres bénéficiers ; c'eft à-dire qu'elle fait à cet égard ce que bon lui femble ; le Chapitre n'ayant fur elle que les voies de droit ordinaires. Les revenus faifis pour caufe d'abfence, fe diftribent aux Chanoineffes qui affiftent chaque jour aux offices de l'églife.

La dame Doyenne, ou en fon abfence, fa lieutenante ont le droit d'affembler les chapitres tant extraordinaires qu'ordinaires, & en cas d'abfence ou de refus de leur part, ce droit appartient à la dame fecrette, enfuite à la plus ancienne Chanoineffe felon l'ordre du tableau. La dame abbeffe eft convoquée à tous les chapitres, excepté dans le cas où il s'agit de délibérer fur des procès ou d'autres affaires du chapitre contre elle. Lorfqu'elle eft abfente de Remiremont ou quelle eft malade & qu'il s'agit d'affaires de conféquence, on l'attend pendant quinze jours feulement. Toute Chanoineffe a le droit de faire tenir chapitre ; il fuffit qu'elle en requiert la doyenne ou fa lieutenante en leur expliquant fommairement fes motifs.

Outre ce que nous venons de rapporter touchant l'intérieur du chapitre de Remiremont, il eft encore effentiel d'ajouter un mot fur les chanoines de cette églife. Ils font au nombre de dix, & n'ont d'autres fonctions que celles des chapelains ordinaires ; cependant ils ont prétendu faire corps avec les Chanoineffes & former une partie conftituante du chapitre. Cette queftion fut agitée au commencement de ce fiécle. Les chanoines citoient en leur faveur des textes tirés des lettres de Léon X ; de Clement VIII, de Sixte V, de Paul V ; en 1727 Armand Gafton cardinal de Rohan fut délegué par le faint fiége pour terminer ce différent & pour travailler à d'autres objets de reforme dans ce chapitre.

Le cardinal de Rohan débouta les chanoines de leurs prétentions & decida que *ce melange d'hommes & de femmes choqueroit la décence ;* que les droits feigneuriaux de l'églife de Remiremont appartenoient exclufivement à l'abbeffe & aux Chanoineffes : tout ce que les chanoines purent obtenir en cette circonftance, fut qu'ils feroient appelés au chapitre lorfqu'il s'agiroit d'affaires auxquelles ils pourroient avoir qu'elqu'intérêt. Du refte ils font foumis a l'autorité de l'abbeffe & du chapitre. Dans les infractions aux ftatuts tout chanoine eſt juſticiable du chapitre. Après les monitions préliminaires , dont l'abbeſſe ſeule eſt chargée , ſi le coupable perſevère , on lui inſtige des peines pécuniaires , applicables aux pauvres. Si le cas étoit fort grave , alors les chanoines ſeroient appelés en chapitre , & d'a- près leurs avis , on auroit recours à Rome pour demander un commiſſaire apoſtolique qui pût procéder contre l'accuſé par la voie des cenſures, par la privation de ſes prébendes , & autres pei- nes canoniques ; mais pendant qu'on procéde- roit à ces formalités , le chapitre pourroit ren- dre une eſpece de jugement proviſoire ; ce ſeroi de lui interdire toute fonction eccléſiaſtique dans ſon égliſe ſeulement , & d'obliger les autre chanoines à les remplir, en leur aſſignant , tou fois , un honoraire ſur les revenus de l'accuſé

On n'employe pas autant de formalités à l'égard des Chanoineſſes qui ſe trouvent dans le même cas. Celle qui ſeroit convaincue *d'un attachement ou engagement ſuſpect* , ſeroit d'abor déchue de ſa voix active & paſſive au chapitre enſuite miſe en penſion chez une vieille Chanoi neſſe ; ſi elle *avoit péché contre la pudeur* , elle ſeroit decoîffée en plein chœur, & ſes nièces ſuc céderoient à l'inſtant à ſes prébendes ; ou ſi elle n'étoit que nièce, la dame ſa tante pourroit en appréhender un autre. Ces divers jugemens ſe prononcent par l'abbeſſe d'après l'avis des douze plus anciennes du chapitre, parmi leſquelles doi vent ſe trouver la doyenne & la ſecrette , lorſ quelles *n'ont aucun intérêt à l'affaire.*

On demande ſi le droit de joyeux avènement peut avoir lieu à l'égard des chanoines de Remiremont? Si l'on ne conſidère que le nom

bre des prébendes , il eſt inconteſtable qu'un
brevet de joyeux avènement eſt valable pour
Remiremont comme pour la primatiale de Nancy,
ou pour la collégiale de ſaint Diez ; car il y a
onze prébendes & demie attachées aux canonicats de Remiremont, & l'on ſait que le droit de
joyeux avènement a lieu *lorſqu'il y a plus de dix
prébendes.*

Cependant , ſi l'on examine les choſes de plus
près , il ſemble que le prétendu chapitre de cette
égliſe n'eſt pas dans le cas du joyeux avènement.

1°. Parce qu'à Remiremont il n'y a point de
chapitres d'hommes. En effet , des eccléſiaſtiques
qui n'ont point de voix en chapitre , qui n'ont
pas même le droit de ſaſſeoir dans les bas ſtalles
du chœur , & dont toutes les fonctions ſe bor-
nent à dire la meſſe & à adminiſtrer les ſacremens aux Chanoineſſes, de tels eccléſiaſtiques
doivent-ils paſſer pour de véritables chanoines ?
non ſans doute : ce ſont des chapelains decorés,
ou ſi l'on veut des chanoines ſans chapitre : autrement il faudroit dire qu'il y a deux chapitres
à Remiremont, l'un de dames nobles , & l'autre
d'hommes qui peuvent être indifféremment nobles ou roturiers. Au reſte la bulle de Benoît
XIII, où cette queſtion eſt décidée, & les arrêts
du conſeil & de la cour ſouveraine de Nancy
qui ont confirmé & enregiſtré cette bulle , ne
laiſſent aucun doute ſur le véritable état des
prêtres prébendés, des *chapelains prébendés* du chapitre de Remiremont.

2°. Il paroît que le droit de joyeux avènement
ne peut avoir lieu que dans les chapitres où ſe
trouvent des dignités. La déclaration du 18

février 1726 veut que *le droit de joyeux avènement n'ait lieu que fur les dignités & prébendes des collégiales , où il y a plus de dix prébendes outre les dignités.* L'édit de 1629 renferme des difpofitions encore plus favorables. Or il n'y a point de dignités dans le prétendu chapitre de Remiremont : celle d'écolâtre n'eft qu'un fimple office de fecrétaire ou de greffier qui fe donne indifféremment à un chanoine ou a tout autre eccléfiaftique qui n'a pas même le droit d'officier dans l'églife de Remiremont : toutes fes fonctions confiftent à lire les teftamens après la mort des Chanoineffes , à rediger des procès verbaux & à infcrire fur les regiftres du chapitre, tous les actes capitulaires.

3°. On peut ajouter enfin que nos rois ne doivent exèrcer en Lorraine que les droits des anciens ducs de cette province : le traité de ceffion de la Lorraine eft formel fur ce point. Or , quoique les ducs de Lorraine aient joui du droit de joyeux avènement comme les rois de France, jamais il ne l'ont exercé fur Remiremont. Il paroît donc bien vraifemblable qu'un brevet de joyeux avènement accordé fur cette églife ne pourroit être valable , & que les tribunaux ainfi que le chapitre , en le rejetant feroient également fondés & fur le droit & fur le fait.

L'églife de Remiremont jouit de la haute, moyenne & baffe juftice fur foixante-quinze paroiffes. Cinquante-deux de ces feigneuries font partagées entre le fouverain & le chapitre. La ville & la fénéchauffée de Remiremont appartiennent exclufivement au chapitre. Jufqu'en 1702, les officiers ont eu la préféance fur les officiers royaux. Ils fe rendoient tous les ans dans chaque feigneurie, & tenoient les plaids annaux. L'officier du chapitre qui avoit la préféance ordonnoit de *bannir*, c'eft-à-dire de publier *le plaid de par Dieu, de par Saint-Pierre & de par fon alteffe.* Le maire ou juge ordinaire du lieu fe démettoit enfuite de fon office ; l'officier du chapitre en choififfoit un autre entre neuf habitans qu'on lui préfentoit pour rendre la juftice l'année fuivante ; il établiffoit de même les autres officiers ; il connoiffoit en outre avec l'officier du fouverain, de toutes les autres affaires qui fe préfentoient ; lui feul modéroit les amendes, les augmentoit ou les confirmoit ; enfuite on les partageoit entre le prince & le chapitre. Les maires ainfi établis rendoient la juftice en toute matière & même au petit criminel. A l'égard du grand criminel les officiers du prince en connoiffoient feuls, fans doute parce que l'églife *abhorret à fanguine.*

Au commencement de ce fiècle, un arrêt du confeil a ordonné que les officiers du prince auroient déformais la préféance. Le chapitre s'eft foumis avec refpect à une décifion puifée dans les plus faines maximes du droit public ; mais on lui a confervé fes autres droits fans aucune altération.

L'abbeffe & la doyenne ont encore leurs tribunaux où elles jugent les procès en matière civile, *mêmeles caufes d'injures,* non-feulement de toutes les perfonnes attachées au chapitre, mais de tout le ban de la ville. Ces affaires paffent en première inftance au tribunal de la doyenne, enfuite par appel à celui de l'abbeffe. La doyenne doit être affiftée des quatre plus anciennes dames du chapitre & *de deux avocats*

au moins. L'abbeſſe, ou en ſon abſence ſa lieutenante a pour aſſiſtant le grand prevôt ou le
lieutenant Saint-Pierre avec deux avocats au
moins ; les jugemens ſe rendent au nom de
l'abbeſſe & de la doyenne ou de leurs lieutenan-
tes , & quant aux amendes *qui ſe font en la
chambre abbatiale*, elles ſont réglées par le receveur de l'abbaye , qui ſeul a le droit de les
taxer & modérer ainſi qu'il le juge à propos.

Aux jours des rogations & de Saint-Barthe-
lemi, le chapitre fait deux proceſſions ſolemnel-
les ; il ſe rend aux pòrtes des priſons de la ville;
les officiers municipaux ſont obligés de s'y trouver avec les clefs de ces priſons ; ils les préſentent au chapitre qui a le droit d'en tirer tous les
priſonniers, & de leur rendre la liberté, droit
qui lui a été confirmé par un arrêt du conſe
du 28 avril 1694.

L'hôpital de la ville eſt adminiſtré par un directeur nommé par l'abbeſſe & qui n'a de compte
à rendre qu'à elle ſeule , en préſence de la dame
aumônière.

Cette dame aumônière eſt une dignitaire dont
la pricipale fonction conſiſte à fournir du vin &
de l'avoine aux Chanoineſſes & à leurs chanoines.

Pendant les mois de mars, juin, ſeptembre
& décembre, le chapitre a le droit de collation
ſur dix canonicats & ſoixante-quinze cures.
Durant le reſte de l'année , les canonicats ſont
à la nomination du roi, & les cures qui ſont à
la nomination du pape ſe donnent au concours
de l'évêché. Il y a pluſieurs autres cures, chapelles & bénéfices auxquels il eſt en tout temps
nommé par l'abbeſſe ſeule, par certaines digni-

'res, par de simples Chanoinesses, & même ar les chanoines seuls.

Telles sont les lois constitutives & les principaux droits de la collégiale de Remiremont. Il nous reste à examiner la nature des dignités & des autres bénéfices de cette église, examen qui donnera lieu à la discussion de plusieurs faits intéressans pour les chapitres de Chanoinesses en général. Les actes du clergé & le recueil des arrêts d'Augeard nous fourniront les détails & les principes qui servent de base aux deux questions suivantes.

1°. Les prébendes & dignités du chapitre de Remiremont sont-elles de simples offices civils, ou de véritables titrés de bénéfices ?

2°. Si elles sont de véritables bénéfices, la secrèterie qui est une dignité de ce chapitre, est-elle élective dans tous les mois de l'année ? ou est-elle sujette à la huitième règle de chancellerie qui donne au pape le droit de nomination pendant huit mois de l'année ?

La secrèterie du chapitre de Remiremont vaqua le 18 avril 1684 par le décès d'Anne de Malin de Luz, qui l'avoit possédée pendant près de cinquante ans.

Aussitôt après son décès, le chapitre s'assembla pour pourvoir à cette vacance : il fut résolu que le 19 juillet suivant, il feroit procédé à l'élection d'une secrette en la manière accoutumée, & qu'à cet effet, les dames qui étoient alors absentes, seroient averties de s'y trouver.

Dans l'intervalle du temps qui s'écoula depuis le décès d'Anne de Malin jusqu'au jour pris pour l'élection, Christine Ringraff de Salm Chanoinesse, fit ses efforts pour obtenir le suf-

frage des dames qui devoient y affifter ; & dans
la crainte de n'y pouvoir réuffir, elle fe pourvut à Rome, où elle obtint une bulle de provifion de cet office comme ayant vaqué dans u[n]
des mois du pape.

L'abbeffe de Remiremont fa fœur la feconda
dans fes deffeins ; mais comme elle étoit actuellement en procès avec les dames de fon chapitre, elles fe liguèrent contre Chriftine de Salm
& n'eurent même aucun égard à une lettre du
roi, par laquelle fa majefté leur recommandoit
les intérêts de cette dame.

Chriftine de Salm voyant que toutes fes démarches étoient inutiles, réfolut de prévenir l'é-
lection & de fe fervir de la bulle qu'elle avoit
obtenue du pape : c'étoit un mandat *de providendo* adreffé à l'official de Toul ; ainfi elle
lui préfenta le 17 juillet 1684. Elle en obtint des
provifions le même jour ; & le lendemain 18,
elle entra dans l'églife à l'iffue des vêpres, re-
vêtue du grand couvre-chef & des orneme[ns]
ordinaires de la fecrète, & accompagnée d'u[n]
notaire apoftolique, elle prit poffeffion du fpirituel.

Les dames qui lui étoient oppofées allère[nt]
fur le champ trouver Gabrielle-Françoife-Elifa-
beth de Rouxel de Medavi ; elles l'amenère[nt]
dans l'églife, où après l'avoir élue, elles lu[i]
firent prendre poffeffion avec les mêmes cérémonies qui venoient de s'obferver pour Chriftine de Salm, & elles déclarèrent qu'elles ne
reconnoiffoient que la dame de Rouxel pou[r]
leur fecrette.

Le lendemain 19 juillet, jour marqué pou[r]
procéder à l'élection, la doyenne ne laiffa pas

e convoquer le chapitre pour cet effet ; l'abbesse
refusa d'y assister avec ses nièces de prébende ,
au nombre de huit , & huit autres dames de son
parti , & protesta de nullité de tout ce que pourroit faire le chapitre , tant parce que le pape y
avoit pourvu qu'à cause de l'élection qu'elles
avoient faite la veille.

Le chapitre composé de trente dames , n'eut
point d'égard à cette opposition ; il procéda à
l'élection d'une secrette par la voie du scrutin ;
& la dame de Rouxel ayant eu 27 voix , elle
fut de nouveau coîffée du couvre-chef de secrette ; & sur le refus de l'abbesse , elle fut ins-
tallée par la doyenne.

L'abbesse de sa part fit le même jour une pro-
testation contre ce qu'avoit fait le chapitre , &
y joignit une déclaration des seize dames de son
parti , qu'en tant que de besoin, elles élisoient
Christine de Salm.

Dans la suite , les deux pourvues présentèrent
leurs requêtes au parlement de Metz , & obtinrent réspectivement permission de prendre possession du temporel de la secrèterie : sur les oppositions réspectives , la dame de Rouxel fit assigner en complainte la dame de Salm , & le
chapitre intervint pour soutenir son droit d'é-
lection.

La cause portée à l'audience de la grand'chambre , il fut question de savoir si la secrèterie de
Remiremont étoit un véritable titre de bénéfice , & si le pape avoit pu valablement en pourvoir la dame de Salm.

Me. Thorel pour la dame de Rouxel deman-
deresse , établit cinq propositions.

La première que le pape ne pouvoit conférer
que les bénéfices purement ecclésiastiques.

La feconde que la fécrèterie de l'églife de Remiremont n'étoit pas un bénéfice eccléfiaftique.

La troifième, que quand c'en feroit un, le pape n'y auroit aucun droit.

La quatrième, que quand le pape auroit eu le droit de conférer cette dignité il ne l'avoit pu faire valablement en faveur de la dame de Sale

La cinquième, que le dernier état de la fecrè terie étoit favorable à la dame de Rouxel.

On prouvoit la première propofition par quan tité d'autorités, & particulièrement par ce prin cipe inconteftable en droit canon, *collationes non fiunt nifi de beneficio eccléfiaftico.*

Pour prouver la feconde propofition, on di foit, qu'il falloit confidérer la fecrèterie de Re miremont ou par rapport aux perfonnes qui peu vent en difpofer, ou par rapport à elle-même ou par rapport à celles qui peuvent la pofféde

Si on la confidère par rapport à elle-même il eft certain que n'ayant jamais été érigé en titre de Bénéfice, on ne peut lui donner cette qualité, parceque pour faire un bénéfice, *requi ritur fundatio in titulum perpetuum ecléfiaftica diœcefani auctoritate.* Une preuve infaillible que la place dont il s'agit, n'a jamais été érigée en titre de bénéfice, eft qu'elle ne fe trouve poin infcrite fur le pouillé de l'evêché, quoiqu'il foit fait mention du titre de l'abbaye; d'ailleur la fecrèterie eft définie par tous les canoniqu un fimple office; fes fonctions n'ont rien d fpirituel, elles ne confiftent qu'à avoir foin de ornemens de l'églife; & ce foin fe donne ind féremment à toutes fortes de perfonnes, mê mes laïques; enfin, dans les titres de la cau

SÉCULIÈRES. 335

la fecrèterie eft qualifiée un fimple office, & dans uelques-uns un office civil & manuel.

Si on la confidére par rapport aux perfonnes qui en difpofent, ce font les dames de Remiremont; c'eft une maxime conftante, que *beneficium fine canonica inftitutione non poteft poffideri*. L'inftitution canonique ne peut fe donner que par des perfonnes conftituées en dignité eccléfiaftique, & les dames de Remiremont font perfonnes purement laïques & féculieres; elles ne font point de vœux, elles peuvent quitter leur état & fe marier quant il leur plaît; elles puffèdent leur bien en propre; elles en difpofent pas teftament, ou autrement; elles fuccédent à leurs parens; elles poffédent plufieurs prébendes dans le même chapitre fans difpenfe; elles y font reçues même dès leur enfance; enfin elles n'ont aucune règle, ni aucune difcipline qui les diftingue des perfonnes laïques: or chaque dame en particulier étant laïque, elles ne peuvent faire un corps eccléfiaftique, les individus ne changeant point de nature, ni de qualité par leur réunion.

Si l'on confidére la fecrèterie par rapport aux perfonnes qui peuvent la pofféder, on peut encore moins dire qu'elle foit un bénéfice eccléfiaftique; ce font les mêmes dames de Remiremont, qui par leur qualité de laïques font incapables de pofféder aucun bénéfice eccléfiaftique.

Pour foutenir la troifième propofition, on fe fervoit de trois moyens.

Le premier étoit la poffeffion immémoriale où on prétendoit qu'étoit le chapitre de Remiremont, de conférer par élection toutes fes dignités, & tous fes offices.

Le fecond étoit le concordat germanique, qu'on prétendoit devoir plutôt régir l'abbaye de Remiremont, qu'aucune autre règle, parce-qu'en 1448, lorfqu'il fut paffé, cette abbaye étoit de la fouveraineté de l'empire.

Le troifième étoit l'indult de Clement IX, le-quel a mis le roi dans les droits du pape, qui par conféquent ne peut plus les exercer.

On établiffoit la quatrième propofition fur trois raifons d'incapacité qu'on objectoit à la dame de Salm.

La première, qu'elle étoit étrangere, étant née en Weftphalie ; par conféquent incapable de pof-féder des bénéfices en France, n'ayant point obtenu de lettres de naturalité.

La feconde, qu'elle étoit fœur & nièce d prébende de l'abbeffe, quainfi fa voix n'éto: pas à elle, & qu'elle étoit dans la dépendanc de fa fœur.

La troifième, qu'elle avoit brigué la voi pour l'élection ; que par là, outre qu'elle avoi reconnu les droits du chapitre, elle s'étoit rendu indigne d'être élue.

On prétendoit la cinquième propofition infai lible dans le fait & dans le droit.

Dans le fait, on foutenoit que le chapitre d Remiremont avoit élu à la fecrèterie dans tou les temps ; on rapportoit l'élection de la dam de Montereux, de l'année 1495, avec la tran faction paffée entr'elle, & Petronille de Ha raucourt, en préfence du duc de Lorraine, l'élection d'Elifabeth Ringraf de l'année 1587 celle de Charlotte de Martel de l'année 1636 & celle d'Anne de Malin dernière fecrète d la même année.

Dan

Dans le droit, on foutenoit par l'autorité des canoniftes, & par la jurifprudence des arrêts, que le dernier état devoit toujours prévaloir, & avoit toujours fervi de raifon de décider dans les affaires bénéficiales.

Enfin, on difoit pour réponfe à toutes les bulles produites par la dame de Salm, que celle de réfignation & celle de coadjutorerie n'avoient point d'application à l'efpèce préfente ; que celle de Jacqueline Malin n'avoit jamais été exécutée ; que cette dame n'avoit jamais pris poffeffion, qu'en vertu d'une démiffion qui lui avoit été faite de cet office, & non point en vertu de la bulle que la dame de Salm rapportoit.

Par ces raifons, on prétendoit qu'il y avoit lieu de confirmer l'élection de la dame de Rouxel.

Mᵉ. de Viry, pour les dames du chapitre de Remiremont intervenant, fe fervit pour établir leur droit, de tous les moyens allégués par la dame de Rouxel : il dit qu'étant purement laïques, elles poffédoient le droit d'élection, de la meme maniere que les laïques poffédent celui de patronage ; & il employa la faveur des élections, comme la première & la plus fainte voie de pourvoir à la vacance des bénéfices.

Mᵉ. Bourcier pour la dame Chriftine de Salm, défenderefle, foutint au contraire quelle avoit été bien & valablement pourvue par le pape, & que l'élection de la dame de Rouxel n'étoit pas canonique.

Il établit la première de ces deux propofitions générales par quatre propofitions particulières.

1°. Que la fecréterie de Remiremont étoit un véritable bénéfice.

2°. Que l'église de Remiremont se gouvernoit par la huitième règle de chancellerie.

3°. Que la possession & l'usage particulier établissoient le droit du pape.

4°. Que le dernier état du bénéfice ne pouvoi être objecté.

A l'égard de la première proposition, on soutenoit que le chapitre de Remiremont composoit un corps véritablement ecclésiastique ; qu'il avoit été depuis sa fondation, & pendant l'espace de plusieurs siécles un monastère de l'ordre de saint Benoît ; fondation faite tant pour les hommes que pour les filles ; que ce monastère s'étoit sécularisé dans la suite par la licence & le déso dre des temps ; que cette sécularisation tolérée par les papes avoit bien pu changer l'état régulier de cette maison en séculier, mais non pas le fai cesser d'être ecclésiastique, & le réduire au nom bre des établissemens profanes & purement tem porels.

De droit commun, les Chanoinesses de Re miremont sont assujetries aux règles & aux con titutions de l'église, & soumises à la juridiction des supérieurs ecclésiastiques, comme il paroî par un canon du concile de Vienne, & par plu sieurs décisions des papes.

En particulier, l'église de Remiremont joui de tous les privilèges des compagnies ecclésia tiques ; elle exerce le patronage des canonica de Remiremont, des cures & des autres béné fices, comme tous les ecclésiastiques ; les dames ne plaident que devant les juges ecclésiastiques pour les affaires qui regardent l'état & la disci pline de leur église ; elles sont exemptes de la juridiction des évêques par deux bulles de papes ; elles ont été foumifes à des vifiteurs apoftoliques, comme on le voit par les décret de l'évêque d'Adrie, & par une fentence de l'évêque de Tripoly.

Enfin diverfes bulles qui font rapportées, font foi que la fecréterie dont il s'agit, a été donnée par les papes en qualité de bénéfice, & poffédée comme telle l'efpace de fix vingt ans qui font trois prefcriptions canoniques.

D'ailleurs, cette queftion a été folemnellement & contradictoirement jugée par quatre fentences de la rote, & par un arrêt du confeil du roi de l'année 1635.

Pour prouver la feconde propofition, on pretendoit que Remiremont étoit un pays d'obédience ayant toujours été foumis à la domination temporelle des ducs de Lorraine, & fait partie du diocèfe de Toul pour le fpirituel.

Le diocèfe fe régit par la règle huitième : le concordat germanique n'y a jamais été obfervé. La bulle d'extenfion du concordat n'a été donnée que pour le chapitre de Toul feulement ; & le pape jouit de fes huit mois dans tout le diocèfe.

Il eft vrai que le roi exerce la règle huitième dans ce diocèfe, en vertu de l'indult de clément IX ; mais cet indult ne peut comprendre la fecréterie de Remiremont, puifqu'il n'a lieu que dans les pays qui étoient alors fous la domination du roi.

Les prébendes des chanoines de l'églife de Remiremont font foumifes à la règle huitième. La fecréterie eft de même nature puifque c'eft la même fondation, & que les chanoines & Chanoineffes ne faifoient autrefois qu'un même

X ij

chapitre ; ainsi elle ne doit pas moins être sou mise à la même règle.

Enfin Remiremont ne se regissant, ni par le concordat François , ni par aucun concordat particulier , il est d'une conséquence nécessaire qu'il soit régi par la règle huitième.

Pour établir la troisieme proposition , on rap portoit toutes les bulles par lesquelles on croyoir pouvoir justifier que le pape avo pourvu à la secréterie de Remiremont pendant six vingt ans ; on prétendoit même qu'il y en avoit une en cas de mort dans le mois du pape

A l'égard des élections objectées par la dame de Rouxel , on disoit que la première avoit été faite avant le temps de la règle huitième ; la feconde dans une vacance arrivée dans un mois du chapitre ; & la troisième dans le cas de re fignation qui n'est point compris dans cette règle.

Pour la quatrième proposition , par laquelle on prétendoit que le dernier état de la secre terie ne pouvoit être objecté , on disoit que Charlotte de Martel n'avoit jamais accepté son élection , & n'avoit point pris possession ; & qu'Anne de Malin avoit été elue sur une fausse vacance ; d'ailleurs que le dernier état ne pou voit jamais être objecté contre une bulle de pape , qui déroge à toute coutume & à tout indult : outre que la maxime du dernier état étoit contraire aux principes de la jurispru dence canonique, dans l'application qu'on vou loit en faire dans l'espèce présente.

Pour ce qui est des moyens d'incapacité allé gués contre la dame de Salm , on faisoit voir qu'elle n'étoit point étrangère, qu'elle ne s'étoit point fervie de voies illégitimes pour être élue & que les nièces de prébende pouvoient poffé-der des dignités dans Remiremont.

Par la feconde propofition générale , on pré-tendoit que l'élection de la dame de Rouxel étoit nulle , qu'elle avoit été élue une première fois illégitimement fans convocation , & une fe-conde fois après que le chapitre avoit confom-mé fon droit dès la veille , dans un temps où il étoit dévolu au fupérieur , ou aux dames qui n'avoient pas été appelées à la première élec-tion : de forte que celle que firent ces dames , qui étoient au nombre de dix-huit , de la perfonne de la dame Chriftine de Salm , feroit la plus ca-nonique , fi le droit d'élection avoit lieu.

Par ces moyens , on foutenoit que la dame de Salm devoit être maintenue dans l'office de fecrette.

M. de Coberon alors procureur général du parlement de Metz dit qu'il falloit d'abord exa-miner , fi la fecréterie de Remiremont étoit un fimple office civil , manuel & féculier , ou fi c'étoit un titre eccléfiaftique qui contint en foi quelque chofe de fpirituel , & qui tint de la nature du bénéfice ; parceque fi elle étoit pure-ment féculière , il ne feroit pas néceffaire d'en-trer dans la queftion de favoir , fi le chapitre de Remiremont fe gouverne par la règle hui-tieme de Chancellerie ; il feroit certain que le pape n'auroit pu difpofer de cet office , en quel-que temps qu'il eut vaqué , fans paffer les juftes limites du pouvoir légitime qu'il exerce dans l'églife.

Il faut , pour la décifion de cette première

queſtion, rechercher quelle a été l'origine de la ſecréterie de Remiremont, conſidérer la nature de ſes fonctions, & des revenus qui y ſont attachés ; & examiner de quelle manière elle a été conférée depuis près de deux ſiècles.

Si l'on remonte à ſon origine, on trouve que c'étoit un office clauſtral, poſſédé par une religieuſe profeſſe de l'ordre de ſaint Benoît ; que l'abbaye de Remiremont étoit un monaſtère de religieuſes de cet ordre, qui fut bâti au commencement du ſeptième ſiècle par Romaric comte d'Avend, qui depuis a mérité le titre de ſaint, ſur une des montagnes de Voſges, appelée le mont de Rombec ; *conſtruxi ibi monaſterium monialium ordinis ſancti Benedicti*. C'eſt ainſi qu'il parle lui même dans le titre de la fondation qu'il fit de cette abbaye au mois de mars de l'année 620.

Ce titre eſt accompagné de tant d'autres qui qualifient les dames de Remiremont religieuſes de l'ordre de ſaint Benoît, que quand il devroit paſſer pour apocriphe, on ne pourroit douter partout ce qu'on voit d'ailleurs, que la ſecréterie dont il s'agit, n'ait été dans ſon origine un office clauſtral, poſſédé par une religieuſe de ce monaſtère.

Cette maiſon a ſouffert pluſieurs changemens ſur la fin du neuvième ſiècle : elle fut détruite par les Hongrois dans une irruption qu'ils firent en Allemagne. L'empereur Louis IV la fit rebâtir au pied de la montagne où on la voit encore aujourd'hui.

Dans la ſuite des temps, des dames également illuſtres par leur naiſſance & par leur vertu ont rempli les places de ces religieuſes ; elles ont changé la face de ce monastère, & y ont formé un chapitre séculier ; mais comme les places monacales qu'elles remplissent, du nombre desquelles est la secréterie, n'ont jamais été supprimées ni sécularisées, elles ne peuvent avoir changé de nature au point qu'on doive les regarder aujourd'hui comme purement laïques & séculières.

Si l'on considère la qualité des fonctions de la secrette, il est constant qu'elles sont purement ecclésiastiques ; en effet le soin des ornemens de l'église, la décoration des autels, la garde des vases sacrés, & l'inspection sur les personnes préposées à la desserte de la sacristie, ont toujours été considérées par tous les canonistes comme une administration ecclésiastique ; *rerum ecclesiasticarum administrationem.* Plusieurs même ont cru que le soin des choses sacrées étoit la véritable étimologie du nom sacristie. *Sacrista à rerum sacrarum nomine dictus.*

A l'égard des revenus de cet office, on ne peut pas disconvenir qu'ils ne soient de même nature ; ce sont la plupart des dîmes ecclésiastiques que la secrette ne possède qu'à cause des obligations dont elle est chargée, & le chapitre n'a point d'autres biens que ceux qui ont été consacrés à Dieu par l'offrande que saint-Romaric lui en a faite.

Si l'on considère la possession & la manière dont la secréterie a été conférée, on trouve dans une élection faite par le chapitre en 1625 qu'elle y est qualifiée office civil & manuel. Mais cet acte unique ne peut prévaloir sur la possession paisible où est le pape depuis près de deux siècles, d'en pourvoir par résignation comme d'un

véritable bénéfice ; on rapporte plusieurs bulle
qu'il en a accordées depuis l'année 1516, &
qui ont toutes été exécutées ; & nous voyon
trois résignataires, deux obituaires & deux coad
jutrices, qui ont joui paisiblement de cette place
& qui font qualifiées secrettes sur le regiftr
mortuaire du chapitre.

Il est inutile de remarquer que la bulle de l
dame de Salm est presque la seule qui donne à
la secréterie le titre de dignité, & que les au
tres l'ont seulement nommée personat, ou fim
ple office ; il suffit qu'elle soit un office eccléfiaf
tique, & que le titre en ait été conféré par l
pape pendant près de deux siècles, pour être
comprise sous ces termes de la règle huitième
omnia beneficia eccléfiastica qualiter cumque qua
lificata.

Il est vrai qu'elle est conférée par des persom
nès laïques & féculières à des personnes d
même qualité ; mais c'est un ancien abus, & u
relâchement qui s'est gliffé peu à peu dans la di
cipline de ce chapitre ; les papes s'y font oppo
fé de tout leur pouvoir ; ils ont tâché par plu
fieurs règlemens, de remédier à ce désordre ; &
n'ayant pu y parvenir, ils témoignent du moin
combien ils le défaprouvent par cette claufe,
tirée du chapitre *indemnitatibus, de elect. in fexto.*
qu'ils insèrent à la fin de toutes les bulles, qu'il
envoyent au chapitre de Remiremont : *per ho*
autem non intendimus statum dictæ ecclefiæ in ali
quo approbare.

Ainsi l'on ne doit point tirer à conféquence la
manière dont les prébendes de Remiremont fe
confèrent, ni les pactions illicites qui pourroient s'y être gliffées. Les abus que l'on commet

dans la difposition des bénéfices ne les font pas
changer de·nature , & fi ce qui a été une fois
confacré au culte des autels , peut être profané,
il n'en doit pas plus être confidéré comme pro-
fane ; *quidquid femel deo fuerit confecratum ,
fanctum fanctorum erit domino , can. nulli. cauf.*
12. q. 2.

Mais il ne fuffit pas que la fecréterie de
Remiremont foit un titre eccléfiaftique , de la
qualité de ceux dont il eft parlé dans la règle
huitième de la chancellerie , pour conclure que
le pape a le droit d'en difpofer dans fes huit
mois , s'il n'eft certain en même temps , que
cette règle foit une loi générale , qui s'étende
fur les bénéfices eccléfiaftiques de la province
où eft fitué Remiremont , ou que celui dont
il s'agit étoit du nombre de ceux qui y font
foumis.

Il eft néceffaire, avant d'entrer dans cette
difcuffion , de remonter jufqu'à l'origine des
referves apoftoliques , afin de connoître quel
en eft le fondement , & quelle autorité , doit
avoir celle qui fert aujourd'hui de titre à la
bulle obtenue par la dame de Salm.

Il n'y a perfonne, pour peu qu'il ait de connoiffance de l'ancienne difcipline de l'églife ,
qui ne fache que les règles de chancellerie ,
& les autres referves font un droit nouveau ,
introduit par les papes dans les derniers temps ,
& inconnu dans l'églife pendant plufieurs fiècles.
On n'en découvre aucun veftige dans les canons
des anciens conciles , & nous ne voyons point
qu'anciennement on pourvût à la vacance des
bénéfices, autrement que par la voie de l'élection.

Alexandre III fut le premier qui introduifit

l'ufage des referves ; nous ne trouvons da
tout le droit canonique aucun mandat *de provi*
dendo avant celui qu'il adreffa à l'évêque d
Tournay pour pourvoir d'un canonicat de fon
églife un juif nouvellement converti.

Les fucceffeurs de ce pape ont étendu peu
a peu ce nouvel ufage, & les décretales font
remplies fur ce fujet de conftitutions d'Innocent III, de Grégoire IX, d'Innocent IV, & de
Boniface VIII.

D'abord leurs mandats ne contenoient que
des recommandations en faveur de ceux qu'ils
en gratifioient ; dans la fuite ils fe fervirent de
la voie du commandement contre ceux qui n'y
déféroient pas ; enfin ils fe mirent en poffeffion
de faire exécuter leurs mandats par d'autres
que par les collateurs ordinaires, en cas qu'ils
refufaffent d'obéir.

La chancellerie apoftolique, dont on n'avoit
jamais fait aucun mention avant le temps de Lucius III, fucceffeur d'Alexandre III, s'accrut infenfiblement par le nombre d'expéditions que
produifit la multitude de fes mandats, & devint
en peu de temps fi confidérable, que Jean XXII
s'étant apperçu de l'utilité qu'il en pouvoit tirer,
fit rédiger par écrit des règlemens concernant les
fonctions des officiers de fa chancellerie, & la
manière de dreffer les différentes expéditions
qui s'y délivroient.

Voilà la première origine des règles de la
chancellerie apoftolique, qui ne font pas plus
anciennes que le quatorzième fiècle.

Les fucceffeurs de Jean XXII y ont prefque
toujours ajouté quelque chofe, jufqu'au pontificat de Nicolas V qui fit le choix de ce qu'il y

avoit de meilleur, qui y ajouta quelques règles
pour servir au jugement des affaires bénéficiales,
& qui les rediga à peu près dans l'ordre ou nous
les voyons aujourd'hui.

Une des plus considérables de ces règles, est
la huitième qui reserve au pape la disposition de
tous les bénéfices pendant huit mois de l'année;
quoique Gonzales, qui la commentée, lui donne
pour auteur le pape Clement VIII, nous trouvons cependant qu'elle a été publiée dès l'an
1534 à l'évenement de Paul III sur le saint
siège.

Comme cette règle n'est fondée que sur cette
plénitude de la puissance du pape, à laquelle
les nouveaux canonistes ne donnent point de
bornes, elle n'a pas été introduite dans l'église
sans beaucoup de contradiction; tous les peuples ne l'ont pas reçue également.

La France à conservé son ancienne liberté
par le moyen de la pragmatique, & du concordat passé entre Leon X & François I.

L'empire a évité de se soumettre à la huitième
règle par le moyen du concordat germanique,
passé en 1448 entre le pape Nicolas V & l'empereur Frederic III.

Quelques églises particulières se sont conservées dans l'ancien droit des élections; il n'y a
que les provinces que nous nommons pays
d'obédience, qui ont subi la loi qu'il a plu au
pape de leur imposer.

Il faut voir maintenant en quel rang il faut
mettre le chapitre de Remirémont; si on le
considèrera comme compris dans le concordat
françois, ou dans le concordat germanique; si
on doit l'envisager comme ayant conservé le

droit & la liberté de l'élection, ou comme assujetti à la huitième règle de chancellerie.

Pour commencer par le concordat françois, il est constant qu'il devroit servir de règle pour l'église de Remiremont, s'il étoit universellement observé dans toutes les provinces de la France, puisque celle où ce chapitre est situé est un des plus anciens fleurons de cette couronne.

L'histoire nous apprend que la Lorraine fut la conquête & l'ancien patrimoine de nos rois de la première race, sous le nom de royaume d'Austrasie ; & les titres rapportés dans les arrêts de la chambre royale, justifient que la réunion n'est qu'un retour au droit commun.

Mais ce n'est pas assez de faire partie du royaume de France, pour être gouverné par le concordat françois ; la Bretagne, la Provence & le Dauphiné sont soumis à la disposition de la huitième règle de chancellerie ; l'évêché de Metz se gouverne par le concordat germanique ; & plusieurs abbayes situées en différentes provinces du royaume, & mentionnées dans l'article III de l'ordonnance de Blois, se sont conservées dans l'ancien droit des élections sous la protection de nos rois.

Nos rois mêmes, lorsqu'ils ont étendu les limites du royaume, ont confirmé les églises qui se sont trouvées nouvellement sous leur domination, dans la liberté de jouir de leurs anciens privilèges. C'est ce qu'a fait particulièrement Louis XIII pour le chapitre de Remiremont, par des lettres-patentes enregistrées en la cour le 17 mars de l'année 1635. Ensorte que le concordat françois n'y ayant jamais été obfervé , il eſt conſtant qu'il ne peut ſervir de règle pour la déciſion de la cauſe.

A l'égard du concordat germanique , ſoit qu'on examine le droit ou la poſſeſſion , le gouvernement temporel de la province , ou le ſpirituel du diocèſe , il doit encore moins avoir lieu dans l'égliſe de Remiremont.

Si l'on conſidère le gouvernement temporel , la province de Voſges où cette égliſe eſt ſituée, a fait juſqu'alors la partie qu'on nommoit autrefois la Lorraine ; & chacun ſait que la Lorraine ne s'eſt jamais gouvernée par le concordat germanique , & quelle a reçu pour la diſcipline le concile de Trente dans toute ſon étendue ; il paroît même par pluſieurs titres que lors de la réunion qui en a été faite , les ducs de Lorraine étoient en poſſeſſion depuis près de 200 ans d'exercer dans Remiremont les droits de ſouveraineté.

Pour ce qui regarde le ſpirituel, le chapitre de Remiremont eſt du diocèſe de Toul , dont l'archevêque de Tréves eſt ſon métropolitain. L'archevêque de Tréves s'eſt toujours gouverné par le concordat germanique , & les trois évêchés en dépendent comme de leur égliſe métropolitaine ; cependant cette raiſon n'a pas été aſſez forte pour faire qu'ils fuſſent cenſés compris ſous la même loi ; ils ont été obligés de recourir au pape , & ce n'eſt quen vertu des bulles qu'ils ont obtenues , que le concordat germanique s'y obſerve ; celle du diocèſe de Metz de l'année 1450 eſt générale pour tout le diocèſe ; mais celle de Verdun , accordée par Léon X en 1519, & celle de Toul accordée par Paul III en 1544 n'ont été données

qu'en faveur des deux églifes cathédrales ,
ne s'étendent point dans le diocèfe.

Enfin , fi l'on confidère la poffeffion , le pap
eft en poffeffion paifible de pourvoir dans fe
huit mois aux bénéfices qui dépendent des da
mes de Remiremont & qui font à leur nomina
tion, ainfi qu'aux cures & aux prébendes de
chanoines prébendés & femi - prébendés qu
deffervent leur églife , comme il fe voit pa
plufieurs provifions , qui ont été accordées pa
le pape dans les mois , qu'il s'eft refervés pa
la huitième règle ; ainfi il eft vrai de dire que l
concordat germanique ne peut faire loi dan
l'abbaye de Remiremont.

Il faut donc examiner fi cette abbaye fe gou
verne par la huitième règle de chancellerie , o
fi elle a confervé fon droit primitif , & la libert
d'élire dans tous les mois de l'année.

Si le droit que le pape s'eft arrogé de pri
ver les ordinaires de la difpofition des béné
fices qui font à leur collation , lorfqu'ils vien
nent à vaquer dans certains mois de l'année
étoit auffi ancien qu'il eft nouveau ; fi c'étoi
une prérogative , qui lui eût appartenu dès le
premiers fiècles de l'églife , qui ne fût point con
traire au droit commun , & qui eût été univer
fellement reconnue , il importeroit peu que l
pape fut en poffeffion d'en jouir dans l'abbaye d
Remiremont ; mais comme ce droit n'a pas ét
également reçu dans tout le diocèfe de Toul
que plufieurs églifes ne lui ont point donné d'en
trée, & qu'il n'a point de fondement plus folid
que la poffeffion acquife par le pape fur ceu
qui s'y font foumis volontairement , il ne feroi
pas jufte d'affujettir à cette règle les églife

qui font en poffeffion de leur franchife naturelle, & d'impofer une fervitude aux collateurs qui fe font confervés dans la liberté que le droit commun leur donne.

En effet , l'églife gallicane ne diffère des pays d'obédience , qu'en ce qu'elle n'a pas voulu recevoir comme eux les referves du pape , & qu'elle a eu plus de courage pour maintenir fa franchife , que ces pays qui fe font foumis volontairement à des lois contraires à leur ancienne liberté.

Dans l'origine des referves , l'églife gallicane n'a point eu de privilèges , ni de prérogatives particulières ; elle ne jouit aujourd'hui que de la liberté naturelle qui lui étoit commune avec toutes les autres églifes ; elles ont pu toutes fans exception , conferver comme elle la pureté de l'ancienne difcipline , & fe défendre contre les innovations qu'on y a voulu introduire.

Ainfi dès que quelque églife a eu le courage de fe maintenir dans cette liberté , & à confervé dans fon entier le droit des élections , on doit lui être favorable , & en confervant au pape le droit qu'il s'eft acquis par une poffeffion fuffifante pour prefcrire contre la liberté des ordinaires , il faut fe fouvenir que les officiers de la daterie ne travaillent qu'a étendre les droits du pape , & a former tous les jours de nouvelles prétentions.

Pour juftifier que le chapitre de Remiremont a reçu la huitième règle de chancellerie , la dame de Salm rapporte plufieurs provifions accordées par le pape dans fes huit mois pour les prébendes & femi prébendes des chanoines

de cette églife ; elle prétend qu'ils font du cor
du chapitre , auffi bien que les Chanoineffes
& elle le prouve par l'énoncé dans toutes le
bulles qu'elle a produites , & qui parlent d
ce chapitre comme d'un corps compofé de deu
fexes (*).

Cette preuve ne paroît pas fuffifante pou
en inférer que le chapitre de Remiremont fo
gouverné par la huitième règle , ni l'énoncé d
ces bulles affez confidérable pour perfuade
que ces prébendés & femi-prébendés , qu'on
dans la fuite honorés du nom de chanoines, foie
véritablement du corps du chapitre, & qu'i
doivent jouir de fes privilèges.

Il eft vrai que faint Bafile introduifit au
trefois dans l'églife l'ufage des monaftères dou
bles, compofés d'hommes & de femmes, q
demeuroient fous un même toit, & que la craint
du fcandale , qui en pouvoit arriver , oblige
les pères du fecond concile de Nicée de les fépa
rer ; mais le titre de la fondation de Remir
mont , que nous trouvons dans l'hiftoire d
évêques de Metz , juftifie que cette abbaye n
jamais été un monaftère femblable : il nous ap
prend que faint Romaric n'y a jamais fondé qu'u
monaftère de religieufes de l'ordre de faint Be
noît ; & quoique le commencement de ce titre
donne lieu de croire que faint Romaric a eu
deffein que fa fondation fût utile aux anacho
rettes qui habitoient depuis long-temps dans l
montagne , au pied de laquelle il bâtit ce mo

(*) *In quâ præter abbatiffam & Canoniffas nonnull*
Cancnici fæculares, unicum capitulum facientes fore nof
cuntur.

naftère

ftère ; cependant les propres termes dont il se
fert dans la fuite font connoître aifément qu'il
n'a prétendu fonder qu'un monaftère de filles :
*conftruxi ibi monafterium monialium ordinis Bene-
dicti ;* ainfi tout ce qu'on peut inférer de ce qu'il
dit lorfqu'il s'explique fur les motifs qui l'ont
obligé à faire cette fondation, eft qu'il a voulu
que le monaftère qu'il établiffoit eût foin de contribuer par fes aumônes à la fubfiftance des folitaires qui habitoient cette contrée.

Les chanoines de Remiremont dont les prébendes font foumifes à la huitième règle de
chancellerie ne font donc point du corps du
chapitre ; ce font à proprement parler des chapelains à qui les dames ont affecté des pié-
bendes & des femi - prébendes, comme on a
fait dans plufieurs églifes cathédrales pour les
engager à remplir leurs devoirs avec plus d'e-
xactitude ; mais ils ne font aucune fonction de
chanoines ; ils n'ont point féance dans les ftalles
du chœur, point d'entrée, ni de voix délibérative dans le chapitre.

La dame de Salm rapporte cependant quatre
titres pour établir le contraire ; le premier &
le plus ancien eft la bulle d'exemption du chapitre de Remiremont, dans laquelle le pape
Jean dit : *quod venerabilis romaricus poft ad renun-
tiationem fæculi, monafterium conftruxiffe comperit
in quo non parvam congregationem, tum mona-
chorum, tum fanctimonialium inftituens etiam fa-
tum eis paribus piæ devotionis ftudiis fociavit.*

On ne fait pas bien quel eft ce pape Jean,
qu'on prétend avoir accordé cette bulle ; ce
ne peut pas être Jean IV, car il dit l'avoir accordée à la prière de Clotaire roi de France :

or Clotaire II mourut plufieurs années avant l
pontificat de Jean IV , & Clotaire III ne mont
fur le trône que long-temps après la mort de c
pape.

On ne peut pas non plus attribuer cette bull
au pape Jean III qui gouvernoit l'églife fous l
règne de Clotaire I, puifqu'il étoit mort dès 577
plus de 40 ans avant la fondation de Remire
mont; on ne doit donc tirer aucune induction d
cette bulle, qui eft évidemment fauffe, & doc
l'énoncé doit paffer pour fabuleux , n'étan
foutenu d'aucune autre pièce.

Le fecond titre eft un acte capitulaire de l'a
1286, par lequel il paroît que pendant la vacanc
de l'abbaye arrivée par le decès d'Agnès d
Salm, la doyenne convoqua le chapitre , pou
délibérer fur les affaires communes de la maifor
& qu'on ' y appela les chanoines.

Les termes de cet acte détruifent la conf
.quence que la dame de Salm en tire : voici con
me il s'énonce : *nobis in dicto capitulo noft
exiftentibus cum majori parte clericorum officialu
& minifterialium noftrorum* ; cette expreffion fa
bien voir qu'on ne les appela point comm
chanoines, mais comme clers & officiers dépe
dans du chapitre.

Le troifième titre eft de l'année 1509 : c'é
une prife de poffeffion d'Alix de Choifeux ab
beffe de Remiremont, à laquelle les chanoin
furent appelés, auffi bien que les Chanoineff
comme faifant partie du chapitre. .

Cette pièce n'eft encore d'aucune confidér
tion ; il ne s'agiffoit point en cette occafion d
délibérer , mais feulement d'être témoins d'un
prife de poffeffion ; ainfi la préfence de c

chanoines ne prouve point qu'ils euſſent voix en chapitre.

Le quatrième titre eſt un acte d'élection fait par le chapitre en 1587, d'Eliſabeth Ringraff pour ſecrete après la mort de Jacqueline de Malin.

Il eſt vrai que les chanoines ont été appelés à cette élection ; il paroît même qu'ils y ont conſenti ; mais c'eſt une nouveauté qui juſqu'alors n'avoit point eu d'exemple, qui depuis n'a jamais été ſuivie, & qui n'étant d'ailleurs ſoutenue d'aucun titre ne peut former une poſſeſſion en faveur de ces chanoines qui ne ſont que prébendés dans le chapitre de Remiremont, & non pas chanoines de ce chapitre : en effet leurs prébendes ſont à la collation des Chanoineſſes, & ils ſont ſoumis à leur juridiction même pour ce qui regarde la correction des mœurs.

A l'égard des proviſions qui partent de ce chapitre, comme d'un corps compoſé des deux ſexes, on ſait de quelle manière elles s'expédient en cour de Rome; les officiers de la daterie y font parler le pape, & lui font dire tout ce qui eſt énoncé dans la ſupplique, où il eſt aiſé de gliſſer ce qu'on veut, & le pape ne met autre choſe que *fiat ut petitur*; enſorte qu'une énonciation de cette qualité ne peut prévaloir contre le titre de la fondation qui eſt directement contraire.

Il doit donc demeurer pour conſtant, que les chanoines de Remiremont ne jouiſſent point des privilèges de cette abbaye, & ſont ſeuls ſujets à la huitième règle de Chancellerie : il y a pluſieurs autres abbayes de cette province, comme Senone, Moyen Mouſtier, ſaint Avold, Munſter, & Longeville, qui ont conſervé la

liberté des élections , & où la huitième règl
n'a jamais été obfervée , quoiqu'elles foien
fituées dans le diocèfe de Toul ; cependant le
cures qui en dépendent font fujettes au concours
& affectées au pape pendant huit mois de l'année

Il en eft de même de celles qui dépenden
de Remiremont , & qui font du patronage de
dames ; elles font la plupart foumifes à l
huitième règle , ainfi que les prébendes des chanoines ; mais celles des dames qui font le corp
du chapitre , n'y ont jamais été affujetties ; au
cune bulle ne juftifie que le pape ait difpofé dan
fes huit mois de la dignité de doyenne , d'au
cun des offices , tels que font la tréforerie,
la célérerie & l'aumônerie , ni d'aucune de
prébendes des dames dont il auroit pu difpofer,
fi la huitième règle étoit obfervée dans le cha
pitre , puifqu'elle comprend tous les bénéfice
ou offices de quelque qualité qu'ils foient.

Mais dit la dame de Salm , fi les prébende
des dames ne font pas fujettes à la huitième rè
gle , c'eft qu'elles en ont été exemptées par l'é
vêque d'Adrie , légat apoftolique , lorfqu'il
régla la manière dont les dames pourroient e
difpofer ; & leurs offices n'étant que de fimple
offices civils & manuels , ne peuvent tombe
fous la réferve de la huitième règle.

Cette réponfe eft plus fubtile que folide. Le
règlemens de l'évêque d'Adrie n'ont été fait
qu'en 1613 , long-temps après l'établiffemen
de la huitième règle de chancellerie ; cette
règle fut publiée avant le concile de Trente fou
le pontificat de Paul III , & ces règlemens n'o
été donnés que long-temps après fous celui
Paul V ; cependant on ne voit point qu'ava

es règlemens le pape ait difpofé dans fes huit mois des prébendes des dames de Remiremont; auffi il faut conclure qu'elles étoient auparavant exemptes de la huitième règle.

A l'égard des offices, on fait que la célére-rie, l'aumônerie & la tréforerie ne font pas moins des titres eccléfiaftiques dans les abbayes de faint Benoît, que le doyenné & la facriftie; ce font tous des offices clauftraux, par confé-quent eccléfiaftiques; auffi voyons nous que dans les règlemens de l'évêque d'Adrie, qui traite de la même manière la célérière, l'aumonière, la téforière, la doyenne & la facriftaine, il veut qu'elles faffent également des vœux fimples, après qu'elles auront été élues : c'eft dans l'ar-ticle 36, où après avoir parlé de l'abbeffe, il ajoute : *Aliæ etiam quinque dignitates feu officia pertinentes, fcilicet decaniffa, facriftana, celera-ria, eleemofinaria & thezauraria, quando ad di-gnitates feu officia earum eligentur & affumentur, decernimus & mandamus duo vota fimplicia emit-tere; aliter facta de illis electio & admiffio fit nulla.*

Pour ce qui concerne le doyenné, il paroît par une bulle que le pape en a difpofé fur une réfignation; mais on ne voit point qu'il en ait jamais pourvu en vertu de la huitième règle de chancellerie; enforte que fi le pape n'a point difpofé de la fécréterie dans fes huit mois, il fera certain que cette règle n'a jamais eu d'en-trée dans le chapitre de Remiremont; c'eft ce qu'il faut examiner.

La dame de Salm prétend que le pape en a toujours difpofé depuis 1516 jufqu'à préfent, qu'il la conféréc trois fois fur réfignation, en

1516 à Madelaine d'Haraucourt ; en 1524, à
Marguerite du Châtelet ; en 1541, à Françoise
du Châtelet : qu'il en a pourvu deux fois *pu
obitum*, la première en 1573, Jacqueline de
Malin ; la secréterie ayant vaqué au mois de
mai, réservée au pape par la règle huitième ; &
la seconde en 1587, Elisabeth Ringraff qui lui
demanda la confirmation de l'élection que le chapitre avoit faite de sa personne ; enfin qu'il en
a accordé deux bulles de coadjutorerie ; l'une
en 1612, à Claude de Nettancourt ; l'autre en
1621, à Yolande de Bassompierre ; que ces dernières provisions sont le dernier état & la véritable vacance de la secréterie.

Il faut d'abord retrancher les trois premières
bulles données sur résignation ; elles servent à
justifier que la secréterie est un véritable titre
de bénéfice, mais elles sont inutiles pour prouver que le pape en a disposé lorsqu'elle a vaqué
dans ses huit mois.

La bulle accordée à Jacqueline de Malin est
plus considérable, puisque le pape y confère
la secréterie, comme ayant vaqué par le décès
de Françoise du Chatêlet arrivé au mois de mai
qui lui est reservé. A la vérité comme elle a
été donnée par un vice-légat du cardinal de
Lorraine, légat *à latere* dans cette province, il
y a lieu de soupçonner que le crédit de la maison de Lorraine, qui étoit toute puissante en
ce pays, a eu quelque part à cette innovation
& que la faveur ou l'intérêt particulier a porté
ce premier coup aux franchises de l'église de Remiremont ; mais ce soupçon n'empêche pas qu'il
ne soit certain que le pape a disposé de la secréterie en vertu de la règle huitième de chan-

ellerie , & qu'il a commencé à s'établir une
ffession qui lui aura pu former dans la suite un
ntre légitime , s'il en a joui pendant un temps
fuffifant , & fi le chapitre de fa part n'a point de
poffeffion à lui oppofer.

Jacqueline de Malin à été fecrette de Remiremont depuis 1573 jufqu'en 1586 , & a acquis
au pape une poffeffion de treize années ; elle
mourut au mois de décembre 1586 , mois affecté
à l'ordinaire : le chapitre elut en fa place Elifabeth Ringraff : elle adreffa au pape fon élection
& en obtint une bulle de confirmation le 22 février 1587 ; mais cette bulle ne peut fervir à
etablir que le pape à le droit de conférer la
fecréterie dans fes huit mois , puifqu'elle a été
donnée fur une vacance arrivée dans les quatre
mois affectés à l'ordinaire.

Tout ce qu'on peut induire de cette bulle ,
c'eft que le pape à le droit de confirmer toutes
les élections que fait le chapitre.

Il eft difficile de découvrir combien de temps
Elifabeth Ringraff a poffédé la fecréterie &
comment on en a difpofé depuis , jufqu'à la première bulle de coadjutorerie qui en fut accordée
par le pape en 1612 à Claude de Netancourt
du confentement d'Antoinette de Frenels qui
étoit alors fecrette. On voit feulement dans le
vu de l'arrêt du confeil du 27 avril 1635 l'é-
noncé d'une permiffion accordée par le duc de
Lorraine le 16 décembre 1605 a Antoinette
de Frenels de prendre poffeffion de la fecréterie , en conféquence de la démiffion que lui
en avoit faite Elifabeth Ringraff ; mais cette
énonciation n'eft pas fuffifante pour établir la
vérité d'un telle permiffion.

Paſſons aux deux bulles de coadjutorerie q
ſuivent immédiatement. La première donnée e
1612 a Claude de Netaņcourt n'eut point d'exé
cution puiſque cette dame ſe maria dų vivaɲ
d'Antoinette de Frenels qui étoit alors ſecrett

La ſeconde fut accordée par le pape en 161
en faveur d'Yolande de Baſſompierre, à la priè
d'Antoinette de Frenels après le mariage de
première coadjutrice. Cette ſeconde bulle fi
le fondement d'un procès où le chapitre échou
Car après la mort d'Antoinette de Frenels arr
vée en 1625, le chapitre élut Charlotte de Ma
tel & la ſoutint contre Yolande de Baſſompierre
celle-ci porta l'affaire en cour de Rome &
obtint juſqu'à quatre ſentences contre Charlot
de Martel & contre le chapitre. Dans la ſui
elle réſigna ſon droit a Henriette de Baſſon
pierre qui reprit le procès, & qui après plu
ſieurs pourſuites en différens tribunaux obti
contre le chapitre & contre Charlotte de Ma
tel un arrêt contradiƈtoire du conſeil qui jug
la pleine maintenue à ſon profit, ſans préjudi
néanmoins du droit d'éleƈtion en autre cauſe.

C'eſt ſur cet arrêt que la dame de Salm préter
établir la continuation de la poſſeſſion du paɟ
dans la diſpoſition de la ſecréterie; elle ſoutie
que la coadjutorerie eſt une réſerve plus odieu
que celle de la règle huitième de chanceller
parce qu'elle prévient la vacance & qu'el
affeƈte le bénéfice dans tous les mois de l'anné

Il ne ſeroit pas difficile de faire voir au co
traire que les coadjutoreries ſont beaucou
moins odieuſes que les réſerves portées par l
règles de chancellerie, puiſque nous trouvoɲ
pluſieurs exemples de celles-là dans les prɛ

'miers fiècles de l'églife, au lieu qu'il n'a jamais été parlé de celle-ci avant le quatorzième fiècle. La France qui ne s'eft jamais foumife aux réferves des papes, n'a pas laiffé de recevoir l'ufage des coadjutoreries, & on l'emploie encore tous les jours du confentement du roi, pour les bénéfices confiftoriaux.

Mais 1°. c'eft un mauvais moyen que la poffeffion où eft le pape de pourvoir par coadjutorerie, pour prouver qu'il eft en poffeffion de pourvoir par mort dans fes huit mois; car il ne fe fait point d'extenfion d'un cas à un autre : 2°. fi l'arrêt du confeil qui confirme la bulle de coadjutorerie à Yolande de Baffompierre eft contraire au chapitre, en ce qu'il introduit une coadjutrice, il lui eft favorable par rapport à l'efpèce préfente, puifqu'il lui réferve en fon entier fon droit d'élection qui eft incompatible avec la règle huitième de chancellerie : enfin la dame de Salm prétend que le chapitre de Remiremont n'a jamais élu à l'office de fecrette, lorfqu'il à vaqué dans les mois du pape ; que le dernier état eft une bulle de coadjutorerie, & que Henriette de Baffompierre eft la dernière qui l'a poffédé légitimement.

Pour chercher la vérité de ces propofitions, il eft effentiel d'examiner les élections que produit la dame de Rouxel.

On a remarqué que Henriette de Baffompierre avoit été maintenue dans la poffeffion de la fecréterie par arrêt du confeil du 27 avril 1635. Elle décéda le 2 janvier de l'année fuivante, mois réfervé au pape par la règle huitième, & le 13, au fortir de fes funérailles, le chapitre s'affembla & élut en fa place Charlotte

de Martel ; celle ci ne furvécut que huit jour
à fon élection ; le chapitre s'étant raffemblé l
premier février élut Anne de Malin qui a joui
paifiblement de l'office de fecrete jufqu'en avril
1684 époque de fa mort.

Il faut conclure de tous ces faits que le dernier état de la fecréterie de Remiremont eft
une élection faite dans un mois du pape au préjudice de la huitième règle de chancellerie. Or
tous les canoniftes font d'avis que le dernier
état eft la règle la plus certaine pour juger de
la nature d'un bénéfice, & de la manière dont
on en doit pourvoir, parce que le dernier état
eft une preſomption de la poffeffion.

Mais ce qui rend le dernier état décifif, c'eft
lorſqu'il fe trouve joint à un autre acte de poffeffion qui le précède immédiatement & qu'un
collateur a conféré un bénéfice deux fois de la
même manière & fans aucun trouble : alors cette
poffeffion eft prefque toujours fuffifante pour
rendre la collation valable ; c'eft la difpofition
expreffe du chapitre *cum olim* des décretales.
Or Charlotte de Martel & Anne de Malin qui
font les deux dernières fecretes, ayant été élues
fans aucune réclamation, il s'enfuit que le chapitre de Remiremont a le droit d'élire à fa fecréterie au préjudice des bulles du pape.

Ce chapitre n'eft pas le feul qu' ait confervé
le droit d'élire au préjudice de la huitième règle
de chancellerie ; le chapitre d'Epinal jouit de
la même prérogative : jamais le pape n'y a difpofé d'aucune dignité ni prébendes ; & l'abbeffe
qui par un concordat particulier fe trouve aux
droits du chapitre, y pourvoit toujours fans
conteftation. ...

Plufieurs abbayes de l'ordre de faint Benoît ui font dans la même province, ont le même antage; tous les offices clauftraux des abbayes de Senone, de Moyen Mouftier, de faint Avold, de Munfter & de Longeville, font de même nature; le pape n'en difpofe point, non plus que du titre des abbayes, en vertu de la règle huitième, quoiqu'il difpofe dans fes huit mois des bénéfices qui en dépendent.

Le droit du chapitre de Remiremont établi, il faut voir maintenant laquelle eft élue plus canoniquement, de la dame de Rouxel, & de la dame de Salm.

La dame de Rouxel, a été élue deux fois; mais il eft difficile que la première élection puiffe fubfifter; 1°. parce quelle a été faite tumultuairement, défaut effentiel dans une élection; 2°. parce qu'on a négligé d'y appéler l'abbeffe qui devoit y préfider, & feize dames qui devoient y affifter; 3°. parce quelle a été prematurée, & que le jour de l'élection n'avoit été indiqué qu'au lendemain.

La feconde élection de la dame de Rouxel n'eft pas moins nulle, parce que les dames qui l'ont élue, avoient confommé leur ouvrage dès la véille, par une élection fuivie d'une prife de poffeffion.

A l'égard de l'élection de la dame de Salm, elle ne paroît pas plus canonique. 1°. Une lettre écrite par l'abbeffe fait voir qu'elle a brigué les fuffrages en faveur de la dame de Salm fa fœur; ainfi s'étant parlà déclarée partie, elle ne pouvoit préfider à cette élection; 2°. des feize dames qui ont élu Chriftine de Salm, huit étoient nièces de prébende de l'abbeffe, & toutes lui étoient si dévouées, qu'elles n'ont pas craint d'abandonner en faveur de la dame de Salm, le droit de leur chapitre pour reconnoître celui du pape.

Ces élections étant nulles, il reste à la dame de Salm la cause de dévolut opposée dans ses provisions en ces termes : *sive præmisso, sive alio quovis modo vacet*, qui lui donne droit par l'incapacité de sa partie ; mais on ne croit pas qu'elle puisse s'en servir en cette rencontre ; car suivant toutes nos règles, le dévotulaire ne peut tirer avantage de l'incapacité de l'autre pourvu arrivée depuis l'expédition des provisions, ou la clause de dévolut est inférée.

C'est le sentiment de Boerius dans ses décisions, décision 4, livre 3, titre 7 ; de Papon, dans ses arrêts, où il en rapporte un du parlement de Bordeaux du 29 avril 1520, qui l'a ainsi jugé. Carondas rapporte dans ses pandectes ce même arrêt, & un autre du parlement de Paris du 7 juin 1541 qui l'a aussi jugé en termes formels.

La raison en est que la provision expédiée n'ayant point valu par rapport à la clause de dévolut jusqu'à l'incapacité survenue dans la personne de l'autre pourvu, ne peut valoir dans la suite suivant la règle de droit : *quod ab initio von valuit, ex post facto convalescere non potest* ; ce qui doit avoir lieu principalement dans la matière des dévoluts, qui est odieuse, & qui s'interprête toujours à la rigueur.

Or quand la dame de Salm a obtenu ses bulles, il n'y avoit point encore lieu au dévolut, ce n'est que depuis sa prise de possession que le chapitre a commis les nullités qui se renconrent dans fes deux élections ; il faudroit pour qu'elle pût aujourd'hui fe fervir de la claufe de dévolut que le chapitre eût commis ces nullités avant l'obtention des bulles.

Il eft inutile apres cela d'entrer dans la difcuffion des moyens d'incapacité propofés contre la dame de Salm , puifqu'il eft certain qu'aucune des deux pourvues n'a droit au bénéfice.

Il eft donc néceffaire d'ordonner , qu'il fera procédé à une nouvelle élection ; & de conferver par là au chapitre de Remiremont un droit ancien , introduit dans l'églife par les apôtres , confirmé par un ufage conftant , & fuivi fans interruption jufques à la bulle de Jacqueline de Malin , qui eft la feule qui ait dérogé , mais qui n'a donné au pape qu'une poffeffion de treize ans , après laquelle le chapitre a recouvré fon ancienne liberté.

Il paroît d'autant plus important de l'y maintenir que les conféquences du contraire font extrêmement dangereufes ; car fi la fecréterie étoit une fois affujettie à la règle huitième de chancellerie , le doyenné , la tréforerie , les prébendes & généralement tous les offices de Remiremont auroient dans peu le même fort , & le pape étendroit bientôt fon droit fur tous les chapitres & fur toutes les abbayes de la province.

Mais comme deux partis contraires divifent le chapitre de Remiremont & que dans la dernière élection on a eu recours aux brigues & aux puiffances afin d'empêcher la liberté des fuffrages , il eft néceffaire pour remédier à ce défordre d'interpofer l'autorité du roi.

Par ces confidérations , M. le procureur gé-

néral eſtima, qu'il y avoit lieu ſans s'arrêter au
demandes reſpectives de la dame de Salm, &
de la dame de Rouxel, ayant égard à l'inter
vention des dames du chapitre, d'ordonne
qu'elles ſe retireroient par devers le roi, pou
obtenir un commiſſaire, & en ſa préſence
être procédé à l'élection d'une ſecrette en l
manière accoutumée.

La cour a reçu les parties de Viri, interve
nantes; faiſant droit ſur leur intervention, le
a maintenues & gardées dans la poſſeſſion &
jouiſſance de nommer & d'élire à la ſecréter
de leur chapitre; & ſans s'arrêter aux dema
des reſpectives des parties de Thorel & de Bou
cier, a ordonné que le 16 du mois de juille
lors prochain, il ſeroit procédé à une nouvel
élection, pour laquelle toutes les dames ſeroie
convoquées en la forme ordinaire tous dépe
compenſés: Prononcé le 4 juin 1685.

Il y a deux obſervations à faire ſur cet arr

La premiere regarde le titre de fondation d
l'abbaye de Remiremont, dont M. le procu
reur général du parlement de Metz s'eſt ſer
pour prouver qu'el'e a été originairemen
compoſée de religieuſes de l'ordre de ſaint B
noît.

Le père Mabillon fit imprimer à Paris en 168
une lettre où il établit manifeſtement cer
propoſition; mais il prouve en même temps qu
ce prétendu titre de fondation, rapporté dan
l'hiſtoire des évêques de Metz, compoſée pa
Meuriſſe, évêque de Madaure, eſt gâté en plu
ſieurs endroits, & peut être même ſuppoſé
Ce ſont les termes dont ſe ſert ce ſavant re
ligieux.

Son fentiment a été confirmé par M. l'abbé Riquet grand prieur du chapitre de faint Dié ; c'eft ce qu'on peut voir dans un petit traité que ce fameux antiquaire a fait en forme de réfléxions, fur la fauffeté de ce titre de fondation, & qu'il fit imprimer à Nancy en 1701, à la fuite de fon fyftême chronologique & hiftorique des évêques de Toul.

Mais la fauffeté de ce titre ne diminue en rien la folidité de la décifion intervenue au parlement de Metz, puifque la propofition avancée par M. de Corberon eft d'ailleurs fuffifamment juftifiée, & qu'on ne doute plus à préfent, que l'abbaye de Remiremont n'ait été originairement compofée de religieufes de l'ordre de faint Benoît.

La feconde obfervation eft qu'en exécution de l'arrêt du parlement de Metz, il fut procédé à une nouvelle élection, dans laquelle la dame de Rouxel fut élue tout d'une voix ; elle a poffédé paifiblement la dignité de fecretté jufqu'à fon décès arrivé le 8 mai 1706.

Le 8 août fuivant, le chapitre de Remiremont procéda à une élection, dans laquelle la dame de Méchatain eut 29 voix, & la dame de Stainville 28. La dernière prétendit qu'il y avoit des nullités dans cette élection & obtint des provifions du pape, avec la claufe de dévolut *five præmiffo, five alio quovis modo vacet*, en vertu defquelles elle prit poffeffion de la fecréterie comme avoit fait auparavant la dame de Méchatain en vertu de fon élection : les oppofitions refpectives des parties formèrent une complainte, qui fut plaidée folemnellement en la cour fouveraine de Lorraine, féante à

Nanci, où il intervint arrêt le 5 septembr
1707 qui maintint la dame de Stainville pourvu
par le pape.

La différence de ces deux décisions paro
fondée sur l'une de ces deux raisons.

La première est que l'arrêt du parlemen
de Metz a été rendu sur le principe des libert
de l'église gallicane, qu'il a été facile d'étend
aux pays conquis, comme un retour au dro
commun, & aux anciennes règles de l'égli
toujours favorables, lorsque le pape n'a poin
acquis de possession contraire ; au lieu que l'a
rêt de la cour souveraine de Lorraine e
fondé sur la nouvelle discipline de l'église intr
duite dans les pays d'obédience, telle qu'e
la Lorraine depuis le retour du duc dans fe
états.

La seconde raison, qui est plus vraisembla
ble, est que dans l'espèce de l'arrêt du parle
ment de Metz, le pape avoit donné des provi
sions de la secréterie de Remiremont avant l
jour pris pour faire l'élection, & par conséquen
dans un temps où il n'avoit aucun pouvoir,
n'y ayant pas encore lieu à la dévolution: dan
l'espèce de l'arrêt de Lorraine au contraire, l
pape n'avoit donné des provisions à la dame d
Stainville qu'après que le chapitre de Remire
mont avoit eu rempli son pouvoir par l'électio
qu'il avoit faite de la dame de Méchatain, &
dans un temps que les nullités qui se trouvoien
dans cette élection, avoient donné lieu à la
dévolution au supérieur ecclésiastique : ainsi
peut dire que le parlement de Metz & la co
souveraine de Lorraine ont également bien jug
& que leurs décisions ne sont point opposée

ayan

lyant été rendues fur différentes efpèces , ou fur des principes différens & convenables à la différence des temps.

Nous avons cru que cette difcuffion, malgré la longueur méritoit d'être rapportée toute entière. 1°. Parcequ'elle renferme des obfervations, des principes & des faits qu'on rencontreroit difficilement ailleurs. 2°. Parcequ'elle démontre combien les chofes font encore problématiques dans une matière où tout fembleroit devoir être éclairci. 3°. Afin de convaincre ceux qui fe trouvent chargés des affaires de ces fortes de chapitres , de quelle étendue de favoir, & de quel efprit de circonfpection ils ont befoin pour remplir dignement les places qui leur font confiées.

Voyez l'hiftoire des ordres religieux tom. 1. Van-Efpen , jurif. ecc. univ. par. 1. tom. 33 ; recueil des actes & titres du clergé. tom. 12 ; recueil des arrêts notables par Augeart tom. 2. n. 3 ; ftatuts du chapitre de Remiremont imprimés à Nanci en 1730 ; mémoire fur les droits du même chapitre imprimé à faint Mihiel en 1729; le recueil des ordonnances de Lorraine tom. 10. page 224 & 385. Voyez auffi les articles CHAPITRE , ÉLECTION , COLLATION , &c. (*article de M. l'abbé REMY , avocat au parlement*).

CHANTRE. C'eft le nom qu'on donne à celui qui chante dans une églife.

Comme ce terme a plufieurs acceptions, nous rapporterons ce qui eft relatif à chacune.

Nous examinerons d'abord les fonctions & les priviléges des dignités connues fous le nom de Chantreries. Nous parlerons enfuite des Chantres ordinaires des églifes, & nous finirons

par rappeler les prérogatives dont jouiffent le
Chantres de la chapelle du roi.

On nomme Chantre un chanoine qui ef
une des premières dignités d'un chapitre. S
nous confultons les monumens de l'églife, nou
trouvons que cette dignité eft une des plu
anciennes. Les Chantres font appellés chore-
vêques dans le concile tenu à Cologne à l
fin du treizième fiècle. Par ce concile ils fon
obligés à la réfidence , & ils ne peuvent f
difpenfer d'affifter exactement au chœur. L
nom de chorevêque leur a encore été donn
dans une autre concile tenu à Cologne au commencement du feizième fiècle. Cette qualité
annonce que l'églife regarde les Chantres dignitaires des cathédrales & des chapitres, comm
les maîtres du chœur.

· Il eft fait mention des Chantres dans les canons apoftoliques. Dans le tems de St. Ifidore
& de St. Grégoire-le-Grand , les chantrerie
étoient déjà des dignités confidérables. Le
abbés & même les Evêques fe faifoient un devoir d'en remplir les fonctions.

· Suivant le droit commun, le Chantre eft le
préfident du chœur. C'eft à lui feul qu'il appartient de règler le chant, & de juger provifoirement les conteftations qui s'élèvent dans l'é-
glife fur le chant. Il doit veiller à ce que le
fervice divin fe faffe avec décence , & il a le
droit de punir ceux qui troublent l'office ou qu
y manquent.

Lorfque le Chantre officie, il porte la Chappe & le bâton. Comme il a l'infpection fur tout
ce qui fe paffe dans le chœur, il doit, fuivant la

difpofition du concile de Méxique tenu en 1585, faire mettre toutes les femaines un tableau qui annonce l'ordre du fervice & des offices pour chaque jour. Il doit également défigner dans ce tableau ceux des dignitaires, chanoines ou autres eccléfiaftiques qui doivent remplir quelques fonctions. Enfin ce tableau doit contenir les noms de ceux qui réciteront, liront ou chanteront aux différens offices, & de ceux qui entonneront les verfets, les répons ou les pfeaumes.

Ainfi fuivant le droit commun la police du chœur appartient au chantre. Nous difons, fuivant le droit commun, parce qu'il y a des églifes où cette règle n'eft pas fuivie. Cependant c'eft un principe certain que toutes les fois que l'ufage n'eft pas contraire le Chantre eft préfident du chœur.

Nous trouvons dans le journal des audiences un arrêt rendu par le parlement de Paris le 17 janvier 1673 entre le préchantre, le doyen, & le chapitre de l'églife d'Amiens, qui a maintenu le préchantre dans la poffeffion & jouiffance de régir le chœur & de règler par provifion les difficultés qui s'éleveroient fur le chant & la célébration du fervice divin. Par le même arrêt, le doyen a été maintenu dans le droit d'entrer le premier au chœur & au chapitre, & d'y préfider.

M. l'Avocat général Talon qui porta la parole dans cette affaire, fe détermina à accorder au doyen l'entrée & la préfidence au chœur & au chapitre, parce que le préchantre dans l'ordre des dignités du chapitre d'Amiens n'eft que la feptième : ce magiftrat conclut de cette circonftance, qu'il ne feroit pas jufte que les fix

premiers dignitaires fuffent préfidés par le préchantre.

Delà il réfulte que cet arrêt, quant à la difpofition qui concerne le droit de préfider, doit
être regardé comme un arrêt particulier. On ne
peut l'oppofer aux Chantres des autres chapitres du royaume qui font en poffeffion de préfider au chœur & au chapitre ; parce qu'en général en matière de rang & de préféance, c'eft
l'ufage & la poffeffion qui doivent fervir de règle.

Il y a des chapitres où la chantrerie n'eft
point un titre de bénéfice, mais une fimple commiffion : alors elle ne peut être réfignée : c'eft
ce qui a été jugé par un arrêt rendu au parlement
de Paris le 17 janvier 1731, en faveur du chapitre de Notre-Dame du Port de la ville de
Clermont en Auvergne. André Caffiere, Chantre de ce chapitre, avoit réfigné fa place à Jean
Caffiere fon neveu. Ce dernier en ayant pris
poffeffion en vertu de la réfignation qui lui en
avoit été faite, le chapitre s'y oppofa, & foutint que la chantrerie n'étant qu'une fimple commiffion ne pouvoit être réfignée. Le chapitre
nomma en conféquence Guillaume de Preux.
Les deux contendans plaidèrent d'abord devant
le juge de Clermont. Par fentence de ce juge
le réfignataire fut maintenu. Le pourvu par le
chapitre interjeta appel de cette fentence au
parlement de Paris, & par arrêt rendu au
rapport de M. de Paris, la fentence de Clermont fut infirmée, & Guillaume de Preux fut
maintenu.

« Rouffeau de la Combe dit, que le motif de
» cet arrêt eft fondé fur ce que les plus anciens
» titres de ce chapitre ne parlent que d'un doyen

» & de quinze chanoines ; que le Chantre n'a
» qu'une diftribution un peu plus forte que les
» autres ; que jamais l'évêque de Clermont col-
» lateur des canonicats, n'avoit conféré la chan-
» trerie, & que le chapitre y avoit nommé
» dans tous les temps, comme à une fimple
» commiffion. On prétend, ajoute cet auteur,
» que tel eft l'ufage dans les autres chapitres du
» diocèfe de Clermont.

Outre les prérogatives que nous avons rapportées, dont les Chantres ont le droit de
jouir, il y a plufieurs églifes cathédrales & plufieurs chapitres où les Chantres ont, fous l'autorité de l'évêque, l'infpection fur les petites
écoles. C'eft un des priviléges du Chantre · de
l'Eglife de Notre-Dame de Paris. Dans cette
églife la chantrerie n'eft que la feconde dignité.
L'archevêque en eft collateur, & le chapitre a
le droit de choifir le fous-Chantre.

Toutes les petites écoles qui exiftent dans la
capitale, & dans fes fauxbourgs, font foumifes
à l'infpection du Chantre de l'églife de Notre-
Dame. Lui feul a le droit d'inftituer les maîtres
& maîtreffes d'école & de leur faire fubir l'examen qu'il juge à propos. Il a une juridiction
qui eft compofée d'un vice-gérent, d'un promoteur, d'un greffier & d'un clerc. Tous les
maîtres & les maîtreffes d'école de la ville,
fauxbourgs & banlieue, tous les maîtres de
penfion & même les répétiteurs de l'Univerfité
font foumis à la juridiction du Chantre de Notre-
Dame (*).

_____

(*) La juridiction du Chantre de Notre-Dame de Paris
a été confirmée par une foule d'arrêts.

Les Urfulines font feules exceptées, & leurs écoles ne font point affujetties à l'infpection du Chantre. Elles peuvent tenir de petites écoles fans fa permiffion. Ce privilége leur a été confirmé par un arrêt rendu au parlement de Paris le 2 feptembre 1679. Cet arrêt eft rapporté dans les mémoires du clergé.

Après avoir rappelé tout ce qui eft relatif à la dignité de Chantre, nous devons à préfent parler DES CHANTRES ORDINAIRES DES ÉGLISES.

Tous les grands chapitres ont des Chantres & des chapelains pour foulager las chanoines & faire l'office en leur abfence. Les Chantres ont été inftitués par St. Grégoire. Il en fit un corps qu'on appela l'école des Chantres. St. Hilaire fe plaignit dans le concile de Rome de 595 de ce qu'on choififfoit les Chantres parmi les miniftres du faint autel, & il défendit qu'il y eût d'autres Chantres que des foudiacres : malgré ces défenfes, il exifte une foule de prêtres qui font Chantres dans les différentes églifes du royaume.

Les Chantres ordinaires font foumis pour les

En 1683 il fut ordonné par arrêt du 31 mars qu'une affaire de fa compétence qui avoit été portée aux requêtes du palais lui feroit renvoyée.

Il a été maintenu dans fon droit de jurifdiction fur toutes les petites écoles de la ville, fauxbourgs & banlieue, par arrêts des 4 mars & 29 juille 1625, 19 mai 1628, 10 juillet 1632, 29 juillet 1650, 5 janvier 1665 & 31 mars 1683.

C'eft encore un privilège du Chantre de n'être point foumis à la jurifdiction du chapitre.

fonctions qu'ils remplissent dans le chœur, à la juridiction du Chantre dignitaire.

LES CHANTRES DE LA CHAPELLE DU ROI jouissent de différens priviléges. Suivant une déclaration du 8 janvier 1558 enregistrée le 13 mars 1560, ils sont exempts de décimes pour les bénéfices qu'ils possédent.

Par une déclaration du 7 décembre 1572, enregistrée le 31 janvier 1573, le roi a ordonné que les Chantres, chapelains, clercs de chapelle, le compositeur & le recteur des enfans de chœur de sa chapelle & oratoire seroient pourvus des canonicats, dignités & bénéfices qui sont à sa nomination dans la Sainte Chapelle de Paris, dans celle de Dijon & dans plusieurs autres chapitres.

Les Chantres, chapelains, noteurs & compositeurs de la musique de la chapelle du roi & de la reine ont le privilége de jouir des gros fruits de leurs prébendes, quoiqu'ils ne résident pas dans leurs bénéfices. Ce privilége leur est accordé en leur qualité de domestiques du roi & de la reine; pour le conserver il faut qu'ils soient sur les états de la maison du roi.

Ce privilége leur a été confirmé par plusieurs arrêts; entr'autres par un rendu le 11 avril 1569 contre le chapitre de Notre-Dame de Corbeil; par un autre du 5 septembre 1573 contre le chapitre de saint Spire de Corbeil, & par un troisième du 11 juilet 1575 contre le chapitre de saint Florent de Roye.

Cependant il a été jugé par arrêt du mois de juillet 1571, rendu en faveur du chapitre de Clermont en Auvergne, qu'un chanoine de la même église ne pouvoit jouir du privilége accordé aux Chantres de la chapelle du roi, parce que les chanoines de ce chapitre font hebdomadaires, & qu'étant obligés à une réſidence continuelle, ils ne peuvent jouir de la faveur accordée par les papes aux Chantres de la chapelle du Roi.

En 1579 le clergé voulant arrêter les abus que les chanoines faiſoient du privilége accordé aux Chantres, ſupplia le roi de fixer le nombre de chanoines que les égliſes canoniales & collégiales qui ne ſont pas de fondation royale, ſeroient tenues de fournir à la ſuite de la cour. Le roi ordonna par l'article 7 de l'édit de Melun qu'elles ne ſeroient chargées de fournir que deux Chantres, & que les égliſes de fondation royale en fourniroient quatre. Le roi ordonna encore que ſi les chapitres étoient compoſés de plus de quarante chanoines, ils pourroient être chargés de fournir ſix Chantres, & que dans ces trois cas les Chantres ſeroient diſpenſés de réſidence pour le ſervice de la chapelle du roi.

Charles IX, Henri III & Henri IV ont donné trois déclarations des années 1572, 1585 & 1594 qui ont été enregiſtrées au grand conſeil & par leſquelles ils ont ordonné que les Chantres, clercs & autres de la chapelle & muſique du roi ſeroient pourvus des prébendes & dignités qui ſont à la collation du roi dans les égliſes de fondation royale, ſuivant les rôles qui ſeroient faits & ſignés par le roi & qui ſeroient enregiſtrés ſur le regiſtre du grand aumônier de France.

Louis XIV par une déclaration du mois de mars 1666 enregiſtrée au grand conſeil le 18 du même mois, « a ordonné que les Chantres, cha-

»pelains , clercs & enfans de fa chapelle, ora-
»roire & chambre, bénéficiers & officiers de la
»Ste. chapelle de Paris, feroient réputés pré-
»fens en toutes les églifes du royaume, pour
»tous les bénéfices, offices & dignités que cha-
»cun d'eux avoit, ou auroit par la fuite ès dites
»églifes, pendant tout le temps de leur fervice ;
»fcavoir les ordinaires pendant toute l'année,
»ceux de fémeftre pendant fix mois, & ceux de
»quartier pendant trois mois, & deux mois en
»outre à chacun pour leurs voyages ; que pen-
»dant le dit temps ils jouiroient de tous les
»fruits, revenus & émolumens de leurs béné-
»fices, des droits de nomination aux bénéfices,
»& de l'option des maifons du chapitre à leur
»tour & rang ; enfin généralement de tous droits
»quelconques, excepté des diftributions ma-
»nuelles qui fe font au chœur pendant le fervice
»divin ». Cette déclaration déroge à tout privilège contraire, & attribue au grand confeil
la connoiffance des conteftations qui pourroient naître fur fon exécution.

Par un arrêt du confeil d'état du 22 novembre
1678, les Chantres, chapelains, &c. de l'oratoire du roi, ont été maintenus dans les privilèges
qui leur ont été accordés par la déclaration de
1666, & en conféquence le chapitre de St.-
Quentin qui conteftoit ces privilèges, a été débouté de fes demandes. Il a été en outre ordonné par cet arrêt que les regiftres, feuilles & tables du chapitre de St.-Quentin & des autres
chapitres du royaume feroient communiqués aux
privilégiés qui auroient des prébendes ou des
dignités dans ces chapitres, par les greffiers ou
autres officiers qui en feroient chargés, toutes

fois & quantes ils en feroient requis ; & en cas d
contravention aux difpofitions de cet arrêt que
fa majefté a declaré communs avec tous les chapitres & églifes du royaume, la connoiffance en
a été réfervée au confeil d'état & interdite à
toutes les autres cours.

Par un autre arrêt du confeil d'état du roi du
24 novembre 1687, Jofeph de Ville prêtre,
Chantre & chapelain de la chapelle & mufique
du roi, chanoine de Metz & de Toul a été
maintenu contre ces deux chapitres dans tous les
privilèges accordés aux Chantres de la chapelle
du roi, conformément à l'arrêt du confeil d'état
du 22 novembre 1678.

Les mêmes privilèges ont été encore confirmés par un autre arrêt du 28 janvier 1709.

Par une déclaration du roi de 1727, les Chantres, chapelains, clercs &c. de la chapelle du
roi & de la Ste. chapelle de Paris ont été maintenus dans le droit 1° d'entrer en jouiffance des
revenus de leurs bénéfices quand même ils n'auroient pas fait le ftage prefcrit par les ftatuts de
leur chapitre, à proportion néanmoins de ce qui
eft perçu par les chanoines réfidens qui font le
ftage. Ils ne font toutefois pas difpenfés de prendre poffeffion perfonelle & de faire leur ftage
après le temps de leur fervice à la cour ; 2° d'être
employés fur le tableau pour nommer fuivant
leur rang aux bénéfices qui font à la collation du
chapitre ; 3° de parvenir aux maifons canoniales;
à leur tour, & 4° de participer à toutes les prérogatives qui appartiennent aux titulaires des bénéfices réfidens, excepté aux diftributions manuelles qui fe font pendant l'office divin.

La déclaration de 1727 enregiftrée au grand

conseil, a dérogé en plusieurs points à la déclaration de 1666. Elle a ordonné que tous les offices & bénéfices des églises cathédrales ou collégiales, autres cependant que les prébendes & dignités, qui sont chargés par les fondations ou par l'usage d'un service personnel ou continuel, seroient à l'avenir incompatibles avec les charges de la chapelle du roi, & qu'aucun de ces bénéficiers ne pourroit être pourvu de ces charges, qu'après avoir résigné ses bénéfices

Il a été également ordonné par cette déclaration, que les officiers de la Ste. Chapelle de Paris qui seroient pourvus de pareils bénéfices, seroient tenus d'opter dans le temps de droit, & qu'après ce temps ces bénéfices seroient déclarés vacans & impétrables.

Enfin par une dernière déclaration du 18 décembre 1740 enregistrée au grand conseil le 30 du même mois, les bénéficiers de la Ste. Chapelle ont été privés de tous les privilèges de compatibilité, dont ils jouissoient auparavant.

Voyez *Chopin*, *Dupeyrat*, *Brillon*, *Rousseau de la Combe* &c. Voyez aussi les articles ABSENS, CHAPELLE, CHAPITRE, ÉGLISE CATHÉDRALE, ECOLES, PRÉBENDES, RÉSIDENCE, &c. (*Cet article est de M. DESESSARTS avocat au parlement.*)

CHANVRE. Plante dont l'écorce sert à faire de la filasse.

Un arrêt du conseil du 12 avril 1764 avoit exempté de toute espèce de droit à la circulation, soit dans les cinq grosses fermes, soit dans les provinces réputées étrangères, les chanvres & lins peignés, apprêtés & filés tant blancs que teints, &c. Mais par un autre arrêt du 17 mars 1773, il a été dérogé au précédent & le roi a ordonné qu'à l'avenir il feroit perçu a toutes les entrées du royaume, favoir, douze fous par quintal fur les Chanvres apprêtés & non filés ; trois livres quinze fous, fur les lins peignés & façonnés ; fept livres dix fous fur les fils de Chanvre fimples, bis ou écrus ; douze livres fur les fils de Chanvre retors, bis ou blancs, douze livres fur les fils de lin fimples, bis ou écrus ; vingt livres fur les fils de lin retors, bis ou blancs; & vingt deux livres fur le fils de lin ou de Chanvre teints, le tout par quintal.

Suivant un ordre du confeil du 26 août 1714, le Chanvre n'eft réputé venir d'Angleterre, & n'eft par conféquent défendu à l'entrée que quand il arrive fur des vaiffeaux Anglois.

Voyez *les lois citées*, & les articles, ENTRÉE, SORTIE, MARCHANDISE, SOU POUR LIVRE, &c

CHAPE. C'eft aujourd'hui un ornement eccléfiaftique qui anciennement n'étoit qu'un manteau dont fe fervoit le clergé lorfque dans fe fonctions il étoit expofé aux injures de l'air; & c'eft delà que ce manteau étoit appelé *pluvial*, parcequ'il fervoit principalement en temps de pluie.

Ceux qui font tenus de la fourniture des ornemens d'une églife paroiffiale, font également tenus de la fourniture d'une ou de plufieurs Chapes fuivant qu'il plait à l'évêque de l'arbitrer.

Dans les grandes églifes on voit des Chapes de différentes couleurs felon les différens offices qu'on a à célébrer. On prétend qu'anciennement l'ufage de la Chape rouge n'appartenoit qu'au pape.

CHAPE, eſt auſſi le nom d'un droit que dans luſieurs égliſes on ſe croit autoriſé d'exiger du titulaire qui vient y prendre poſſeſſion de quelque bénéfice, & ce droit on l'appelle droit *de Chape*, droit *de chapelle*, ou droit *d'entrée*, ou droit de *bienvenue*.

Ce droit n'eſt établi par aucun canon de l'égliſe ni par aucune ordonnance; au contraire on voit qu'il eſt défendu par la novelle 123 de Juſtinien, & par une bulle de Pie V de 1570; cependant on ne laiſſe pas de l'exiger pourvu qu'il ne tourne point perſonnellement au profit d'aucun de ceux qui le prétendent, & qu'il ſoit entièrement employé à l'utilité de l'égliſe; & en ce ſens il eſt tolérable ſuivant la gloſe de la pragmatique.

Lorſque l'uſage de ce droit eſt établi dans une égliſe par des jugemens ou par des tranſactions, les tribunaux ſoutiennent cet uſage; & Maynard rapporte pluſieurs arrêts qui l'ont autoriſé. Madame de Crequi héritière de M. le Tellier archevêque de Rheims, voulut le diſputer au chapitre ſous prétexte que le prélat avoit fait des dons conſidérables à cette égliſe; mais par un arrêt du parlement de Paris du premier février 1713, elle fut condamnée à le payer. Il eſt vrai qu'en conſidération de ces dons, le droit fut modéré à trois mille livres, mais il fut ajouté que cela ſeroit ſans tirer à conſéquence.

L'égliſe de Poitiers eſt en poſſeſſion de percevoir le droit dont il s'agit. M. de Clerambault évêque de cette égliſe fut condamné par arrêt du 19 juin 1669 à fournir *inceſſamment la chapelle complette de cinq couleurs ſuivant le nombre des officiers de l'égliſe & la décence d'icelle.*

Les héritiers de M. de Saillant évêque de l
même églife furent auffi condamnés par un arrê
du 5 mai 1699 à payer trois mille livres pour l
même objet.

On prononça un femblable arrêt le 5 juille
1735 contre les héritiers de M. de Foudra
évêque du même endroit. M. l'avocat généra
Gilbert de Voifins trouvoit cette fomme in
fuffifante & demandoit que les ftatuts de l'é
glife de Poitiers du 31 juillet 1666 , & l'arrê
intervenu en conféquence le 19 juin 1669 , fu
fent exécutés fuivant leur forme & teneur,
mais la cour fe borna aux trois mille livres,
ce qui fait voir que les juges fouverains tem
pèrent ce droit comme il leur plaît fuivant le
circonftances.

L'évêque de Senlis difputa ce droit à fon cha
pitre en 1710 lorfqu'il fit fon entrée dans l
ville & dans fon églife. Le chapitre fur fo
refus de le payer, fit faifir le temporel du pré
lat. Celui-ci demanda mainlevée provifoire d
la faifie, mais il en fut débouté par un arrê
du mois de mars 1611. Cet arrêt valut pou
lui un avis de payer. M. le Bret fur les con
clufions duquel cet arrêt fut rendu obferve qu
l'ufage & la poffeffion en pareil cas valent forc
de loi ; & que dans l'efpèce concernant l'évêqu
de Senlis , cet ufage étoit fuffifamment établ
par les comptes des receveurs du chapitre de
puis plus de cent cinquante ans.

Le parlement de Paris ne paroît pas fi favo
rable à ce droit , lorfqu'il eft prétendu par de
religieux contre leur abbé commendataire. Le
religieux de l'abbaye de fainte Croix de Bor
deaux avoient demandé une fomme de 3000

vres contre les héritiers bénéficiaires de François Molé qui avoit été leur abbé commendataire pendant soixante six ans: ils se fondoient
sur deux arrêts du parlement de Bordeaux &
sur une possession immémoriale appuyée même
d'une transaction & d'une quittance ; cependant ils furent deboutés de leur demande au
parlement de Paris par un arrêt de la troisième
des enquêtes du 3 août 1734. Peut-être repro-
cha-t-on aux religieux d'avoir laissé passer soixante six ans sans rien demander à cet abbé.

Il n'en avoit pas été de même au grand conseil la même année , car un prieur de saint
Pierre le Moûtier fut condamné par un arrêt
du 26 mars 1734 , à payer à l'abbaye de saint
Martin d'Autun d'où relève ce prieuré , une
somme de 150 livres pour le droit de Chape
que chaque titulaire est obligé de payer lors de
son avènement à ce prieuré.

Voyez *les arrêts de Maynard & de Boniface ;
la jurisprudence canonique* , &c. Voyez aussi les
articles BIENVENUE , ENTRÉE , INSTALLATION.
(*Article de M. DAREAU , Avocat , &c.*)

CHAPEAU. Sorte de coiffure à l'usage des
hommes.

Suivant le tarif de 1664 , les Chapeaux qui
viennent des provinces reputées étrangères
doivent à l'entrée des cinq grosses fermes ,
savoir , la douzaine de Chapeaux de castor ,
trente six livres ; la douzaine de Chapeaux ,
demi-castor , dix huit livres ; la douzaine de
Chapeaux de vigogne , douze livres ; & la douzaine de Chapeaux de feutres de toutes sortes
de poil & de façons six livres.

Lorsque les Chapeaux viennent des pays

étrangers, ils doivent pour droit d'entrée, conformément aux arrêts du conseil des 14 août 1688, & 3 juillet 1692, savoir, les Chapeau de castor vingt livres par pièce ; les Chapeaux demi-castor, huit livres par pièce ; les Chapeaux de vigogne, dix-huit livres par douzaine, & les Chapeaux de feutres de toutes sortes de poils & de façons, douze livres par douzaine.

Les Chapeaux des fabriques d'Angleterre & des pays en dépendans sont défendus à l'entrée du royaume.

Les Chapeaux de paille doivent à l'entrée trois sous par douzaine, selon le tarif de 1664.

Les Chapeaux de castor qui sortent des cinq grosses fermes pour les provinces reputées étrangères doivent pour droit de sortie douze livres par douzaine, & seulement six livres lorsqu'ils sont destinés pour Metz, Toul, & Verdun. C'est ce qui résulte tant du tarif de 1664 que des arrêts du conseil des 23 décembre 1704 & 18 avril 1734.

Les droits de sortie des Chapeaux demi-castor & castor de Moscovie destinés pour les provinces reputées étrangères ont été fixés par l'arrêt du 18 avril 1734 à deux livres par douzaine, au lieu des six livres que portoit le tarif de 1664.

Suivant le même arrêt, les Chapeaux de poil, de toute sorte, ainsi que ceux de vigogne & de demi vigogne destinés pour les provinces reputées étrangères doivent quarante sous par douzaine pour droit de sortie au lieu des droits d'une livre & de trois livres que portoit le tarif de 1664.

Quant aux Chapeaux de feutre garnis ou
non

non garnis ils doivent payer les droits de sortie par cent pesant comme mercerie.

Lorsque les Chapeaux de quelque espèce qu'ils
soient, ont été fabriqués dans le royaume &
qu'on les envoie directement à l'étranger, ils
sont exempts de tout droit de sortie.

La douzaine de Chapeaux de paille doit trois
sous pour droit de sortie, conformément au tarif
de 1664.

Voyez *les lois citées*, & les articles ENTRÉE,
SORTIE, MARCHANDISE, ÉTOFFE, MERCE-
RIE, SOU POUR LIVRE, &c.

CHAPELAIN. Ce mot qui dérive de *cha-*
pelle est d'une signification fort étendue. On
l'applique aux ecclésiastiques habitués & déser-
vans dans des chapitres ; à ceux qui font le
service dans la chapelle du roi & dans la
maison des princes ; à ceux qui sous le titre
d'aumoniers, sont employés à dire des messes
dans des chapelles particulières ; à ceux enfin
qui sont possesseurs de chapelles ou de chapellenies érigées en bénéfices. On applique encore
quelquefois ce titre de Chapelain dans quelque diocèses, comme dans ceux de Clermont,
de saint Flour & de Limoges, à certains prêtres habitués dans une paroisse pour aider le
curé à la célébration des offices, & ces prêtres
sont plus particulièrement connus dans ces
diocèses-là sous le titre de *communalistes*.

Les Chapelains dans les chapitres sont regardés comme de simples coadjuteurs que les
chanoines se sont donnés pour leur soulagement
ment dans le chant & le service divin. En général ils ne participent point aux honneurs ni
aux privilèges des chanoines : ils doivent se

reſtraindre à ce qui leur a été originairemen
concédé, ou du moins s'en tenir à l'uſage &
la poſſeſſion. Il s'éleva anciennement entre le
Chapelains & les chanoines de la ſainte Cha
pelle de Paris, une conteſtation qui donna lieu
à un arrêt du 20 ſeptembre 1413 rapporté pa
Duluc, par Papon & par Tournet; ſuivant ce
arrêt il fut décidé que les Chapelains ne pour
roient prétendre ni ſtalle au chœur ni place a
chapitre, & que cette prérogative ne ſeroi
que pour les chanoines.

Un arrêt du 5 août 1705 a jugé au parle
ment de Paris que les Chapelains de l'égliſe
cathédrale de Meaux étoient ſujets à la juri
diction du chapitre, qu'ils ne pouvoient réſi
gner leurs chapelles ſans ſon conſentement, n
faire corps ſéparé du chapitre, ni s'abſen
ter ſans ſa permiſſion. Il leur eſt enjoin
par cet arrêt de faire les fonctions du chœu
qui feront exigées d'eux, avec faculté au cha
pitre d'aſſiſter à la reddition des comptes d
leurs biens communs, ſans qu'ils puiſſent ac
cepter de fondations, ni faire des baux emphi
téotiques ſans ſon conſentement.

Lorſque le titre d'établiſſement de ces Cha
pelains exiſte & qu'il paroît, il doit faire l
loi entr'eux & les chanoines; ſi au contrair
il ne paroît pas, on doit s'en tenir à l'uſag
& à la poſſeſſion, parcequ'il n'y a aucun re
glement général à ce ſujet; chaque égliſe a ſe
uſages particuliers. Il y a des égliſes par exem
ple, ou les Chapelains portent l'aumuſſe, &
d'autres où il ne la portent point.

Les Chapelains dans quelques égliſes ſont
amovibles, & dans d'autres ils ne le font pas
en les regarde comme amovibles lorſqu'ils ſont

aux gages des chanoines ; cependant on convient qu'ils ne peuvent être renvoyés fans fujet, & que l'infirmité & la vieilleffe ne font point des motifs pour les deftituer. Ils ceffent d'être amovibles lorfque leurs places font érigées en titre de bénéfice. Ils peuvent les réfigner ; mais pour l'ordinaire, comme nous l'avons dit, il faut le confentement du chapitre.

Grand-chapelain. L'office de cet eccléfiaftique étoit le même fuivant Bouchel que l'archichancelier. Le pere Thomaffin nous apprend que le chancelier de France étoit autrefois un eccléfiaftique ; il y avoit plufieurs chanceliers inférieurs qui étoient comme les fubftituts du grand chancelier qu'on nommoit archichancelier. La dignité de grand Chapelain s'eft éteinte lorfqu'on a ceffé de prendre les chanceliers dans le corps du clergé.

A l'égard des autres eccléfiaftiques qui portent le titre de Chapelains, voyez ce que nous allons dire à l'article CHAPELLE ET CHAPELLENIE, & ce qui fera dit à l'article COMMUNALISTE. (*Article de M. DAREAU*, avocat, &c.)

CHAPELLE, CHAPELLENIE. L'opinion la mieux fondée fur l'origine du mot *Chapelle* vient de cette efpèce de coffre ou de châffe dans laquelle on tenoit en dépôt les offemens & les reliques des martyrs : du mot *capfa* qui fignifie *chaffe*, eft venu celui de *Capella* qui fignifie *Chapelle*.

La vénération qu'on avoit anciennement pour les châffes des faints étoit telle que le lieu où l'on tenoit ces châffes, étoit un endroit de dévotion auquel on donna d'abord le nom *d'oratoire*, enfuite celui de *Chapelle*. De forte qu'aujourd'hui une *Chapelle* est un lieu de dévotion particulière , sous l'invocation de la sainte vierge , d'un saint ou d'une sainte , ou un lieu destiné à y honorer particulièrement quelques mystères de la religion. Et l'on appelle *Chapellenie* le bénéfice du chapelain.

Il n'étoit pas rare anciennement de voir fonder plusieurs Chapelles. La volonté d'un particulier à l'article de la mort suffisoit pour cela : son testament valoit un titre de fondation, Mais dans la suite des temps & aujourd'hui particulièrement depuis l'édit de 1749 qu'on appelle l'édit des gens de main-morte , il faut le concours & de la puissance ecclésiastique & de la puissance séculière.

Les Chapelles d'ancienne fondation auxquelles la puissance ecclésiastique n'a pas concouru ne sauroient être regardées comme des bénéfices , quand même elles seroient chargées de messes & d'autres services ; ce ne font que des fondations à la charge de ceux qui représentent les fondateurs. Mais quand une fois elles ont été autorisées par l'évêque , ce font de vrais bénéfices.

Parmi ces Chapelles autorisées de l'évêque, il y en a dont le titre est perpétuel , & d'autres dont il est révocable à volonté. Suivant Barbosa le titulaire ne peut être revoqué sans sujet , par humeur & par malice ; mais lorsqu'il né se comporte pas comme il doit le faire pour le service de la Chapelle , le patron peut alors le révoquer ; & l'on ne regarde pas ces fortes de Chapelles comme de vrais bénéfices.

On observe une différence pour l'adresse des lettres aux titulaires des Chapelles , suivant que ces Chapelles font feparées d'une églife particulière, ou qu'elles font renfermées dans l'enceinte de cette même églife : fi c'eft une Chapelle particulière, le pape adreffe les lettres en ces termes : *rectori Capellæ N*. Si c'eft au contraire une Chapelle dans l'intérieur d'une églife, l'adreffe eft telle : *N. porpetuo Capellano in facrâ æde*, &c.

Quand les Chapellenies font à titre perpétuel, ce font de vrais bénéfices ; & quoique les Chapelains réguliers foient amovibles à la volonté de leurs fupérieurs, cependant fi les Chapelles quoique fondées dans des églifes de réguliers devoient être fervies par des eccléfiaftiques féculiers, ceux-ci lorfqu'ils en feroient une fois pourvus feroient inamovibles. Rebuffe dit que dans le doute les Chapellenies font préfumées des bénéfices & être *fpiritualifées* s'il fe trouve une collation ou une inftitution faite par l'évêque ; fur quoi le commentateur de Catelan obferve que le patron à qui la collation appartenoit originairement, n'eft pas déchu de fon droit irrévocablement, & que le bénéfice peut reprendre fa première nature par une poffeffion de 40 ans foutenue de trois collations, quoiqu'il faille 40 ans depuis la dernière collation pour qu'un patronage foit prefcrit par trois collations confécutives d'un évêque.

On peut obtenir des provifions en cour de Rome pour des Chapellenies ; mais fi ces provifions font contre la fondation de ces Chapellenies, elles font nulles de plein droit, fans que le poffeffeur puiffe s'aider de la règle *de pacificis poffefforibus*. Fevret obferve que les ora-

toires particuliers n'ayant point le titre de b¢
néfice & que pouvant être deffervis par q¢
bon femble au fondateur , il y auroit abus
quelqu'un entreprenoit de fe faire pourvoir ¢
ces places en cour de Rome.

On comprend les Chapelles fous le nom ¢
bénéfices fimples, & comme telles on les aff¢
jettit à la régale.

A l'égard du fervice & des charges d'u¢
Chapelle , on doit confulter le titre de la fo¢
dation. Il y a ici cette différence entre un *prê*¢
& un *Chapelain* , que s'il eft dit par le tit¢
que la Chapelle fera donnée à un prêtre , ¢
titre eft facerdotal & dèslors il ne fuffit pas
un eccléfiaftique de fe foumettre à une pro¢
motion à la prêtrife dans l'année ; il faut qu¢
foit prêtre dans le temps même qu'il l'obtien¢
ce qui feroit différent fuivant les canoniftes , s¢
n'y avoit qu'une obligation générale de célé¢
brer des meffes : cette obligation ne rend poin¢
la Chapelle facerdotale , & il fuffit au fimpl¢
eccléfiaftique qui en eft pourvu , de faire célé¢
brer ces meffes par un prêtre.

Il y a des Chapelles qui exigent une réfidenc¢
habituelle , & d'autres qui laiffent à cet égar¢
une pleine liberté. Quoique le titre de fonda¢
tion ne parle point de la réfidence , elle peut f¢
préfumer requife par la nature même de la fon¢
dation. S'il eft dit par exemple qu'il fera nom¢
mé un prêtre pour célébrer tous les jours l¢
meffe dans la Chapelle défignée , il eft certai¢
qu'alors la Chapellenie exige une réfidence ¢
çe qui ne feroit pas la même chofe , fuivan¢
que nous l'avons obfervé , fi au lieu de nom¢
mer un *prêtre* , il étoit dit qu'on nommeroi¢

un Chapelain : ce Chapelain pouvant faire faire le service par autrui ne seroit pas obligé à la résidence. Sur quoi il faut remarquer que les Chapellenies qui exigent qu'on réside, sont incompatibles avec un autre bénéfice qui exige pareillement la résidence dans la même église & dans la même enceinte.

Le prêtre qui est chargé de dire lui-même les messes, n'est pas obligé de les faire dire par autrui lorsqu'il est malade. Mais les canonistes ne sont pas d'accord sur la durée de la maladie ; les uns font grace au malade pendant deux mois, les autres ne lui passent que huit à dix jours. A l'égard de l'application de la messe, le prêtre ne la peut faire à d'autre intention qu'à celle du fondateur, & il ne peut recevoir d'honoraire, qu'autant que le titre de fondation le lui permet : il est bon d'observer que ce titre de fondation est imprescriptible, soit par rapport à la nature du bénéfice en lui-même, soit par rapport aux charges & à la qualité des personnes qui doivent le remplir. Brillon nous apprend que dans l'église de Champigny en Brie, une Chapelle sacerdotale & à résidence par la fondation, quoique possédée pendant plus de cent cinquante ans au mépris de cette résidence, avoit été adjugée à un devolutaire par arrêt du parlement de Paris du 15 mai 1691.

Voici un fait à l'occasion d'une Chapellenie qui mérite d'être rapporté ; il étoit venu a vaquer un bénéfice de cette qualité dans la ville de Guéret : une dame croyant avoir droit de patronage, y avoit nommé un chanoine de la collégiale. Le sieur de Laval de la ville de Riom

Bb iv

en Auvergne, prétendit avoir droit à cette nomination en qualité de tuteur naturel de ses en
fans du chef de feu leur mère qui étoit un
demoiselle Frogier. Le sieur de Laval avoit un
de ses fils en état de posséder ce bénéfice, & il
lui en fit la collation. Le chanoine précedemment
pourvu, contesta d'abord au sieur de Laval le
droit de patronage, & prétendit subsidiairement
que quand ce droit lui seroit acquis, il ne pouvoit pas plus nommer son fils au bénéfice, qu'il
n'auroit pu s'y nommer lui-même. Ceci a donné
lieu à une contestation qui a été jugée au parlement de Paris au mois de mars 1775 ; & par
l'arrêt intervenu, il a été décidé que le sieur de
Laval avoit droit de patronage sur la Chapelle
dont il s'agissoit, & qu'il avoit pu légitimement
nommer son fils à ce bénéfice.

Les Chapelles sont sujettes aux visites des
évêques & des supérieurs dont elles dépendent,
& elles peuvent être taxées pour les décimes
comme les autres bénéfices.

Les Chapelles qui sont dans les églises & qui
ont été construites & dotées par des particuliers,
ne sont point à la disposition des marguilliers ;
c'est ce qui a été jugé au sujet d'une Chapelle de
Saint-Germain l'Auxerrois, par un arrêt du 18
mars 1602, rendu au profit du seigneur de Leu-
ville, contre le sieur Miron lieutenant civil au
châtelet de Paris. La fondation peut se prouver
non-seulement par le titre, mais encore par une
possession publique d'user de cette Chapelle à
l'exclusion des étrangers, surtout si, comme le
remarque Loiseau, cette possession est accompagnée de signes visibles de la fondation, tels que
des armoiries aux voûtes, au portail, à l'autel
ou à d'autres endroits de la Chapelle.

Si cette Chapelle étoit cependant fous la grande voûte de l'églife & qu'elle n'eût jamais été fermée, ou qu'il y eût long-temps que le public fût en poffeffion de s'y placer, elle ne feroit pas fi particulière au fondateur qu'il pût en écarter les paroiffiens : il lui fuffiroit d'y avoir les premières places pour lui & pour fa famille ; c'eft ainfi que s'en expliquent les mémoires du clergé ; mais fi cette Chapelle étoit dans une des aîles de l'églife avec une voûte particulière, le fondateur feroit autorifé à la tenir fermée.

Chapelles domeftiques. Ce font celles qui font dans les maifons mêm s des particuliers. L'ufage en a commencé du temps des premiers empereurs chrétiens. Conftantin avoit fait bâtir dans fon palais une efpèce d'oratoire où il alloit tous les jours faire fes prières. Nos rois ont eu leur Chapelle, qu'on appelle encore aujourd'hui *la Chapelle du roi.* Cette Chapelle dans l'origine, étoit l'endroit où l'on gardoit la châffe de faint Martin. Il y avoit des eccléfiaftiques deftinés à y faire le fervice, & c'eft parmi ces eccléfiaftiques, que l'on prenoit ordinairement ceux qu'on élevoit à l'épifcopat. Tout ce qu'il y avoir de plus pieux dans le clergé féculier & régulier formoit la Chapelle des rois; c'eft ce dont on peut s'inftruire dans le traité de la difcipline eccléfiaftique du père Thomaffin. Sous la feconde race il y avoit un *archi-chapelain* auquel étoit confiée la conduite de la Chapelle du palais & dont l'autorité étoit fort grande dans les affaires eccléfiaftiques. Il étoit dans les conciles comme le médiateur entre le roi & les évêques : fouvent il décidoit feul les conteftations, & ne faifoit fon rapport au roi que de celles qui étoient les plus

confidérables. Sa dignité s'éteignit avec la maifon
de Charlemagne, tant dans la France que da.
l'Allemagne. Ceux qui compofent aujourd'hui la
Chapelle du roi, font, le *grand aumônier*, qui
eft regardé comme le chef de tout le clergé du
palais, le confeffeur & les aumôniers fervant
par quartier. Sur quoi on peut obferver que les
officiers de la Chapelle du roi & de la reine ne
font point aftreints à la réfidence : ils ont des
privilèges particuliers communs aux Chanoines
des f i res Chapelles.

L'exemple de ces Chapelles particulières au.
rois & aux empereurs, a fait que lés grands fei
gneurs ont obtenu dans la fuite la faculté d'avoir
chez eux des oratoires. Des grands feigneurs
l'exemple a paffé à des perfonnes de moindre
diftinction ; de forte qu'aujourd'ui il eft très
commun de voir de fimples particuliers ayan
leur Chapelle domeftique.

Suivant l'efprit des canons, la conceffion de
Cha eiles, fur-tout à de fimples particuliers
doit être regardée comme peu favorable. Cette
conceffion dépend de l'évêque : il ne l'accorde
ordinairement qu'à condition qu'on affiftera à la
meffe de paroiffe les jours de Pâques, de Noël
de l'Epiphanie, de l'Afcenfion, de la Pentecôte
de la Nativité de faint Jean-Baptifte & du Pa
tron, avec défenfe à tout prêtre de célébrer ce
jours-là la meffe dans ces Chapelles fans une
permiffion particuliere, à peine d'excommuni
cation.

Oblations faites aux Chapelles. Les curés dan
les paroiffes defquels font fituées ces Chapelles
prétendent ordinairement aux offrandes qui s'y
font ; mais il faut diftinguer entre ces oblation

celles qui ont du rapport à quelqu'une des fonctions curiales & celles qui n'ont pour objet que la décoration & l'entretien de la Chapelle. Quant aux oblations de la première forte, elles sont regardées comme un honoraire des prières que fait le curé en cette occasion, & l'on ne peut point les lui disputer : honoraire cependant qui appartiendroit au chapelain lui-même, s'il y en avoit un en titre, & qu'il y fît les mêmes fonctions que le curé. A l'égard des oblations qui ont trait à la décoration ou à l'entretien de la Chapelle, le fondateur est en droit d'en faire l'application suivant l'intention des fidèles ; & les oblations de cette espèce font celles qui se font dans des troncs ou dans des lieux destinés à cet effet.

On connoît un arrêt du parlement de Bretagne du 18 février 1602, assez relatif à la matière dont il s'agit ici. Le sieur de la Marsilière avoit fait construire une Chapelle près de sa maison du Fretai dans une des extrémités de la paroisse de Bain : plusieurs particuliers y alloient faire leurs prières ; quelquefois aussi on y alloit en procession ; il s'y faisoit des dons & des oblations. Le recteur, c'est-à-dire le curé de Bain, prétendit que les oblations lui revenoient. Le seigneur du Fretai les lui disputa, en disant qu'elles étoient pour les réparations & pour l'entretien de la Chapelle : cependant elles furent adjugées au curé. Mais il est à observer que la Chapelle n'avoit point été consacrée, & que ce fut ce motif qui détermina l'arrêt. Une Chapelle non consacrée est celle qui n'a point reçu le sceau de l'approbation de l'évêque, & il semble dèslors qu'on ne peut point appliquer à une consa-

truction qui n'a aucune exiftence canonique, de
oblations qui dans l'efprit de ceux qui les font,
n'ont trait qu'à foutenir ce qui fe trouve jufte &
régulier. Au refte cet arrêt a paru fingulier à
bien des auteurs ; & Tournet qui le cite, avoue
que la même queftion a reçu dans d'autres cas
une décifion différente, décifion qui peut varier fuivant la diftinction que nous venons d'é-
tablir.

Un feigneur de paroiffe avoit · fait bâtir une
Chapelle dans fa maifon : il s'y étoit formé une
confrairie qui donnoit pour qu'on fît des aumônes,
Comme l'emploi de ces dons de charité devenoit
fufpect, il fut jugé par un arrêt contradictoire du
confeil privé dont il eft fait mention dans les
mémoires du clergé, que le compte de ces dons
feroit rendu à l'évêque diocéfain, & qu'à l'a-
venir il feroit nommé par le curé de la paroiffe
& par le fondateur, un adminiftrateur qui, à
cet effet, prêteroit le ferment entre les mains
de l'évêque.

Réparations des Chapelles. Celles qui font
conftruites dans les parties latérales d'une églife
font, fuivant Defgodets, à la charge des feigneurs qui en font les patrons, ou à celle des
chapelains titulaires. Mais d'après un arrêt du
12 avril 1688, on fait la diftinction fuivante :
Si les Chapelles ont été bâties avec le corps de
l'églife & qu'elles n'en faffent pour ainfi dire pas
un corps féparé, on juge qu'elles doivent être
entretenues par les habitans ; fi au contraire
elles paroiffent bâties après coup, on met les
réparations & l'entretien à la charge du chapelain.

Les patrons des Chapelles qui font fous le

voûte principale de la nef, ne font point tenus feuls des réparations à faire à la partie de la voûte correfpondante à leur Chapelle ; ils n'y font tenus que comme habitans, parce qu'il eft à préfumer que dans l'origine ils ont payé à l'églife pour avoir le droit d'une Chapelle , & que les habitans devant les faire jouir de ce droit, font obligés à toutes ces groffes réparations fans lefquelles la Chapelle ne pourroit plus fubfifter.

Dans la paroiffe de Marfilly fur Saône en Bourgogne , diocèfe de Langres, l'églife fut incendiée par les ennemis ; il n'en refta que les murs. Le chœur, qui étoit voûté, fouffrit moins de dommage que le refte de l'édifice ; & comme cette églife demeura long-temps fans qu'on la rétablît , deux principaux habitans firent conftruire chacun une Chapelle aux côtés du fanctuaire avec leur entrée par le chœur. Ce chœur menaçant ruine , les habitans intentèrent un procès aux gros décimateurs vers l'année 1660. Il y eut une defcente & un procès-verbal fur les lieux ; & de toutes les opérations faites à ce fujet, il réfulta que les gros décimateurs furent chargés des réparations du chœur , & les deux particuliers de celles des Chapelles qu'ils avoient fait conftruire.

Les habitans de Charonne près Paris, donnèrent au commencement de ce fiècle leur requête au confeil au fujet des réparations qu'il y avoit à faire à leur églife. Il fut dreffé procès-verbal de ces réparations le 22 août 1701. Dans ce procès-verbal furent comprifes les réparations qui étoient à faire aux voûtes & aux piliers buttans des parties latérales aux côtés du chœur,

quoique ces parties latérales euffent une clôture
à l'alignement de celle de l'entrée du chœur,
& il fut dit qu'au bout d'une des parties latérales étoit la Chapelle du feigneur, & que
cette Chapelle joignoit le maître-autel. En conféquence il fut décidé par arrêt du confeil du
12 août 1702, que les réparations à faire à
la Chapelle feroient fur le compte du feigneur
feul.

Remarquez que lorfqu'il furvient des réparations à faire à une Chapelle , & que ces réparations concernent les fondateurs , les chapelains
ne font tenus que des menues réparations d'entretien. Mais lorfque ce font de groffes réparations, elles concernent les patrons feuls, parce
qu'on fait que des chapelains ne feroient pas en
état de les fupporter.

Saintes Chapelles. Ce font des églifes diftin-
guées dont nos fouverains font les patrons &
les collateurs. Telles font les Saintes-Chapelles
de Paris, de Dijon, de Vincennes, &c. Ces
églifes jouiffent de certains priviléges qui déri-
vent de la libéralité des fondateurs.

Voici ce que nous apprennent les mémoires
du clergé au fujet des faintes Chapelles. Celle
de Paris fondée par faint Louis , reçut du roi
Charles VII par des lettres-patentes du 19 mars
1452, le don du produit de la régale dont elle
a joui pendant long-temps. On prétendit fous le
règne de François I, que cette conceffion ne devoit pas s'étendre au-delà de la Loire. La conteftation fut plus vivement agitee fous Henri II &
fous Charles IX ; elle fut portée aux états de
Moulins. La Sainte-Chapelle obtint une feconde
fois le même privilége par des lettres-patentes du

10 février 1466. Cette prérogative ayant donné
eu depuis à nombre d'altercations, Louis XIII
se détermina à révoquer la cession qui avoit été
faite à cette église du revenu des évêchés procédant du droit de régale ; mais Louis XIV pour
dédommager la Sainte-Chapelle, y réunit l'abbaye de Saint-Nicaise, diocèse de Rheims.

Le trésorier de la Sainte-Chapelle de Paris,
comme vicaire né du roi, a droit de conférer
les Chapelles de fondation royale qui sont tant
dans la Sainte-Chapelle que dans la ville & prévôté de Paris. En cas de concours des provisions
du roi & de celles du trésorier, les provisions
du roi prévalent, quand même celles du trésorier feroient mention de l'heure, sur-tout depuis l'article 3 de la déclaration du 10 novembre
1748.

Les chanoines & les officiers de la Sainte-
Chapelle de Paris participent à beaucoup de priviléges des officiers de la Chapelle du roi, aux
termes de deux déclarations, l'une du mois de
mars 1666, & l'autre du 2 avril 1727, toutes
les deux regiftrées au grand conseil. Ces derniers
font tenus pour préfens dans toutes les ég'i.es du
royaume pour les bénéfices qu'ils peuvent y
posséder, pendant tout le temps de leur service.
Ceux de femeftre pendant fix mois ; ceux de
quartier pendant trois mois, & deux mois encore à chacun d'eux pour venir à Paris & retourner à leurs bénéfices.

Ils doivent entrer en jouissance de leurs revenus quand même ils n'auroient pas fait le ftage
prefcrit par les ftatuts de plufieurs Chapelles, à
proportion néanmoins de ce qui en eft perçu par
les chanoines qui font pour lors le ftage, bien

entendu qu'on suppose qu'ils ont pris préalablement la possession personnelle que leurs statuts peuvent exiger, & qu'après le temps de leur service ils feront le stage.

On est obligé de les employer sur le tableau pour nommer à leur rang aux bénéfices dépendans des églises où ils ont des dignités ou des prébendes ; & s'il est d'usage que les nominations se fassent dans le chapitre, ils sont admis à y faire pendant leur temps de service, les nominations par procureur.

Les maisons canoniales doivent leur être déférées à leur tour, quand même les statuts des chapitres exigeroient une résidence actuelle, cette résidence étant suppléée par le service qu'ils rendent dans la Chapelle du roi ; & il leur est dû une participation à tous les autres revenus, à l'exception des distributions manuelles en argent.

La loi accordoit anciennement aux chanoines & autres bénéficiers de la Sainte-Chapelle de Paris, le privilége de la compatibilité avec d'autres bénéfices ; mais une déclaration du 18 décembre 1740, regiftrée au grand conseil, déroge à cet égard à celles de 1666 & de 1727 ; en conséquence ils ne peuvent plus posséder conjointement avec leurs dignités ou canonicats, aucun autre bénéfice à charge d'ames ou sujet par quelque titre que ce soit, à la résidence dans d'autres églises ; & s'ils étoient pourvus de pareils bénéfices, il seroient tenus de faire l'option de celui qu'ils voudroient retenir ; ce qui doit être observé, est-il dit, à l'égard des chantres & officiers de la Sainte-Chapelle, qui, sans être

pourvus

ourvus en titre , y doivent un fervice continuel à caufe des fonctions qu'ils y exercent.

Ce fut un procès pendant au grand confeil qui donna lieu à cette déclaration. Un chanoine de la Sainte-Chapelle prétendoit que fon canonicat n'étoit point incompatible avec d'autres béné-fices fujets à réfidence. Là-deffus les juges du grand confeil crurent devoir s'adreffer au roi qui , par fa déclaration , fit connoître qu'il y avoit une différence à faire entre les chanoines de la Sainte-Chapelle de Paris & les eccléfiafti-ques qui compofent fimplement fa Chapelle particulière. Les chapelains du roi ne fervant que par quartier, ne font pas aftreints à la même réfidence que les chanoines de la Sainte-Cha-pelle. Le fervice de ceux-ci eft habituel , au-lieu que celui des autres n'eft que paffager.

Lorfque le roi vient à la Sainte-Chapelle dans des occafions qui l'attirent au palais , c'eft la Chapelle du roi qui fait l'office à l'exclufion des chanoines de la Sainte-Chapelle.

Il paroît que dans l'origine la Sainte-Chapelle fut formée de ces eccléfiaftiques qui compofoient en grand nombre les chapelains du roi, puifqu'on voit qu'à part l'incompatibilité qui a été pro-noncée contre les bénéficiers de la Sainte-Cha-pelle par la déclaration du 18 décembre 1740 , les uns & les autres jouiffent à-peu-près des mêmes priviléges. Cependant c'eft encore une queftion fi les Saintes-Chapelles jouiffent comme la Chapelle du roi , de l'exemption de la juri-diction épifcopale : cette queftion fut agitée en 1750 au fujet du chapitre de Dôle ; & d'après les folides raifons données par M. l'archevêque de Befançon en faveur de la juridiction épifcopale, il réfulte que les Saintes-Chapelles bien différentes pour l'origine, pour l'état & pour les fonctions de la propre Chapelle du roi, ne font pas de leur nature exemptes de la juridiction ordinaire, & que celles qui le font ont eu des titres particuliers à cet effet : on peut voir la differtation de M. l'archevêque de Befançon dans les mémoires du clergé. On y voit auffi des particularités concernant les Saintes-Chapelles de Dijon, de Bourbon & de Vincennes. A l'égard de celle de Vincennes, on fe rappelle qu'il y a eu deux vicairies perpétuelles de fupprimées dans cette Chapelle par des lettres-patentes du mois de mai 1769, & que fur les revenus de ces vicairies, on doit prendre une rétribution pour deux fujets choifis par le tréforier pour adminiftrer les facremens & pour deffervir en fon lieu & place en qualité de fes vicaires, la cure du château de Vincennes.

Droit de Chapelle, qu'on appelle encore *droit de chape*, eft un droit dû dans certaines églifes par le titulaire d'un bénéfice lorfqu'il en prend poffeffion. Il eft parlé de ce droit à l'article CHAPE.

Chapelle d'un évêque. On appelle ainfi tous les ornemens particuliers d'un évêque, y compris la croix, la croffe, &c. Il y a des églifes cathédrales qui ont droit d'exiger tous ces ornemens à l'avénement de l'évêque à la prélature ; d'autres églifes ne peuvent l'exiger qu'après fa mort. *Voyez le traité de la difcipline eccléfiaftique du père Thomaffin ; le dictionnaire des arrêts ; le traité de l'abus ; le traité des vacances de M. Piales ; la jurifprudence canonique ; Defgodets fur les lois des bâtimens & les notes de Goupi ; le journal des audiences du parlement de Bretagne ; des lettres-patentes du 19 mars 1452 ,. & du 20 février 1466 ; les déclarations du mois de mars 1666 , du 2 avril 1727 , du 18 décembre 1740 ; des lettres-patentes du mois de mai 1769 , &c.* Voyez auffi les articles Chape, Chapelain, Collation, Patronage, Régale , &c. (*Article de M. Dareau , avocat , &c.*)

CHAPITRE. Ce mot en droit & dans le ftyle de la jurifprudence a différentes fignifications. Il fe prend , ou pour le corps du clergé qui compofe chaque églife cathédrale ou collégiale , ou pour l'affemblée actuelle des chanoines de chacune de ces églifes , qui feuls ont entrée avec voix délibérative dans ces affemblées , & forment feuls le chapitre de ces églifes. Ce mot fe prend auffi pour le lieu même où l'affemblée des chanoines fe tient ordinairement. Il s'employe de même pour défigner les affemblées , foit générales , foit particulières , qui fe font dans les ordres religieux : il fignifie encore les partitions ou divifions des comptes qu'ont à rendre les tuteurs , curateurs , adminiftrateurs , receveurs, régiffeurs , & tous les autres comptables : enfin il fert dans les citations à marquer certains endroits des auteurs , ouvrages & monumens que l'on cite.

La troifième & la dernière fignification font trop connues & s'entendent affez d'elles-mêmes pour avoir befoin d'explication : on va reprendre les autres dans l'ordre qu'on les a rapportées , & fur chacune expofer les principes & les décifions qui peuvent y avoir rapport.

Chapitre ou corps du clergé de chaque églife cathédrale ou collégiale.

On a cy-deſſus au mot *chanoine* ſuffiſament expliqué, comment dans les huitième & neuvième ſiécles ſe formèrent dans chaque ville épiſcopale ces corps connus ſous le nom de Chapitres. On y a vû qu'à l'exemple de ceux qui s'étoient établis dans chaque égliſe cathédrale, & qui en prirent le nom, il s'en établit d'autres ſoit dans la même ville ſoit dans les autres villes du dioceſe, ſous le nom d'égliſe collégiale. On y a pareillement expoſé, comment après avoir long-temps obſervé la diſcipline régulière, & conſervé la vie commune, ces corps ou Chapitres, car ils en avoient déjà pris le nom, s'en étoient peu à peu éloignés & en étoient venus par dégrés à l'état où nous les voyons aujourd'hui.

Malgré cette ſorte de relâchement, la bonne conduite, les vertus, les talens de pluſieurs chanoines & le rang dont ils jouiſſoient déjà ont toujours inſpiré pour les Chapitres & pour les chanoines une juſte conſidération : toujours on a regardé comme intéreſſant que les chanoines fuſſent pourvus de revenus ſuffiſans pour ſoutenir d'une manière convenable le dégré & l'état de chanoines.

C'eſt pourquoi conformément au règlement fait à ce ſujet par le concile de Trente *ſeſſ*. 24 *chap. 15 de reform.* l'ordonnance de Blois article 23 a réglé « qu'aux égliſes cathédrales & collé- » giales, ès quelles il ſe trouvera y avoir tel » nombre de prébendes, que le revenu avec les » diſtributions quotidiennes ne ſoit ſuffiſant pour » ſoutenir honnêtement le dégré & état de cha- » noine ſelon la qualité des lieux & des perſon- » nes, les évêques pourront procéder à l'aug-

» mentation de tel revenu, foit par union de
» bénéfices fimples, pourvu qu'ils ne foient pas
» réguliers, foit par réduction defdites pré-
» bendes à moindre nombre, pourvu qu'il foit
» fuffifant pour la célébration du fervice divin . . .
» le tout néanmoins avec le confentement du
» Chapitre & des patrons auxquels la célébra-
» tion appartient, fi lefdites prébendes font en
» patronage laïc.

Un arrêt contradictoire du grand confeil du
30 janvier 1667, a confirmé l'union faite par
M. l'évêque de Tulles de l'aumônerie de fon
églife cathédrale à la menfe du Chapitre de cette
églife, au préjudice des gradués qui avoient requis ce bénéfice.

Ce qui regarde les Chapitres des cathédrales,
ayant été traité dy-deffus au mot *cathedrale*, il
ne refte à parler ici que de ce qui peut être
commun aux Chapitres, tant des églifes cathédrales, que des églifes collégiales.

On peut réduire à quatre chefs principaux,
ce qui concerne cette matiète, 1° les devoirs
des Chapitres, 2° leurs droits, 3° l'adminiftration de leur temporel, 4° la difpofition des
bénéfices qui dépendent des Chapitres.

Des devoirs des Chapitres en général. Un détail
exact de toutes les obligations des Chapitres
pafferoit les bornes & fortiroit même de l'objet
que l'on s'eft propofé dans cet ouvrage ; une
partie de ces devoirs ne regardant que le for
intérieur de la confcience, & ne s'agiffant principalement ici que de ce qui peut avoir trait au
for contentieux : on fe contentera d'indiquer
fommairement ces devoirs ; s'il y a quelque

point qui paroiſſe demander une difcuſſion plus étendue, on pourra conſulter les articles diffé-rens auxquels ces points auront quelque rap-port, & l'on y trouvera ces objets plus appro-fondis.

L'un des principaux objets de l'établiſſement des Chapitres; & le ſeul pour ainſi dire qui leur reſte maintenant à remplir, c'eſt la célébration publique, ſolemnelle & perpétuelle de l'office & ſervice divin, auquel les autres miniſtres de l'égliſe trop occupés de l'inſtruction & de la con-duite des peuples, ne peuvent donner qu'une partie de leur temps : le premier ſoin des Cha-pitres doit donc être auſſi de ne rien négliger pour donner au culte extérieur toute la pompe, toute la décence & toute la majeſté qui lui conviennent. On a vu cy-devant au mot *cha-noine* les précautions que l'égliſe & l'état avoient priſes de concert pour engager & même obliger les chanoines à la réſidence & à l'aſſiſtance : c'eſt aux Chapitres de veiller à rendre cette aſſiſtance auſſi édifiante qu'elle doit être exacte ; & pour cela ils doivent être également attentifs à main-tenir la diſcipline & la régularité parmi leurs membres, & à ne choiſir, lorſque le droit leur en appartient, que des ſujets capables de rem-plir dignement les places de chanoines. Ils doi-vent adminiſtrer les biens communs en bons pè-res de famille, & préférer toujours l'avantage du corps à celui des particuliers. S'il leur eſt per-mis de montrer un zèle prudent pour la conſer-vation des droits, privilèges & prérogatives dont ils jouiſſent légitimement ; que jamais ils n'oublient qu'à cet égard une ſage modération

eft bien plus fûre qu'une infléxible rigueur ;
qu'ils fachent défendre avec fermeté, mais fans
chercher à étendre, à pouffer trop loin des privilèges que le nom feul rend odieux & défavorables.

Des Droits des Chapitres. Ces droits peuvent
être ou relatifs à la juridiction des évêques
dans les diocèfes defquels les Chapitres font établis, ou relatifs aux droits & pouvoirs des curés, dont les paroiffes ont quelque rapport
avec le corps du Chapitre, ou feulement avec
quelques-uns de leurs membres; ou relatifs enfin aux membres mêmes des Chapitres comme
foumis à l'infpection & à l'autorité du corps.

1° Quant à la juridiction épifcopale, de droit
commun les Chapitres y devroient être affujettis tant collectivement que diftributivement.
C'eft-à-dire tant pour le corps que pour les
membres en particulier. Ce font les évêques
qui ont été établis par l'efprit faint pour gouver-
ner l'églife : ils en font les pafteurs : chaque
diocèfe doit être regardé comme un bercail dont
la conduite & l'adminiftration ont été confiées à
l'évêque pour en prendre foin. L'évêque a befoin de coopérateurs fans doute ; mais toute
autorité dans fon diocèfe qui ne reconnoît pas
la fienne, & qui voudroit en devenir la rivale,
ne peut que nuire au maintien de la paix & du
bon ordre.

Auffi dans les premiers fiécles où la difcipline
fe foutenoit dans toute fa pureté & toute fa vigueur, ne connut-on aucun de ces partages d'autorité. Les évêques reconnoiffoient bien des fupérieurs dans l'ordre hiérarchique auxquels on
pouvoit porter des plaintes contre eux, fi l'on

s'y croyoit fondé ; mais chacun dans son diocèse pouvoit ordonner à tous ce qu'il jugeoit de plus convenable, sans craindre de s'en voir disputer le droit & de rencontrer des clercs qui se prétendissent autorisés à leur refuser l'obéissance.

On sent bien que dans le temps où se formèrent auprès des églises cathédrales & des évêques ces communautés de clercs, qui dans la suite sont devenues ce qu'on appelle aujourd'hui des Chapitres, il ne pouvoit encore être question de prétentions pareilles. Les évêques qui étoient les supérieurs, les chefs immédiats & l'ame pour ainsi dire de ces communautés, n'y voyoient que des membres soumis & respectueux, des inférieurs pour qui la subordination n'avoit rien de pénible, & à qui la bonté, la douceur des chefs & la part que ces chefs leur donnoient à l'administration & au gouvernement rendoit même la subordination agréable. D'ailleurs les membres de ces communautés ne possédant rien en propre & n'ayant point de droits personnels, quel intérêt auroit pu les porter à vouloir se soustraire à l'autorité & à la juridiction de leurs prélats ?

La cessation de la vie commune & de la discipline régulière dans les Chapitres, y fit bientôt germer de nouveaux sentimens & naître de idées différentes. Dès que les menses Capitulaires des églises cathédrales eurent été divisée des menses épiscopales, les chanoines oublian en quelque sorte les liens qui les avoient unis & qui les devoient toujours tenir attachés à leurs évêques, ne pensèrent qu'à se mettre en garde, qu'à se fortifier contre eux.

Déjà les monastères avoient obtenu plusieur

exemptions qui faisoient gémir St. Bernard :
moins touchés de ses plaintes, que jaloux des
privilèges qui les avoient si justement occasion-
nées, les Chapitres ambitionnèrent à leur tour
des exemptions. Ils en demandèrent ; ils en obtinrent, sur-tout dans les temps fâcheux, où
l'église étoit déchirée par des schismes cruels,
& où l'autorité flottante des prétendans au souverain pontificat, cherchoit à se faire des appuis
en prodiguant inconsidérément les faveurs,
les dispenses & les grâces en tout genre. C'est
sans doute une tache pour ces exemptions si
chères aux Chapitres, que l'époque même qui.
les a produites.

Ce n'est pas que les Chapitres n'aient souvent
eu lieu de se plaindre de la conduite des évêques
à leur égard, & qu'il leur, ait été interdit d'y
chercher une ressource ; mais ces exemptions
ne pouvoient la leur offrir ; ce ne sera jamais
par le renversement des règles que l'on pourra
parvenir à rétablir l'ordre. Aussi tout l'effet de
ces exemptions a-t-il été d'exciter, de nourrir
une sorte de rivalité entre les évêques & leurs
Chapitres, d'où sont résultées des divisions &
des contestations sans nombre.

Le mal n'eût pas été si grand, il n'y en auroit
même pas eu, si ces exemptions avoient toujours été bornées comme elles le furent d'abord,
à une protection temporelle contre les exactions
de quelques prélats & de leurs officiers. L'avantage en seroit toutefois peu considérable ; car
nous ne voyons pas que les bénéfices, les monastères & les Chapitres non exempts en conservent moins pour cela leurs droits temporels,
que ceux qui jouissent de l'exemption. Mais ces

exemptions demandées d'abord pour des droi
temporels, on chercha bientôt & l'on parvint à
les étendre à la juridiction des évêques ; celles
ci font les plus odieuses, les plus nuisibles au
bien commun & les plus opposées aux vraies
maximes.

C'est d'après ces principes que le concile de
Constance dans son règlement général sur les
exemptions, révoque un grand nombre de celles
qui avoient été accordées dans les temps de
schisme, défend d'en introduire de nouvelles,
& ne règle qu'une simple tolérance de celles que
le temps & les circonstances ne permettoien
pas encore de révoquer. C'est en suivant le vœu
de ce concile, que M. de Pibrac cité & loué par
M. Servin dans ses plaidoyers 30 & 32, protes
ta portant la parole en qualité d'avocat-généra
en 1565, de requérir en temps & lieu que tou
tes les exemptions fussent déclarées abusives.

« Le clergé de France ne regarde pas le
exemptions d'un œil plus favorable. Quoiqu
dans la demande qu'il a souvent réitérée auprè
de nos souverains pour la publication du con
cile de Trente, & que nos souverains avec rai
son n'ont jamais cru lui devoir accorder, il eû
toujours ajouté cette condition, *sans préjudi*
des priviléges & des exemptions des Chapitres (
autres communautés exemptes ; il ne faut pas re
garder cette modification comme une approba
tion que le clergé de France ait entendu donne
aux exemptions des Chapitres & des autre
corps exempts: il ne faisoit suivant la remarqu
du rédacteur des mémoires du clergé, que s
prêter aux circonstances du temps, qui ne per
mettoient pas de s'élever contre ces exemptio

n'en attendoit pas avec moins d'empreffement es conjonctures plus propres pour folliciter le rétabliffement de l'ancienne difcipline fur ce point. Ce fait eft amplement expliqué dans les actes du condile de Rheims tenu en 1574. On y propofa dans la feffion 18 de demander la publication dans la province de Rheims des décrets du concile de Trente fur les exemptions, pour terminer les différens entre les évêques & leurs Chapitres. Le cardinal de Lorraine, archevêque de Rheims, répondit qu'il le defireroit beaucoup, mais que le temps ne lui paroiffoit pas propre à former cette demande.

De ces obfervations tirées en grande partie d'un plaidoyer de M. Talon portant la parole en qualité d'avocat-général dans une caufe célèbre entre M. l'archevêque de Sens & fon Chapitre en 1667; il réfulte 1°. que dans tous les points où les Chapitres n'ont point obtenu d'exemptions; ils reftent affujettis à la juridiction des ordinaires, puifqu'ils n'en font affranchis dans les autres points, qu'en vertu de ces exemptions, 2°. qu'à l'égard des exemptions, dont les Chapitres jouiffent fur le fondement de leurs titres & poffeffion, les ordinaires doivent les refpecter, puifque l'églife & l'état les tolèrent; mais que de leur côté les Chapitres ne peuvent apporter trop de modération dans l'ufage & l'exercice de ces exemptions & privilèges, dont ils ne jouiffent, comme on vient de le dire, que par une forte de tolérance. Plus même ces priviléges font exorbitans, plus la modération doit être grande de la part des Chapitres, la tolérance à cet égard devant paroître auffi moins favorable.

CHAPITRE.

Pour obliger les ordinaires relativement aux exemptions des Chapitres, il faut, ainsi qu'on l'a tout à l'heure observé, que les Chapitres réuniffent des titres à la poffeffion. Celle-ci toute feule, quelque ancienne & paifible qu'elle fût, feroit infuffifante pour garantir & faire maintenir des exemptions de la juridicton épifcopale; on ne peut en effet acquérir ces exemptions par la voie de la prefcription feule. La maxime eft certaine & indubitable, elle eft fondée fur l'autorité des Papes S. Gregoire le Grand, Nicolas premier; Innocent III; fur l'autorité des conciles de Tours 1236, de Worcefter en 1240, de Ravenne en 1314; fur les Textes du droit canon & fur les avis des gloffateurs: Cujas & du Moulin fur les décrétales l'ont érigée & pofée en principe: elle a été adoptée & établie par MM. les avocats généraux dans leurs plaidoyers; on peut confulter ceux de MM. Capel, Servin, Bignon & Talon, cités & rapportés au tome 6 des mémoires du clergé page 894 & fuivantes.

Les titres feroient également inutiles, s'ils n'étoient accompagnés & foutenus d'une poffeffion conftante: la faveur du retour au droit commun ne permettroit pas d'avoir égard à des priviléges abandonnés par ceux qui les auroient obtenus.

Il ne feroit pas poffible de donner une idée exacte des exemptions des Chapitres en général: elles varient à l'infini, & font plus étendues ou plus reftreintes, fuivant le dégré de faveur & de crédit dont jouiffoient les Chapitres qui les ont follicitées & obtenues.

Parmi les Chapitres exempts, il en eft qui

e prétendent qu'une exemption perfonnelle, d'autres foutiennent qu'ils ont des exemptions ocales. Quelques-uns peu fatisfaits de n'être lus foumis à la juridiction de leur évêque ont porté leurs prétentions jufqu'à s'attribuer des droits quafi épifcopaux dans une partie du dio-cèfe. Les exemptions de territoire prétendues par les Chapitres, ne font pas toutes également odieufes. Plufieurs de ces Chapitres font demeu-rés foumis à la juridiction du métropolitain de leur province ; d'autres fe font fouftraits à la juridiction de tout fupérieur eccléfiaftique dans le royaume.

Les jugemens intervenus fur les conteftations élevées entre les évêques & leurs Chapitres au fujet des exemptions & privilèges prétendus par ceux-ci, ont auffi varié fuivant leurs titres & leur poffeffion. On peut voir entre autres fur cette matière un arrêt du parlement d'Aix du 15 janvier 1608, entre l'évêque de Caftres & fon Chapitre : un autre rendu au confeil privé le 16 janvier 1644, entre l'évêque d'Amiens & fon Chapitre ; un autre du parlement de Paris du 20 décembre 1666, entre l'évêque de Noyon & le Chapitre de l'églife collégiale de Péronne ; deux autres du 28 juin 1667, & du 2 feptembre 1670, rendus au parlement de Paris entre l'ar-chevêque de Sens & fon Chapitre ; un autre du même parlement du 29 mars 1671 entre l'évê-que de Luçon & fon Chapitre ; un autre du confeil d'état du 21 janvier 1673, entre l'évê-que d'Autun & le Chapitre de Vezelai ; un autre du parlement de Paris du 4 juin 1674, entre l'évêque d'Orléans & le Chapitre de St. Aignan; un autre du confeil privé du 11 mars 1677, en-tre l'archevêque d'Aix & fon Chapitre ; un autre

du parlement de Paris du 4 septembre 1684
entre l'évêque d'Angoulême & le Chapitre de
cette ville ; un autre du même parlement du
27 juin 1686 entre l'évêque du Mans & son
Chapitre ; un autre du conseil d'état du 10 février 1690 entre l'évêque & le Chapitre de
Beauvais ; un autre du conseil d'état du 15 mars
1693 entre l'évêque & le Chapitre d'Auxerre ;
un jugement rendu le 26 janvier 1700 par des
commissaires de sa majesté dans la cause de
l'exemption prétendue par le Chapitre de Vi-
viers ; un autre arrêt du conseil d'état du 10
Août 1700, entre M. l'évêque & le Chapitre
de Chartres ; un autre du parlement de Paris du
7 novembre 1700 entre l'archevêque de Tours
& son Chapitre ; un du conseil d'état du 18
août 1703 entre l'évêque de Noyon & le Chapitre de St. Quentin ; un autre du parlement de
Grenoble du 21 juin 1706, entre l'évêque de
St. Paul-trois-Châteaux & son Chapitre.

Tous ces arrêts sont rapportés tome 6 des
mémoires du clergé. Il en a encore depuis été
rendu un par des commissaires de sa majesté le
20 décembre 1721 pour l'évêque d'Oleron
contre son Chapitre ; un autre au conseil d'état
le 4 octobre 1727 entre l'évêque de St. Malo
& son Chapitre ; un autre aussi au conseil d'état
entre les mêmes parties le 16 mai 1733 ; un
autre au même tribunal le 20 septembre 1735,
pour M. l'évêque de Rieux contre son Chapitre ; un autre le 8 septembre 1746 entre M. l'é-
vêque d'Aire & son Chapitre ; un autre du 15
juillet 1749 entre l'évêque du Mans & son Chapitre , qui avoit renouvelé les contestations
terminées par l'arrêt de 1686 ; enfin, car il faut
se borner dans cette énumération, un autre aussi

endu au confeil d'état entre M. l'archevêque de Bezançon & le Chapitre de Dole le 29 janvier 1750. Ce dernier arrêt a déclaré abufives les exemptions accordées au Chapitre de Dole par des bulles des papes Benoît XII & Jean XXIII.

Par cette lifte qu'il n'eût été que trop facile de prolonger, on voit de combien de diffenfions les exemptions ont été la caufe. Au milieu de ces combats, de ces conflits d'autorité entre les évêques & leur Chapitre, quel pouvoit être leur concert, leur concours pour le bien commun du diocèfe, & quel préjudice n'en a-t-il pas dû réfulter?

Les jugemens intervenus fur ces différens ne peuvent point former de règle, fi ce n'eft pour ceux entre lefquels ils ont été rendus; & l'on ne peut argumenter ici d'un Chapitre à l'autre, à moins que les exemptions ne foient abfolument conçues dans les mêmes termes & n'aient reçu une femblable exécution : car en fait de priviléges tout eft fingulier, & rien ne peut être tiré à conféqnence.

Tout étant auffi de rigueur & même odieux en fait de privilèges & d'exemptions, rien ne peut être fufceptible d'extenfion. Ainfi l'exemption accordée aux Chapitres ne s'étend point aux chapelles & aux églifes dépendantes de ces Chapitres, fi ces chapelles & ces églifes ne font pas expreffément comprifes dans les exemptions.

Le même principe qui veut que l'on reftreigne autant qu'il eft poffible les exemptions comme défavorables, a fait juger, & c'eft la difcipline préfente, que les Chapitres, quoique

en poffeffion de l'exemption, n'en demeuren
pas moins foumis à la juridiction des évêques
diocéfains en plufieurs cas particuliers.

Ainfi d'abord, malgré toute exemption dont
ils pourroient fe flatter & jouir, les Chapitres
font affujettis à la juridiction des évêques en ce
qui regarde l'exécution de leurs mandemens portant condamnation d'erreurs & concernant la
foi & la doctrine de l'églife, comme il a été jugé
contre les Chapitres de Soiffons, de Tours, de
Rouen & contre l'abbaye de St. Germain des-Prés.
C'eft en effet aux évêques, & aux évêques feuls
qu'appartient la connoiffance & le jugement de
la doctrine concernant la religion. L'article 30
de l'édit de 1695, qui le reconnoît formellement, enjoint expreffément a tout juge & aux
parlemens mêmes, de renvoyer aux prélats la
connoiffance & le jugement de ces matières, &
de leur prêter l'aide dont ils auront befoin
pour l'exécution des cenfures qu'ils pourront
faire. On fent affez combien à cet égard la reftriction des exemptions étoit légitime, & combien les Chapitres feroient peu recevables à vouloir s'en couvrir en pareilles circonftances.

Les Chapitres quoique exempts, ne peuvent
faire aucun mandement ni ordonnance pour les
proceffions générales, les *te Deum* & les autres
prières publiques qui fe font par ordre fupérieur,
ni pour la publication des jubilés ou indulgences:
ils doivent à cet égard fe conformer à ce qui eft
règlé & ordonné par les évêques, qui, dans
quelques endroits feulement, font tenus d'en
conférer avec leurs Chapitres, mais fans avoir
befoin de leur confentement, & qui dans les
autres diocèfes ne doivent que faire avertir gra-
cieufement

cieufement leurs Chapitres de ce qu'ils ont réglé & ftatué.

C'eft ce qui a été jugé par arrêt du parlement de Paris du 23 août 1635 pour M. l'évêque de Noyon contre le Chapitre de l'églife royale de Saint Quentin, qui fe prétendoit exempt & avoir la juridiction quafi épifcopale dans le territoire de cette ville; & par un autre arrêt du même parlement du 8 janvier 1647 pour M. l'évêque d'Amiens contre fon Chapitre, appelant comme d'abus des mandemens donnés par le grand vicaire de ce prélat pour ordonner des proceffions dans l'églife cathédrale & les autres églifes qui font de la pleine inftitution & collation du Chapitre.

Dufrene après avoir rapporté cet arrêt livre 4, chapitre 45 du journal des audiences, obferve que M. Omer Talon qui porta la parole dans cette affaire en qualité d'avocat général, expofa que pour les prières publiques relatives aux néceffités du diocèfe comme en temps de pefte, de grande fécherefle, &c. l'évêque procédoit comme pafteur ordinaire & devoit en communiquer & prendre l'avis du Chapitre pour ordonner ces prières & les annoncer; mais qu'à l'égard des prières qui fe font par ordre fupérieur, M. l'évêque n'y procède pas fimplement comme ordinaire. Cette diftinction a de quoi furprendre de la part d'un magiftrat d'une auffi grande fagacité; ce n'eft au contraire qu'en leur qualité d'ordinaires que les évêques reçoivent & fe font un devoir d'exécuter les ordres fupérieurs dans le fecond cas dont parle M. Talon. Cette diftinction ne peut d'ailleurs rien avoir de favorable pour les prétentions des

Chapitres qui fe difent exempts , puifque c'e
précifément en confidération de leur qualité c
pafteurs ordinaires en laquelle agiffent les év
ques dans ces circonftances que leur a été c
devoit leur être réfervé le droit excluff d'o
donner & d'indiquer les prières publiques. To
ce qu'on pourroit inférer de cette diftinctior
c'eft que dans le cas où les prières publiqu
font indiquées & règlées par les évêques d'apre
les ordres fupérieurs qui leur ont été adreffé
les Chapitres qui fe prétendent exempts fe rer
droient doublement coupables en y manquan
puifqu'ils manqueroient tout à la fois & à
déférence qu'ils doivent à leur évêque , & a
refpect que leur doit infpirer la puiffance dor
eft émané l'ordre fupérieur , qui a détermir
l'évêque.

Il y a encore un autres arrêt conforme renc
au parlement de Paris le 30 décembre 1643 , e
faveur de l'évêque d'Amiens contre le Chapit
de Roye , qui a maintenu le prélat dans la po
feffion de publier le jubilé dans la ville & terr
toire de Roye, prétendus exempts par le Chap
tre , & déclaré n'y avoir abus dans fon ordor
nance à ce fujet.

Un autre arrêt du confeil privé du 20 novem
bre 1643 , a fait très-expreffes inhibitions & de
fenfes aux doyen , chanoines & Chapitre d
Bordeaux, de recevoir d'autres perfonnes qu
de l'archevêque ou de fes vicaires générau
en fon abfence, l'ordre pour rendre les action
de grâce, & faire les prières publiques que f
majefté aura trouvé bon être faites en cette égli
fe; a ordonné que l'acte capitulaire du 28 ma
feroit fupprimé; que le fyndic feroit des ex

cufes à l'archevêque au nom du doyen & du Chapitre ; leur a fait défenfes de faire à l'avenir de pareils actes, & leur a enjoint de rendre à l'archevêque l'honneur & la révérence qu'ils lui devoient.

Un autre arrêt du confeil d'état du 16 mai 1693, porte des difpofitions à peu près femblables en faveur de M. l'évêque d'Auxerre contre fon Chapitre : il y en a encore un conforme en faveur de M. l'évêque d'Evreux, rendu auffi au confeil d'état le 2 janvier 1714.

La chofe devoit alors fouffrir d'autant moins de difficulté, que par l'article premier de la déclaration du 30 juillet 1710, enregiftrée au parlement de Paris le 21 août fuivant, Louis XIV avoit ordonné « que les mandemens des » archevêques, évêques ou de leurs vicaires » généraux, qui feroient purement de police » extérieure eccléfiaftique, comme pour les fon- » neries générales, ftations du jubilé, procef- » fions & prières pour les néceffités publiques, » actions de grâces & autres femblables fujets, » feroient exécutées par toutes les églifes & » communautés eccléfiaftiques, féculières & » régulières, exemptes & non exemptes, fans » préjudice à l'exemption de celles qui fe pré- » tendent exemptes en autres chofes.

Cette fage difcipline eft fondée fur ces maximes inconteftables que les Chapitres des cathédrales furtout, font bien les premiers corps eccléfiaftiques des diocèfes, mais qu'ils n'en font pas les pontifes ; qu'à l'évêque appartient de droit de préfider aux chofes faintes dans fon diocèfe, & de régler ce qu'il croit de plus convenable & de plus utile pour les prières folemnelles, comme pour tout ce qui regarde la conduite des ames, ainſi que l'a déclaré le concile de Trente, *ſeſſ. 21. cap. 8. de reform.* (*)

Quoique les Chapitres ſe prétendent exempts & jouiſſent de l'exemption, les chanoines ſont tenus d'aller en proceſſion avec l'évêque : il y a plus de trois cens ans que cette queſtion a été jugée au parlement de Paris, contre le Chapitre du Mans. M. Jean Galli ou le Cocq en rapporte l'arrêt dans la 326 de ſes queſtions. M. Maynard liv. 1, chap. 5 de ſes queſtions notables, écrit que des chanoines du pays de Languedoc, avoient eu deſſein de refuſer d'aller en proceſſion avec leur évêque ; mais qu'avertis du châtiment qu'on leur préparoit & mieux conſeillés, ils avoient changé de conduite & fait leur devoir.

Les Chapitres même exempts, ne peuvent rien s'arroger en ce qui regarde l'autoriſation & la reconnoiſſance des miracles. Il eſt réſervé aux évêques ſeuls de les vérifier, conſtater, admettre & faire publier. C'eſt la diſpoſition de l'article 10 du règlement fait pour les réguliers, conforme à la diſcipline du concile de Trente, *ſeſſ. 25*, *de invocatione ſanctorum:* pluſieurs conciles tenus en France ont adopté & renouvelé ces diſpoſitions ; on les trouve dans le concile de Reims en 1564, dans celui de Rouen en 1581, de Tours en 1583, d'Aix en 1584 & de Narbonne en 1609. On conſerve dans les archives de Rouen l'acte d'une ſatisfac-

---

(*) *Quacumque in dioceſi ad Dei cultum ſpectant, ab ordinario diligenter curari, atque iis, ubi oportet, providëri æquum eſt.*

tion faite à un archevêque de Rouen en 1452
par les cordeliers de cette ville qui avoient publié un miracle sans l'approbation de l'ordinaire.

Les miracles tiennent en effet de trop près &
sont trop liés à la doctrine, pour en permettre la
vérification & le droit de les faire publier à
d'autres qu'aux évêques, à qui le dépôt & l'en-
seignement de la vraie doctrine ont été spécialement confiés.

C'est par de semblables motifs qu'on a réservé
pareillement aux évêques dans leurs diocèses,
l'admission & tout ce qui regarde la vénération,
l'exposition & la translation des reliques des
saints.

Ce droit des évêques est confirmé par les
conciles tant anciens que modernes. Le canon
50, dit d'Afrique, en contient une disposition
expresse qui a été renouvelée par le concile
tenu à Mayence sous Charlemagne. Le concile
de Trente, à l'endroit qu'on vient de citer,
en a fait une règle expresse; le quatrième concile
de Milan, sous saint Charles Boromée, y a joint
plusieurs réglemens très-sages & très-utiles.
Presque tous les conciles provinciaux tenus en
France depuis celui de Trente, en ont emprunté
les dispositions & même les termes sur ce sujet.
On peut voir le concile de Cambrai en 1565, de
Bourges en 1584, d'Aix en 1585, de Toulouse
en 1598, de Narbonne en 1609, de Bordeaux
en 1524.

Toutes les fois que les Chapitres même exempts
ont voulu entreprendre sur cette autorité des
évêques, leurs entreprises ont été reprimées.
L'arrêt rendu au conseil d'état le 20 février 1690,
entre l'évêque de Beauvais & son Chapitre porte,

que le changement des reliques de faint-Evro
de l'ancienne châffe en la nouvelle ne fe fera,
que fur la requifition du Chapitre à l'évêque par
fes députés, avec lefquels l'évêque en conférera
& réglera tout. Les Chapitres quoique jouiffant
de l'exemption, ne peuvent même faire porter
proceffionnellement leurs reliques & châffes
fans le pouvoir fpécial de l'évêque, dans les occafions de néceffités publiques, comme il a été
jugé pour M. l'évêque d'Auxerre contre fon Chapitre, par arrêt du confeil d'état du 26 Mai 1693

Par une fuite des mêmes maximes on ne peu
expofer à la vénération des fidèles dans aucun
églife, même exempte, des images, fi aupa
ravant elles n'ont été examinées & approuvée
par les évêques. Ce point a de même été régl
par le concile de Trente & par la plupart d
ceux tenus depuis en France, que l'on a cité
précédemment.

La conceffion des indulgences eft encore u
des droits réfervés fpécialement aux évêques
fans que les Chapitres exempts puiffent y pré
tendre aucune participation; mais ils peuven
participer aux indulgences que l'évêque accord
ou fait publier; car la publication même des in
dulgences accordées par les fouverains pontifes
ne doit & ne peut fe faire que par l'autorité &
avec l'agrément de l'évêque, même dans le
églifes exemptes. Le concile de Trente, *feff*
25, *de indulgentiis*, l'a réglé ainfi d'après l'an
cienne difcipline à laquelle plufieurs concile
d'Italie & de France tenus depuis ce temps, on
conformé leurs difpofitions.

Malgré leur exemption les Chapitres ne peu
vent point introduire de nouveaux offices r

changer rien aux anciens fans le confentement &
l'autorité des évêques. C'eft ce qui a été jugé
par l'arrêt du confeil d'état du 10 février 1690,
pour M. l'évêque de Beauvais contre fon Chapitre ; & par un autre arrêt auffi rendu au confeil
d'état le 4 octobre 1727 en faveur de M. l'évêque
de Saint-Malo contre fon Chapitre.

Les Chapitres qui ont des bréviaires différens
de ceux des diocèfes où ils font établis , y font
maintenus , quoique d'ailleurs ils foient foumis
à la juridiction des évêques diocéfains. C'eft ce
qui a été jugé pour le Chapitre de Roye , par
arrêt du parlement de Paris du 30 décembre
1669 ; & par un autre arrêt du même parlement
du 13 avril 1709 en faveur du Chapitre de Tours.
Le droit & l'ufage d'avoir un bréviaire particulier
ne font donc pas une preuve d'exemption pour
les Chapitres. Auffi le Chapitre de Saint-Quentin,
quoiqu'il alléguât pour preuve de l'exemption
qu'il prétendoit , l'ufage & le droit d'avoir fon
bréviaire particulier , fut-il , par l'arrêt du confeil du 8 août 1703 , qui le maintint dans ce
droit , remis fous la juridiction de l'évêque de
Noyon.

Il n'eft pas non plus permis aux Chapitres ,
quelque titre d'exemption qu'ils puiffent avoir ,
de réduire par leur feule autorité & fans l'approbation des Évêques , les anciennes fondations
faites dans leurs églifes , même fous prétexte
que les fonds ne répondent plus aux charges.
La queftion a été jugée par l'arrêt du confeil
privé du 26 janvier 1644 contre le Chapitre
d'Amiens , & depuis par arrêt rendu au Parlement de Paris, le 20 janvier 1745 contre le
Chapitre de Noyon. Un des chefs décidés par

cet arrêt, porte que les fondations réduites par la délibération capitulaire du 13 avril 1741 ne seront point censées réduites, & comme telles exécutées, que préalablement le Chapitre ne se soit retiré par devers l'évêque de Noyon, pour être par lui pourvu, si faire se doit, à la réduction des fondations.

- Indépendamment des égards pour le caractere épiscopal que l'on a voulu marquer par cette réserve, elle étoit d'ailleurs dictée par les principes de l'équité naturelle, qui ne permet pas que l'on soit juge dans sa propre cause.

. Les Chapitres exempts ne peuvent rien régler, pour ce qui concerne les fabriques des cathédrales & des églises qui dépendent des Chapitres sans le concours & l'approbation des évêques. C'est ce qui résulte des arrêts déja plusieurs fois cités de 1644 entre M. l'évêque & le Chapitre d'Amiens, de 1667 & 1670 entre l'archevêque & le Chapitre de Sens, & 1727 entre M. l'évêque de Saint-Malo & son Chapitre ; ce dernier arrêt défend au Chapitre d'accorder des chapelles, des bancs ou places & autres choses concernant la fabrique de l'église de Saint-Malo, sans la permission par écrit de l'évêque ou de ses vicaires généraux.

- On suit les mêmes maximes par rapport aux sépultures. Les Chapitres même exempts ne peuvent en donner dans leurs églises aux personnes qui n'y ont pas droit, sans la permission de l'évêque. C'est un des points décidés par l'arrêt de 1644, entre M. l'évêque d'Amiens & son Chapitre. Le Chapitre d'Aix en vertu d'une délibération capitulaire, ayant en 1747 fait dans le chœur de son église l'inhumation de feu M. de la

Tour, premier préfident du parlement, fans avoir obtenu le confentement de M. l'archevêque, fans lui en avoir même communiqué ; ce prélat pour maintenir & venger fon autorité, rendit le 27 avril de la même année, une ordonnance par laquelle il défendit expreffément qu'aucune perfonne laique de quelque qualité & condition qu'elle fût, même qu'aucune perfonne eccléfiaftique féculière & régulière, à l'exception des dignités & chanoines de fon églife, fût inhumée dans le chœur de l'églife, fans fa permiffion expreffe & par écrit, avec défenfes fous les peines de droit à toutes perfonnes d'y contrevenir. Sur cette ordonnance le Chapitre révoqua d'abord fa délibération, mais bientôt après par un changement fubit il arrêta par une nouvelle délibération, que M. l'archevêque feroit fommé de révoquer fon ordonnance Ce prélat, auquel fe joignit l'affemblée du clergé qui fe tenoit alors, porta fes plaintes au roi. En conféquence, intervint arrêt au confeil d'état le 19 juillet 1748, qui caffa la dernière délibération du Chapitre, ordonna qu'elle feroit rayée & biffée fur le regiftre, l'arrêt infcrit en marge, & les ordonnances de M. l'archevêque exécutées.

Les Chapitres ne peuvent encore malgré leurs exemptions approuver des confeffeurs pour adminiftrer le facrement de pénitence à leurs membres ; ils doivent en prendre parmi ceux qui font approuvés par l'évêque ou faire approuver par l'évêque ceux qu'ils veulent choifir pour ce miniftère. Cette loi fondée fur les décifions des conciles, fur les difpofitions des ordonnances, n'eft pas moins fortement établie par la jurifprudence des arrêts. Il y en a un du confeil d'état rendu le 27 mars 1688, qui porte que les doyen,

chanoines & Chapitre de Beauvais ne pourront
choisir & nommer de confeffeurs pour ceux du
corps du Chapitre & autres qui en dépendent,
que parmi les prêtres approuvés par l'évêque.
Un autre arrêt émané du même tribunal le 8
octobre 1691 en faveur de M. l'évêque de Châlons contre fon Chapitre, ordonne que le doyen
feul de l'églife de Châlons pourra confeffer
& approuver des prêtres pour confeffer en
fon lieu & place les bénéficiers & habitués de
cette églife, & cela en vertu du pouvoir à lui
donné par l'évêque, dont le même doyen fera
tenu de faire mention dans fes approbations,
fauf à l'évêque de pouvoir révoquer les prêtres
ainfi approuvés par le doyen.

. L'évêque n'a pas befoin du confentement du
Chapitre, quoique jouiffant de l'exemption,
pour célébrer l'ordination dans l'églife cathédrale:
deux arrêts du parlement de Paris l'ont ainfi jugé;
le premier rendu le 15 février 1564 contre le
Chapitre de Châlons fur Marne, & le fecond du
4 août 1636 contre le Chapitre de Clermont.

De même l'évêque a prefque par-tout le droit
de nommer le prédicateur pour le carême dans
l'églife cathédrale : l'arrêt qu'on vient de citer
pour M. l'évêque de Châlons l'y a maintenu ;
la même chofe avoit été jugée en faveur de M.
l'archevêque d'Amiens par l'arrêt du confeil
privé du 26 janvier 1644, qui contient cette
difpofition particulière ; *qu'ayant ledit fieur
évêque nommé un prédicateur pour prêcher le carême
en l'églife cathédeale, il en donnera par chacun an
avis audit Chapitre trois mois au moins avant le
carême, afin de lui faire entendre, s'il trouve quelque chofe à redire en la perfonne du prédicateur.*

Il y a néanmoins des églises cathédrales où le Chapitre qui est chargé de l'honoraire du prédicateur est aussi en possession de le nommer. Cet usage peut avoir été introduit par quelque convention faite avec l'évêque, ou par quelque disposition de ceux qui ont fondé la retribution des prédicateurs.

Quoiqu'il en soit de ces usages pour les sermons du carême, & quelque exemption dont jouissent d'ailleurs les Chapitres, l'évêque n'en est pas moins en droit de faire donner la mission dans son église cathédrale, d'y faire prêcher & confesser, & faire faire tous les autres exercices ordinaires dans les missions, après en avoir donné avis au Chapitre, & en prenant pour les prédications & autres exercices des heures convenables, afin de ne pas troubler l'office canonial : c'est un des points décidés par l'arrêt rendu au conseil privé le 26 janvier 1644 entre l'évêque d'Amiens & son Chapitre.

L'exemption des Chapitres ne les autorise pas à donner des démissoires. Ce pouvoir est réservé aux évêques par une discipline dont on ne peut indiquer l'origine : le concile de Nicée en assura la pratique par son seizième canon, toujours confirmé par les conciles & par les papes. Cette règle ayant souffert quelques atteintes, le concile de Trente, *sess. 14, cap. 2, de reform. & sess. 23, cap. 8,* l'a renouvelée, avec peine de suspense contre les contrevenans (*). Plusieurs conciles provinciaux de France ont adopté ces

---

(*) *Si secùs fiat ordinans a collatione ordinum per annum, & ordinatus a susceptorum ordinum executione quamdiù proprio ordinario videbitur expedire sit suspensus.*

décrets, & les affemblées du clergé en ont fouvent fait l'objet de leurs délibérations. L'arrêt du parlement de Paris du 15 février 1664 en faveur de l'évêque de Châlons fur Marne, lui réferve expreffément ce droit exclufif contre les prétentions de fon Chapitre.

Ce même arrêt qui eft en ce point commun à tous les évêques à l'égard de tous les Chapitres même exempts, conferve à l'évêque de Châlons le droit d'affifter aux affemblées capitulaires, toutes les fois qu'il s'agit des biens de l'églife ou du fervice du roi.

Les exemptions ne fauroient difpenfer les Chapitres du refpect & des égards qu'ils doivent à leur évêque, comme au chef & au pafteur ordinaire du diocèfe. Plufieurs arrêts ont obligé les Chapitres même exempts, à faire vifite par députés à l'évêque lorfqu'il revient de quelque voyage un peu long, à députer des chanoines pour le recevoir lorfqu'il doit venir officier, & condamné les chanoines à s'incliner pour recevoir fa bénédiction.

L'objet de ces arrêts fait bien connoître à quelles minuties peut conduire la prétention des privilèges.

Les injures, irrévérences & autres offenfes dont un Chapitre exempt de la juridiction de l'évêque, ou quelques-uns de fes membres pourroient fe rendre coupables contre la perfonne de l'évêque ou de fes officiers, font ceffer les privilèges de l'exemption & foumettent les coupables à la juridiction de l'ordinaire.

C'eft une reftriction que les papes eux-mêmes ont fouvent eu foin d'appofer aux bulles d'exemption qu'ils accordoient aux Chapitres. Elle eſt formellement énoncée dans la bulle de Clément VII, confirmative des exemptions du Chapitre de Bourges ; bulle, dont au rapport de Chenu, le parlement de Paris, ſur la requête de l'archevêque de Bourges, ordonna l'enregiſtrement & l'exécution par arrêt du dernier juin 1542. Suivant Chopin il y a une ſemblable reſtriction dans la bulle de Clément V pour le Chapitre de Poitiers.

Fevret rapporte qu'un chanoine de l'égliſe d'Auxerre ayant commis une irrévérence contre la perſonne de ſon évêque, le prélat en fit informer par ſon official. Mais le Chapitre pour conſerver ſes privilèges d'exemption, s'étant pourvu aux requêtes du palais, l'évêque porta l'affaire au parlement, qui par arrêt du 4 mai 1604 renvoya les parties devant l'évêque de Nevers ; & par cet arrêt, comme le remarque Fevret, le parlement préjugea que les exempts en cas d'offenſe contre l'évêque diocéſain doivent ſubir ſa juridiction, ou du moins en cas de ſoupçon contre la perſonne de l'évêque, ils doivent être renvoyés à l'évêque plus prochain.

C'eſt auſſi le ſentiment de Fevret, & de pluſieurs autres auteurs, que les chanoines des Chapitres exempts qui ſont choiſis par l'évêque pour être les officiers, ſont par-là même ſouſtraits à la juridiction de leurs Chapitres & ne relevent plus que de celle de l'évêque, non ſeulement pour ce qui regarde les offices qu'ils ont auprès de l'évêque, mais pour ce qui concerne la correction même des mœurs. Il y en a une diſpoſition préciſe dans l'arrêt déja ſi ſouvent cité, & qui a été rendu contradictoirement

au confeil privé le 26 janvier 1644 entre M.
l'évêque d'Amiens & fon Chapitre. Un des chefs
de cet arrêt porte ce qui fuit : » fait fa majefté
» défenfe audit Chapitre de prendre à l'avenir
» aucune juridiction, ni connoiffance de caufe,
» fous quelque prétexte que ce foit, contre les
» officiers dudit évêque, quoiqu'ils fuffent du
» corps dudit Chapitre, à peine de cinq cens
» livres d'amende, &c ».

. La dignité épifcopale à laquelle il feroit in-
jurieux de voir les officiers de l'évêque foumis à
la juridiction & animadverfion de fes inférieurs,
le peu de faveur que méritent les privilèges qu'il
faut pour cette raifon reftreindre plutôt que de
les étendre, ont été les motifs & motifs bien légitimes du jugement du cenfeil privé, & de l'avis
de Fevret.

Quelques arrêts néanmoins n'ont exempté les
archidiacres de la juridiction des Chapitres, &
ne les ont foumis immédiatement à celle de
l'évêque que pour les fonctions archidiaconales.
Cette jurifprudence peut avoir des fondemens
qui n'ont rien de commun avec les grands vicaires & les officiaux des évêques. Les archidia-
cresfont tels par le titre de leurs bénéfices & non
par le choix de l'évêque. Dans prefque tous les
Chapitres, ils en font membres en cette qualité, & dans plufieurs en la même qualité, ils
font les premières dignités du Chapitre. D'où les
Chapitres ont inféré que les archidiacres ne dépendoient de l'évêque & ne devoient être foumis
à fa juridiction qu'en ce qui concerne les fonctions archidiaconales : ce qui a pu donner lieu
aux arrêts dont on a parlé.

Enfin l'exemption dont les Chapitres jouiffent,

ne les fouftrait point à l'obligation de fouffrir la vifite de l'évêque diocéfain toutes les fois qu'il la juge convenable. C'eft même par cette vifite que l'évêque doit commencer celle de fon diocèfe, fuivant la difpofition du concile de Lyon, renouvelée par le concile de Trente, *feff. 6, cap. 4 de reform.* fuivie par l'affemblée de Melun en 1579, par les conciles de Bordeaux en 1583, d'Aix en 1584, de Touloufe en 1590 & de Narbonne en 1599. Les difpofitions de ces conciles ont été adoptées par les ordonnances de nos rois : l'article 2 de celle d'Orléans eft conçu en ces termes : « tous abbés, abbeffes, prieurs,
» prieures, (non étant chef-d'ordres) enfemble
» tous chanoines, Chapitres tant féculiers &
» des églifes cathédrales ou collégiales feront in-
» différemment fujets à l'archevêque ou évêque
» diocéfain, fans qu'ils puiffent s'aider d'aucun
» privilège d'exemption, pour le regard de la
» vifitation & punition des mœurs, nonobftant
» oppofitions & appellations quelconques, &
» fans préjudice d'icelles, defquelles nous avons
» évoqué la connoiffance & icelle retenue en
» notre confeil privé ».

Auffi par arrêt rendu au parlement de Paris le 6 mai 1611, M. l'évêque de Toul fut-il maintenu provifionnellement dans le droit de vifiter le ciboire, les fonds baptifmaux & les faintes huiles dans l'églife collégiale & paroiffiale de Ligny, malgré l'exemption du Chapitre.

Mais il faut obferver que les évêques doivent faire en perfonne la vifite des Chapitres exempts, fuivant le règlement du concile de Trente & celui du concile de Bordeaux, auxquels notre difcipline s'eft conformée; au lieu qu'ils peuvent vifiter par eux, ou par leurs archidiacres, ou autres eccléfiaftiques les églifes paroiffiales qui dépendent des Chapitres, & où les Chapitres prétendent avoir droit de vifite, ainfi que le porte le quinzième article de l'édit de 1695.

. On voit par-là en combien de manières on a tâché de reftreindre les exemptions des Chapitres ; mais toutes ces reftrictions & limitations font on ne peut pas plus favorables, comme étant des retours au droit commun, qui doit toujours l'emporter.

, 2°. Les prétentions des Chapitres contre les curés quoique moins odieufes que les exemptions, n'ont guères moins excité de conteftations & de procès.

Grand nombre de Chapitres, de cathédrales & de collégiales ont foutenu avoir le droit, ou du moins être en poffeffion d'adminiftrer les facremens à leurs chanoines & bénéficiers malades, en quelques paroiffes de la ville qu'ils fuffent domiciliés, de même que de faire leur convoi après leur décès, & de, les tranfporter dans leurs églifes. De - là plufieurs différens entre les Chapitres & les curés des villes, & ces difputes ont donné lieu à différens jugemens. Quelquefois les arrêts ont été favorables aux Chapitres; quelquefois ils ont prononcé à l'avantage des curés.

. A l'appui des prétentions des Chapitres, on cite un arrêt rendu au parlement de Paris le 7 feptembre 1651, par lequel le Chapitre de l'églife de Paris a été maintenu dans les droits qu'il reclamoit à cet égard; un autre arrêt du même parlement en 1701, au profit du Chapitre de l'églife

l'église collégiale de saint Pierre de Tonnerre ;
un troisième du 9 août 1712, pour le Chapitre de Bourges, & trois autres arrêts obtenus
en différens temps par les Chapitres de saint
Quentin, de Sézanne en Brie, & de saint Martin de Tours.

Les curés n'ont pas moins de préjugés en leur
faveur. Une grande contestation à ce sujet se présenta en 1726, au parlement de Toulouse, entre le Chapitre & les curés de la ville. Le Chapitre concluoit à être maintenu au droit, possession & usage d'administrer les sacremens aux
membres & suppôts de l'église en cas de maladie, en quelque lieu de la ville qu'ils demeurassent, & de faire la levée & sépulture de
leurs corps en quelque église ou cimetière qu'ils
auroient élu leur sépulture, sans que les curés
des paroisses pussent assister à la levée & inhumation de ces corps, ni prétendre aucune portion de cire. Outre la possession articulée par
le Chapitre, il se fondoit sur le droit commun
& sur l'usage des autres cathédrales du royaume
dont il rapportoit trente certificats : Il citoit la
décision d'une décrétale, la disposition de plusieurs conciles, les sentimens de différens auteurs
& sur-tout les six arrêts dont on a parlé tout à
l'heure.

Malgré tous les efforts du Chapitre & tous ces
moyens, le parlement de Toulouse par son arrêt du 11 juillet 1735, maintint les curés de
la ville au droit d'administrer les sacremens aux
chanoines prébendés, bénéficiers & suppôts du
Chapitre, ainsi qu'au droit de faire la levée de
leurs corps lorsqu'ils décéderoient, & de les
conduire au lieu de leur sépulture, avec l'étole

& la croix de la paroiſſe, ſoit que la ſépulture
ſe fît aux égliſes métropoles, abbatiales, paroiſſiales & régulieres, ou dans les cimetières. Les
curés ont été maintenus auſſi par cet arrêt, au
droit de prendre .toute la cire qui ſeroit offerte
aux enterremens qui ſe feroient dans leurs égliſes,
& la moitié de celle qui ſeroit offerte dans les
autres égliſes.

Pareille queſtion ſe préſenta au parlement de
Paris en 1737, entre les Chapitres des égliſes
royales & collégiales de ſaint Martin & de ſaint
Laud d'Angers & les curés de la même ville.
M. l'évêque d'Angers avoit rendu ſur ce ſujet
une ordonnance portant règlement, dont les
deux Chapitres avoient interjeté appel comme
d'abus. Par ſon arrêt du 9 juillet 1737., rendu
ſur les concluſions de M. d'Agueſſeau, le
parlement déclara n'y avoir abus dans l'ordonnance de l'évêque, & faiſant droit au fond,
maintint le curé dans le droit & poſſeſſion d'adminiſtrer les ſacremens aux chanoines, chapelains, bénéficiers & autres membres des Chapitres de ſaint Martin & de ſaint Laud, qui ſeroient
domiciliés, ou qui ſe trouveroient malades dans
l'étendue des paroiſſes de la ville d'Angers,
autres que celles qui ſeroient dépendantes de
ces Chapitres, de même que dans le droit de
faire la levée des corps & de les conduire dans
leurs égliſes paroiſſiales, & de-là dans les égliſes
des chanoines, pour y être inhumés par ces
chanoines.

Le 14 mai 1739 le parlement de Bretagne
rendit un arrêt conforme à celui du parlement
de Paris, pour les curés de la ville de Nantes,
contre les chanoines & Chapitre de l'égliſe collégiale de la même ville.

· Ces arrêts annoncent quelle faveur la jurifprudence préfente accorde aux curés & à leurs
églifes. On doit même obferver que les arrêts
des parlemens de Touloufe & de Bretagne ont
fimplement prononcé pour les curés, par la maintenue au droit, fans y ajouter comme quelques
autres arrêts, au droit & poffeffion : d'où il
paroît fuivre que ces cours n'admettent aucun droit de prefcription contre le droit qui appartient aux églifes paroiffiales.

Quelque égard cependant que mérite le droit
de ces églifes paroiffiales, la longue poffeffion
des autres églifes, fur-tout des cathédrales, fembleroit demander autant de faveur & devroit faire
préfumer pour elles une réferve qui n'auroit en
foi rien que de légitime. Ces églifes ont été les
premières paroiffes des villes épifcopales: feroit-
il furprenant que lors de l'érection des autres paroiffes, on eût réfervé à la première un droit fur fes
membres, & la poffeffion où ces églifes fe font
confervées, n'eft-elle pas comme une preuve de
la réferve faite? Le même raifonnement auroit lieu
pour les Chapitres des collégiales dont on pourroit prouver que l'établiffement en quelque lieu ;
a précédé l'établiffement des paroiffes, & en a
fouvent été l'occafion. C'eft vraifemblablement
d'après la préfomption légale de cette réferve
que les mêmes arrêts des parlemens de Paris
& de Bretagne, ont établi la diftinction qu'ils
ont faite entre les paroiffes qui dépendent des
Chapitres & celles qui n'en dépendent pas, pour
accorder aux curés de celles-ci, plus de droits
qu'aux curés de celles-là. Ces réferves d'ailleurs devroient paroître d'autant moins cho-
quantes que pendant leurs vies, c'eft dans les

églises de leurs Chapitres que les chanoines & les autres bénéficiers remplissent tous les devoirs de la religion, & ceux principalement dont les simples fidèles sont obligés de s'acquitter dans leurs paroisses. Jamais les curés n'ont disputé cet usage & ce droit aux Chapitres ni à leurs membres; l'autre droit n'en paroîtroit-il pas une suite, à moins que la possession n'y fût contraire ? Cette possession sembleroit donc devoir être du plus grand poids : ou ce qui seroit encore plus à souhaiter, c'est que sur ce point comme sur tant d'autres, il intervint quelque loi générale & précise, qui pût fixer invariablement la jurisprudence, & prévenir les contestations entre les ministres des autels faits pour donner à tout autre état, des exemples de modération & de paix.

3°. Les Chapitres forment chacun un corps politique, une communauté légale, & à ce titre ils doivent avoir & ils ont sur leurs membres & suppôts, un droit de gouvernement, d'inspection & de correction pour le maintien du bon ordre, la décence & la police intérieure. Toutes les fois qu'ils ont usé de ce droit, les cours séculières se sont fait un devoir de les y maintenir, & de repousser les plaintes de ceux qui cherchoient à s'y soustraire.

Le Chapitre de Meaux ayant par une première ordonnance capitulaire, fait défense au sieur de Bonnechose, l'un de ses chanoines, de paroître au chœur en cheveux trop longs, & réglé par une seconde ordonnance, que ce chanoine seroit tenu pour absent jusqu'à ce qu'il eût fait couper ses cheveux; celui-ci se rendit appelant comme d'abus des deux ordonnances;

mais par arrêt du 18 mai 1654 rendu au parlement de Paris, il fut jugé qu'il n'y avoit abus : c'eft-à-dire que felon l'ufage d'alors, la cour fur l'appel, mit les parties hors de cour, & cependant condamna l'appelant en douze livres d'amende.

Le parlement de Bretagne avoit de même par fon arrêt du 7 octobre 1613, mis les parties hors de cour fur un appel comme d'abus, interjeté par un chapelain de l'églife de faint Pierre de Rennes, qu'à caufe de fes irrévérences au chœur, le Chapitre avoit été obligé de faire mettre hors du chœur & même renfermer dans une chapelle de l'églife, environ une heure pendant la célébration du fervice divin.

Il n'en eft pas ainfi de la police extérieure : les Chapitres n'y peuvent rien par de fimples ordonnances, s'ils n'ont foin de les faire homologuer aux cours de parlement. Le Chapitre de Laon avoit arrêté par une conclufion capitulaire du 19 juillet 1726, que les chanoines *in minoribus* feroient obligés d'aller étudier deux ans en philofophie & trois ans en théologie, dans une univerfité, fans quoi ils ne feroient pas admis à réfidence : l'objet de cette conclufion étoit louable fans doute ; mais c'étoit une forte de loi ou de réglement dont la fanction n'étoit pas au pouvoir du Chapitre : auffi fur l'appel comme d'abus qu'en interjeta le fieur Barbier, pourvu d'un canonicat de cette églife, & qu'on vouloit priver d'une portion de fon revenu, faute par lui de s'être conformé à cette conclufion capitulaire, elle fut déclarée abufive.

Quant aux fautes graves ou délits des chanoines , membres & fuppôts des Chapitres , fi ces Chapitres ont juridiction , ils peuvent en connoître non pas en corps , mais par le miniſtère de l'official qu'ils doivent nommer pour exercer leur juridiction contentieuſe , ainſi que l'obſervoit M. l'avocat général Talon , portant la parole dans une cauſe entre M. l'évêque de Noyon & le Chapitre de ſaint Furcy de Péronne.

L'arrêt qui intervint le 20 décembre 1666, au parlement de Paris , en maintenant le Chapitre de Péronne au droit & faculté d'avoir un official , pour exercer ſa juridiction ſur tous les chanoines & membres du Chapitre & même ſur tous les eccléſiaſtiques de la ville de Péronne, ajoute , *à la charge que huitaine après les plaintes qui lui ſeront portées , cet official ſera tenu de faire les inſtructions néceſſaires pour parvenir au jugement , autrement l'official de l'évêque diocéſain en pourra connoître.*

A l'égard des Chapitres auxquels on a conſervé un premier degré de juridiction , pluſieurs arrêts ont ordonné que le promoteur de l'évêque pourroit interjeter appel *à minimâ* des ſentences de l'official du Chapitre: le parlement de Paris par ſon arrêt du 4 ſeptembre 1684, entre M. l'évêque d'Angoulême & ſon Chapitre a pris ce tempérament , en maintenant l'exemption & la juridiction de ce Chapitre.

Le rédacteur des mémoires du clergé tom. 7, pag. 150, obſerve que l'on peut réſoudre par là une queſtion qui eſt propoſée par les canoniſtes , & qui conſiſte à ſavoir ſi lorſqu'un Chapitre qui a juridiction ſur ſes membres en a puni quelqu'un pour quelque faute dont il étoit accuſé , l'évêque dans ſa viſite lui peut impoſer de nouvelles peines pour la même faute ? Cet auteur convient que Barbofa, Garcias & d'autres après avoir fait la queftion, ont été d'avis que l'évêque ne le pouvoit : ils s'appuyent fans doute fur la célèbre maxime *non bis in idem :* mais ajoute le rédacteur, leur réponfe doit être entendue en cas que le Chapitre ait ordonné une peine proportionnée à la faute & que le coupable s'y foit foumis & l'ait fubie. Cette diftinction ne réfout pas la difficulté, & ne donne point d'atteinte à la réponfe des docteurs cités. De ce que le promoteur de l'évêque peut appeler des fentences de l'officialité du Chapitre, il s'enfuit bien que l'évêque par le miniftère de fon official, peut revifer les fentences du Chapitre & infliger de plus grandes peines, fi celles qui font portées par ces fentences ne lui paroiffent pas proportionnées au délit : mais ce n'eft pas là la queftion propofée où il ne s'agiffoit pas de favoir fi comme juge d'appel, l'official de l'évêque peut réformer les fentences de l'official du Chapitre ; mais de favoir fi après que l'official du Chapitre a prononcé, & que fans appel du promoteur de l'évêque, le condamné a fatisfait à la fentence, l'évêque en cours de vifite pourroit encore punir pour la même faute. Or avec les auteurs cités, on ne croit pas qu'il le puiffe, non feulement à raifon de la maxime qu'on a rapportée, mais encore parce qu'en cours de vifite l'évêque ne peut faire aucun exercice de la juridiction contentieufe, & il doit renvoyer à fon official tout ce qui peut être fufceptible d'une inftruction judiciaire.

De l'adminiftration du temporel des Chapitres.

Par rapport à l'adminiftration de leur tem-

E e iv

porel les Chapitres jouiſſent du même droit &
des mêmes privilèges que les autres corps. C'eſt
à eux que cette adminiſtration appartient. Elle
doit être réglée en corps dans les affaires importantes, & pour la manutention ordinaire &
journalière être régie & ſuivie par ceux des
membres que le Chapitre juge à propos d'en
charger ; mais toujours en ſe conformant exactement aux loix établies dans le royaume pour
les gens de main-morte.

Ainſi les Chapitres ne peuvent aliéner leurs
biens que pour les cauſes permiſes & dans les
circonſtances autoriſées par le droit, qu'en
obſervant toutes les formalités requiſes, & ſur-
tout avec l'autoriſation de l'évêque.

Les baux qu'ils font de leurs biens doivent auſſi être paſſés ſelon les formes réglées, & avec
les ſolemnités & l'inſinuation ordonnées par les
loix.

Quant aux emprunts de deniers faits par un
Chapitre, ils ſont nuls s'ils ne tournent au profit du corps, qui ne peut aliéner ni hypothéquer ſes revenus que pour les cas permis par
le droit.

Le Chapitre de Clermont ayant par des délibérations capitulaires, fait un emprunt dont
l'objet étoit de rembourſer aux chanoines des
avances qu'ils avoient faites aux chapelains de
de leur égliſe & ayant hypothéqué les revenus
du Chapitre, il fut jugé par un arrêt du parlement de Paris ſéant à Tours le 23 avril 1581,
que les chanoines payeroient ſur leurs propres
deniers & ſans pouvoir en eſpérer ni prétendre
rien ſur les revenus du Chapitre, ce que chacun
d'eux avoit reçu de l'emprunt fait, & défenſes

leur furent faites d'aliéner les revenus du Chapitre, sinon aux cas permis par le droit. Il n'y avoit qu'un chanoine opposant aux délibérations capitulaires & à leur exécution.

· On ne peut regarder comme cause légitime d'emprunt de la part d'un Chapitre, l'obligation de payer les décimes & les charges ordinaires, parce que ces charges doivent être acquittées avec les fruits des bénéfices, sans quoi ces bénéfices seroient bientôt détruits par la mauvaise administration des bénéficiers. Ce fut sur ces principes que par arrêt du mois de juillet 1768, le parlement de Toulouse cassa des délibérations d'après lesquelles le Chapitre d'Aleth avoit·fait des emprunts pour satisfaire au payement de pareilles charges.

Les procès ne doivent être intentés & poursuivis aux noms des Chapitres qu'en vertu de délibérations capitulaires, & pour les intérêts communs des Chapitres. C'est ce qui a été jugé par un arrêt du parlement de Grenoble du mois de janvier 1707, par lequel plusieurs chanoines du Chapitre de saint Paul trois châteaux ont été déchargés de toute contribution aux dépenses & emprunts faits pour la poursuite de deux procès que le sieur Valerian, syndic du Chapitre, & quelques autres chanoines avoient suivis au nom, mais sans intérêt, & sans délibération régulière du Chapitre, & il a été ordonné que ces dépenses & emprunts seroient supportés par le sieur Valerian & ses consorts en leur propre & privé nom.

Suivant la remarque de Papon, les privilèges, statuts & coutumes par lesquels en plusieurs Chapitres de cathédrales ou collégiales, les fruits des prébendes contentieuses sont acquis au

Chapitre, n'ont aucune force ; & celui des contendans qui a obtenu la recréance ou qui a été nommé féqueftre, ne doit pas moins jouir des fruits : cependant le 9 juillet 1565 en la caufe d'un chanoine prébendier de l'églife de faint Juft de Lyon, appelant comme d'abus d'un femblable ftatut de fon églife, il fut dit provifoirement que le gros & manuel des prébendes fe diviferoit également, le choix des parts réfervées aux plus anciens chanoines.

M. le procureur général au parlement de Flandres ayant interjeté appel comme d'abus d'un femblable ftatut, qu'il avoit appris être fuivi au Chapitre de Cambray, le fit déclarer abufif par arrêt rendu au parlement de Douai le 14 août 1730. Mais le Chapitre s'eft pourvu en caffation au confeil, qui a demandé les motifs de l'arrêt, & en a furfi l'exécution.

Papon obferve que les fruits des prébendes peuvent être acquis au Chapitre pendant qu'elles font vacantes, s'il a le droit d'y pourvoir, & qu'on l'a ainfi jugé au parlement de Bordeaux le .3 juin 1525.

Il eft d'un ufage conftant, fondé vraifemblablement & fur la prééminence des églifes cathédrales, & fur l'étendue de leur temporalité, que dans tous les diocèfes on prenne dans ces Chapitres au moins un des députés qui doivent former le bureau diocéfain pour les décimes.

Les Chapitres des cathédrales prétendent avoir le choix & la nomination de ce député, & l'on peut alléguer plufieurs raifons affez plaufibles à l'appui de cette prétention: mais il n'y a rien de certain dans la pratique, & les décifions des affemblées du clergé ont varié fur ce point. L'affemblée de 1635 ayant pris connoif-

fance d'une conteftation élevée à ce fujet entre le Chapitre & le clergé du diocèfe d'Aix,
maintint par fa délibération le Chapitre dans le
droit de nommer fon député. Même difpute s'é-
iant préfentée dix ans après, entre le Chapitre
& le clergé du Mans, le Chapitre fut débouté
de fa prétention par l'affemblée du clergé du 6
juin 1646. Le jugement porté par cette délibération fut même confirmé par arrêt rendu au
confeil le 8 août de la même année.

Il paroît par-là que la poffeffion de chaque
Chapitre & l'ufage de chaque diocèfe en particulier, fervent de principes & de motifs de décifion en cette nature comme en bien d'autres.

Plufieurs Chapitres de collégiales font auffi
en poffeffion d'avoir un député de leur corps
au bureau diocéfain & de le nommer ; & lorfque cette poffeffion eft bien établie, ces
Chapitres ne manquent pas d'y être maintenus.
Celui de Mortain diocèfe d'Avranches, obtint
un arrêt du confeil d'état en date du 23 juillet
1665, qui lui confirma la faculté d'avoir & de
nommer un membre de fon corps pour fyndic
de la chambre eccléfiaftique du diocèfe d'A-
vranches où il auroit voix active & paffive. Le
Chapitre de la cathédrale d'Avranches ayant
formé oppofition à cet arrêt & demandé le ren-
voi de la caufe à la chambre fouveraine des décimes de Rouen, fut débouté par un autre arrêt du confeil privé, du 23 février 1666.

De la difpofition des bénéfices qui dépendent des Chapitres.

La difpofition des bénéfices qui dépendent des cathédrales & collégiales, deman-
deroit un grand détail fi l'on vouloit entrer ici

dans toutes les queſtions qui peuvent y avoir rapport; mais ces queſtions ſeront traitées plus convenablement chacune ſous l'article qui peut y donner lieu.

On a déja obſervé au mot CHANOINE, que pluſieurs arrêts ont déclaré abuſifs les partages par leſquels des Chapitres avoient voulu diviſer entre les Chanoines les collations qui appartenoient au corps & devoient ſe faire par le Chapitre en corps.

On a de même obſervé que les Chanoines non promus aux ordres ſacrés, ne pouvoient nommer ni préſenter aux noms des Chapitres.

Il reſte ſeulement à remarquer ici que dans pluſieurs Chapitres dont les uſages ont été ſouvent confirmés par des arrêts, il y a des prébendes, chapelles & bénéfices affeſtés aux chantres, enfans-de-chœur & autres eccléſiaſtiques ſervant dans ces égliſes & que l'on ne peut déroger à cette affeſtation.

Chapitre, ou aſſemblée des chanoines d'une égliſe cathédrale ou collégiale, pour traiter d'affaires qui regardent le corps du Chapitre. On n'a commencé de donner le nom de Chapitre à ces ſortes d'aſſemblées que vers le tems où les chanoines, après avoir abandonné la diſcipline régulière & la vie commune, commencèrent à vivre chacun en leur particulier : juſqu'alors leurs aſſemblées s'étoient appelées *couvens* ou *collations*, noms empruntés des uſages des religieux, de même que les demeures des chanoines auſſi bien que celles des religieux, ſe nommoient monaſtères. C'eſt donc à juſte titre que *Molanus, lib. 2 de Canonicis, cap. 12*, taxe d'ignorance ceux qui, faute d'avoir obſervé cette conformité de noms,

veulent toutes les fois qu'il est parlé de monaſtères dans les écrivains de ce tems-là, qu'il
s'agiſſe de maiſons d'ordres monaſtiques, tandis que les monumens les plus inconteſtables dé-
montrent que c'étoient ſouvent de vrais colléges de chanoines.

On ne donne le nom de Chapitre qu'aux aſſemblées de chanoines qui ſe font dans le lieu
deſtiné à traiter de leurs affaires & pour en traiter en effet.

Ces affaires ſe rapportent à deux principaux
objets : le maintien ou le rétabliſſement de la
diſcipline, & l'adminiſtration du temporel.

Le premier objet eſt ſans doute le plus intéreſſant, mais trop ſouvent le plus négligé.
Tant que la vie commune fut en vigueur parmi
les chanoines, ils devoient, ſuivant le chapitre
123 de la règle dreſſée pour eux au Concile
d'Aix-la-Chapelle, venir tous les jours à une
collation ou conférence, pour y entendre la
lecture de l'écriture ſainte, reconnoître leurs
fautes, en être repris & punis, & traiter de
l'utilité & des affaires de l'égliſe. Ce pieux uſage
s'eſt perdu avec les autres pratiques de la vie
régulière.

On y a ſubſtitué ce qu'on appelle les *Chapitres
de diſcipline*; mais Chapitres qui ne ſe tiennent
qu'une ou deux fois l'année, & dont l'effet ne
peut être que fort médiocre.

Un concile de Cologne de l'an 1536, exhorte
les chanoines à tenir de ces Chapitres plus ſouvent & avec plus de ſoin : les conciles de Bordeaux en 1564, & de Touloufe en 1590, ordonnent même que dans tous les Chapitres on
commence par ce qui regarde la célébration &

la décence du fervice & office divin, la réfor
mation des mœurs & la punition des faures,
avant de s'occuper des affaires temporelles &
civiles du Chapitre.

Celles-ci ne laiffent pas d'avoir auffi de l'im
portance, & ne doivent être traitées, délibé
rées, conclues & arrêtées qu'en Chapitre,
parce que chaque membre doit prendre part &
concourir à ce qui regarde, touche & intéreffe
tout le corps.

Ce n'eft pas que tous les membres d'un Cha
pitre, en prenant ce mot dans fa première fi
gnification pour le corps du clergé d'une églif
cathédrale ou collégiale, doivent entrer & avoi
voix au Chapitre, pris pour l'affemblée qui
la direction, l'adminiftration & la conduite de
affaires. Tous les eccléfiaftiques attachés pa
quelque bénéfice ou même par quelque fervic
feulement à une églife cathédrale ou collégiale
font bien & peuvent être dits membres du Cha
pitre de ces églifes ; ils jouiffent de fes exemp
tions & priviléges, ils font foumis à fa correc
tion, à fa juridiction s'il en a une ; mais ils n
forment pas le Chapitre de cette églife : ce droi
eft réfervé aux chanoines prébendés & à eu
feuls, à l'exclufion de tous les autres bénéficier
de la même églife, à l'exclufion même des di
gnitaires qui ne feroient pas chanoines, à moin
que par la fondation & l'inftitution de leurs di
gnités, ou par un long ufage, ces dignitaire
n'aient le droit d'entrée, féance & voix a
Chapitre. Le parlement de Paris l'a jugé ainf
par arrêt du 23 août 1664, rapporté au journa
du palais. Cet arrêt a fait défenfes aux dignité
de l'églife de Poitiers non pourvues de chanoi

nies réelles & effectives, d'entrer au Chapitre, d'y prendre féance, d'y avoir voix délibérative, ni femaine de chappe pour conférer les bénéfices qui en dépendent.

Il n'y a d'exception à cette règle qu'en faveur du doyen, qui, comme chef de l'églife, a droit d'entrer & de préfider au Chapitre, quoiqu'il ne foit pas chanoine. C'eft ce qui a été jugé par un arrêt rendu au parlement de Paris le 15 juillet 1675, entre le doyen & le Chapitre de l'églife d'Amiens : le doyen fut maintenu dans le droit d'entrer au Chapitre, d'y préfider & de prononcer les conclufions capitulaires à la pluralité des fuffrages, en tout ce qui concerne le fpirituel, la correction des mœurs, la direction & la difcipline de l'églife, fans exception d'aucune délibération que de celles qui regardent le temporel des chanoines où il n'a point de part.

Cet arrêt eft cité par Van-Efpen, pour appuyer ce fentiment qu'il met en thèfe générale.

Rouffeau de Lacombe, dans fon recueil de jurifprudence, après avoir copié la difpofition du même arrêt au mot DOYEN, cite pourtant comme établiffant une jurifprudence contraire, l'arrêt rendu au même parlement contre les dignités du Chapitre de Poitiers qu'on vient de citer, quoique cet arrêt ne parle que des dignités en général, fans faire mention expreffe du doyen. Il ajoute qu'avant la réunion du Chapitre de S. Germain l'Auxerrois à celui de l'églife de Paris, le doyen du premier dont le bénéfice étoit de 12000 livres de rente, n'entroit point au Chapitre, fi en même-tems il n'étoit réellement chanoine, & qu'il en eft de même dans la plupart des autres Chapitres du royaume.

Il n'y auroit donc encore ici que des ufages locaux & particuliers, & point de jurifprudence générale, point de maxime univerfelle.

Un point généralement reconnu & déjà obfervé au mot CHANOINE, c'eft que les chanoines non-promus aux ordres facrés n'ont ni rang ni voix au Chapitre : ceux qui déjà promus au foudiaconat ne fe font point promouvoir dans l'an à l'ordre fupérieur attaché à leur dignité ou prébende, devroient aufli être privés de voix délibérative au Chapitre, fuivant la difpofition du concile de Vienne.

On a déjà fait obferver aufli précédemment, qu'un arrêt du parlement de Paris du 15 février 1561, avoit jugé en faveur de l'évêque de Châlons-fur-Marne, que l'évêque a droit d'affifter au Chapitre toutes les fois qu'il y eft queftion des biens de l'églife ou du fervice du roi. Cette jurifprudence eft appuyée fur des motifs trop puiflans, pour n'être pas maintenue s'il venoit à s'élever des conteftations à ce fujet.

Ceux des membres des Chapitres qui n'ont au Chapitre ni féance ni voix, doivent cependant y être appelés & s'y rendre lorfqu'il eft queftion de la difcipline & de la correction des mœurs ; autrement ces Chapitres ne produiroient pas tout l'effet qu'on a voulu procurer en ordonnant de les tenir. Mais ces membres n'y viennent alors que pour entendre ce qu'on peut avoir à leur dire, & non pour délibérer ; ils doivent même fe retirer dès que les délibérations commencent ; celles que l'on feroit en leur préfence, feroient nulles & fans force.

C H A P I T R E.   449

Il y a des Chapitres où les revenus des prébendes, des dignités, des vicaires cu chapelains, ne font point diftingués les uns des autres, & ne forment tous enfemble qu'une feule
& unique menfe, dont le revenu total fe divife
tous les ans fuivant les répartitions anciennes.
Dans ces Chapitres comme dans les autres, ce
font bien les chanoines, & les chanoines feuls,
qui forment le Chapitre & dirigent toute l'adminiftration ; mais les dignitaires, s'il y en a,
& les bénéficiers inférieurs, dont la fortune &
le revenu fe trouvent ainfi mélés & confondus
avec ceux des chanoines, doivent avoir le droit
d'affifter, au moins par députés, aux Chapitres
où fe règle l'adminiftration générale ; c'eft-à-
dire, à ceux qui fe tiennent pour la reddition
des comptes du receveur du Chapitre, relativement à la répartition des fruits & revenus
entre les divers cô-partageans ; pour les baux des
biens, pour les différentes adjudications &
pour les emprunts à faire. Quoiqu'en effet les
bénéficiers inférieurs ni les dignitaires même
qui ne font pas chanoines, ne puiffent même, à
raifon de cette confufion de revenus, prétendre
avoir voix délibérative au Chapitre, il ne feroit pas jufte de leur y refufer l'affiftance, parce
que la part qu'ils ont à ce qui s'y paffe, demande
néceffairement qu'ils en foient inftruits, afin de
pouvoir veiller à leurs propres intérêts, foit
par la voie des repréfentations, foit même par
celle de l'oppofition fi le cas le requiert : c'eft
çe qui a été réglé par plufieurs arrêts du parlement de Paris au fujet des vicaires en titre du
Chapitre de l'églife collégiale de Poiffy, dont
les revenus fe prennent fur la maffe commune

Tome IX.   F f

du revenu du Chapitre. Le dernier arrêt rendu en 1775 a maintenu ces vicaires dans le droit d'affifter, par deux de leurs députés, aux affemblées & délibérations capitulaires concernant l'adminiftration temporelle, ainfi que dans le droit de faire au Chapitre les repréfentations qu'ils jugeroient convenables. Ce même arrêt a décidé encore que les frais des procès mus entre les chanoines pour raifon de préféance & de prérogatives prétendues par les uns fur les autres, ne feroient point pris fur la maffe commune des revenus, parce que les vicaires qui n'avoient aucune part ni aucun intérêt à ces procès, ne devoient en rien fupporter, mais que ces frais feroient acquittés par le Chapitre fur les parts & portions qui devoient leur revenir.

Voilà ce qui regarde l'objet & la formation des affemblées capitulaires ; voyons ce qui peut concerner la manière de les tenir, d'y délibérer & de conclure les délibérations.

Il y a des affemblées ordinaires & des affemblées extraordinaires. Les premiers fe tiennent à des jours & des heures réglées ; les occafions & les circonftances peuvent engager à la tenue des autres dans tous les jours & à toutes les heures.

C'eft au doyen lorfqu'il y en a un, ou s'il n'y en a point, à la première dignité du Chapitre ; & s'il n'y a pas de dignitaire, au plus ancien chanoine, d'affembler extraordinairement le Chapitre ; mais en cas d'abfence ou de refus de la part de celui à qui le droit en appartient, les chanoines peuvent eux-mêmes convoquer extraordinairement le Chapitre lorfqu'ils en font requis ou que les circonftances le réquièrent.

C'eft ce qui a été jugé par arrêt rendu le 13 juin 1690 au parlement de Paris en faveur du Chapitre de l'églife collégiale de Nogent-le-Rotrou, contre le doyen du Chapitre.

Les affemblées tant ordinaires qu'extraordinaires, doivent toujours être indiquées & convoquées en la manière & avec les fignes accoutumés. Si l'on y manquoit, les délibérations prifes ne pourroient être regardées comme délibérations capitulaires. Un feul chanoine qu'on auroit négligé d'avertir & d'appeler, feroit déclarer nul tout ce qui auroit pu fe faire en fon abfence; il y a même des cas où l'on doit écrire aux abfens & attendre leur retour, ou leur procuration pour paffer outre à l'affemblée & à la délibération.

Il eft expreffément défendu aux chanoines de tenir leurs Chapitres ordinaires pendant les heures deftinées à l'office & au fervice divin. Cette défenfe portée par le concile de Bafle, & adoptée par la pragmatique-fanction, a été renouvelée par les conciles provinciaux de Rouen, de Rheims, de Bourges & de Bordeaux, & confirmée par plufieurs arrêts. On en cite entr'autres un rendu au parlement de Paris le 10 juillet 1546 contre le Chapitre d'Orléans; un autre rendu au même parlement au fujet de la même églife le 7 feptembre 1607; un autre donné aux grands jours de Troies le 12 octobre 1535 contre le Chapitre de l'églife collégiale de faint Etienne de la même ville.

Les Chapitres extraordinaires n'ont comme on l'a dit, & ne peuvent avoir ni jours ni heures fixes; ce font des cas imprévus qui en occafionnent & en exigent la convocation &

la tenue ; mais à moins de la plus urgente néceffité, on ne doit les affembler qu'après les
heures de l'office & fervice divin, attendu que
l'affiftance à l'office eft le premier & principal
devoir des chanoines. Tout doit être propofé,
examiné & délibéré dans les Chapitres : chaque capitulant doit avoir pleine liberté de dire fon avis, d'y donner fon fuffrage ; fans cela
il ne pourroit y avoir de délibération ni de
conclufion capitulaire.

Les chanoines capitulans ne peuvent opiner dans les affaires qui regardent les intérêts
de leurs parens. Si l'on recevoit leur fuffrage,
la délibération feroit nulle : le parlement d'Aix
l'a ainfi jugé par un arrêt du 10 mai 1644.

Lorfque dans un même Chapitre il y a plufieurs chanoines qui font parens, s'ils affiftent
enfemble à une délibération, s'ils font de même fentiment en cas de ponctuation ou de correction, leurs fuffrages ne font qu'une voix ;
mais ils ont chacun leurs voix & fuffrages,
lorfqu'il s'agit de préfentations, nominations
& chofes pareilles. Ce font les difpofitions de
deux arrêts rendus au parlement d'Aix, l'un
le 22 octobre 1663 ; l'autre le 5 juin 1666.

Ces difpofitions ont été adoptées par l'arrêt rendu au confeil d'état le 4 octobre 1727
entre M. l'évêque de St. Malo & fon Chapitre. Cet arrêt porte que les chanoines ne peuvent opiner aux affaires qui regardent leurs
parens au premier & au fecond degré inclufi-
vement ; que les frères, oncles, neveux & cou-
fins-germains, hors les cas de préfentations
pour les bénéfices, ou du choix des fujets
pour remplir les charges & offices dépendans

du Chapitre, ne forment entr'eux qu'une voix lorfqu'ils font du même fentiment. L'arrêt ajoute que les membres du Chapitre qui feront en procès les uns contre les autres pour des intérêts particuliers, ne pourront opiner en matière de correction, & feront tenus de fe reculer d'eux-mêmes.

Un doyen qui eft en même-temps chanoine, ne peut opiner d'abord comme doyen, puis comme chanoine ; il n'a dans les délibérations qu'une voix, tant comme chanoine, que comme doyen. C'eft un des points décidés par l'arrêt rendu au parlement de Paris le 13 juin 1690 contre le doyen de Nogent le Rotrou.

Mais en plufieurs Chapitres le doyen a la voix préprondérante : & en cas de partage, le parti duquel il fe trouve l'emporte.

La pluralité des fuffrages dans les affemblées du Chapitre fuffit pour former les délibérations capitulaires, & y donner toute la force dont elles font fufceptibles. Ce règlement fait au troifième concile de Latran fous Alexandre III, & confirmé par la décifion du pape Innocent III, eft adopté & fuivi prefque partout.

Il y a cependant des cas à l'égard defquels un feul chanoine eft recevable à s'oppofer à des délibérations capitulaires, même à s'en rendre appelant comme d'abus, & à demander que la difcipline & les ufages d'un Chapitre foient réformés.

On a cité ci-devant en parlant de l'adminiftration du temporel des Chapitres, un arrêt du parlement de Paris du 23 avril 1581, qui fur l'oppofition d'un feul chanoine avoit caffé

une délibération du Chapitre de l'églife cathédrale de Clermont, pour un emprunt.

L'appel comme d'abus ne feroit pas moins
reçu s'il étoit fondé ; mais il faut de juftes
moyens pour l'appuyer , fans quoi l'appelant
feroit rejeté avec amende , ainfi qu'il a été
jugé contre un chanoine de Tours , qui avoit
interjeté appel comme d'abus de plufieurs
actes & délibérations capitulaires & ufages de
fon Chapitre , & qui y fut déclaré purement
non recevable par arrêt rendu au parlement de
Paris le 22 décembre 1695 : arrêt que le rédacteur des mémoires du clergé rapporte tom.
2 , pag. 1409, avec ce fommaire : *arrêt concernant les cas à l'égard defquels un chanoine eft
recevable à appeler comme d'abus des délibérations
capitulaires , & à demander que la difcipline &
les ufages du Chapitre foient réformés.* L'arrêt en
queftion n'entre cependant à cet égard dans aucun détail, ne fpécifie rien , ne pofe aucun principe, ne porte aucun règlement, & fe borne
à déclarer l'appelant non recevable en le con-
damnant à l'amende & aux dépens, fauf à lui
à fe pourvoir, s'il le juge à propos, par devant
le Chapitre. Mais s'il a été déclaré non recevable , ce n'a pu être par défaut de qualité , puifque fon appel avoit d'abord été admis,
mais par défaut d'intérêt dans les circonftances fur lefquels il fondoit & motivoit fon appel.

Les délibérations & actes capitulaires doivent
être rédigés par écrit dans un regiftre deftiné
à cet ufage, & foufcrits par les chanoines qui
ont affifté au Chapitre , & par le fecrétaire du
Chapitre ; il doit y être fait mention des formalités obfervées.

Du Chapitre ou lieu dans lequel les chanoines ont coutume de s'assembler pour tenir le Chapitre. La seule chose à observer à ce sujet, c'est qu'on ne regarde comme assemblées vraiment capitulaires, que celles qui se tiennent en ce lieu; & si quelque empêchement légitime obligeoit d'assembler ailleurs le Chapitre en quelque occasion particulière, il seroit à propos d'exposer dans l'acte, s'il en étoit dressé quelqu'un, l'obstacle qui n'a pas permis de s'assembler au lieu accoutumé, & les motifs ainsi que la délibération prise de s'assembler ailleurs.

Des Chapitres des religieux. Dans les ordres religieux comme parmi les chanoines, & peut-être à leur exemple, on a donné le nom de Chapitre aux assemblées qui s'y tiennent pour délibérer & statuer sur les affaires spirituelles & temporelles d'une maison ou d'un ordre.

Suivant Van-Espen *juris ecclesiast. universi par.* 1, *tit.* 31, *cap.* 4, les religieux laïcs qu'aujourd'hui on appele frères convers, frères laïcs, n'avoient pas autrefois moins entrée & voix dans ces assemblées que les religieux promus aux ordres. Il auroit même été bien difficile qu'on en eût agi autrement: car dans tous les monastères le nombre des religieux constitués dans les ordres sacrés étoit le plus petit; souvent même il n'y avoit dans une communauté nombreuse que l'abbé qui fût prêtre; & si l'on remonte jusqu'à la première origine, on verra que pendant plusieurs siècles, les abbés & les religieux les plus pieux restoient dans le rang des simples laïcs; & lorsque le bien de l'église demandoit qu'on allât chercher dans les monastères des hommes dignes d'être élevés aux ordres, on les tiroit de leur folitude pour les placer dans les fonctions publiques du faint miniftère. Quoique le nombre des clercs & même des prêtres fe fût depuis accru beaucoup dans ces retraites, il y reftoit au moins autant de religieux, qui n'étoient diftingués des fimples laïcs que par la profeffion, l'habit & la conduite : & ceux-ci avoient continué de partager à tous les droits & au gouvernement, avec les religieux conftitués dans la cléricature & même dans les ordres facrés.

Cette difcipline, comme Van-Efpen l'obferve à l'endroit cité, ne changea que dans le cours du quatorzième fiècle, & l'occafion de ce changement fût la défenfe portée par Clément VI au concile de Vienne, d'admettre aux affemblées capitulaires des églifes cathédrales ou collégiales, féculières ou régulières, les chanoines de ces églifes qui ne feroient pas au moins fou-diacres. Les monaftères de religieux adoptèrent pour eux ce règlement, qui n'avoit été fait que pour les colléges des chanoines. Comme le nombre des clercs s'y multiplioit tous les jours, les frères lais ou convers furent écartés peu à peu, & enfin totalement exclus des Chapitres, d'abord par un fimple ufage, qui dans la fuite fe changea en règle, & acquit comme force de loi. Ce qui peut paroître plus étonnant, c'eft que cet ufage & cette règle ont paffé des monaftères d'hommes jufques dans les monaftères de filles, où cependant il auroit dû fembler difficile d'imaginer une efpèce de diftinction entre des perfonnes qui fe confacrant à Dieu par les mêmes vœux, ne pouvoient trouver de raifon de prééminence les unes fur les autres : car la nobleffe, ou l'opulence des familles ne doivent plus être considérées dans des personnes qui font profession de mourir au monde, & que le monde & les loix regardent comme mortes civilement. Un nouvel abus servit de prétexte à ce changement. Malgré les défenses réitérées des conciles, on s'étoit mis sur le pied & l'on a continué d'exiger de l'argent, ou du moins des dots des personnes qui vouloient se consacrer à Dieu par les vœux solemnels de la profession. Celles qui furent en état de payer plus grassement leur entrée, s'il est permis, ou puisqu'on est forcé de le dire ainsi, furent reçues comme religieuses de chœur, tandis que celles qui n'avoient rien, ou que peu chose à donner, ne furent admises que sous le titre de sœurs converses. Ces sœurs converses furent exclues des assemblées capitulaires dans les monastères de filles, comme les frères convers l'étoient dans les monastères d'hommes.

Il n'y a que l'ordre de saint François ou des frères-mineurs qui n'a point admis cette distinction odieuse à plusieurs égards. Les frères y conservent le droit de concourir par leurs suffrages avec ceux qui ont été promus aux ordres sacrés, & par un arrêt rendu en 1642 au parlement de Paris sur les conclusions du ministère public, les sœurs converses y ont été maintenues dans le droit de donner leurs voix pour les élections des abbesses de leurs monastéres. Cet arrêt est rapporté dans l'appendix, ou le supplément des centuries de M. Leprêtre. A l'exception de cet ordre & de celui des frères de la Charité dont l'institut ne pouvoit comporter une semblable distinction, dans tous les autres ordres les Chapitres ne font compofés que des religieux profès, promus aux faints ordres, & qui d'ailleurs ont rempli le temps & les conditions requifes par les conftitutions & règles des ordres, pour avoir voix délibérative au Chapitre.

Ces Chapitres font de trois fortes :

Il y a les Chapitres particuliers de chaque maifon ou monaftère ; les Chapitres provinciaux dans les ordres qui font divifés par province, comme font les ordres mendians, & enfin les Chapitres généraux.

LesChapitres particuliers de chaque maifon ou monaftère, font l'affemblée des religieux capitulans de ces monaftères ou maifons, tenue en la forme ordinaire & réglée par les conftitutions, foit générales de l'ordre dont dépendent ces maifons, foit particulières à ces maifons, fi elles en ont qui leur foient propres pour traiter de leurs affaires fpirituelles ou temporelles.

Le pouvoir de ces Chapitres eft différent fuivant les diverfes conftitutions des ordres dont ces monaftères dépendent, ou de ces monaftères mêmes s'ils ne font pas en congrégation & fous un chef.

Suivant la règle de faint Benoît, les Chapitres des monaftères gouvernés par des abbés ne font que le confeil de l'abbé & ne partagent point avec lui l'autorité du gouvernement: l'abbé doit bien d'après la règle confulter le Chapitre de fa maifon; mais il n'eft pas obligé d'en fuivre l'avis & n'a pas befoin de fon confentement, fi ce n'eft dans les cas exprimés dans le droit ou dans la règle. L'abbé Tritheme prétend qu'il y a sept cas dans lesquels l'abbé doit non-seulement consulter le Chapitre, mais avoir même son consentement. 1°. Lorsqu'il s'agit de l'aliénation des biens & fonds du monastère. 2°. Lorsqu'il est question d'admettre quelqu'un à la profession. 3°. Lorsqu'il veut affecter & hypothéquer les biens du monastère au payement de quelque rente ou redevance. 4°. S'il veut envoyer quelqu'un de ses religieux dans un autre monastère du même ordre. 5°. S'il veut faire admettre quelque statut ou quelque obligation que les règles n'ont pas prescrites. 6°. S'il veut accorder à quelqu'un l'association ou l'affiliation à son monastère. 7°. S'il veut donner une place monacale à perpétuité. L'abbé Tritheme ajoute qu'en plusieurs autres cas il est très-convenable que l'abbé ne fasse rien sans avoir demandé, & même obtenu le consentement du Chapitre, quoiqu'il n'y soit pas obligé selon les règles.

Mais Van-Espen observe avec raison que l'esprit & la lettre de la règle de St. Benoît ne mettant presque point de bornes au pouvoir des abbés ; on ne peut leur en prescrire d'autres que celles qui se trouvent marquées par la règle & par le droit, ou par l'usage constant d'une maison.

Ce qu'on vient de dire au sujet des abbés bénédictins, doit s'appliquer aux abbesses, ainsi qu'aux prieurs & prieures perpétuelles & en titre des monastères où il n'y a point d'abbés.

Dans les autres ordres & même dans les maisons de celui de St. Benoît dont les titres sont en commende, ou qui sont entrés dans les nouvelles réformes, le Chapitre de la maison n'en est pas seulement le conseil, c'est en lui que réside à proprement parler la grande adminiſtration & l'autorité véritable; le ſupérieur, ſous quelque nom qu'on le déſigne, n'a que la manutention & la ſurveillance de la diſcipline. Tout ce qui regarde l'intérêt commun de la maiſon doit ſe règler & s'arrêter en plein Chapitre & de l'avis & conſentement du Chapitre.

Il ſeroit impoſſible pour ainſi dire, ou du moins trop long d'entrer ici dans l'énumération des cas où le ſupérieur doit aſſembler le Chapitre, le conſulter & avoir ſon conſentement. On doit d'abord mettre dans ce nombre toutes les choſes dont parle l'abbé Tritheme, dans l'endroit qu'on en a rapporté; mais on ſent qu'il y en a bien d'autres, où le conſentement du Chapitre n'eſt pas moins néceſſaire, & en général un ſupérieur ſage, prudent & modéré, ne doit jamais rien ſe permettre d'important ſans l'avoir propoſé au Chapitre & en avoir le conſentement.

Pour l'avoir au reſte ce conſentement, il n'eſt pas néceſſaire que tous les capitulans donnent le leur: le ſuffrage du plus grand nombre ſuffit. Mais il faut que le Chapitre ſoit convoqué, aſſemblé & tenu en la manière ordonnée & preſcrite. Il faut que l'on y appelle tous ceux qui ont droit de s'y trouver, & que l'on y laiſſe à tous la liberté des ſuffrages. Il faut auſſi que les délibérations ſoient rédigées par écrit, portées ſur des regiſtres & ſignées par les capitulans.

Les Chapitres provinciaux ſont ceux qui ſe forment des députés de chacune des maiſons, qui dans certains ordres compoſent ce qu'on appelle une province. La diviſion de ces provinces ne ſuit point la diviſion civile des provinces des différens royaumes, ou états où ces ordres ſont établis; elle a plutôt été règlée ſur le nom-

bre des maifons que l'ordre avoit dans ces provinces. Lorfqu'il ne s'en trouve pas affez dans
une province pour en faire une divifion particulière, on les joint à la divifion qui porte le
nom de quelque province limitrophe. Ainfi
dans quelques ordres, ce qu'on appelle la province de Champagne, comprend non-feulement
les maifons de l'ordre qui font en Champagne,
mais auffi celles de la Lorraine, de la Picardie, &c.

L'affemblée des députés de toutes, ou de prefque toutes les maifons d'un ordre en compofe le
Chapitre général, & fait comme les états, ou le
concile & le premier tribunal de l'ordre, auquel
doivent fe porter & fe terminer les grandes
affaires.

Ces Chapitres généraux ou provinciaux étoient
inconnus & peu néceffaires parmi les anciens
religieux, qui ne formoient point entr'eux ce
qu'on a depuis appelé des ordres ou des congrégations. Chaque monaftère avoit fon fupérieur
& fon gouvernement particulier, & ne tenoit
point aux autres monaftères. On a bien vu
quelquefois des abbés avoir fous leur conduite
une grande multitude de folitaires ou de religieux, & un certain nombre de *celles* ou de *laures* : c'eft ainfi qu'on nommoit en orient, où
l'ordre monaftique a pris fa naiffance, les demeures des religieux : mais ces *laures* ou *celles*
étoient ordinairement fort rapprochées: l'abbé
pouvoit les vifiter & les vifitoit fouvent en perfonne. Il les gouvernoit toutes avec une autorité abfolue, & aucune de ces maifons n'avoit
point de droits temporels à conferver. Les Chapitres n'y pouvoient donc être d'aucune uti-

lité ; l'abbé ou le fupérieur avoit tout le pouvoir néceſſaire pour conduire ſa maiſon, & la ſageſſe, la régularité, la prudence de la plupart de ces fupérieurs n'avoient même laiſſé entrevoir aucun befoin de donner un contre-poids pour ainſi dire, & de mettre des bornes à leur autorité.

En occident la plupart des maiſons religieuſes adoptèrent ce genre d'adminiſtration. On n'y connoiſſoit que la règle de St. Benoît, & non pas ſon ordre. Ce furent les grandes réformes de ces monaſtères qui furent l'origine des ordres & des congrégations. Les monaſtères qui avoient embraſſé la réforme établie à Clugny, voulurent continuer de tenir à cette maiſon; il en fut de même par rapport à la réforme de Cîteaux à laquelle la réputation, la ſainteté & les qualités rares de St. Bernard donnèrent bientôt le plus grand éclat & les ſuccès les plus rapides : les abbés des monaſtères qui l'avoient adoptée, ou qu'elle avoit elle-même formés pour ſoutenir l'union qu'ils vouloient faire règner entre ces maiſons, & y conſerver & maintenir la diſcipline, réſolurent de s'aſſembler de temps à autre en Chapitres généraux. Cet uſage fut bientôt imité par les autres congrégations & ordres. Le quatrième concile de Latran ſous le pontificat d'Innocent III en ayant reconnu l'avantage, en fit une règle pour tous les ordres religieux, & leur preſcrivit de tenir ces Chapitres généraux au moins tous les trois ans. Comme les Chapitres provinciaux peuvent à peuprès en tenir lieu dans les ordres diviſés par provinces, les Chapitres généraux y ſont un peu plus rares & ne s'y tiennent que dans les grandes occafions, lors par exemple qu'il s'agit de l'élection d'un général, ou de quelque affaire de cette nature.

C'eft dans les Chapitres provinciaux comme on l'a dit, que fe règlent les affaires de toute la province, & que fe nomment les fupérieurs dans les ordres dont les fupériorités font électives & à temps : dans les ordres où elles font perpétuelles, on ne nomme que des vifiteurs. Ces Chapitres peuvent faire des règlemens pour la province ; mais ces règlemens n'ont de force qu'autant qu'ils font approuvés & confirmés par les fupérieurs majeurs de l'ordre ou de la congrégation.

Les Chapitres généraux doivent décider les affaires générales de l'ordre. C'eft-là que s'élifent les généraux & les premiers officiers des ordres. C'eft dans ces Chapitres qu'eft cenfé réfider le pouvoir laiffé à la plupart des ordres par les bulles d'approbation ou de confirmation qu'ils ont obtenues, de faire à leur conftitution les changemens qu'ils jugent convenables, & les nouveaux règlemens qui paroiffent néceffaires.

Mais ces changemens, ces nouveaux ftatuts & règlemens ne peuvent acquérir en France la force de loi, même par rapport aux membres de ces ordres ou congrégations, s'ils n'ont été revêtus de lettres-patentes dûement enregiftrées ; ce qui a fagement été établi pour conferver les droits du roi & empêcher que dans ces nouveaux ftatuts, on n'infère rien de contraire aux libertés de l'églife gallicane & aux maximes du royaume.

Auffi par arrêt de règlement rendu au parlement de Paris le 8 mars 1717, fur les conclufions du miniftère public, fut-il enjoint aux cordeliers de la province de France de *préfenter inceffamment au roi les prétendus ftatuts de leur ordre imprimés en 1621, 1669, & 1704, & autres ftatuts non autorifés par lettres-patentes enregiftrées à la cour, fi aucun y a, pour être autorifés des lettres-patentes du feigneur roi, s'il lui plaifoit de leur en accorder, avec ordre de lire & enregiftrer l'arrêt au premier Chapitre provincial.*

Les Chapitres tant généraux que provinciaux, doivent être convoqués & affemblés en France fuivant les formes prefcrites : autrement il y auroit abus, ainfi qu'il a été jugé par un arrêt rendu au parlement d'Aix le 12 février 1671, qui déclare abufives & caffe la convocation & les opérations d'un Chapitre provincial des Servites, parce qu'on n'y avoit point obfervé les formalités prefcrites par les conftitutions reçues dans le royaume.

Lorfque les Chapitres généraux ou provinciaux fe tiennent en pays étranger, il eft défendu aux religieux François de s'y rendre & de fortir du royaume. C'eft l'expreffe difpofition d'une ordonnance rendue par Louis XI au mois de feptembre 1476. Il faut que ces religieux, s'ils veulent aller à ces Chapitres, en obtiennent la permiffion du fouverain.

Les Chapitres généraux exercent un premier degré de juridiction fur les religieux de leur ordre, & leurs jugemens tiennent lieu de première fentence. Le parlement de Touloufe l'a ainfi jugé contre deux religieux de l'abbaye de Gimont, qui par arrêt de cette cour du 21 avril 1621, furent déclarés non-recevables à fe pourvoir une troifième fois en cour de Rome pour avoir des juges délégués en France, contre

un

un jugement de leur Chapitre général, attendu que les deux premiers commissaires apostoliques avoient confirmé le jugement du Chapitre, & que par-là les trois degrés de juridiction se trouvoient épuisés. On a donc regardé le jugement du Chapitre comme une première sentence.

Voyez *Chopin de sacrâ pol.* ; *Fuet des matières bénéficiales* ; *les mémoires du clergé* ; *l'édit du mois d'avril 1695* ; *Fevret de l'abus* ; *Van-Espen* ; *les loix ecclésiastiques* ; *le recueil de jurisprudence canonique*, & *les arrêts cités*. Voyez aussi les articles CHANOINE, CLERGÉ, CLERC, BÉNÉFICES, BUREAUX DIOCÉSAINS, DÉCIMES, DON GRATUIT, ÉVÊQUE, CURÉ, DIGNITÉ, INDULT, ÉLECTION, GRADUÉ, RÉGALE, COLLATION, &c. (*Cet article est de M. l'abbé* REMY, *avocat au parlement*).

CHAPITRE, OU DIVISION ET PARTITION DE COMPTE. On appelle Chapitre dans les comptes à rendre, les différentes divisions que l'on est obligé d'y faire, tant pour la clarté du compte, que pour le soulagement de la mémoire. Il y a trois divisions générales.

Les Chapitres de recette qui doivent comprendre tout ce que le comptable a reçu pour celui dont il géroit les affaires.

Les Chapitres de dépense qui doivent également renfermer tout ce que le comptable a dépensé au même nom.

Enfin les Chapitres de reprise où le comptable reporte à l'oyant tout ce dont il a été obligé de se charger en recette, mais qu'il n'a pu effectivement toucher.

Voyez COMPTE. (*Article de M. l'abbé* REMY *avocat au parlement.*)

CHARBON. Subftance inflammable qu'on emploie à divers ufages.

Suivant l'article 22 du titre 27 de l'ordonnance des eaux & forêts, les foffes à Charbon doivent être placées aux endroits les plus vides & les plus éloignés des arbres & du recru, à peine d'amende arbitraire.

Ces endroits doivent être défignés par les officiers des eaux & forêts, & le grand maître peut obliger les marchands fous peine d'amende arbitraire, à y replanter du bois avant qu'on leur délivre leur congé de cour.

L'article 6 du titre 2 de la déclaration du duc Léopold de Lorraine du 31 janvier 1724, fait défenfe de faire plus d'une foffe à Charbon dans l'étendue de trois arpens, fous peine de cinquante francs d'amende & de tous dépens, dommages & intérêts. La même loi veut que les adjudicataires emploient à cet effet les places qui ont fervi dans les ventes précédentes, s'il y en a eu, finon qu'ils faffent leurs foffes dans les endroits les moins dommaeables & que les officiers des eaux & forêts leur auront défignés.

L'adjudicataire qui fait faire du Charbon dans une vente, doit répondre des délits des charbonniers qu'il emploie.

Les officiers des maîtrifes des eaux & forêts font en droit de connoître entre toutes fortes de perfonnes, des actions qui procèdent des contrats, marchés, promeffes, baux & affociations paffés pour vente & achat de Charbon lorfque ces actes ont été faits avant que les marchandifes fuffent tranfportées hors des forêts. C'eft

ce qui réfulte tant de l'article 5 du titre premier
de l'ordonnance des eaux & forêts, que de divers arrêts du confeil, & particulièrement de
ceux des 10 mars 1675, 2 octobre 1688, 21
août 1691, 6 août 1709, 7 août 1712, 13 mars
1736, 25 juin 1748, 8 mars 1750, 5 avril
1757, &c.

D'autres arrêts du confeil, des 31 octobre
1722, & 8 mars 1723, ont défendu à tout propriétaire de bois, & à tout adjudicataire ou
marchand, de vendre du Charbon de bois aux
étrangers & d'en faire fortir hors du royaume,
fans une permiffion expreffe du roi, fous peine
de confifcation du Charbon, ainfi que des voitures & équipages, & de trois mille livres d'a-
mende.

Le Charbon qui entre à Paris eft fujet aux
droits de domaine & barrage.

Par arrêt du 16 juillet 1776, le parlement a
fait au fujet de la vente des Charbons deftinés à
l'approvifionnement de Paris, le règlement qui
fuit :

« Louis, par la grace de Dieu, roi de France
» & de Navarre : au premier de nos huiffiers de
» notre cour de parlement ou autres. Savoir
» faifons que vu par notredite cour l'ordon-
» nance rendue par les officiers du bureau de la
» ville le 19 juin 1755, par laquelle il a été
» prononcé l'exécution des ordonnances & rè-
» glemens concernant le Charbon de bois amené
» par terre, il a été enjoint en conféquence à
» tous marchands qui en amèneront en charrette,
» de les faire voiturer en bannes feulement &
» non en facs, & de les conduire ès lieux indi-
» qués ; il leur a été fait défenfes d'en vendre &

» diftribuer fur les routes ; il leur a été enjoint
» de repréfenter leurs lettres de voiture aux
» officiers municipaux, à peine de cinq cent
» livres d'amende & de faifie des Charbons,
» charrettes, chevaux & harnois : la requête
» préfentée per Claude Turlin & autres mar-
» chands faifant le commerce de Charbon pour
» la provifion de Paris, fur les rivières d'Yonne,
» de Marne, de Seine & autres y affluentes, à
» ce qu'il plût à notredite cour homologuer la-
» dite ordonnance du 19 juin 1755, pour être
» exécutée felon fa forme & teneur, ainfi que
» l'ordonnance du mois de décembre 1772 ,
» regiftrée en notredite cour le 20 février 1773 ,
» que les fuppliáns feroient & demeureroient
» autorifés à pourfuivre en leur nom & à leur
» requête, l'exécution de l'arrêt qui intervien-
» droit contre les contrevenans, & que ledit
» arrêt feroit imprimé, publié & affiché par-
» tout où befoin feroit à leurs frais, pourfuite
» & diligence : l'arrêt de notredite cour du 6
» février dernier, qui a ordonné que ladite re-
» quête feroit communiquée aux prévôt des
» chands & échevins de la ville de Paris : autre
» arrêt rendu fur la requête de notre procureur
» général le 15 mars 1776, qui a ordonné que
» la requête des marchands de Charbon par eau
» fût pareillement communiquée au fubftitut du
» procureur général au bureau de la ville : l'avis
» du prévôt des marchands & échevins de la
» ville de Paris du premier mars 1776, pour
» que l'ordonnance du 19 juin 1755 foit homo-
» loguée ; l'avis du fubftitut de notre procureur
» général au bureau de la ville du 28 du même
» mois ; la requête préfentée à notredite cour

» par ledit Claude Turlin & confors , pour
» qu'il plût à notredite cour , en homologuant
» la délibération du bureau de la ville du pre-
» mier mars , leur adjuger les conclufions prifes
» par leur première requête , ladite requête
» fignée Levaffeur, procureur, enfemble l'or-
» donnance du bureau de la ville , dont la teneur
» fuit :

De par les Prévôt des Marchands & Echevins
de la ville de Paris.

Ordonnance de Police, concernant les Charbons qui feront
amenés par terre , du 19 juin 1755.

« Sur ce qui nous a été remontré par le pro-
» cureur du roi & de la ville , que , fuivant les
» ordonnances & règlemens , les Charbons qui
» peuvent venir par terre en cette ville n'y doi-
» vent être amenés qu'avec des précautions dont
» l'obfervation eft bien néçeffaire pour éviter
» les abus qui porteroient un préjudice notable
» au public & aux acheteurs ; au public, en ce
» que le carreau de l'ifle Louvier & la garre ne
» fe trouveroient point garnis , foit pour le débit
» journalier, foit pour un approvifionnement
» convenable dans la faifon de l'hiver, où les
» chemins font impraticables aux acheteurs, en
» ce qu'ils feroient trompés fur la qualité & fur
» la quantité, s'ils fe fourniffoient ailleurs qu'à
» ladite place, après la vifite & la mefure qui
» y eft faite par les officiers mefureurs, vifiteurs
» & contrôleurs de ladite marchandife; que c'eft
» par ces motifs que les Charbons ne peuvent
» être amenés en cette ville qu'en charrettes
» bannées & à fomme fur chevaux dans des facs

G g iij

» de continence ; que les bannes doivent être
» conduites directement fur ladite place ; &
» quand elle eft remplie, fur ladite garre par le
» chemin le plus court, fans pouvoir s'en écarter
» ni féjourner en aucun lieu de la route, à la
» diftinction des Charbons venus fur chevaux
» qui peuvent être vendus par les rues, mais
» feulement dans le jour de leur arrivée, à la
» charge de porter fur ledit carreau ce qui n'au-
» roit pu en être débité dans le cours de la
» journée ; qu'à l'égard des Charbons que les
» propriétaires font venir de leur crû par char-
» rettes pour leur provifion perfonnelle, il ne
» feroit pas poffible d'exiger qu'ils leur fuffent
» amenés autrement qu'en facs, d'autant plus
» que devant entrer dans les maifons de ces
» propriétaires, & pour leur ufage feulement,
» il ne peut en réfulter aucun de ces deux in-
» convéniens, c'eft-à-dire que ces Charbons leur
» étant envoyés par leurs concierges, ces pro-
» priétaires ne peuvent être trompés fur les
» qualités & fur les mefures : enfin, que l'entière
» exécution des règles dépend de la défignation
» des barrières par lefquelles lefdites voitures
» & lefdites fommes devront entrer dans l'in-
» térieur de cette ville. Pourquoi requéroit le
» procureur du roi & de la ville, qu'il nous plût
» y pourvoir.

« Nous, ayant égard au réquifitoire du pro-
» cureur du roi & de la ville, après l'avoir oui
» en fes conclufions, & y faifant droit, difons
» que les ordonnances & règlemens concernant
» les Charbons de bois amenés par terre pour
» la provifion de cette ville, feront exécutés
» felon leur forme & teneur ; en conféquence,

» ordonnons que tous marchands qui y en feront
» venir en charettes, feront tenus de les y faire
» voiturer en bannes feulement & non en facs,
» & de les faire conduire par le chemin le plus
» court, foit fur le carreau dans l'ifle Louvier ;
» & lorfqu'il fera garni, fur la garre établie dans
» la demi-lune de la porte Saint-Antoine : leur
» faifons très-expreffes inhibitions & défenfes
» d'en vendre & diftribuer en route, ni de faire
» féjourner lefdites voitures & Charbons dans
» aucun lieu de cette ville & de fes faubourgs,
» fous quelque prétexte que ce foit ; leur enjoi-
» gnons de repréfenter à l'inftant au bureau des
» communautés des officiers mefureurs & por-
» teurs de ladite marchandife, les laiffez-paffer
» qui leur auront été délivrés à leur paffage aux
» barrières de cette ville : le tout à peine, même
» pour la première fois, de cinq cent livres
» d'amende, de confifcation defdits Charbons,
» charrettes, chevaux & harnois, qui feront à
» l'inftant vendus devant l'hôtel-de-ville par une
» fimple expofition, pour les deniers en prove-
» nans être remis un tiers au dénonciateur, un
» tiers au profit des deux communautés des offi-
» ciers mefureurs & porteurs de ladite mar-
» chandife par moitié, & le dernier tiers appli-
» qué aux pauvres qu'il appartiendra, les frais
» de vente, & ceux pour y parvenir, préalable-
» ment pris, & même d'interdiction du com-
» merce s'il y échet.

» II. Pourront lefdits marchands faire entrer
» lefdites charrettes par les barrières du Trône,
» de Rambouillet, de la Croix-Faubin, de Saint-
» Denis, de Saint-Martin, de la Conférence,
» de Séve, des Carmes, de Saint-Michel & de

» Saint-Jacques, des Gobelins & de Saint-Vic-
» tor ; leur faifons très-expreffes inhibitions &
» défenfes de les faire paffer à toutes autres
» barrières, fur quelque prétexte que ce foit,
» fous les peines portées par l'article précé-
» dent.

» III. Faifons pareilles très-expreffes inhibi-
» tions & défenfes à tous hôteliers, aubergiftes
» & autres perfonnes de cettedite ville & fau-
» bourgs, de recevoir chez eux lefdites voi-
» tures chargées defdits Charbons, à peine de
» cinq cent livres d'amende, même pour la pre-
» mière fois.

» IV. Permettons néanmoins d'amener en
» cette ville par charrettes & dans des facs, les
» Charbons qui proviendront du crû des pro-
» priétaires qui les auront fait façonner pour
» leur compte & pour leur confommation per-
» fonnelle feulement, en fatisfaifant par eux à
» toutes les formalités auxquelles tous proprié-
» taires font tenus pour raifon de l'entrée en
» cettedite ville des provifions provenans de
» leur crû ; & où lefdites formalités n'auroient
» point été remplies, ordonnons que lefdits
» Charbons feront conduits fur ledit carreau de
» l'ifle Louvier & vendus au public, fauf à être
» les deniers provenans de ladite vente, remis
» auxdits propriétaires, s'il y a lieu, les frais
» de vente, & ceux pour y parvenir, préalable-
» ment pris fur lefdits deniers.

» V. Les marchands qui ameneront Charbon
» à fommes, pourront le vendre aux bourgeois
» & artifans non regratiers par les rues & fur
» chevaux, mais dans le jour de leur arrivée
» feulement, paffé lequel ils feront tenus de les

» faire conduire fur le carreau public de ladite
» ifle Louvier : leur défendons très-expreffément
» d'en vendre auxdits regratiers , ni de les faire
» féjourner dans les hôtelleries , auberges ou
» toutes autres maifons, le tout fous peine con-
» tre lefdits marchands , de confifcation des
» marchandifes, facs & chevaux, qui feront pa-
» reillement vendus à l'inftant , & leurs deniers
» appliqués comme deffus, de cent livres d'a-
» mende , même pour la première fois ; & en
» cas de récidive, d'interdiction du commerce ,
» qui fera prononcée même auffi pour la pre-
» mière contravention en cas d'infidélité dans
» ladite mefure.

» VI. Faifons pareilles très-expreffes inhibi-
» tions & défenfes à tous regratiers d'acheter
» ledit Charbon par les rues, à peine de con-
» fifcation de ladite marchandife , applicable
» comme deffus, de cent livres d'amende pour
» la première fois, & d'interdiction de pouvoir
» faire le regrat en cas de récidive ; & auxdits
» hôteliers, aubergiftes & autres perfonnes ,
» d'ouvrir leurs maifons auxdits marchands de
» Charbon & chevaux, à leffet de leur donner
» retraite , fous la même peine de cent livres
» d'amende auffi pour la première fois.

» VII. Enjoignons pareillement auxdits mar-
» chands de faire entrer lefdits chevaux & mar-
» chandifes par les barrières ci-deffus ; leur
» faifons très-expreffes inhibitions & défenfes de
» les faire paffer par toute autre , fur quelque
» prétexte que ce foit , fous les peines portées
» en l'article précédent. Mandons aux huiffiers
» commiffaires de police de l'hôtel-de-ville , de
» tenir exactement la main à l'exécution des

» préfentes, de dreffer des procès-verbaux des
» contraventions qui y feront commifes, & de
» les remettre dans le jour ès mains du procu-
» reur du roi & de la ville : enjoignons aux offi-
» ciers des communautés des mefureurs, con-
» trôleurs, vifiteurs, & des jurés-porteurs de
» Charbon, de lui dénoncer lefdites contraven-
» tions auffi tôt qu'elles feront venues à leur
» connoiffance, & feront ces préfentes, lues,
» publiées & affichées par-tout où befoin fera,
» & exécutées nonobftant oppofitions ou appel-
» lations quelconques, & fans préjudice d'icelles.
» Fait au bureau de la ville le dix-neuvième jour
» de juin mil fept cent cinquante-cinq. *Signé*
» TAITBOUT.

» L'an mil fept cent cinquante-cinq, le vingt-
» unième jour de juin, l'ordonnance ci-deffus a
» été lue & publiée au fon du tambour fur les
» ports, lieux & endroits ordinaires & accou-
» tumés de cette ville, par moi Jean Balige,
» huiffier audiencier, commiffaire de police de
» l'hôtel-de-ville, fouffigné. *Signé* BALIGE.

» Conclufions de notre procureur général, ouï
» le rapport de Me. Léonard de Sahuguet, con-
» feiller : Tout confidéré.

» Notredite cour. ordonne que l'ordonnance
» du bureau de la ville dudit jour 19 juin 1755,
» fera homologuée pour être exécutée felon fa
» forme & teneur ; enjoint au fubftitut du pro-
» cureur général au bureau de la ville, de tenir
» la main à l'exécution du préfent arrêt ; permet
» audit Claude Turlin & autres marchands de
» Charbon pour la provifion de Paris par eau,
» de faire conftater les contraventions par des
» procès-verbaux qu'ils pourront faire faire à

» leur requête, pour, fur la dénonciation qui
» fera par eux faite defdits procès-verbaux au
» fubftitut du procureur-général au bureau de la
» ville, être fait les pourfuites qu'il appartiendra
» contre les contrevenans ; ordonne que l'or-
» donnance dudit jour 19 juin 1755, & le pré-
» fent arrêt feront imprimés, publiés & affichés
» par-tout où befoin fera, tant à la requête du
» fubftitut du procureur général du roi au bureau
» de la ville, qu'à la requête, pourfuite & dili-
» gence dudit Claude Turlin & confors. Si man-
» dons mettre le préfent arrêt à due, pleine &
» entière exécution felon fa forme & teneur ; de
» ce faire, te donnons plein & abfolu pouvoir.
» Donné en notredite cour de parlement le feize
» juillet, l'an de grace mil fept cent foixante-
» feize, de notre règne le troifième. Colla-
» tionné DE HANSY. Par la chambre, DUFRANC.
» Scellé.

Le Charbon de bois doit à l'entrée des cinq
groffes fermes douze fous par banne, conformément au tarif de 1664.

Suivant l'arrêt du confeil du 5 février 1761,
les Charbons de terre venant d'Angleterre,
d'Ecoffe, d'Irlande ou des autres pays étrangers,
& entrant par la Flandre, la Picardie, la Normandie ou la Bretagne, ont été affujettis à un
droit de trente fous par baril pefant 250 livres
poids de marc.

On s'eft bientôt apperçu que la perception
de ce droit au baril étoit fufceptible de difcuffions & d'abus dans les différens ports ; en
effet, il arrivoit fouvent que les capitaines de
navire qui amenoient des Charbons, & les négocians auxquels ils étoient adreffés, deman-

doient qu'on les difpensât d'en faire la déclaration
fous prétexte qu'ils ignoroient la quantité de
barrils de deux cens cinquante livres pefant que
pouvoient contenir les navires : les raifons
données par les uns étoient que les Charbons de
terre étant à bas prix en Angleterre s'y chargeoient fans mefurage : les autres, qui conve-
noient d'un mefurage, alléguoient que les mefures ufitées en certains endroits où fe chargeoient
les Charbons varioient fi fort entre elles, &
étoient fi différentes du barril de deux cent cinquante livres, qu'il ne leur étoit pas poffible
d'en faire la réduction au barril & de donner une
déclaration jufte. Il réfultoit de ce défaut d'exac-
titude dans les déclarations, des difficultés &
des longueurs qu'entraînoit néceffairement le
mefurage des Charbons, & par-là on parvenoit
fouvent à éviter le payement d'une partie des
droits d'entrée.

Ces confidérations ont déterminé le confeil à
rendre un nouvel arrêt le 18 feptembre 1763,
par lequel il a été ordonné qu'à l'avenir il feroit
perçu dans tous les ports du royaume, fur les
Charbons de terre qui y viendroient des pays
étrangers, par mer, douze livres par tonneau
de mer, fuivant la continence à morte charge,
des navires par lefquels ils feroient apportés, à
la charge toutefois que le droit ne pourroit être
levé que fur la continence de la calle entière,
s'il n'y avoit aucun Charbon chargé fur l'entrepont : en conféquence il a été enjoint aux capitaines de navires de faire dans les vingt-quatre
heures de leur arrivée, la déclaration exacte du
nombre de tonneaux que contiendroient leurs
navires, en obfervant de diftinguer, lorfqu'il

n'y auroit aucun chargement de Charbon sur l'entrepont, la jauge de la calle d'avec celle de cet entrepont : il a d'ailleurs été dit que si après le jaugeage la continence du navire ne se trouvoit excéder que d'un dixième la continence énoncée dans la déclaration, il ne seroit payé que les frais de jaugeage au-delà du droit de douze livres par tonneau à raison de la quantité des tonneaux vérifiés ; mais que si la continence du navire excédoit la déclaration de plus d'un dixième, les capitaines seroient condamnés à une amende de cent livres par chaque tonneau non déclaré, indépendamment des droits, frais & dépens, laquelle amende ne pourroit être remise ni modérée, pour quelque raison ou prétexte que ce fût.

Le même arrêt a réglé que les droits d'entrée sur les Charbons de terre qui viendroient de l'étranger par terre, se percevroient sur le pied qu'ils avoient été réglés par l'arrêt du 5 février 1761 : enfin pour favoriser l'exploitation des mines & faciliter la circulation des Charbons de terre dans le royaume, le roi a ordonné que ceux qui seroient transportés dans les différentes provinces, soit des cinq grosses fermes ou réputées étrangères, jouiroient de l'exemption de tout droit des traites, dans cette circulation.

Par un autre arrêt du conseil du 18 juillet 1764, le roi a réglé par provision & en attendant qu'il lui plût d'en ordonner autrement, qu'à l'avenir il ne seroit plus perçu sur les Charbons de terre venant de l'étranger par mer, dans les ports des généralités de Bordeaux & de la Rochelle, que neuf livres par tonneau de mer, au-lieu des douze livres portées par l'arrêt du 18 feptembre 1763, dont l'exécution a été ordonnée pour le furplus des difpofitions qu'il contient.

Le Charbon de bois deftiné pour les provinces réputées étrangères, doit à la fortie des cinq groffes fermes, vingt-fix fous par banne, & dix-huit fous par charretée, conformément au tarif de 1664.

Voyez *l'ordonnance des eaux & forêts du mois d'août 1669; les lois Foreftières; le code Léopold; le dictionnaire raifonné des eaux & forêts; le traité général des droits d'aides; les obfervations fur le tarif de 1664*, &c. Voyez auffi les articles Bois, Barrage, Entrée, Sortie, Marchandise, Sou pour livre, &c.

CHARDON. Sorte de plante d'une grande utilité dans les manufactures d'étoffes en laine.

La balle de Chardon, du poids de cent cinquante livres, doit vingt fous à l'entrée des cinq groffes fermes, & douze livres dix fous pour droit de fortie, conformément au tarif de 1664.

Il faut obferver que le droit de fortie fixé par le tarif, ne concerne actuellement que les Charbons fortant des provinces des cinq groffes fermes à la deftination des provinces réputées étrangères.

Quant aux Chardons deftinés pour les pays étrangers, foit en temps de foire, foit hors de foire, ils doivent pour droit de fortie quatre livres par balle de cent cinquante livres, conformément à l'arrêt du confeil du 15 décembre 1715.

Voyez *les loix citées*, & les articles ENTRÉE,

SORTIE, MARCHANDISE', SOU POUR LIVRE,
&c.

CHARGE. Ce mot a plusieurs acceptions en
jurisprudence : quelquefois il signifie une dignité ou un office, qui donne pouvoir d'exercer
certaines fonctions publiques.

Quelquefois il signifie obligation, condition
onéreuse, & s'applique à tout ce qui est dû sur
une chose mobilière ou immobilière, ou sur
une masse de biens. Il y a les Charges publiques,
les Charges foncières , les Charges locales affectées sur le domaine du roi, les Charges de
la communauté entre conjoints, les Charges
d'une succession, d'une donation, d'un testament, les Charges d'un bénéfice, &c.

Nous allons parler successivement de ces
différentes sortes de Charges.

Charge dans l'acception d'office. Quoique dans
l'usage on donne indistinctement le nom de *Char-*
ge à toute sorte d'office, & que ces mots paroîf-
fent synonymes, ils ne le font cependant pas :
car comme le remarque l'auteur des loix civiles, le mot *Charge* comprend outre les offices,
divers autres emplois qui en font distingués,
en ce qu'on exerce ces autres emplois fans
provifion & feulement pour un temps : au lieu
que pour les offices il faut des lettres du prince
qui en assurent le titre aux officiers pendant leur
vie, à moins qu'ils ne s'en démettent volontairement, ou qu'ils ne s'en rendent indignes.
Ainsi les Charges des officiers des parlemens,
des chambres des comptes, des cours des aides, des préfidiaux & des bailliages, font des
offices; mais les Charges d'échevin ou de conful & les autres Charges municipales ne font

pas des offices : ceux qui y font nommés ne les
exercent que pour un temps, & n'ont d'autre
titre que le choix qu'on a fait de leur perfonne.
Au refte nous parlerons de chaque efpèce de
Charge ou office fous le nom qui lui eft propre.

Charges publiques. On comprend fous cette
dénomination quatre fortes de Charges : favoir, 1° les impofitions établies pour les befoins de l'état & qui fe payent par les fujets du
roi. Le maintien & la confervation de tout état
exigent de chacun des membres qui le compofent, des fecours que l'on peut regarder comme
une contribution inhérente à la qualité de citoyen, & comme une Charge des fonds dont il
jouit paifiblement & fans trouble à l'ombre de
la protection qui veille fans ceffe à fa défenfe :
cette police intérieure qui fait fa fûreté & fa
tranquillité ; les moyens qu'il eft indifpenfable
d'employer pour éloigner de fes poffeffions les
ravages de la guerre, pour prévenir ou arrêter
les effets de l'ambition ou de la jaloufie des nations voifines, entraînent néceffairement dans
des dépenfes dont l'objet eft plus ou moins confidérable, eu égard à l'étendue, à la pofition
& à l'intérêt de chaque état. Chaque individu
eft tenu de contribuer à la caufe commune & na-
tionale, par fes travaux, par fes talens, & dans
la proportion de fes facultés ; c'eft ce concours
de zèle, c'eft cette réunion d'efforts qui font
refpecter la nation au dehors ; entretiennent au
dedans l'ordre, l'harmonie & la paix dans les
différentes conditions où chaque citoyen fe
trouve placé ; maintiennent les droits de la
propriété, & affurent l'exécution des loix qui
ont été fucceffivement établies.

Ainfi

Ainſi la contribution eſt indiſpenſable ; mais l'objet principal & le plus intéreſſant, eſt d'en rendre la répartion auſſi égale, & par cette circonſtance, la moins onéreuſe qu'il eſt poſſible. Toute impoſition affecte néceſſairement ou la perſonne, ou le fond, ou les marchandiſes & denrées, ou les actes & contrats de la ſociété civile: ſous ces quatres claſſes ſe rangent toutes les levées de deniers, dont la ſource & l'origine ont été également dans tous les pays les motifs qu'on a précédemment rappelés ; la néceſſité des conjonctures & le beſoin de l'état en ont ſouvent déterminé l'accroiſſement.

On doit principalement conſidérer la nature, la quotité & l'aſſiette de chaque impoſition, les formes & l'économie de la perception & du recouvrement : il eſt des vices & des abus qu'on peut regarder comme étant dans l'eſſence même des choſes ; tout ce que le zèle le plus éclairé & le plus actif peut faire, c'eſt d'en diminuer les effets ; on ne peut ſe flatter de les détruire entièrement : les circonſtances locales & particulières à un pays, les différentes ſituations qu'il a éprouvées ſont ſouvent le principe & la cauſe des inconvéniens, & en même temps un obſtacle aux remèdes qui pourroient ſeuls les faire ceſſer.

Ces dernières réfléxions reçoivent l'application la plus directe à la France.

Il fut un temps malheureux pour les peuples, où ce royaume diviſé en territoires diſtincts les uns des autres, pouvoit compter autant de deſpotes que de ſeigneurs. On vit paroître dans un même état & dans un ſeul royaume pluſieurs états, & comme pluſieurs rois différens, qui

ayant interrompu le cours & l'ordre de la domination légitime, s'étoient fubftitués au véritable fouverain. Ce n'eft que fucceffivement
que les différentes provinces que l'anarchie
féodale avoit enlevées à la couronne y ont été
réunies ; elles ont apporté lors de cette réunion, & ont confervé depuis les ufages fuivant
lefquels elles étoient adminiftrées & régies à
cette époque ; elles font attachées à ces ufages, & en regardent le maintien comme la
marque la plus intéreffante pour elles de la protection du fouverain : de-là cette variété dans
la nature & la perception des différens droits,
dont plufieurs font un obftacle fans ceffe renaif-
fant à la circulation des denrées & marchandifes
dans l'intérieur du royaume : de-là ces établiffemens difpendieux, mais néceffaires pour empêcher les verfemens facilités par le local : de-
là la néceffité de deftiner à cette fonction une
infinité de fujets qui pourroient être employés
plus utilement pour l'état : de-là l'inconvénient de laiffer toujours fubfifter à la fraude un
appat qui détourne un grand nombre d'habitans de la culture des terres, & qui par la perf-
pective d'un plus grand profit, les entraîne dans
la fainéantife, qui eft la fource de tous les crimes & de tous les maux. L'uniformité pourroit
feule faire ceffer tous ces inconvéniens ; mais
il eft plus facile de les appercevoir & de les
fentir, que d'y remédier.

D'un autre côté, fi chaque particulier fujet
à l'impofition fe rendoit juftice fur la quotité
qu'il en doit fupporter, ou fur les droits qu'il
doit acquiter, les règlemens que la fraude toujours ingénieufe a forcé de multiplier, feroient

fuperflus ; la régie feroit débaraffée de cette multitude de formalités qui deviennent onéreufes au redevable, & dont celui-même qui eft de bonne-foi ne peut être excepté ; la fûreté de la perception les exige.

Enfin les différens états éprouvent également le malheur de ne pouvoir pas toujours confidérer autant qu'il feroit néceffaire, dans l'établiffement des droits & impofitions, ce qu'exigent la culture des terres, l'induftrie & le commerce des peuples ; mais les befoins de l'état le commandent : des vues économiques exigeroient la medération, ou même la fuppreffion totale de certains droits, mais l'état feroit privé d'une branche de revenus néceffaires pour fubvenir aux dépenfes dont il eft chargé, & qui ne peut être remplacée par aucune autre voie.

Il feroit pareillement à defirer que l'on pût perfectionner la forme des impofitions, que l'arbitraire en fût enrièrement banni, & que la répartion fût affife fur une bafe fixe & certaine ; mais des opérations qui font faciles, de peu de durée, & qui occafionnent des frais médiocres dans un état peu étendu, rencontrent dans un grand état des obftacles d'un tout autre genre, & demandent un temps & des dépenfes confidérables. Enfin un petit état fe maintient prefque fans effort, & par le feul intérêt qu'ont les autres puiffances qu'il fubfifte tel qu'il eft ; mais un grand état eft fans ceffe expofé à des événemens qu'il doit prévoir & prévenir ; il fixe l'attention de toutes les puiffances ; il ne peut même pendant la paix en goûter entièrement les douceurs ; il eft toujours obligé d'entretenir des forces capables d'en impofer, & de tenir fes

frontières en état de défenſe & ſuffiſamment
approviſionnées.

Ainſi l'adminiſtrateur ſe trouve arrêté & con-
trarié dans l'exécution des projets que lui inſpire le deſir de procurer à l'agriculture les en-
couragemens qu'elle exige, au commerce les
facilités qui lui ſeroient néceſſaires pour lui donner toute l'étendue dont les productions du pays
& le génie des habitans le rendent ſuſceptible :
ſans ceſſe occupé de pourvoir à un ſervice toujours inſtant, il eſt forcé de ſe refuſer à des changemens qui, quoique utiles en eux-mêmes,
apporteroient quelque diminution, ou même
quelque retardement dans la rentrée des fonds
affectés à des objets de dépenſes indiſpen-
ſables.

Les Chatges publiques de la claſſe dont il s'a-
git, ſont pour la plupart annuelles, telles que
la taille, la capitation, &c. quelques-unes ſont
extraordinaires & ſeulement pour un temps ;
telles que le dixième, le vingtième, &c.

2° On appelle auſſi Charges publiques certaines Charges locales communes aux habitans
d'un certain pays ſeulement, telles que les réparations d'un pont, d'une chauſſée, d'un chemin, de la nef d'une égliſe paroiſſiale, d'un
preſbytère, le curage d'une rivière, d'un ca-
nal, &c.

3° On appelle pareillement *Charges publiques*,
les Charges impoſées par la police ; telles que
l'obligation de faire balayer les rues, ou de les
arroſer durant la chaleur, chacun au devant
de ſa maiſon, &c.

4° Enfin ou appelle *Charges publiques*, certains engagemens que chacun eſt obligé de rem-

plir dans fa famille ; comme la tutelle ou curatelle de fes parens, &c.

· On trouvera des détails fur chacune de ces
fortes de Charges aux articles qui les concernent.

Charges foncières. Ce font les redevances principales des héritages impofées lors de l'aliénation qui en a été faite, pour être payées & fup-
prrtées par le détenteur de ces héritages : tels
font le cens & le furcens ; les rentes feigneuriales, foit en argent, en grain ou en d'autres
denrées ; les rentes fecondes non feigneuriales ;
les fervitudes & les autres preftations dîtes fur
l'héritage.

· Quoique le cens foit de fa nature une rente
foncière, néanmoins dans l'ufage quand on parle fimplement de rentes foncières fans autre
qualification, on n'entend ordinairement que
les redevances impofées après le cens.

· Toutes les Charges foncières, même le cens,
ne peuvent être créées que lors de la tradition
du fonds, foit par donation, legs, vente,
échange, ou autre aliénation. Il en faut feulement excepter les fervitudes, lefquelles peuvent être établies par une fimple convention,
même hors la tradition du fonds. Cela s'eft ainfi
introduit à caufe de la néceffité fréquente où
l'on eft d'impofer des fervitudes fur un héritage en faveur d'un autre. Les fervitudes diffèrent encore en un point des autres Charges
foncières, favoir, que celui qui a droit de fervitude exerce fon droit directement fur la chofe ;
au lieu que les autres Charges foncières doivent
être acquitées par le détenteur. Du refte les

servitudes font de même nature & sujettes aux mêmes règles.

Les Charges foncières une fois établies font si fortes, qu'elles suivent toujours la chofe en quelques mains qu'elle paffe.

L'action que l'on a pour l'acquitement de ces Charges eft principalement réelle & confidérée comme une efpèce de vendication fur la chofe. Elles produifent néanmoins auffi une action perfonnelle contre le détenteur de l'héritage, tant pour le payement des arrérages échus de fon temps, que pour la réparation de ce qui a été fait au préjudice des claufes de la conceffion de l'héritage.

Les Charges foncières diffèrent des dettes & obligations perfonnelles en ce que celles-ci, quoique contractées à l'occafion d'un héritage, ne font pas cependant une dette de l'héritage & ne fuivent pas le détenteur ; elles font perfonnelles à l'obligé & à fes héritiers : au lieu que les Charges foncières fuivent l'héritage & le détenteur actuel, & qu'elles ne paffent à fon héritier, qu'autant qu'il fuccéde à l'héritage.

Il y a auffi une différence entre les Charges foncières & les fimples hypothèques, en ce que l'hypothèque n'eft qu'une obligation acceffoire & fubfidiaire de la chofe, pour plus grande fûreté de l'obligation perfonnelle qui eft la principale ; au lieu que la Charge foncière eft due principalement par l'héritage, & que le détenteur n'en eft tenu qu'à caufe de l'héritage.

Voyez d'ailleurs ce que nous difons aux articles CENS, CHAMPART, RENTE ET SERVITUDE.

Charges locales aſſurées ſur le domaine du roi.
Ce ſont les aumônes, les gages d'officiers, les rentes & les autres objets de dépenſe aſſignés ſur les domaines du roi.

On arrête tous les ans au conſeil un état des Charges locales, & en conſéquence le receveur général des domaines paye les parties prenantes, après s'être fait remettre les fonds par le fermier des domaines auquel il en fournit la quittance comptable.

Le fermier des domaines eſt tenu d'acquitter en déduction du prix de ſon bail, les Charges dont le fonds eſt fait dans les états du roi, & il doit pour cet effet fournir en deniers ou quittances valables, de ſix mois en ſix mois, ou au plus tard ſix ſemaines après l'échéance de chaque terme, entre les mains du receveur général des domaines en exercice, le montant de ces Charges, conformément aux états arrêtés au conſeil, deſquels les extraits doivent lui être remis par le fermier général.

Les receveurs généraux des domaines peuvent décerner leurs contraintes pour la remiſe des fonds deſtinés au payement des Charges employées dans les états du roi, & les faire mettre à exécution après les avoir fait viſer par les tréſoriers de France, ou par les intendans des généralités, dans les lieux où il n'y a point de bureaux des finances. C'eſt ce que portent les lettres-patentes du 12 juillet 1687 & l'édit du mois de décembre 1701.

Au reſte comme le fermier ne peut valablement payer les Charges locales qu'autant qu'elles ſont employées dans les états du roi, il faut en conclure que les receveurs généraux

ne peuvent décerner contre lui aucune contrainte qu'en vertu de ces états. De même les
parties prenantes ne peuvent user de cette voie
contre les receveurs généraux, qu'après que
les états dont il s'agit ont été arrêtés, & qu'ils
ont reçu, ou du recevoir du fermier les fonds
nécessaires pour acquitter les Charges employées dans ces états.

Un arrêt du conseil du 2 juillet 1668, a défendu à toutes les cours & juridictions du royaume de décerner contre le fermier des domaines, aucune contrainte pour des sommes qui
ne seroient pas employées dans les états du roi.

Par un autre arrêt du conseil du 3 février
1672, il a été défendu à toutes les cours &
juridictions de décerner aucune contrainte dans
les lieux où les domaines sont engagés, & il
a été ordonné que dans les lieux où les domaines ne sont pas engagés, il ne pourroit en
être décerné aucune au-dessus des sommes employées dans les états du roi.

Un autre arrêt du conseil du 7 septembre
1677, a déchargé le fermier du domaine d'u-
ne condamnation contre lui prononcée par un
arrêt de la cour des monnoies relativement au
pain des prisonniers, & a défendu à Gillard,
boulanger, de faire aucune poursuite à ce sujet,
à peine de tous dépens, dommages & intérêts
& de 500 livres d'amende. Il a en même temps
été défendu à la cour des monnoies de prendre
à l'avenir aucune connoissance des affaires concernant les domaines, à peine de nullité & de
tous dépens, dommages & intérêts.

Le parlement de Toulouse ayant décerné contre le sieur Bermont faisant la recette généra-

le des gabelles, une contrainte pour faire payer
les gages dus aux officiers de ce parlement,
le conseil cassa cette contrainte par arrêt du
11 janvier 1716, ainsi que tout ce qui avoit
été fait en conséquence, & ordonna que la
somme de cinquante-cinq mille livres délivrée
par le sieur Bermont au sieur Guérard, payeur
des gages du parlement, lui seroit restituée
en espèces & au prix pour lequel elles avoient
cours lors du payement: il fut en même temps
défendu au parlement de Toulouse & à tous
autres d'user à l'avenir de pareilles voies, à
peine de désobeissance; & M. de Ciron, président du parlement, eut ordre de venir à la
suite du conseil pour y rendre compte de sa
conduite.

Par un autre arrêt du 3 mars 1716, le conseil cassa une ordonnance du bureau des finances de Rouen, par laquelle le receveur général des domaines avoit été condamné à payer
à l'abbé de St. Vandrille les arrérages d'une
rente, quoique les fonds ne lui eussent pas été
remis, & il fut fait défense aux officiers de
ce bureau & à tous autres de rendre à l'avenir
de pareilles ordonnances, lorsque le receveur
général n'auroit pas reçu les fonds destinés au
payement des Charges.

Par un autre arrêt du 25 août 1722, le
conseil a cassé un arrêt du parlement de Bretagne, qui avoit autorisé le sieur Gerbier receveur & payeur des bougies du parlement, à contraindre le receveur du domaine à lui payer dans
le jour 2434 livres pour le fonds des bougies
qu'il avoit fournies : le même Gerbier a été condamné par-corps à rétablir cette somme entre

les mains du receveur du domaine, & il lui a
été fait défense & à tous autres d'ufer de pareilles voies à l'avenir, & à tout huiffier d'e-
xercer aucune contrainte contre les receveurs
particuliers des fermes, ni même contre les receveurs généraux des domaines qu'après que
les fonds pour l'acquit des Charges du domaine leur auroient été remis.

Les Charges qui s'emploient dans les états
du roi ont fouffert plufieurs réductions. Un
édit du mois de janvier 1716 réduifit au denier 25 toutes les augmentations des gages & autres Charges employées dans les états du roi ; &
par un arrêt du confeil du 19 novembre 1726,
différentes parties ont été réduites à moitié, &
d'autres qui ne produifoient aux parties prenantes que vingt livres & au deffous, ont été
entièrement retranchées de ces états.

Les engagiftes des domaines font tenus d'acquitter annuellement les Charges locales qui
étoient affignées lors de l'engagement, fur les
portions de domaine qu'on leur a engagées,
quand bien même ils n'en auroient pas été chargés par les titres de leurs acquifitions. C'eft ce
qui réfulte de différentes lois, & particulièrement des déclarations du 12 octobre 1601 &
du 22 décembre 1659 ; de l'édit du mois d'août
1669 ; des lettres-patentes du 12 juillet 1687 ;
de l'édit du mois de décembre 1701, &c.

· Lorfque quelques engagiftes ont racheté le
fonds des Charges locales, & qu'ils juftifient
d'un titre fuffifant, ces Charges fe portent fur
le compte du roi dans les états arrêtés au confeil,
pour être payées annuellement aux parties prenantes.

Charges de la communauté entre conjoints. Ce font les dettes & les dépenses qui doivent être acquittées aux dépens de la communauté.

La communauté légale eſt tenue de toutes les dettes mobilières dont chaque conjoint étoit débiteur au moment du mariage. Cette juriſprudence eſt fondée ſur l'article 221 de la coutume de Paris, qui forme à cet égard le droit commun.

Il faut néanmoins excepter de cette règle les dettes mobilières qui réſultent de l'acquiſition d'un propre de communauté de l'un ou de l'autre des conjoints. Ainſi dans le cas où avant de vous marier vous auriez acquis une terre pour la ſomme de vingt mille écus payables dans dix ans, & que vous fuſſiez encore débiteur de cette ſomme en vous mariant, cette dette, quoique mobilière, ſeroit à votre Charge & non à la Charge de la communauté. Il faut en dire autant de la ſomme dont un conjoint ſeroit débiteur pour le retour d'un partage d'immeubles d'une ſucceſſion échue avant ſon mariage.

L'exception dont il s'agit eſt fondée ſur ce qu'il eſt équitable d'exempter la communauté de payer un bien que l'un des conjoints retient pour lui ſeul & qui lui eſt propre de communauté.

Obſervez toutefois que cette déciſion ne s'applique qu'au cas où le conjoint poſſéde au moment du mariage le bien dont il doit le prix; car s'il en avoit diſpoſé avant de ſe marier, la communauté ſeroit chargée de ce qu'il pourroit devoir à cet égard, comme de toutes ſes autres dettes mobilières, quand même elles excéderoient non-ſeulement la valeur de l'actif mobilier, mais encore celle de tous les biens du conjoint débiteur. Il y a dans ce cas-ci un remède pour la femme, qui eſt de renoncer à la communauté ; mais le mari n'a aucun moyen pour ſe faire décharger des dettes qu'avoit contractées la femme qu'il a épouſée, & qui en conſéquence ſont entrées dans la communauté : c'eſt pourquoi l'on dit proverbialement, *qui épouſe la femme, épouſe les dettes.*

Remarquez que quoique le mari devienne débiteur des dettes de la femme qu'il a épouſée, & que les créanciers aient contre celle-ci un titre exécutoire, ils ne peuvent néanmoins pas procéder par voie d'exécution contre le mari, ſans avoir préalablement obtenu contre lui une ſentence qui le condamne à payer, ou qui déclare exécutoires contre lui les titres que les créanciers ont contre ſa femme.

Remarquez auſſi que pour éviter les fraudes par leſquelles la femme pourroit rendre inutile la règle qui ne lui permet pas de contracter ſans le conſentement de ſon mari, aucune dette à la Charge de la communauté, la juriſprudence des arrêts a établi que la communauré n'étoit point obligée de payer les dettes de la femme lorſqu'elles n'étoient juſtifiées que par des actes ſous ſignatures privées, quoiqu'ils euſſent une date antérieure au mariage, à moins que le créancier ne prouvât la vérité de cette date.

C'eſt ainſi que par arrêt du 19 août 1729, un mari a été déchargé d'une demande en payement d'un billet fait par ſa femme avant le mariage, ſauf au creancier à ſe pourvoir ſur les biens de la femme après la diſſolution de la communauté.

Dans une autre eſpèce, la dame d'Herbouville étant majeure avoit, avant son mariage, fait un billet de douze mille livres au sieur Paris Duvernay : celui-ci ayant demandé le payement de cette somme durant le mariage de cette dame : sentence intervint aux requêtes du palais le 11 juillet 1730, qui mit les parties hors de cour & condamna le sieur Duvernay aux dépens. Cette sentence fut ensuite confirmée par un arrêt du premier juin 1733, qui réserva au sieur Duvernay le droit d'exercer son action contre sa débitrice après la dissolution de la communauté.

Dans une troisième espèce, le sieur Meiller receveur des domaines & bois à Marseille, demanda le payement d'une somme de cent treize mille sept cent cinquante-trois livres, faisant le montant d'un billet de la marquise de Melun lequel avoit une date antérieure au mariage de cette dame.

Le marquis de Melun opposa à la demande qu'il n'avoit eu en se mariant, aucune connoissance de cette dette : cependant le châtelet de Paris le condamna à la payer : mais par arrêt du onze décembre 1743, le parlement infirma la sentence du châtelet & déclara le billet nul.

Dans les affaires de cette nature, on doit avoir beaucoup d'égard aux circonstances.

Si lors du mariage un conjoint étoit personnellement débiteur d'une dette mobilière pour une certaine portion, la communauté ne seroit chargée que de cette portion, quoique le conjoint débiteur fût obligé hypothécairement pour le tout.

Quant aux dettes passives immobilières, chaque conjoint est tenu de celles qu'il a contractées avant le mariage, & la communauté n'en est pas chargée.

Cette règle a lieu non-feulement à l'égard de la dette d'un immeuble certain & déterminé, mais encore pour celle d'un immeuble indéterminé. Ainfi en fuppofant que mon frère qui n'avoit point de terre & dont j'ai recueilli la fucceffion, vous ait légué *dix arpens de terre à prendre dans les environs de Paris*, & que ce legs ne fe foit point trouvé acquitté avant mon mariage, la communauté légale avec ma femme ne doit pas en être chargée ; c'eft pourquoi fi durant mon mariage je fais l'acquifition des arpens de terre légués pour les délivrer au légataire, il faudra que je récompenfe la communauté de ce que j'en aurai tiré pour cette acquifition.

. Il en feroit différemment fi le legs étoit conçu en ces termes, *Je lègue à Paul dequoi acheter dix arpens de terre :* dans ce cas ce ne feroit pas dix arpens de terre qu'on auroit légués, ce feroit la fomme néceffaire pour les acquérir : or la dette occafionnée par un tel legs ne feroit point la dette d'un immeuble, mais la dette d'une fomme d'argent, & par conféquent une dette mobilière à la charge de la communauté.

Si lorfque vous vous êtes marié vous étiez obligé envers un particulier à lui délivrer une métairie, & que vous duffiez en outre à ce particulier une fomme d'argent relativement à la même métairie, foit à caufe des fruits que vous auriez perçus ou des dommages & intérêts auxquels vous auriez été condamné, il n'y auroit que la délivrance de l'héritage qui ne feroit point à la charge de la communauté : elle feroit tenue du furplus comme étant dette mobilière.

Il y a des coutumes, comme celle de Paris, qui réputent immeubles les rentes conftituées à prix d'argent ; & d'autres coutumes, comme celle de Rheims, qui réputent meubles ces mêmes rentes : fera-ce en conféquence du domicile du créancier à qui la rente eft due, ou du domicile du conjoint qui la doit, qu'on décidera fi elle eft à la Charge de la communauté ou à celle de ce conjoint ? Le Brun, & après lui plufieurs jurifconfultes, ont folidement établi que c'étoit le domicile qu'avoit le créancier de la rente lorfque le débiteur s'eft marié, qui devoit déterminer fi elle devoit être confidérée comme une dette mobilière, & en ce cas être à la Charge de la communauté, ou comme une dette immobilière que le conjoint débiteur eft tenu feul d'acquitter.

Ainfi lorfqu'un habitant de Reims, débiteur d'une rente envers un parifien, vient à fe marier, cette rente étant un immeuble à Paris, l'habitant de Reims eft tenu d'une dette immobilière, qui ne peut par conféquent pas être à la Charge de la communauté légale de ce débiteur.

Si c'eft au contraire un parifien qui doive en fe mariant une rente à un habitant de Reims, cette rente fera une dette mobilière à la Charge de la communauté légale de ce parifien.

Si poftérieurement au mariage la rente venoit à changer de nature, & que d'immobilière elle devînt mobilière par le changement de domicile du créancier, elle conferveroit, relativement aux conjoints, la qualité qu'elle avoit dans le temps du mariage. C'eft pourquoi fi elle étoit alors mobilière, elle feroit à la Charge de la communauté légale ; & fi elle étoit immobilière, le conjoint débiteur en feroit feul tenu.

On conçoit qu'il n'y a que les principaux des

rentes conſtituées qui puiſſent être des dettes immobilières à la Charge de l'un des conjoints ; les arrérages de ces rentes ſont toujours des dettes mobilières à la Charge de la communauté légale.

Il faut en dire autant des arrérages des rentes foncières dont les héritages des conjoints ſont chargés ; quand même ces arrérages ſeroient échus avant la célébration du mariage.

Le mari étant le chef de la communauté, il a le droit d'en diſpoſer tant pour ſa part que pour celle de ſa femme, ſans qu'elle puiſſe s'y oppoſer : & même lorſqu'il contracte, elle eſt cenſée s'obliger avec lui juſqu'à concurrence de ce qu'elle peut prétendre dans la communauté légale. Ainſi les dettes contractées devant le mariage ſont des Charges de cette communauté, quand même elle n'en auroit retiré aucune utilité.

Il y a néahmoins quelques exceptions à cette règle : 1°. ſi les dettes contractées par le mari n'ont eu pour objet que ſon intérêt ſeul, la communauté légale n'en ſera pas chargée. La raiſon en eſt que quoique le mari ſoit en général le maître abſolu des biens de la communauté & qu'il puiſſe les diſſiper à ſon gré, il ne peut toutefois pas les détourner à ſon profit au préjudice de la part que ſa femme doit y avoir.

Ainſi dans le cas où le mari pour affranchir ſon héritage d'un droit de ſervitude, ſe feroit obligé à payer une certaine ſomme, cette dette ne feroit point une Charge de la communauté ; & ſi le mari employoit les deniers communs à la payer, il en feroit dû récompenſe à la communauté.

2°. Si

2°. Si durant la communauté le mari vient à contracter une dette en faveur d'un enfant qu'il a eu d'un mariage précédent, ou s'il n'a pas d'enfant, en faveur d'un de ses héritiers présomptifs qui profite seul de cette dette, ce ne sera point à la communauté à supporter cette Charge : la raison en est qu'il n'est pas plus autorisé à faire profiter des biens de la communauté ces personnes, qu'il ne peut en profiter lui-même au préjudice de la part que sa femme a droit d'y prendre.

Ainsi dans le cas où le mari venant à marier un enfant de son premier mariage, ou quelqu'autre de ses héritiers présomptifs, s'oblige à donner pour dot une certaine somme, il doit seul acquitter cette dette, & sa communauté n'en peut pas être chargée.

Il en seroit différemment d'une dette que le mari auroit contractée sans le consentement de sa femme, en faveur d'un des enfans nés du mariage subsistant. Une telle dette seroit une Charge de la communauté.

3°. M. Pothier avoit établi dans son contrat de vente, que le mari venant à aliéner durant la communauté un héritage propre de sa femme, sans qu'elle eût consenti à l'aliénation, l'obligation de garantie étoit néanmoins une dette à la Charge de la communauté : au moyen de quoi la femme qui avoit accepté la communauté, devoit être déclarée non-recevable pour moitié dans la demande en révendication de l'héritage aliéné. Mais ce jurisconsulte a dans la suite changé d'avis & avec raison. En effet, la loi n'a attribué au mari le droit de faire participer sa femme aux obligations qu'il contracte en qualité de chef de la communauté, qu'à la charge qu'il ne pourroit vendre les héritages propres de sa femme sans qu'elle y eût consenti. Il résulte de cette limitation du pouvoir qu'a le mari de contracter seul tant pour lui que pour sa femme, qu'en aliénant un bien propre de sa femme, sans qu'elle y ait consenti, il ne peut être censé avoir contracté pour sa femme, ni par conséquent l'avoir assujettie à l'obligation de garantie envers l'acquéreur. Ainsi cette obligation concerne le mari seul & la communauté légale n'en doit point être chargée : elle ne peut être tenue en cas d'éviction, que de rendre le prix qu'elle a reçu. Concluons donc que quoique la femme ait accepté la communauté, elle n'a pas moins le droit de revendiquer son bien propre aliéné par son mari : il suffit qu'elle offre de rendre à l'acquéreur le prix de l'acquisition pour la part dont elle peut être tenue comme commune, sauf à lui à se pourvoir contre les héritiers du mari pour le surplus, ainsi que pour les dommages & intérêts résultans de l'obligation de garantie. Cette décision est conforme à l'article 230 de la coutume de Poitou, qui sans distinguer si la femme est commune ou si elle ne l'est pas, lui permet de se faire rendre ses biens propres lorsque son mari les a aliénés.

Lorsque durant la communauté, une femme autorisée de son mari contracte des dettes, elles sont à la Charge de la communauté.

Il en est de même des dettes qu'une femme contracte relativement au commerce qu'elle fait au vu & sçu de son mari, quoiqu'elle ne soit pas spécialement autorisée pour cet effet. Le consentement que le mari donne au moins taci-

tement au commerce de fa femme, fait préfumer
cette autorifation.

. Quant aux dettes contractées par la femme,
même avec l'autorifation de la juftice, mais fans
celle du mari, la communauté n'y eft obligée
que jufqu'à concurrence de l'utilité qu'elle a
retirée des objets pour lefquels elles ont été
contractées.

Ainfi dans le cas où, d'après votre refus d'autorifer votre femme, la juftice l'auroit autorifée
à pourfuivre l'exécution d'un teftament fait en
fa faveur, la communauté ne pourroit être obligée aux dettes relatives à cette pourfuite, que
jufqu'à concurrence du profit qu'elle en auroit
retiré. C'eft pourquoi fi les créanciers vouloient
exiger de vous le payement de ces dettes, il
fuffiroit, pour vous faire décharger de leur demande, que vous offriffiez de leur remettre ce
que vous auroient produit les pourfuites dirigées
par votre femme.

Cette décifion eft conforme à l'article 201 de
la coutume d'Orléans, qui eft ainfi conçu :

- « Femme conjointe par mariage peut pour-
» fuivre fes actions & droits avec l'autorité de
» fon mari, & au refus elle peut requérir être
» autorifée par juftice, & en cette qualité in-
» tenter lefdites actions fans que les fentences ou
» jugemens qui pourroient être donnés à l'en-
» contre defdites femmes non autorifées, ni
» avouées par lefdits maris, puiffent être exé-
» cutés fur les biens de la communauté pendant
» icelle : toutefois le mari fera tenu rapporter
» ce qu'il aura pris & reçu à caufe defdits droits
» & actions pourfuivis par fadite femme ».

- Il fuit de ces difpofitions, que fi le mari n'étoit pas en état de juſtifier par un inventaire ou par d'autres titres, qu'il n'a reçu que telle ou telle ſomme en conſéquence des pourſuites de ſa femme, il pourroit être obligé indéfiniment envers les créanciers.

Si la communauté n'a nullement profité des dettes contractées par la femme ſans l'aveu du mari, elles ne ſeront point à la Charge de la communauté.

Suppoſons, par exemple, que durant le mariage la femme ait été condamnée à payer dix mille livres de dommages & intérêts réſultans d'un délit qu'elle a commis ; la communauté n'ayant tiré de ce délit aucune utilité, elle ne doit point être obligée d'acquitter cette ſomme : or, comme tous les revenus des biens de la femme appartiennent à la communauté, il faut en tirer la conſéquence que les dix mille livres dont il s'agit ne pourront être exigées qu'après la diſſolution de la communauté.

Pluſieurs coutumes ont établi cette règle, & elle doit être ſuivie dans le reſſort des autres coutumes qui n'ont point de diſpoſitions contraires. Celles d'Anjou & du Maine ſe ſont écartées du droit commun qui s'obſerve ſur cette matière : elles ne font aucune diſtinction entre le mari & la femme : elles veulent que le créancier du conjoint qui a commis le délit, puiſſe exiger ſur les biens communs, le payement des dommages & intérêts qu'on lui a adjugés par forme de réparation civile : elles autoriſent ſeulement le conjoint innocent à demander la ſéparation des biens de la communauté, à l'effet de reſtreindre le créancier à la part qu'y peut prétendre le conjoint coupable ; & cette ſéparation continue à l'avenir.

Parmi les Charges de la communauté légale, font les alimens & les frais de l'éducation des enfans communs.

Quant aux alimens & aux frais d'éducation des enfans que l'un des conjoints peut avoir d'un précédent mariage, la communauté n'en doit pas être chargée, fi ces enfans ont un revenu fuffifant pour fubvenir à ces dépenfes; mais fi ce revenu eft infuffifant, les mêmes dépenfes doivent être à la Charge de la communauté, attendu qu'elles font une dette naturelle du père ou de la mère de ces enfans, & que la communauté eft tenue des dettes des conjoints.

Puifque la communauté jouit du revenu des biens propres du conjoint, il faut en conclure qu'elle doit être chargée des dépenfes nécef-faires pour entretenir ces biens en bon état.

Ainfi ce qu'il peut en coûter pour cultiver des vignes, pour les garnir d'échalats, pour marner des terres, pour peupler un colombier, pour empoiffonner un étang, eft à la Charge de la communauté.

Il faut en dire autant des réparations qu'exigent les bâtimens qui font fur les héritages propres de chacun des conjoints.

On doit néanmoins excepter de cette décifion ce qu'on appelle *les groffes réparations*. Celles-ci font confidérées comme des reconftructions plutôt que comme des réparations; c'eft pourquoi la communauté n'en eft pas chargée. Suivant l'article 262 de la coutume de Paris, les groffes réparations à la Charge du conjoint propriétaire, font *les quatres gros murs, poutres, entières couvertures & voûtes* : toutes les autres réparations

font des réparations d'entretien à la Charge de
la communauté.

Ainsi lorsqu'il faut refaire à neuf l'un des
quatre gros murs, qu'on est obligé de substituer
une poutre neuve à la place d'une qui ne vaut
plus rien, qu'on veut reconstruire une voûte,
ou rétablir en entier une couverture dont la
charpente ne peut plus servir, ce font des grosses
réparations dont la communauté doit être in-
demnifée par le conjoint propriétaire, lorfqu'elle a payé ce qu'il a fallu pour les faire.

Obfervez que quoique régulièrement la communauté ne doive pas être chargée des grosses
réparations, si c'étoit un bien propre de la
femme qui les exigeât, & que le défaut d'entretien de ce bien conftant le mariage y eût
donné lieu, la communauté en feroit chargée.
Cette décifion eft fondée fur ce que le mari
ayant négligé d'entretenir le bien comme fa qualité de chef de la communauté l'obligeoit de le
faire, il eft jufte que le dommage occafionné par
cette négligence foit fupporté par cette même
communauté.

On ne doit pas mettre dans la claffe des dépenfes de fimple entretien, celles que l'on a
faites pour donner à un héritage une forme plus
avantageufe que celle qu'il avoit, comme quand
on conftruit un bâtiment pour loger un fermier,
ou que l'on convertit en prairie une terre in-
eulte : ainfi lorfque la communauté a fait des
dépenfes de cette nature, elle doit en être in-
demnifée par le conjoint dont l'héritage a été
amélioré.

Parmi les Charges de la communauté doivent être compris les frais qui, lorfqu'elle eft

diffoute , fe font pour inventorier les effets dont
elle étoit compofée.

Il en eft de même des frais de partage des
biens de la communauté & des frais de liqui-
dation des reprifes que les conjoints ou leurs
héritiers ont à exercer fur la communauté.

Mais il ne faut pas mettre dans cette claffe
les frais funéraires du conjoint prédécédé : fa
fucceffion feule en doit être tenue. Tel eft le
droit commun , & c'eft ce que décident plufieurs coutumes. La raifon fur laquelle eft fondée cette jurifprudence , eft que les frais dont
il s'agit ne fe font que dans un temps où il n'y
a plus de communauté, puifqu'elle a été diffoute par la mort du conjoint.

*Charges d'une fucceffion , d'une donation , d'un
teftament.* Ce font les obligations impofées à
l'héritier , donataire ou legataire , comme de
payer les dettes, acquitter les fondations faites
par le donateur ou teftateur , & faire délivrance
des legs univerfels ou particuliers.

Il en eft de même de l'obligation de fupporter ou acquitter un douaire , un don mutuel ou
quelqu'autre ufufruit, de payer une rente via-
gère, de fouffrir une fervitude en faveur d'une
tierce perfonne , & de remplir d'autres engagemens de différente nature , plus ou moins
étendus , felon les conditions impofées par le
donateur ou teftateur, ou felon les droits &
actions qui fe trouvent à prendre fur les biens
de la fucceffion , donation ou teftament. Comme il y a des Charges pour la fucceffion en général, il y en a auffi de communes à l'héritier,
& au légataire ou donataire univerfel, telles
que les dettes auxquelles chacun d'eux contri-

bue à proportion de l'émolument. Il y a auffi des Charges propres au donataire & légataire particulier ; ce qui dépend des droits qui fe trouvent affectés fur les biens donnés ou légués, & des conditions impofées par le donateur ou teftateur.

* Les droits de centième denier dus pour les mutations à titre fucceffif, en ligne collatérale, *ab inteftat*, ou en vertu de teftament, doivent être payés fur la valeur des biens fans aucune déduction d'ufufruit, dettes, ni autres Charges quelconques, finon des rentes foncières non-rachetables, en juftifiant par l'héritier de l'exiftence & de la nature de ces rentes.

C'eft d'après ces principes, que par arrêt du 11 février 1710, rendu contre le fieur de la Heufe & la Demoifelle Voifin, qui demandoient une diftraction de la légitime de cette Demoifelle, fur des biens fitués en Normandie provenans de la fucceffion du fieur voifin, le confeil a jugé qu'ils payeroient le centième denier de la valeur entière de ces biens.

Par un autre arrêt du 2 octobre 1714, le confeil a jugé de même contre M. l'évêque de Metz, qui en qualité d'héritier bénéficiaire de M. le duc de Coaflin, difoit que les biens étoient chargés de dettes, & qu'après qu'elles feroient acquittées, il ne lui refteroit rien.

Le confeil a pareillement jugé en 1725, que le centième denier devoit être payé fur les biens échus à titre fucceffif fans qu'on put admettre aucune diftraction foit pour penfion réfervée par une religieufe ou pour dettes, droits de la veuve, & autres Charges, finon des rentes foncières.

Et par arrêt du 9 mai 1739, le conseil a condamné le sieur de la Sigogne héritier de son frère, à payer le centième denier de la valeur entière des biens, faute par lui de justifier que les rentes dont il demandoit la distraction étoient foncières.

Par un autre arrêt du 3 mars 1742, rendu en faveur du marquis de Lambert, le conseil a ordonné que sur la valeur des biens qui lui étoient échus, il seroit fait distraction d'une rente léguée à l'Hôtel-Dieu, attendu qu'étant affectée sur ces biens sans pouvoir être rachetée, c'étoit une charge perpétuelle & inhérente au fonds.

Par un autre arrêt du 29 mars 1753, le conseil a réformé une ordonnance de l'intendant de Languedoc, par laquelle il avoit jugé que pour une remise d'hérédité faite au sieur de Mercoran par sa mère, le droit de centième denier ne seroit payé qu'après déduction faite des Charges inhérentes telles que les tailles, les censives, les droits seigneuriaux qui affectoient le fonds, & il a été décidé que le droit de centième denier seroit payé sur le pied du denier vingt du revenu justifié par les baux, en déduisant seulement les rentes foncières.

Charges d'un bénéfice. Les Charges d'un bénéfice sont spirituelles ou temporelles. Les Charges spirituelles concernent les fonctions que doit remplir un ecclésiastique relativement à la dignité ou au caractère dont il est revêtu. Voyez à cet égard les articles ÉVÊQUE, CURÉ, &c.

Les Charges temporelles consistent dans les réparations à faire aux bâtimens dépendans des bénéfices, dans l'obligation de payer les décimes, les impositions, &c.

Les Charges temporelles doivent être acquittées annuellement fur les fruits du bénéfice,
par le titulaire actuel, fans qu'il puiffe aliéner
les fonds ni le patrimoine de l'églife pour cette
obligation.

Obfervez même que fi le prédéceffeur du titulaire actuel avoit été autorifé felon les formes ufitées en pareille matière, à contracter des
dettes pour un cas extraordinaire, mais utile
& non étranger au titre du bénéfice, ce feroit
au titulaire actuel à les acquitter. Il en feroit
différemment fi les dettes avoient été contractées pour acquitter les Charges ordinaires; elles feroient alors à la Charge du prédéceffeur
ou de fes héritiers.

Catelan rapporte un arrêt du mois de juillet
1668, qui a déclaré non valables les emprunts
faits par un chapitre pour acquitter des décimes
& d'autres Charges ordinaires, parce que ces
fortes de Charges doivent être acquittées fur les
revenus.

Comme l'année commence au premier janvier pour le partage des fruits d'un bénéfice entre le nouveau titulaire & fon prédéceffeur ou
ceux qui le repréfentent, de même le payement des Charges de l'année doit fe régler à
proportion de la jouiffance de chacun depuis le
premier janvier.

Les Charges d'une abbaye fe divifent communément en deux claffes: les unes font appelées Charges communes ou clauftrales, & les
autres font des Charges particulières. Les Charges communes font les réparations de l'églife
abbatiale, des lieux réguliers, des ornemens &
des autres chofes néceffaires à la célébration du

fervice divin felon les conftitutions de l'ordre. Les Charges particulières font celles qui n'ont rapport qu'aux befoins de l'abbé ou à ceux des religieux.

· Il y a des Charges qui concernent l'abbé & les religieux conjointement : telles font les rentes à prix d'argent par eux conftituées conjointement fur les revenus de l'abbaye ; les Charges foncières, comme les cens & autres droits dûs aux feigneurs des fiefs d'où relèvent les terres ; les portions congrues des curés & des vicaires ; les réparations des chœurs des églifes paroiffiales où l'abbé & les religieux font décimateurs, &c.

Dans la divifion des biens & des Charges d'une abbaye, les Charges ordinaires du tiers lot font les réparations & réédifications de l'églife abbatiale & des lieux réguliers ; les anciennes décimes créées avant 1690 ; l'achat des ornemens, du linge, du luminaire ; les dépenfes de l'hôtellerie & de l'infirmerie ; les gages des médecins, des chirurgiens, des apothicaires & du portier, &c.

Dans les partages qui fe font entre l'abbé & les religieux, on a coutume d'évaluer les Charges dont on vient de parler à une certaine fomme que l'abbé s'oblige de donner annuellement aux religieux pour les acquitter. Cette évaluation fe fait relativement au revenu du tiers lot, dont il doit refter au moins un tiers à l'abbé pour l'adminiftration des biens qui le compofent.

· Lorfque dans une abbaye il y a des offices clauftraux tels que ceux de facriftain, d'infirmier, d'aumônier, qui ont des biens affectés pour l'acquit des Charges & que ces offices n'entrent point en partage, les religieux à la mense desquels ils sont réunis doivent acquiter ces Charges à la décharge du tiers lot.

On appelle *bénéfices à Charge d'ames*, ceux dont les titulaires ont la direction des ames & la juridiction au for intérieur.

Suivant la déclaration du 13 janvier 1742, nul ecclésiastique ne peut être pourvu d'une cure ou autre bénéfice à Charge d'ames, s'il n'est constitué dans l'ordre de prêtrise & s'il n'a atteint l'age de vingt-cinq ans accomplis.

Charges des comptes, ou sur les comptes. C'est en style de la chambre des comptes, les jugemens interlocutoires qui laissent en souffrance certaines parties de la recette ou de la dépense d'un compte.

Suivant un règlement du 22 octobre 1537, les auditeurs après la clôture de leurs comptes doivent donner un état des Charges au procureur-général pour en faire poursuite : mais depuis, cette poursuite a passé au solliciteur des restes, & ensuite au contrôleur-général des restes.

Charges en matière criminelle. Ce sont les indices & les preuves qu'il y a par les informations & les autres piéces du procès contre un accusé.

Suivant l'article 19 du titre 15 de l'ordonnance criminelle du mois d'août 1670, l'accusé d'un crime qui ne mérite pas de peine afflictive peut, après avoir subi interrogatoire, *prendre droit par les Charges*, c'est-à-dire, s'en rapporter aux dépositions des témoins & consentir que sans autre instruction il soit procédé au jugement du procès. C'est pourquoi le juge doit à la fin de l'interrogatoire, demander à l'accusé s'il veut prendre droit par les Charges (*).

Lorsque l'accusé est dans le cas d'être admis à prendre droit par les Charges, & qu'on ne l'y admet pas, les frais de la procédure extraordinaire qui se fait ensuite par récollement & confrontation, ne doivent pas être à sa charge, même quand il viendroit à succomber.

Lorsque la partie publique & la partie civile ont été admises à prendre droit par l'interrogatoire, & que l'accusé a été reçu à prendre droit par les Charges, la partie peut donner sa requête contenant ses demandes, & l'accusé ses réponses dans le délai fixé par les juges, passé lequel, il doit être procédé au jugement, quand même on n'auroit donné ni la requête, ni les réponses dont on vient de parler. C'est ce qui résulte de l'article 20 du titre cité.

Voyez *les loix civiles; Loyseau traité des offices ; Basnage sur la coutume de Normandie ; Charondas en ses réponses ; Chorier sur la jurisprudence de Guypape ; le traité du déguerpissement par Loyseau; l'édit du mois d'août 1669 ; les lettres-patentes du 12 juillet 1687 ; l'édit du mois de décembre 1701 ; les arrêts du conseil des 2 juillet 1668 & 3 février 1672; l'édit du mois de janvier 1716; les déclarations des 12 octobre 1601*

. (*) L'article 16 du titre 7 de l'ordonnance criminelle de Lorraine du mois de novembre 1707, s'exprime ainsi sur cette matière :

« Par le dernier interrogat le commissaire sera tenu de
» demander à l'accusé s'il veut prendre droit par les Charges,
» ce qui lui sera expliqué ; s'il en veut croire la déposition
» des témoins ; à quoi il pourra être reçu ès accusations
» pour crimes esquels il n'échéra peine afflictive».

& 22 décembre 1659 ; les arrêts du conseil des 23. février 1706, 6 septembre 1707, 28 mars 1719, & 19 novembre 1726 ; le bail de Foruville du 16 septembre 1738 ; le traité de la communauté par Lebrun ; les œuvres de Renusson & celles de Pothier ; Ferrières, sur la coutume de Paris ; les coutumes d'Orléans, d'Anjou & du Maine ; les loix ecclésiastiques ; le recueil de jurisprudence canonique ; les arrêts de Catelan ; les mémoires du clergé ; les arrêts de Papon ; le traité du partage des fruits des bénéfices ; l'ordonnance du mois d'août 1670, & les commentateurs ; le traité de la justice criminelle de France ; l'ordonnance du duc Léopold de Lorraine du mois de novembre 1707, &c. Voyez aussi les articles OFFICE, PARLEMENT, BAILLIAGE, CONSEIL, COUR, ÉCHEVINS, DESTITUTION, COMMISSION, OPPOSITION, CENS, CHAMPART, RENTE, SERVITUDE, DÉGUERPISSEMENT, DETTES, DEUIL, FRAIS FUNÉRAIRES, IMPÔTS, COMMUNAUTÉ, SUCCESSION, DONATION, TESTAMENT, ENGAGISTE, DOMAINE, BÉNÉFICE, PARTAGE, LOT, INFORMATIONS, CRIME, &c.

CHARGE D'ENQUÊTE. Ce terme est employé dans les coutumes de Mons & de Valenciennes, pour désigner les formules de sentence que les magistrats de ces deux villes donnent aux gens de loi de leur ressort dans les affaires de leur compétence.

Comme les gens de loi des villages n'ont aucune teinture du droit, & que même il s'en trouve quelquefois qui ne savent pas lire ; il seroit dangereux de les laisser juger à leur mode. On a remédié à cet inconvénient en leur ordonnant de prendre auparavant l'avis de quelques jurisconsultes.

. Dans les chefs-lieux de Valenciennes & de Mons, c'est au magiftrat ou corps des échevins de ces deux villes que les gens de loi doivent s'adreffer pour prendre. *Charge d'enquête.* Dans l'étendue du chef-lieu de Mons, il n'y a que les mayeurs & échevins de village qui foient tenus *à cette Charge d'enquête* : ceux des villes, telles que Maubeuge, Binck, Landreçi, &c. n'ont jamais été affujettis à cette formalité : ils ont toujours jugé eux-mêmes les caufes inftruites par devant eux.

' Il n'en eft pas de même des villes qui reffortiffent au chef-lieu de Valenciennes ; leurs magiftrats font tenus comme ceux des villages d'y aller prendre *Charge d'enquête.*

Cet ufage fubfifte encore dans toute fa vigueur dans les villes & les villages du chef-lieu de Valenciennes : à l'exception du reffort du bailliage du Quefnoi, les villages qui reffortiffent au fiége royal de Bouchain & Bouchain même, n'en font pas exempts.

_ A l'égard des villages fitués dans la partie du chef-lieu de Mons qui appartient à la France, les mayeurs & échevins de ces endroits ne peuvent aller demander leur *Charge d'enquête* au magiftrat de Mons ; ils y fuppléent par l'avis de trois ou cinq avocats. On en ufe de même dans le reffort du bailliage du Quefnoi & dans toutes les autres coutumes des Pays-bas qui n'ont pas de difpofition particulière fur ce point.

Anciennement le magiftrat de Cambrai donnoit auffi *Charge d'enquête* aux mayeurs & échevins du Cambréfis. La loi Godefroi, ainfi appelée parce qu'elle fut portée par l'évêque Godefroi, dans le mois de novembre 1227, ordonne au magiftrat de Cambrai de *donner loyaument les enquêtes des forains.* Ce font les termes de l'article trois; mais aujourd'hui cet ufage ne fubfifte plus. Les Charges d'enquête fe donnent par des gradués au choix des gens de loi.

On demande fi les mayeurs & échevins de village font obligés de deférer à la *Charge* ou avis des magiftrats ou jurifconfultes auxquels ils font adreffés.

La coutume du chef-lieu de Valenciennes, article 221, décide pour l'affirmative. Le parlement de Flandres a jugé de même en 1676, pour la chatellenie de Courtrai; mais c'étoit dans un cas où les avocats avoient été dénommés par un juge fupérieur.

Hors ce cas, & dans les coutumes qui ne décident rien là-deffus, M. Maillart prétend que les mayeurs & échevins de village ne font point obligés de juger conformément à la *Charge* ou avis qu'ils ont pris. L'ufage eft contraire à cette opinion, & l'on doute fi peu de la néceffité où font les gens de loi de fe conformer à cette *Charge*, que les avocats qu'ils confultent rédigent leur avis, non dans les formes ordinaires, mais dans la forme d'une fentence.

Les huiffiers du parlement de Douai font auffi tenus de prendre avis de jurifconfultes dans le cas de l'article 34 de l'arrêt de règlement du 16 feptembre 1672. Voici de quoi parle cet article.

Lorfqu'on veut fe pourvoir en complainte pour un bien fitué dans un endroit où il ne fe trouve point de juge royal, comme dans le Cambréfis, on leve une commiffion en la chancellerie

chancellerie établie près du parlement. Cette commiffion eft adreffée à un huiffier. C'eft par devant lui que s'inftruit la complainte. C'eft lui qui entend les témoins : & s'il n'y a point d'enquête faite par le défendeur, il prend avis d'avocats & prononce en conféquence fur la provifion. Si le défendeur a fait une enquête, l'huiffier envoye toutes les piéces du procès à l'audience des *confeillers commiffaires*, qui jugent la récréance & renvoient les parties à l'une des chambres du confeil pour le plein poffeffoire.

Les confultations que donnent les avocats par forme de jugemens s'appelent *avis pro judice*: ils font obligés de les figner même contre leur fentiment, fi la pluralité des voix eft contre eux. C'eft la différence qu'il y a entre ces confultations & celles qui fe font à la réquifition d'une partie ; ils ne peuvent figner ces dernières contre leur propre opinion, fous prétexte de la pluralité de voix. Un arrêt de règlement du 14 mai 1720, rendu par le parlement de Douai, le leur défend formellement.

Voyez *le ftyle du parlement de Douai ; les coutumes de Mons & de Valenciennes ; Maillart fur Artois ; Deghewiet en fes inftitutions belgiques ; Wiclant en fon traité des fiefs ; Perère fur le code ; le placard du 30 juillet 1672, &c.* Voyez auffi les articles CONSEILLER COMMISSAIRE AUX AUDIENCES, CONSEILLER PENSIONNAIRE, &c. (*Article de M. MERLIN , avocat au parlement de Flandres.*)

CHARITÉ (FRÈRES DE LA). Ce font des religieux hofpitaliers qui forment une congrégation fous le titre de *faint Jean-de-Dieu*, leur fondateur.

Ce fondateur originaire du Portugal, paſſa dans l'Eſpagne vers l'an 1504 à un âge fort tendre : des circonſtances particulières l'ayant fait paſſer pour fou, on le renferma à Grenade dans un hôpital deſtiné aux gens de cette eſpèce. Content de trouver une occaſion de ſervir les malades qui étoient dans cette maiſon, il fit aiſément connoître que ſa folie n'avoit été qu'apparente. Il en ſortit au mois d'octobre 1539, emportant avec lui la réſolution de ſe conſacrer toute ſa vie au ſoulagement des pauvres. Dénué de fortune & de ſecours, il s'employoit aux travaux les plus pénibles pour avoir de quoi les aſſiſter : ſon zèle connu des perſonnes opulentes lui procura des aumônes & une maiſon pour y recevoir ceux qui avoient beſoin de ſes ſecours.

Voilà quels furent les commencemens de ſon ordre. L'archevêque de Grenade s'employa en tout ce qui dépendit de lui pour le favoriſer. Mais il ne fut queſtion alors que de former une ſociété de perſonnes ſéculières pour avoir ſoin de ce nouvel hôpital qui ſervit de modèle dans la ſuite pour en inſtituer d'autres ſemblables dans divers endroits de l'Eſpagne, comme à Cordoue, à Lucéne, &c.

Les perſonnes conſacrées au ſervice de ces hôpitaux & qui avoient déja un ſupérieur, demandèrent au pape Pie V d'approuver leur inſtitut en forme de congrégation. Ce pontife le fit par une bulle du premier janvier 1572, & donna à ces hoſpitaliers la règle de ſaint Auguſtin, avec pouvoir d'élire un ſupérieur ſous le nom de *majeur* dans chaque hôpital. Il leur permit en même temps de faire promouvoir aux ordres sacrés l'un d'entr'eux pour administrer les sacremens à leurs confrères ainsi qu'aux malades, les soumettant à la juridiction des évêques des lieux où leurs maisons seroient situées.

Ce nouvel établissement fut très-approuvé dans l'Italie ; on chercha à l'imiter dans plusieurs endroits ; il le fut particulièrement à Milan où l'on fait qu'il y a un hôpital très-magnifique & très-connu.

Le nombre de ces hôpitaux s'étant beaucoup augmenté en Espagne & en Italie, Sixte V permit aux hospitaliers de tenir un chapitre général à Rome, & de dresser des constitutions, en érigeant la congrégation sous le nom de *Jean-de-Dieu* (*).

Grégoire XIV en confirmant leurs priviléges, leur donna pour protecteur le cardinal Rusticucci. Comme ce pape leur avoit accordé les priviléges de l'hôpital du Saint-Esprit dans la Saxe, & que parmi ces priviléges étoit celui d'être exempts de la juridiction des ordinaires, les nouveaux hospitaliers voulurent jouir de cette exemption ; mais Clément VIII, la leur refusa formellement : il ordonna qu'à l'avenir ils ne seroient plus gouvernés par un *majeur* : il leur défendit en même temps de prendre les ordres sacrés & de faire profession solemnelle, voulant qu'à l'avenir ils ne fissent qu'un seul vœu, celui de pauvreté & d'hospitalité ; mais leur protec-

_____

(*) Le fondateur ne portoit d'autre nom que celui de *Jean*, ce fut l'évêque de Tuy, président de la chambre royale de Grénade, qui lui donna le surnom *de Dieu*.

teur repréfenta que les hôpitaux fouffriroient beaucoup.de cette privation d'un chef, & qu'il en réfulteroit une défunion préjudiciable : fur ces repréfentations, le pape par un bref de l'an 1596, remit ces hofpitaliers dans le droit qu'ils avoient d'élire un général.

A l'égard de la promotion aux ordres facrés, Paul V leur permit de la faire prendre à deux de leurs frères dans chaque hôpital, mais à condition qu'ils ne pourroient exercer aucune charge, afin qu'ils fuffent plus en état de vaquer aux befoins fpirituels des malades. Il leur permit auffi de faire les trois vœux en religion outre celui de l'hofpitalité, & déclara que les évêques n'auroient droit de vifite que dans les maifons où il y auroit moins de douze religieux; qu'alors ces prélats examineroient les recettes & les dépenfes, conjointement avec les provinciaux & les fupérieurs de l'ordre.

· Depuis le bref de Clément VIII de l'an 1592, les religieux d'Efpagne ont toujours été feparés des autres hôpitaux étrangers, de forte qu'il y a eu depuis ce temps-là deux généraux, l'un pour l'Efpagne & les Indes occidentales, & l'autre pour la France, l'Allemagne, la Pologne & l'Italie. Celui-ci fait ordinairement fa réfidence à Rome.

Ce fut la reine Marie de Médicis qui en 1601, amena avec elle de ces religieux en France, du nombre defquels étoit le frère Jean Bonelli. Elle leur donna une maifon au fauxbourg faint Germain à Paris, où ils ont bâti un fameux hôpital. Au mois de Mars de l'année fuivante Henri IV leur accorda des lettres patentes pour leur établiffement, avec permiffion de faire conftruire des hôpitaux dans tous les lieux du royaume où ils feroient appelés. Louis XIII leur accorda d'autres lettres-patentes qui confirment leur établissement en France, comme érigé en vraie religion, par Pie V, & qui veulent qu'il soit reconnu pour tel.

Ces religieux ont un vicaire-général résident à Paris, avec droit de visiter tous les autres hôpitaux du royaume. Ils tiennent tous les six ans le chapitre général dans lequel on élit le majeur de l'ordre ; & tous les trois ans le chapitre provincial, dans lequel chaque province (*) choisit son provincial, dont les fonctions ne font que pour les trois ans.

L'habillement de ces hospitaliers est d'un drap brun-noir, avec un scapulaire de même couleur, un capuce rond & une ceinture de cuir noir. Ils font regardés par tout comme très-utiles, par services qu'ils rendent aux malades.

Voyez la vie de saint Jean-de-Dieu, par Baillet & Giry ; le catalogue des ordres religieux, par Bonanni ; l'établissement des mêmes ordres, par Hermant ; &c. (*Article de M. DAREAU, avocat, &c.*)

CHARITÉ (FILLES DE LA). Ce font des filles qui font profession d'aller visiter les malades & de leur fournir les secours qui dépendent d'elles.

C'est au zèle de Vincent-de-Paul, fondateur de la congrégation des prêtres de la mission, que le public est redevable de l'institution des filles dont il s'agit ici. Cet ecclésiastique s'em-

---

(*) Les hôpitaux qui reconnoissent le général de Rome, font divisés en six provinces.

ploya auprès de quelques dames , pour faire
assister les pauvres dans leurs besoins. Ses démarches ne furent pas sans succès : il se forma
une société de dames pour exercer envers eux
la Charité. La dame le Gras (*) donna sur-tout
l'exemple le plus marqué d'un entier dévou-
ment. Mais comme il n'étoit pas possible à cette
dame de donner par elle-même aux malades
tous les secours dont ils avoient besoin, il fut
convenu avec Vincent-de-Paul qu'on auroit des
filles dont le ministère seroit de servir les pauvres, sous la dépendance des dames de la paroisse où elles seroient employées. Mais un
défaut de liaison & de correspondance empê-
chant que ces filles ne fussent suffisamment ins-
truites , on prit le parti de les unir en communauté sous la conduite d'une supérieure, qui
fut la dame le Gras. Cette dame qui se trouvoit
alors dans l'état de viduité , reçut chez elle
toutes ces filles ; & c'est dans sa maison à
Paris, proche saint Nicolas-du-Chardonnet, que
commença cette association le 21 novembre
1633.

L'hôtel-Dieu étoit l'endroit principal où l'on
envoyoit ces filles faire leur apprentissage ; ensuite suivant les besoins, on les employoit à
servir les pauvres chez eux , dans les différens
quartiers. Mais, comme les emplois de Charité
se multiplioient tous les jours , & qu'ils aug-
mentoient la nécessité d'un commerce plus fré-

(*) Cette dame le Gras étoit la veuve d'un secrétaire de
la reine Marie de Médicis. Elle étoit issue du mariage de
Louis de Marillac sieur de Ferrières avec Marguerite le
Camus.

quent avec toutes les perſonnes qui y prenoient part, Vincent-de-Paul engagea la dame le Gras d'aller loger avec ſa communauté au faubourg ſaint Denis, vis-à-vis ſaint Lazare, dans une maiſon qu'elle loua d'abord & qu'elle acheta en-ſuite.

Dans ce temps-là s'établit l'hôpital des Enfans-Trouvés; on en donna le ſoin à la dame le Gras & aux filles de ſa communauté. La ville d'An-gers ayant entendu parler du zèle & de l'in-telligence de ces filles, en demanda pour le ſer-vice de ſon hôpital; la dame le Gras alla elle-même faire cet établiſſement.

Pendant ce voyage la reine Anne d'Autriche demanda de ces mêmes filles pour le ſervice des malades de Fantainebleau. Cette princeſſe qui en-tretenoit durant le ſiége de Dunkerque un hôpi-tal pour les ſoldats bleſſés & malades, en donna encore le ſoin à ces filles. La reine de Pologne, louiſe-Marie de Gonzagues, en demanda de ſon côté pour la Pologne, & on en fit paſſer un cer-tain nombre à Varſovie. Peu de temps après on fonda à Paris l'hôpital du nom DE JESUS pour quarante pauvres de l'un & de l'autre ſexe (*): on en donna le gouvernement, l'économie & le ſervice à la dame le Gras & à ſes filles. Elles furent encore chargées des inſenſés enfermés dans l'hôpital des Petites-Maiſons, ainſi que du ſoin d'un grand nombre de vieillards que le bu-reau y fait entretenir.

Une ſociété dont le but étoit ſi utile, méri-toit de prendre une conſiſtance. Vincent-de-

(*) Cet hôpital a ſervi de fondement à l'hôpital général.

Paul s'occupa de cet objet : il fit des statuts &
des réglemens qu'il présenta avec un mémoire
à l'archevêque de Paris qui y donna en 1655,
des lettres d'approbation & d'érection sous le
titre de congrégation de *servantes des pauvres*.
Ce prélat les mit en même temps sous la direction du supérieur général de la mission & de
ses successeurs; avec cette réserve néanmoins
qu'elles demeureroient à perpétuité sous la dépendance des archevêques de Paris.

Après que ces lettres eurent été obtenues,
Vincent-de-Paul fit assembler toutes les filles
dans la maison de la communauté le 8 août de
la même année, pour faire l'acte de leur établissement, & la lecture des statuts & des réglemens qui les concernoient. Il prit le nom de
celles qui avoient été reçues & qui persévéroient
dans leur vocation ; il nomma les officières : la
première fut la dame le Gras qu'il pria de continuer ses fonctions, de supérieure pendant sa
vie ; il désigna ensuite une assistante, une éco-
nome, &c. Peu de temps après, cette congrégation fut autorisée par des lettres-patentes de
l'année 1657, & confirmée en 1660, par le cardinal de Vendôme, légat du pape Clément IX,
en France.

Il y a beaucoup d'établissemens de ces sortes
de filles en France, en Pologne & dans les Pays-
Bas. Tous ces établissemes sont soumis à la maison principale qui est celle du faubourg saint Denis, vis-à-vis saint Lazare. Ces filles n'ont ordinairement aucun fond en propriété. Elles sont
nourries dans les hôpitaux où elles demeurent.
On donne à chacune pour son entretien une somme fort modique. Celles qui veulent entrer dans

l'affociation, font reçues fans dot dans la maifon de faint Denis qui eft leur maifon de féminaire. On n'exige d'elles que les frais de leur premier habit & de leur petit ameublement. Si elles fortent, on leur rend en efpèce ou en valeur, tout ce qu'elles ont apporté.

Avant de les recevoir on prend des informations fur leurs mœurs & fur leur famille. Elles reftent fix mois dans le féminaire avec leur habit ordinaire; enfuite on leur donne celui de l'inftitut, qui eft d'une étoffe grife avec une cornette blanche. Pendant leur féminaire on les forme aux exercices relatifs à leur inftitut, enfuite on les difperfe dans les villes & les campagnes fuivant le befoin qu'on a d'elles.

Quand elles ont été éprouvées pendant cinq ans, elles font admifes à faire des vœux fimples, mais feulement pour un an ; & ce vœu, elles le renouvellent chaque année le 25 mars, après en avoir obtenu la permiffion de leurs fupérieurs.

Le général les change de maifons quand il le juge à propos. De temps en temps elles font rappelées au féminaire pour s'y confirmer dans l'efprit de leur inftitut par les exercices fpirituels d'une retraite de huit jours. La fupérieure de ce féminaire eft élue tous les trois ans, au bout defquels elle peut être continuée pour trois autres années.

On connoît toute l'étendue des fervices que ces filles qu'on nomme fœurs de la Charité, ou autrement fœurs-grifes, rendent au public, fans être à charge à perfonne. Cette liberté qu'elles ont de renoncer à leur inftitut d'une année à l'autre, fait que leur affociation eft toujours composée d'excellens sujets qui se prêtent de bonne volonté aux soins & aux travaux auxquels on les destine. Ces filles méritent encore d'autant plus de considération, que plusieurs d'entr'elles appartiennent par la naissance, à des personnes de la première distinction. (*Article de M. Daraeau, avocat, &c.*)

CHARITÉ (NOTRE-DAME DE). C'est un ordre composé de religieuses qui vivent sous la règle de saint Augustin, & qui font un vœu particulier de travailler à l'instruction des filles & des femmes pénitentes qui veulent se retirer chez ces religieuses pour un temps.

Le pere Eudes, frère de Mezerai historiographe de France, est reconnu pour le fondateur de cet ordre. Pendant qu'il travailloit aux missions en 1638, 1639 & 1640, il fit de tels fruits que plusieurs filles & plusieurs femmes lui demandèrent un lieu de refuge pour y faire pénitence, en lui avouant que la nécessité avoit eu beaucoup de part à leur vie déréglée. Ce vertueux ecclésiastique leur indiqua d'abord un lieu de réunion chez une femme qu'on appeloit *Marguerite l'Ami*. Il se détermina ensuite à leur fonder une maison dans la ville de Caën en Normandie, où elles furent renfermées en 1641; sous la conduite de quelques filles dévotes.

Mais comme ces filles n'étoient attachées à leur ministère par aucun institut particulier, & que la plupart d'entr'elles y renonçoient après un certain temps, on jugea convenable de leur substituer des religieuses qui après avoir fait les trois vœux solemnels de la règle de saint Augustin, feroient celui de prendre soin de la conversion des pénitentes; & l'on obtint à cet effet des lettres-patentes de Louis XIII du mois de novembre 1642.

On délibéra fur l'habillement que ces reli-gieufes porteroient : on convint qu'il feroit blanc, pour dénoter la grande pureté dont elles faifoient profeffion. Elles ont fimplement un voile noir ; & portent fur leur fcapulaire un cœur d'argent où eft gravé l'image de la Vierge tenant l'en-fant Jefus entre fes bras.

Le pape Alexandre VII érigea cette congrégra-tion en ordre religieux par une bulle du 22 jan-vier 1666. Ils s'eft formé des établiffemens de cette même congrégation en plufieurs endroits, notamment à Rennes en 1674 ; à Guincamp dans l'évêché de Treguier en 1678 ; à Vannes en 1683, &c.

Voyez *les origines de la ville de Caën, par M. Huet, évéque d'Avranche.* (*Article de M. DA-REAU, avocat, &c.*)

CHARIVARI. C'eft un bruit confus de poëles, chaudrons & autres inftrumens fembla-bles qu'accompagnent des cris & des huées, & que les gens du peuple ont coutume de faire la nuit devant la maifon des femmes veuves & âgées qui fe remarient.

Les Charivaris, fi contraires au bon ordre & à la tranquillité publique, furent autrefois tel-lement en ufage, que les reines mêmes n'étoient pas épargnées.

Etienne Bouchin, procureur du roi à Beaune, nous apprend dans fon fixième plaidoyer impri-mé à Paris, chez Claude Morel en 1620, que l'abus dont il s'agit étoit autorifé dans certaines juridictions, du moins dans le reffort de Beaune, où des juges avoient condamné de nouveaux mariés à payer les frais d'un Chavari. Sur l'appel qu'interjetèrent de la fentence les nouveaux mariés , Bouchin obferva que quoique quelques auteurs euffent écrit que *non fit injuria fecundo nubenti fi carivarium detur* ; cependant Faber & Chaffanée condamnoient le Charivari : en conféquence il conclut à ce qu'il fût dit qu'il avoit été mal jugé, bien appelé (*).

(*) Ce plaidoyer eft curieux & peut donner une idée de la manière dont les affaires fe traitoient alors au barreau. Bouchin commence par louer la virginité & les veuves qui ne fe remarient point : il déclame enfuite contre les fecondes noces, & furtout contre l'impatience des veuves qui fe remarient trop promptement , contre l'imprudence des vieillards qui fe marient & enfin contre les maratres : enfuite il excufe ou il juftifie ce qu'il vient de condamner.

Pour faire connoître la bigarrure & la fingularité du ftyle , nous allons en tranfcrire un échantillon tiré de l'endroit où Bouchin détaille les malheurs des fecondes noces :

» Si que l'on peut dire avec Héfiode que celui qui fe
» remarie ,

» *Naufragus navigat bis profundum difficile ,*

» il fait naufrage en un endroit où il n'y a point de fond..
» Après la mort d'une femme en rechercher une feconde,
» c'eft fuivant l'opinion du comique Philémon , vouloir
» flotter encore fur une mer d'inquiétudes & mifères :
» c'eft un jeu où le hazard y a plus de part que la raifon ;
» & un effet de la blanque , où chacun court aux béné-
» fices , & les plus heureux les rencontrent : alors les mal-
» heureux fe plaignent en vain de Cupidon qui ne les a
» point frappés du trait doré & armé par le bout d'une
» pointe luifante ,

» *Cujus fuit aurea cufpis ,*

» qu'eft celui dont la bleffure engendre l'amour dedans les
» cœurs naviés ; mais de celui qui eft doué d'une vertu
» contraire , qui porte avec foi la haine de l'amour , &

Au reste les Charivaris font aujourd'hui prof-

» eft tout mouffe , & n'a fon bois armé que de plomb ,

    » *Fugat hoc facit illud amorem.*

» que s'il y a encore quelque refte de beauté coutumiere-
» ment plaftrée,

    » *Quafi fit fignum pictum in pariete ,*

» dit Plaute,

    » *Nam ifthæc veteres , quæ fe unguentis unctitant*
      » *interpoles ,*
» *Vetulæ , edentulæ , quæ vitia corporis fuco occulunt,*
» *Ubi fe fe fudor cum unguentis confociavit „ illico ,*
» *Itidem alent , quafi quem una multa jura confundit*
    » *coquus ,*

» que fi elles ajuftent leurs cheveux avec un peu plus
» d'artifice ,

    » *Comptis arte manuque comis ,*

» fi elles les détrempent dedans de l'eau qui vient de la
» rivièle de Chratis ou de celle de Cybaris , pour les
» rendre comme fil d'or ,

    » *Electro fimiles faciunt auroque capillos ;*

» que fi elles n'oublient à porter leurs chaines & car-
» quans ,

    » *Auratis circumdata colla catenis ,*

» & s'il y a encore quelque peu de bonne grace ,

    » *Et faciunt cura , ne videantur anus.*

» que fi au coutraire de la Sofaftre de Plaute , elles font
» complaifantes & cageoleufes , l'on a mal en tefte , l'on
» entre en défiance ,

    » *Effe metus cœpit , ne jura jugalia conjux ,*
    » *Non bene fervaffet.*

» la femme autant fufceptible de jaloufie que le mari ;
» plus pâle que la jaloufe Procris ,

    » *Palluit ut ferá lectus de vite racemus :*

» plus fèche de ce peccant humeur , & plus jaune que les

crits par tout, soit par les arrêts des cours, soit
par divers règlemens de police qui prononcent

» feuilles battues du mauvais vent, & qui ont déja ressenti
» du froid,

  » *Frondes quas nova læsit hyems*,

» & qui ne voudroit permettre que ses servantes entras-
» sent dans le temple de la déesse Leucothea, si ce n'étoit
» pour les souffleter, se peut d'autre côté plaindre avec la
» vieille Syra de ce que les maris se persuadent avoir plus
» de privilèges que les femmes,

  » *Ecastor lege durâ vivunt mulieres*,
  » *Multoque iniquiore miseræ quam viri ;*
  » *Nam si vir scortum duxit clam uxore suâ ;*
  » *Id si rescivit uxor, impunè est viro :*
  » *Uxor vero, si clam domo egressa est foras,*
  » *Viro fit caussa, exigitur matrimonio.*
  » *Utinam lex esset eadem uxori, quæ est viro !*

» elle est susceptible de jalousie lois mesmement que
» quelque genisse usurpe ses pascages (ce sont les termes
» d'Œnone à Pâris) & lors que son mari ;

  » *Fundum alienum arat, incultum familiarem deserit ,*

» ce qu'elle ne croit pas lui estre plus permis qu'à elle ;
» *periniquum est ut pudicitiam vir ab uxore exigat quam*
» *ipse non præstet*, dit le jurisconsulte Papinien, que s'il
» s'émancipe & s'en fasse accroire, le plus souvent elle
» suit sa brisée.

  » *Vitio est improba facta viri :*

» ce qui cause avec les autres incommodités du mariage
» un mauvais mesnage, lequel provient peut être par faute
» d'avoir sacrifié à la jugale Junon inventrice du mariage ,
» & qui a le soin des noces,

  » *Toris quæ præsidet alma maritis,*

» à laquelle Didon, voulant avoir Ænée pour mari, n'ou-
» blia pas de faire les premiers sacrifices ,

  » *Junoni ante omnes cui vincla jugalia cura a:*

des amendes plus ou moins fortes, & d'autres peines contre les contrevenans.

Baſſet rapporte un arrêt du parlement de Grenoble, inſcrit dans le livre vert, portant défenſe de faire aucun Charivari à peine de priſon, de 500 livres d'amende & de punition corporelle.

Le parlement de Touloufe a défendu les Charivaris par pluſieurs arrêts des 18 janvier 1537, 6 février 1542, 9 octobre 1545, 11 Mars 1549, & du mois de mars avant Pâques 1551.

Bouvot rapporte un arrêt du mois de juin 1716, par lèquel le parlement de Dijon fit défenſe *de plus mener le Charivari*, à peine de cinquante livres d'amende.

Deux arrêts du parlement d'Aix des trois novembre 1640, & 25 février 1645, rapportés par Boniface, ont déclaré les auteurs de Charivari criminels, & ont enjoint aux officiers de tenir la main à ce que l'on n'en fît point.

Un arrêt de règlement du parlement de Lorraine du 17 janvier 1715, a pareillement défendu les Charivaris, à peine d'être procédé extraordinairement contre les coupables, & ordonné que les pères, les mères & les maîtres demeureroient reſponſables civilement des contraventions de leurs enfans & de leurs domeſtiques (*).

(*) *Cet arrêt eſt ainſi conçu :*
Vu par la cour la requête préſentée par le procureur général ; expoſitive, qu'il a reçu de grandes plaintes, qu'en divers endroit du reſſort de la cour, il ſe commet des déſordres ſcandaleux, à l'occaſion des mariages, ſoit en premières, ſoit en ſecondes nôces, en ce que la plupart

des jeunes gens des lieux , particulièrement du nombre des artisans , & gens de boutique , s'attroupent de jour & de nuit , pour insulter les nouveaux mariés ; soit sous prétexte de seconds mariages , en faisant des Chativaris nocturnes , avec des huées insolentes , & des instrumens bruyans ; soit même au sujet des premiers mariages , pour faire payer des droits qu'ils prétendent leur être dûs; ce qui aboutit à de si grands excès , que souvent il en naît des querelles violentes, avec blessures d'armes à feu , ou a coups d'épée ; ce qui oblige plusieurs nouveaux mariés de se dérober à cette fureur , en se retirant à la campagne pour quelques jours , au retour desquels ils sont souvent exposés aux mêmes insultes , qu'ils ne peuvent éviter , qu'en donnant beaucoup d'argent à cette jeunesse licentieuse, qui va le depenser au cabaret , & dont elle ne sort qu'avec grand bruit , qui trouble la tranquillité publique , & scandalise les honnêtes gens ; notamment les Charivaris , que l'église à défendus en divers conciles , à peine des plus fortes censures ; & que les princes & les magistrats ont aussi réprimés par des peines sévéres , dans les états bien policés , non seulement comme rejaillissant au mépris & à l'opprobre du mariage qui est le fondement de la société civile ; mais aussi comme tendant à assemblées illicites & émotions populaires , ce qui l'oblige de se pourvoir : requérant qu'il plaise à la cour faire très-expresses inhibitions & défenses à toutes personnes de quelque état, qualité & condition qu'elles soient , de s'attrouper de jour ou de nuit , pour insulter par paroles ou par voies de fait , sous quelque prétexte que ce soit , les nouveaux mariés , soit en premières , soit en secondes noces , ou exiger d'eux aucun droit , soit en argent , soit en vin , ou autres effets , même des étrangers , qui seroient venus épouser une fille ou veuve du lieu , à peine d'être procédé extraordinairement contre les coupables ; enjoindre aux officiers des lieux de faire informer incessamment contre les contrevenans , sans attendre aucune plainte ni dénonciation , & de faire punir ceux qui seront convaincus de contravention , tant par prison , que par condamnation d'amende , dont ils seront

police

police au châtelet de Paris, le 13 mai 1735, a condamné à l'amende différens particuliers pour avoir fait Charivari. Elle a en outre ordonné l'exécution des règlemens relatifs à la tranquillité publique, & déclaré que les pères, les mères, les maîtres & les maitreſſes ſeroient reſponſables des amendes qui pourroient être prononcées con-

tenùs ſolidairement, ſauf leurs recours les uns contre les autres ; ordonner que les peres, meres, & maîtres, demeureront reſponſables civilement des contraventions de leurs enfans & domeſtiques, de l'un & de l'autre ſexe ; & que l'arrêt qui interviendra ſera lu, publié, affiché, & régiſtré par-tout où beſoin ſera, à ce qu'aucun n'en prétende cauſe d'ignorance. Ouï le ſieur Barret conſeiller, en ſon rapport. Tout vu & conſidéré.

La cour fait très-expreſſes inhibitions & défenſes à toutes perſonnes, de quelque qualité, état, & condition qu'elles ſoient, de s'attrouper de jour ou de nuit, pour inſulter par paroles, ou par voies de fait, ſous quelque prétexte que ce ſoit, les nouveaux mariés, ſoit en premieres, ſoit en ſecondes noces, ou exiger d'eux aucuns droits, ſoit en argent, ſoit en vin, ou autres effets, même des étrangers, qui ſeroient venus épouſer une fille ou veuve du lieu, à peine d'être procédé extraordinairement contre les coupables ; enjoint aux officiers des lieux de faire informer inceſſamment contre les contrevenans, ſans attendre autre plainte ni dénonciation, & de faire punir ceux qui ſeront convaincus de contravention, tant par priſon, que par condamnation d'amende, dont ils ſeront tenus ſolidairement, ſauf leurs recours les uns contre les autres ; ordonne que les peres, meres, & maîtres, demeureront reſponſables civilement des contraventions de leurs enfans & de leurs domeſtiques, de l'un & de l'autre ſexe : ordonne en outre que le préſent arrêt ſera lu, publié, affiché & regiſtré par-tout où beſoin ſera, à ce qu'aucun n'en prétende cauſe d'ignorance. Fait à Nanci le 17 janvier 1715. Signé, par la cour, Vaultrin.

tre leurs enfans, leurs apprentis & leurs domestiques (*).

(*) *Voici cette sentence.*

Sur le rapport à nous fait par maître Julien-Etienne Divot, conseiller du roi, commissaire en cette cour; qu'au préjudice des arrêts de la cour, ordonnances, sentences & réglemens de police, qui font défenses à toutes personnes de s'attrouper les nuits, & d'interrompre le repos public, sous quelque prétexte que ce soit, même sous prétexte de faire des Charivaris; néanmoins les nommés Leroy, maître menuisier, Carqueville son compagnon, & Geoffroy deux freres, boureliers, demeurans tous rue du temple, entre les rues pastourelle & porte foin, auroient le lundi neuf du présent mois, sur les neuf heures du soir, attroupé aux environs de leurs portes une nombreuse populace composée de domestiques, ouvriers & autres, & les auroient excités à faire un Charivari extraordinaire depuis ladite heure jusqu'à minuit, à l'occasion d'une veuve qui demeure même maison que ledit Leroy, qui doit se marier incessamment; qu'ils ont fait réitérer ce Charivari le lendemain dix du même mois par une populace aussi nombreuse, partie armée de chaudrons, poêles, sifflets, & partie de sonnettes & de couvercles de marmites, en sorte que ce bruit donna lieu au sieur Antheaume, brigadier du guet à cheval, de s'y transporter avec Guillaume, sergent du guet, & son escouade; qu'à leur approche toute cette populace se sauva dans la maison dudit Leroy, dont la porte fut fermée, sans qu'ils pussent en arrêter aucun, sinon un domestique, qu'ils emmenèrent chez lui commissaire, qui de son ordonnance l'envoya ès prisons du grand châtelet, & du tout dressa son procès-verbal; qu'ayant considéré ce procédé de la part desdits Leroy, Carqueville & Geoffroy freres, auteurs de ce Charivari, comme une désobéissance manifeste auxdits arrêts de la cour, sentences & réglemens de police, il a délivré son ordonnance, en vertu de laquelle lesdits Leroy, Carqueville & Geoffroi freres on été assignés à la requête du procureur du roi par exploits des 11 & 12 du présent mois, fait par Brion huissier de la Cour, à comparoir à cette audience.

_· Voyez _Brodeau fur la coutume de Paris ; Sau-_
val, antiquités de Paris ; les arréts de Baffet ;_

· Sur quoi nous, après avoir oui ledit commiffaire Divot
en fon rapport, ledit Leroy en fes défenfes, & les gens
du roi en leurs conclufions, nous avons donné défaut
contre lefdits Carqueville & Geoffroy freres non compa-
rans, & pour le profit, nous ordonnons que les arrêts
de la cour, fentences & règlemens de police concernant la
tranquillité & le repos public feront exécutés felon leur
forme & teneur ; & en conféquence faifons défenfes à tous
bourgeois & habitans de cette ville d'exciter le foir & la
nuit aucune émotion populaire pour faire des Charivaris,
à peine de cent livres d'amende, dont les peres & les meres
feront refponfables pour leurs enfans, & les maîtres &
maitreffes pour leurs ouvriers, apprentis & domeftiques,
même contre lefdits domeftiques fous peine d'être empri-
fonnés ; & pour les contraventions commifes par lefdits
Leroy, Carqueville & Geoffroy freres, nous les condam-
nons pour cette fois feulement, par grâce, & fans tirer à
conféquence, chacun en dix livres d'amende envers le roi,
lefdits Leroy & Carqueville folidairement, comme icelui
Leroy refponfable civilement dudit Carqueville fon compagnon. Leur faifons defenfes de récidiver fous plus grande
peine; fur les premiers deniers provenans defquelles amendes
nous avons adjugé audit Brion huiffier de la Cour cent
fous pour les quatre affignations par lui données. Mandons aux commiffaires au châtelet de tenir exactement la
main, chacun dans l'étendue de leur quartier, à l'exécution de la préfente fentence, qui fera exécutée nonobftant
oppofitions ou appellations quelconques, & fans préjudice
d'icelles, imprimée, lue, publiée & affichée dans tous
les lieux & carrefours ordinaires & accoutumés de cette
ville, & notamment aux portes defdits Leroy, Carqueville
& Geoffroy. Ce fut fait & donné par meffire René Herault, chevalier, feigneur de Fontaine-l'Abbé & de Vau-
creffon, confeiller d'état, lieutenant général de police de
la ville, prévôté & vicomté de Paris, tenant le fiège de
l'audience de la chambre de police audit châtelet; les jour
& an que deffus. Signé, Herault.

Chaffanée, fur la coutume de Bourgogne ; les ar-
rêts de Boniface ; Mourgues, fur les ftatuts & cou-
tumes de Provence ; le receuil des ordonnances &
règlemens de Lorraine ; le dictionnaire des arrêts ;
le traité de la police ; &c.

CHARLATAN. Ce terme s'emploie particulièrement pour déſigner quelqu'un qui n'ayant
ni études, ni principes, ni degrés dans une univerſité, exerce néanmoins la-médecine & la
chirurgie fous prétexte de fecrets qu'il poſſéde
& qu'il applique a tout.

Depuis que les hommes vivent en ſociété, il
y a eu des Charlatans & des dupes. On voit dans
l'hiſtoire médicinale des Egyptiens & des Hé-
breux une foule d'impoſteurs qui profitant de
la foibleſſe & de la crédulité, ſe vantoient de
guérir les maladies les plus invétérées par leurs
amulettes, leurs charmes, leurs divinations &
leurs fpécifiques.

Les Grecs & les Romains furent à leur tour
inondés de Charlatans en tout gente. Ariſto-
phane a célébré un certain Eudamus qui vendoit
des anneaux contre la morſure des bêtes veni-
meuſes.

Nos Charlatans ne diffèrent pas des anciens
pour le caractère ; c'eſt le même génie qui les
gouverne, le même but auquel ils tendent ; celui de gagner de l'argent & de tromper le public, & toujours avec des ſachets, des peaux
divines, des calottes contre l'apoplexie, l'hé-
miplegie, l'épilepſie, &c.

Voici quelques traits raſſemblés par M. Dio-
nis, ſur les Charlatans qui ont eu le plus de
vogue en France vers la fin du ſiècle dernier.

Le marquis Caretto, un de ces avanturiers

hardis, d'un caractère libre & familier, qui se
produisant eux-mêmes, protestent qu'ils ont dans
leur art toute l'habileté qui manque aux autres,
& qui sont crus sur leur parole, perça la foule,
& parvint jusqu'à l'oreille du prince, & en ob--
tint la faveur & des pensions. Il avoit un spé-
cifique qu'il vendoit deux louis la goutte : le
moyen qu'un remède si cher ne fût pas excellent?
Cet homme entreprit M. le maréchal de Luxembourg, & l'empêcha d'être saigné dans une fausse
pleurésie dont il mourut. Cet accident décria le
Charlatan; mais le grand capitaine étoit mort.

Deux capucins succédèrent à l'avanturier d'I-
talie; ils firent publier qu'ils apportoient des
pays étrangers des secrets inconnus aux autres
hommes. Ils furent logés au Louvre; on leur
donna 1500 livres par an. Tout Paris accourut
vers eux; ils distribuèrent beaucoup de remèdes
qui ne guérirent personne; on les abandonna,
& ils se jetèrent dans l'ordre de Clugni. L'un,
qui se fit appeler l'abbé Rousseau, fut martyr
de la Charlatanerie, & aima mieux mourir que
de se laisser saigner. L'autre, qui fut connu sous
le nom de l'abbé Aignan, ne se réserva qu'un
remède contre la petite vérole; mais ce remède étoit infaillible. Deux seigneurs de la première qualité s'en servirent: l'un étoit M. le duc
de Roquelaure, qui en réchappa, parce que sa
petite vérole se trouva de bonne qualité: l'autre
M. le prince d'Epinoi, qui en mourut.

En voici un pour les urines; on l'appeloit le
médecin des bœufs. Il étoit établi à Seignelai,
bourg du comté d'Auxerre : il prétendoit
connoître toutes sortes de maladies par l'inspection des urines; Charlatanerie facile, usée &

de tout pays. Il paſſa pendant quelque temps pour un oracle ; mais on l'inſtruiſit mal, il ſe trompa tant de fois que les urines oublièrent le chemin de Seignelai.

Le père Guiton, cordelier, ayant lu dans un livre de chimie la préparation de quelques médicamens, obtint de ſes ſupérieurs la liberté de les vendre, & d'en garder le profit, à condition d'en fournir gratis à ceux du couvent qui en auroient beſoin. M. le prince d'Iſenghien & pluſieurs autres perſonnes éprouvèrent ſes remèdes, mais avec un ſi mauvais ſuccès, que le nouveau chimiſte en perdit ſon crédit.

Un apoticaire du comtat d'Avignon ſe mit ſur les rangs avec une paſtille, telle qu'il n'étoit point de maladie qui ne dût céder à ſa vertu. Ce remède merveilleux, qui n'étoit qu'un peu de ſucre incorporé avec de l'arſenic, produiſit les effets les plus funeſtes. Ce Charlatan étoit ſi ſtupide, que prenant pour mille paſtilles mille grains d'arſenic qu'il mêloit ſans aucune précaution avec autant de ſucre qu'il en falloit pour former les mille paſtilles, la diſtribution de l'arſenic n'étoit point exacte ; enſorte qu'il y avoit telle paſtille chargée de très-peu d'arſenic, & telle autre de deux grains & plus de ce minéral.

Le frère Ange, capucin du couvent du faubourg ſaint Jacques, avoit été garçon apoticaire ; toute ſa ſcience conſiſtoit dans la compoſition d'un ſel végétal, & d'un ſyrop qu'il appeloit méſentérique, & qu'il donnoit à tout le monde, attribuant à ce ſyrop la propriété de purger avec choix les humeurs qu'il falloit évacuer. C'étoit, dit-on, un bon-homme, qui le croyoit de bonne foi. Madame la Dauphine, qui étoit indisposée, usa de son son sel & de son sirop pendant quinze jours; & n'en recevant aucun soulagement, le frère Ange fut congédié.

L'abbé de Belzé lui succéda à Versailles. C'étoit un prêtre normand qui s'avisa de se dire médecin; il purgea madame la Dauphine vingt-deux fois en deux mois, & dans le temps où il est imprudent de faire des remèdes aux femmes: la princesse s'en trouva fort mal, & les demoiselles Besola & Patrocle, deux de ses femmes-de-chambre, qui avoient aussi fait usage de la médecine de l'abbé, en contractèrent un dévoiement continuel, dont elles moururent l'une après l'autre.

Le sieur du Cerf vint ensuite avec une huile de gayac qui rendoit les gens immortels. Un des aumôniers de madame la Dauphine, au lieu de se mêler de son ministère, s'avisa de proposer le sieur du Cerf; le Charlatan vit la princesse, assura qu'il en avoit guéri de plus malades qu'elle; courut préparer son remède; revint, & trouva la princesse morte: & cet homme, qui avoit le secret de l'immortalité, mourut trois mois après.

Ces détails pourroient faire penser que nous n'avons point de loi en France contre les Chartans, mais ce seroit une erreur. L'article 26 de l'édit du mois de mars 1707 défend sous peine de cinq cent livres d'amende, à quiconque n'est ni docteur, ni licencié dans une faculté de médecine, d'ordonner aucun remède, même gratuitement, sous quelque prétexte que ce soit.

L'article 27 du même édit a déclaré que les religieux mendians & non mendians étoient compris dans les défenses précédentes,& a ordonné qu'en cas de contravention, la maison du religieux non mendiant seroit tenue de l'amende de cinq cens livres, & que le religieux mendiant seroit renfermé pour un an.

L'article 28 défend à tout juge, sous peine d'interdiction, de permettre l'exercice de la médecine aux personnes qui n'ont pas obtenu le degré de licencié.

Il seroit à desirer pour l'intérêt public que ces dispositions fussent mieux exécutées qu'elles ne le sont, sur-tout à Paris.

Par la raison que les Charlatans n'ont nul droit d'exercer la médecine, ils n'ont, comme le remarque Chopin sur la coutume de Paris, aucune action pour répéter des salaires, non plus que le payement des drogues qu'ils ont fournies.

Voyez les articles MÉDECIN, CHIRURGIEN, APOTICAIRE, IMPÉRITIE, &c.

CHARLEVILLE. Ville capitale d'une principauté de même nom, située en Champagne sur la Meuse.

Anne, Palatine de Bavière, veuve du prince de Condé, créancière privilégiée & héritière bénéficiaire de feu Ferdinand-Charles de Gonzague, duc de Mantoue, fut en cette qualité, maintenue par arrêt du 15 janvier 1709, dans la propriété & possession de Charleville.

Un autre arrêt du conseil & des lettres patentes des 15 avril & 24 mai 1710, ordonnèrent que cette princesse jouiroit de tous les droits utiles dans la principauté de Charleville, comme en jouissoit le duc de Mantoue, à l'exception du ressort & de la souveraineté : les habitans furent confirmés dans tous leurs privilèges, & il fut ordonné que les appellations des juges de Charleville ; concernant les droits domaniaux, reſſortiroient au parlement de Paris.

Madame la princeſſe, madame la ducheſſe de Brunſvick & M. le prince de Salm obtinrent au mois de janvier 1718, des lettres patentes par leſquelles il fut établi dans la principauté de Charleville, une ſeule juſtice avec titre de bailliage.

Le conſeil décida le 10 mai 1723 que le contrôle des actes n'auroit pas lieu à charleville, même dans les lieux de la principauté poſſédés par indivis avec le roi ; mais que les Notaires ne pourroient recevoir d'actes où les ſujets du roi ſeroient parties, ſans les faire contrôler au prochain bureau.

Divers arrêts & lettres patentes ont déchargé les habitans de la principauté de Charleville de la ſubvention par doublement, & des autres anciens droits d'aides ſur les vins & eaux-de-vie qu'ils tirent du royaume pour leur conſommation, ſoit qu'ils faſſent venir ces boiſſons des pays exempts ou nom exempts de ces droits.

Ils jouiſſent de la même exemption pour les boiſſons de leur crû qu'ils tranſportent ailleurs.

Quant aux autres boiſſons qui ne ſont pas de leur crû & qu'ils font paſſer à l'étranger ou dans les pays exempts d'aides, les droits en ſont dus, & le fermier a été autoriſé à établir des bureaux pour les percevoir.

M. le duc de Bourbon a acheté de la maiſon de Brunſvick la principauté de Charleville & la moitié de celle de ſaint Mange : M. le prince de condé jouit dans la principauté de Charleville des droits régaliens, à la charge d'hommage au roi ; & l'appel des juges de Charleville reſſortit au parlement de Paris, conformément aux lettres patentes de 1710.

Dans faint-Mange, la fouveraineté appartient au roi & au prince, par moitié; les juges de Sedan, pour le roi; & ceux de Charleville, pour le prince, fe réuniffent à Saint-Mange, & y rendent conjointement la juftice en dernier reffort. Les droits de contrôle, le papier timbré, & les au-tres droits de cette nature, n'ont point lieu à Saint-Mange.

CHARMÉ. En termes de juridiction des eaux & forêts, on appelle *bois Charmé*, les arbres qu'on a gâtés par le pied pour les faire périr.

Cette expreffion paroît tirer fon origine de ces temps de fimplicité où l'on croyoit que les effets de cette nature ne pouvoient s'opérer que par des *Charmes*, des forts, ou quelque pouvoir furnaturel.

L'article 22 du titre 27 de l'ordonnance des eaux & forêts défend à toute perfonne de charmer les arbres ni d'en enlever l'écorce, fous peine de punition corporelle.

CHARRUE. C'eft une machine qui fert à labourer les terres.

La Charrue d'un laboureur ne peut pas être faifie, même pour deniers royaux. Ce privilège introduit en faveur de l'agriculteur, étoit déja en ufage chez les romains. Il a pareillement été adopté dans notre droit françois, & différentes lois l'ont confirmé, entr'autres l'ordonnance de François premier, de 1540; l'édit de Charles IX du 8 octobre 1571, & l'ordonnance de Henri IV du 16 mars 1595: cette dernière eft générale & accorde le privilège même contre les deniers royaux, au lieu que l'édit de 1571 n'étoit que pour un an, & exceptoit du privilège des laboureurs les deniers royaux. Enfin l'article 16 du titre 33 de l'ordonnance du mois d'avril 1667, a fixé la jurifprudence fur ce point : elle défend de faifir les Charrues, charrettes & uftenfiles fervant à labourer, même pour deniers royaux, à peine de nullité (*).

Obfervez cependant que cette défenfe ne s'étend ni au vendeur des Charrues & uftenfiles, ni au propriétaire des terres où fervent ces uftenfiles. Ce vendeur & ce propriétaire peuvent faifir ces effets tant pour le prix de la vente qui en a été faite, que pour les fermages qui peuvent être dûs.

En 1358, le feigneur de Mantor, proche Abbeville, comptoit au nombre de fes droits celui de prendre les focs, contres, & ferremens des Charrues, faute de preftation de fes cens & corvées : mais il étoit défendu de donner en gage aux juifs ces mêmes uftenfiles, comme il eft dit dans une ordonnance de 1360.

Une Charrue, en matiére de privilège & d'exemption de tailles, fignifie la quantité de terres que chaque Charrue peut labourer.

Par l'édit du mois de mars 1667, il fut ordonné que les eccléfiaftiques, gentilshommes, chevaliers de Malte, officiers, privilégiés, & bourgeois de Paris, ne pourroient tenir qu'une ferme par leurs mains dans une même paroiffe, & fans fraude ; favoir les eccléfiaftiques, gentilshommes & chevaliers de Malte, le labour de quatre Charrues ; & les officiers, privilégiés

----

(*) La même jurifprudence a lieu en Lorraine en vertu de l'article 16 du titre 17 de l'ordonnance civile du duc Léopold du mois de novembre 1707.

& bourgeois de Paris , deux Charrues chacun ; fans pouvoir jouir de ce privilège que dans une feule paroiffe.

L'article 15 du réglement de 1673 porte qu'un bourgeois de Paris peut tenir une ferme par fes mains , ou la faire exploiter par fes vailets & domeftiques, pourvu qu'elle foit fituée dans l'étendue de l'élection de Paris , & qu'elle ne contienne que la quantité de terre qu'une Charrue peut labourer.

Les règlemens ne fixent point le nombre d'arpens de terre dont une Charrue doit être compofée , par rapport à l'exemption de tailles. Ce-là dépend de l'ufage & de la mefure des terres dans chaque généralité. Dans celle de Paris , on fixe ordinairement chaque Charrue à 120 arpens, c'eft-à-dire à quarante arpens par folle ; on ne diftingue pas fi c'eft à la grande ou à la petite me-fure ; cela fait pourtant une différence confidé-rable.

Dans l'Orléanois, une Charrue n'eft communément que de 28 à 30 arpens par folle , & on la fixe à 90 arpens, c'eft-à-dire à 30 arpens par folle , par rapport au privilège.

La déclaration du roi du 22 janvier 1752 , concernant la noblefie militaire, porte article premier , que ceux qui feront actuellement au fervice du roi & n'auront point encore rempli les conditions prefcrites par l'édit de novembre 1750, pour acquérir l'exemption de taille , n'auront pas le droit qu'ont les nobles ni même les privilégiés , de faire valoir aucune Charrue.

L'article 2 dit que ceux qui auront rempli les conditions portées par l'édit pour acqué-rir l'exemption de taille , foit qu'ils foient encore au fervice du roi, ou qu'ils s'en foient retirés, pourront faire valoir deux Charrues feulement.

Voyez *le recueil des ordonnances de Louet ; l'ordonnance du mois d'avril 1667 ; celle du duc Léopold de Lorraine , du mois de novembre 1707 ; l'édit du mois de mars 1667 ; la déclaration du roi du 22 janvier 1752, &c.* Voyez auffi les articles SAISIE , BAIL , PRIVILÉGE , TAILLE , EXMPTION , NOBLESSE , CLERGÉ , &c. (*Cet article appartient à M. BOUCHER D'ARGIS , ancien confeiller au confeil fouverain de Dombes*).

CHARTE-PARTIE. C'eft l'acte par lequel on loue un navire.

Le préfident Boérius a expliqué l'étimologie de ce terme. Les anglois ainfi que les habitans de l'Aquitaine redigeoient , dit-il , par écrit leurs conventions fur une Charte que l'on divifoit enfuite en deux parties & chacun des contractans en prenoit une. Ceux-ci repréfentoient & réuniffoient ces parties lorfqu'il s'agiffoit de favoir ce que portoit la convention. On s'affuroit par le rapport que l'une devoit avoir avec l'autre , quel étoit le véritable original fur lequel la convention avoit été redigée. L'auteur cité affure l'avoir vu fouvent pratiquer de cette manière.

Suivant l'article premier du titre premier du livre trois de l'ordonnance de la marine , toute convention pour le louage d'un vaiffeau appelée *Charte-Partie* , doit être redigée par écrit. Un édit du mois de décembre 1657 avoit créé dans chaque fiége d'amirauté deux offices de notaires greffiers pour recevoir les Charte-Parties & les autres contrats maritimes à l'exclufion de tout autre notaire, mais cet édit n'a point été exécuté. C'eſt pourquoi les Chartes ſe font ſous ſignature privée auſſi bien que pardevant notaires. La convention eſt même valable lorſqu'elle n'eſt que verbale, mais la preuve par témoins n'en peut être reçue que juſqu'à la ſomme de cent livres conformément à l'ordonnance de Moulins & à celle du mois d'avril 1667. C'eſt pourquoi, lorſqu'il s'agit d'un affrètement un peu conſidérable, ſoit pour la totalité du bâtiment, ſoit au tonneau ou au quintal, on en dreſſe preſque toujours une Charte-Partie : mais pour les petits bâtimens qui ne vont que d'un lieu à l'autre, ſur-tout dans la même amirauté, la convention eſt ordinairement verbale. Les expéditions de cette nature ſont trop courtes pour exiger d'autres précautions que celle de donner au patron de la barque une facture ou note des choſes chargées; ou ſi le chargement eſt pour le compte d'une tierce perſonne, on remet au patron pour cette perſonne une lettre de voiture où ſont ſpécifiés les effets chargés & la ſomme qu'il faut payer au patron pour ſon fret.

Cette lettre de voiture qui fait le titre commun du chargeur, du patron & de la perſonne à laquelle les marchandiſes ſont envoyées, tient lieu de Charte-Partie, de connoiſſement & de facture de chargement. Le patron eſt obligé de remettre les marchandiſes énoncées dans la lettre de voiture comme s'il l'avoit ſouſcrite, & elle lui ſert auſſi de titre pour l'autoriſer à demander le payement de ſon fret. M. Valin aſſure que tout cela s'exécute de bonne foi & qu'on ne voit aucun procès s'élever à ce ſujet.

Toutes les clauſes d'une Charte-Partie doivent être expliquées avec précifion pour éviter les difcuffions.

L'article 3 du titre cité veut que la Charte-Partie contienne le nom & le port du vaiffeau, le nom du maître & celui de l'affréteur, le lieu & le temps de la charge & de la décharge, le prix du fret avec les intérêts des retardemens & féjours: au furplus, il permet aux contractans d'ajouter à ces chofes toutes les conditions dont ils jugent à propos de convenir (*).

Obfervez avec M. Pothier, que l'omiffion de quelqu'une des chofes dont on vient de faire l'énumération n'empêcheroit pas que la Charte-Partie ne fût valable : c'eft en effet ce qu'on doit induire de l'article 4, qui fuppofe valable une Charte-Patie dans laquelle on n'a pas fait mention du temps de la charge & de la décharge.

Outre le prix du fret il eft affez ordinaire de ftipuler dans la Charte - Partie une fomme modique qu'on appelle *le vin*, *le chapeau* ou *les chauffes du maître*. En vertu de cette ftipulation ce bénéfice eft acquis au maître, fans qu'il foit

---

(*) C'eft en conféquence de cette permiffion que par fentence de l'amirauté de Marfeille du mois de feptembre 1752, il a été jugé qu'une Charte-Partie portant ftipulation que le maître ne pourroit prétendre aucun fret s'il ne paîtoit dans le delai fixé, devoit avoir fon effet.

Mais M. Valin a fort bien obfervé que pour adopter une pareille décifion, il faudroit que le maître eût été mis juridiquement en demeure, & qu'il fût d'ailleurs queftion de marchandifes dont le tranfport ne pût être différé fans un dépériffement confidérable, ou fans en faire manquer le débit, comme feroient, par exemple, des provifions de carême qui n'arriveroient qu'à Pâques.

Li

obligé d'en faire part aux propriétaires du navire
ni aux gens de l'équipage (*).

Si le chapeau n'a été promis au maître que fous
la condition que l'on feroit content de lui, on
ne peut le lui refufer qu'en prouvant qu'on a lieu
d'être mécontent de fa conduite : c'eft pourquoi
au mois de mars 1751, l'amirauté de Marfeille
a condamné le fieur Luther fils, négociant, à
payer un chapeau qu'il refufoit fans caufe vérifiée.

* L'article 7 déclare qu'une Charte-Partie fera réfiliée fi la guerre ou autre interdiction de
commerce avec le pays auquel elle a rapport,
furvient avant le départ du vaiffeau, & que le
chargeur fera tenu de payer les frais du chargement & du déchargement des marchandifes.
Ces frais font peu de chofe en comparaifon de
ceux de l'armement; mais enfin tout eft com-
penfé dans ce malheur commun; il y a impof-
fiblité d'exécuter la convention.

Le même article ordonne que la Charte-Partie fubfiftera malgré la déclaration de guerre,
fi c'eft avec un autre pays que celui pour lequel le vaiffeau eft deftiné : c'eft qu'il n'y a point
d'impoffibilité à exécuter la convention, que les
opérations du commerce ne doivent jamais être
fufpendues & que le bien général affujettit les
motifs particuliers.

(*) C'eft ce que décide Cleirac au titre *des contrats
maritimes*, & M. Valin a adopté cette décifion. M. Pothier dit cependant qu'on lui a affuré que fuivant l'ufage,
le maître devoit compter du *chapeau* tout comme du fret
aux propriétaires du navire, à moins que par une convention expreffe le chapeau ne lui eût été attribué.

Il y a cependant une grande différence entre la position de l'armateur & celle du chargeur : celui-ci augmentera le prix de ses marchandises du risque qu'elles auront couru, au lieu que l'armateur ne peut augmenter le prix de son fret avec les risques de son vaisseau ; l'assurance qu'il peut faire de son bâtiment en peut même absorber le capital.

Si la loi n'a rien statué en faveur de l'armateur, elle lui laisse l'espoir d'un dédommagement, lorsqu'une paix inopinée survient. Les Charte-Parties faites pendant la guerre subsistent lorsque les risques sont passés.

Ce seroit donc une injustice de les résilier dans ce dernier cas, si on ne l'a pas fait dans le premier. Il peut arriver que la marchandise chargée ne suffise pas pour payer le fret ; mais c'est la position où s'est trouvé l'armateur, lorsque son fret n'a pu payer la moitié de ses risques.

La raison d'état égale à celle de la nécessité, mais si souvent mal interprêtée, n'a point lieu ici ; & si elle pouvoit être appliquée, ce seroit en faveur de la navigation.

Enfin l'on n'a jamais résilié un contrat de constitution, parce que le prêt qui y a donné lieu, a été employé à l'achat d'une maison que le feu a consumée dès le lendemain. Si une loi actuelle a des inconvéniens particuliers, il est aussi sage que facile de la changer ; mais elle doit conserver son caractère de loi & maintenir l'égalité entre les contractans.

Une Charte-Partie ne laisse pas de subsister, quoique le vaisseau soit arrêté dans un port par force majeure, parce que le voyage n'a été entrepris qu'à cause du chargement : la perte est réciproque, & la circonstance étant imprévue, doit retomber sur tous les deux.

La loi ordonne encore qu'en cas de pillage d'une partie du chargement par les ennemis ou par des pirates, la Charte-Partie sera résiliée relativement à la portion enlevée, parce que le contrat n'est pas rempli quant à cette portion.

Ces deux pertes sont cependant involontaires, & il semble par les lois civiles que l'acte de Dieu, non plus que celui d'un ennemi, ne peuvent être reprochés dans une action particulière ; mais les lois de la mer ont été obligées de punir ces fautes involontaires, pour prévenir celles qui ne le seroient pas & à cause de la difficulté qu'il y auroit à les distinguer. Ce n'est pas une injustice pour cela, puisque la perte est partagée entre le vaisseau & la marchandise ; c'en seroit une aucontraire, si un risque qui doit être commun, puisqu'il est forcé, retomboit sur une seule partie.

En cas de rachat, la Charte-partie a son plein effet, mais le prix du rachat se supporte par la marchandise & par le vaisseau au prorata, comme avarie commune pour le salut de tous.

C'est dans le même esprit d'égalité que la loi ordonne que si un vaisseau déja en route apprend l'interdiction de commerce avec le pays où il va, & qu'il soit obligé de revenir dans le port d'où il est parti, il ne lui sera dû que la moitié du voyage, quand même l'affrettement seroit fait pour le voyage entier.

Si les propriétaires, après s'être obligés par

une Charte-Partie de faire route en droiture à
l'endroit défigné, donnent ordre au maître de
faire une relâche, où fi le maître en fait une
fans néceffité, les propriétaires du vaiffeau, outre les dédommagemens du retard qu'ils doivent
aux chargeurs, leur feront garans de tous les
évènemens de la mer. Les accidens du commerce font fi variables, qu'un efpace de temps,
même très-court, en change toute la face : le
retard n'eût-il porté aucun préjudice, il ne feroit pas moins jufte d'en imputer un ; parce
qu'une loi doit être générale, & que toute lé-
fion de contrat doit être punie. La même raifon
applique cette maxime aux rifques de la mer.

Réciproquement un chargeur qui fait changer
de route au vaiffeau, ou qui le retient, eft ga-
rant fur la fimple oppofition du capitaine, de
tous les frais, rifques, & dommages & intérêts.
Tous les contractans y font affujettis dans le
droit & dans le fait ; le fouverain même lorfqu'il fait des conventions avec fes fujets : s'il
s'en difpenfoit, il fe priveroit de fes reffources
dans un befoin urgent ; & il perdroit bientôt
par l'excès des prix que l'on exigeroit de lui, le
médiocre profit d'une économie mal entendue.
Telle eft prefque par-tout l'origine du furhauffement du prix des affrettemens pour l'état ; & fi
malgré ce furhauffement il manque encore à fa
convention, le prix augmente avec le difcrédit.

Si le maître eft obligé en route de faire ra-
douber fon vaiffeau, & qu'il foit prouvé qu'il
étoit hors d'état de naviguer avant le départ,
les propriétaires font tenus des rifques, dommages & intérêts.

Une Charte-Partie subsiste quant au payement, quoique le Chargeur n'ait pas rempli la
capacité qu'il avoit retenue dans le navire, soit
qu'il n'ait pas eu assez de marchandises, soit qu'il
ait laissé expirer les jours de planche.

Par nos lois, le maître peut en ce cas prendre
les marchandises d'un autre, avec le consentement
du chargeur. Par les lois Angloises, il peut s'en
charger de plein droit, & cette loi est plus favorable au commerce.

Par les lois Rhodiennes, le chargeur étoit
obligé outre le fret entier, de payer dix jours
de la nourriture & des gages de l'équipage.

Lorsqu'une Charte-Partie porte que le vaisseau partira au premier bon vent, quoique cela
ne s'exécute pas, si le vaisseau arrive à bon port,
le fret est dû, parce que l'acte du départ donne
au maître un titre pour le fret : mais il est tenu
des événemens de la mer. Si le retard est trop
considérable, il doit des dédommagemens, &
même le chargeur peut prendre un autre vaisseau.

Une Charte-Partie n'est pas rompue par la
saisie de marchandises prohibées que l'on desti-
noit au chargement : l'armateur n'a point entendu
prêter son vaisseau pour contrevenir aux lois,
& il l'a armé de bonne foi pour faire son commerce.

Les propriétaires d'un vaisseau doivent un dédommagement au chargeur, si leur navire est
déclaré dans la Charte-Partie de plus d'un qua-
rantième au-dessus de son port véritable.

Enfin le navire, ses agrès & apparaux, le
fret & les marchandises chargées, sont respec-

tivement affectés aux conventions de la Charte-Partie *.

Voyez *Cleirac des contrats maritimes; Stracha de navibus; les jugemens d'Oléron; Kuricke ad jus hanseaticum; Loccenius de jure maritimo; les œuvres de Pothier; l'ordonnance de la marine du mois d'août 1681 & les commentateurs; le droit maritime de toutes les nations*, &c. Voyez aussi les articles AFFRETTEMENT, AVARIE, ASSURANCE, CONNOISSANCE, CAPITAINE, LOUAGE, &c. (*Ce qui est entre les deux astériques de cet article appartient à M. V. D F.*)

CHARTRE, ou CHARTE. On appelle ainsi d'anciens titres, d'anciennes lettres-patentes des rois, des princes, &c.

A la tête de l'excellent ouvrage qui a pour titre l'art de vérifier les dates, par des religieux bénédictins de la congrégation de saint Maur, on trouve une dissertation très-utile sur la difficulté de fixer les dates des Chartres & des chroniques. Les difficultés viennent de plusieurs causes ; 1°. de la manière de compter les années, qui a fort varié, ainsi que les divers jours où l'on a fait commencer l'année ; 2°. de l'ère d'Espagne, qui commence trente-huit ans avant notre ère chrétienne & dont on s'est servi long-temps dans plusieurs royaumes ; 3°. des différentes sortes d'indictions ; 4°. des différens cycles dont on a fait usage & de plusieurs autres causes. Dans l'ouvrage dont il s'agit, on a eu pour objet de remédier à ces inconvéniens.

Anciennement, & jusqu'au temps de Philippe-Auguste, il n'y avoit point de lieu fixe pour y garder les Chartes du roi ; ces actes étant alors en petit nombre, nos rois les faisoient porter à leur suite par-tout où ils alloient, soit pour leurs expéditions militaires, soit pour quelqu'autre voyage.

Guillaume le Breton & d'autres historiens, rapportent qu'en 1194 Philippe-Auguste ayant été surpris pendant son dîner, entre Blois & Fretteval, dans un lieu appelé Bellefoye, par Richard IV, dit Cœur-de-Lion, roi d'Angleterre & duc de Normandie, avec lequel il étoit en guerre, il y perdit tout son équipage, notamment son scel & ses Chartes, titres & papiers.

M. Bruffel prétend néanmoins que cet enlèvement n'eut pour objet que certaines pièces, & que les Anglois n'emportèrent point les regiftres ni les titres confidérables.

Il y a du moins lieu de croire que dans cette occafion les plus anciens titres furent perdus, parce qu'il ne fe trouve rien au tréfor des Chartes que depuis Louis-le-Jeune, lequel, comme on fait, ne commença à régner qu'en 1137.

Philippe-Auguste pour réparer la perte qui venoit de lui arriver, donna ordre que l'on fît de foigneufes recherches pour remplacer les pièces qui avoient été enlevées.

Il chargea de ce foin Gaultier le jeune, *Galterius junior*, auquel du Tillet donne le titre de chambrier.

Ce Gaultier, autrement appelé frère Guérin, étoit religieux de l'ordre de Saint-Jean de Jérufalem. Il fut évêque de Senlis, garde des fceaux de France fous Philippe-Auguste, puis chancelier fous Louis VIII & fous S. Louis.

Il recueillit ce qu'il put trouver de copies de Chartes qui avoient été enlevées, & rétablit le surplus de mémoire le mieux qu'il lui fut possible.

Il fut arrêté que l'on mettroit ce qui avoit été ainsi rétabli & ce qui seroit recueilli à l'avenir, dans un lieu où ils ne fussent point exposés aux mêmes hasards, & Paris fut choisi, comme la capitale du royaume, pour y conserver ce dépôt précieux.

Il est présentement placé dans un petit bâtiment en forme de tour quarrée, attenant à la Sainte-Chapelle du côté septentrional : au premier étage de ce bâtiment est le trésor de la Sainte-Chapelle ; & dans deux chambres l'une sur l'autre, au-dessus du trésor de la Sainte-Chapelle, est le trésor des Chartes.

Mais ce dépôt n'a pu être placé dans cet endroit que sous le règne de saint Louis, & seulement depuis 1246, la Sainte-Chapelle n'ayant été fondée par ce roi que le 12 janvier de cette année.

Les Chartes ou titres recueillis dans ce dépôt sont les contrats de mariages des rois & des reines, des princes & des princesses de leur sang, les quittances de dot, assignations de douaire, lettres d'apanages, donations, testámens, contrats d'acquisition, échanges & autres actes semblables ; les déclarations de guerre, les traités de paix, d'alliance, &c.

On y trouve aussi quelques ordonnances de nos rois, mais elles n'y sont pas recueillies de suite ni exactement ; car le registre de Philippe-Auguste & les autres des règnes suivans, jusqu'en 1381, ne font pas des recueils d'ordonnances de ces princes, mais des regiftres de toutes les Chartes qui s'expédioient en chancellerie, parmi lefquelles il fe trouve quelques ordonnances.

-- Le roi enjoignoit pourtant quelquefois par fes ordonnances mêmes, de les dépofer en original au tréfor des Chartes, témoin celle de Philippe VI touchant la régale du mois d'octobre 1344, à la fin de laquelle il eft dit qu'*elle fera gardée par original au tréfor des Chartes & lettres du roi.*

- On appelle communément *lettres de Chartre*, ou *lettres expédiées en forme de Chartre*, les lettres de grande chancellerie qui attribuent un droit perpétuel, telles que les ordonnances & édits, les lettres de grâce, rémiffion ou abolition qui procédent de la pleine grâce du roi, toutes lefquelles lettres contiennent cette adreffe, *à tous préfens & avenir*, & n'ont point de date de jour, mais feulement de l'année & du mois, & font fcellées de cire verte fur des lacs de foie rouge & verte, à la différence des autres lettres-patentes qui contiennent cette adreffe, *à tous ceux qui ces préfentes lettres verront*, renferment la date du jour, du mois & de l'année, & font fcellées en cire jaune fur une double queue de parchemin.

On appelle *Chartre de commune*, les lettres par lefquelles le roi ou quelqu'autre feigneur érigeoient autrefois les habitans d'une ville ou bourg en corps & communauté. Ces lettres furent une fuite de l'affranchiffement que quelques-uns des premiers rois de la troifième race

commencèrent à accorder aux ferfs & mortaïl-
lables ; car les ferfs ne formoient point entr'eux
de communauté. Les habitans auxquels ces
Chartres de commune étoient accordées, étoient
liés réciproquement par la religion du ferment
& par de certaines lois. Ces Chartres de commune furent beaucoup multipliées par Louis VII,
& furent confirmées par Louis VIII, par Phi-
lippe-Augufte & par leurs fuccefleurs. Les évêques & les autres feigneurs en établirent auffi
avec la permiffion du roi. Le principal objet de
l'établiffement de ces communes, fut d'obliger
les habitans des villes & bourgs érigés en commune, de fournir du fecours au roi en temps de
guerre, foit directement, foit médiatement, en
le fournifant à leur feigneur qui étoit vaffal du
roi & qui étoit lui-même obligé de fervir le roi.
Chaque curé des villes & bourgs érigés en commune venoit avec fa bannière à la tête de fes
paroiffiens. La commune étoit auffi inftituée pour
la confervation des droits refpectifs du feigneur
& des fujets. Les principaux droits de commune
font celui de mairie & échevinage, de collége,
c'eft-à-dire de former un corps qui a droit de
s'affembler ; le droit de fceau, de cloche, bef-
froi & juridiction. Les Chartes de commune ex-
pliquoient auffi les peines que devoient fubir les
délinquans & les redevances que les habitans
devoient payer au roi ou à leur feigneur. M.
Caterinat dans fa differtation que les coutumes
ne font point de droit étroit, dit que ces Chartres de communes font les ébauches des coutumes. En effet, ces Chartres font la plupart du
douzième & du treizième fiècles, temps à-peu-

près où nos coutumes ont pris naiſſance , les plus anciennes n'ayant été rédigées par écrit que dans le treizième & le quatorzième ſiècles. On ne trouve point que la ville de Paris ait jamais obtenu de Chartre de commune , ce qui provient ſans doute de ce qu'on a ſuppoſé qu'elle n'en avoit pas beſoin à cauſe de la dignité de ville capitale du royaume.

On appelle *Chartre Normande* , ou *Chartre aux Normands* , la ſeconde des deux Chartres que Louis X, dit Hutin , donna à la Normandie pour la confirmation de ſes priviléges. La première qui étoit de l'an 1314 , ne contenoit que quatorze articles : la ſeconde qui eſt du 15 juillet 1315 , contient vingt-quatre articles. Celle-ci à laquelle on a attribué ſingulièrement le nom de *Chartre aux Normands* , ou de *Chartre Normande* ; fut confirmée par Philippe-de-Valois en 1339 ; par Charles VI en 1380 , par Charles VII en 1458 , par Louis VI en 1461 , par Charles VIII en 1485 , & par Henri III en 1579. Voici la traduction qu'ont donnée de cette pièce importante les éditeurs des ordonnances des rois de la troiſième race (*).

_____

(*) *Le préambule de la Chartre Normande eſt ainſi* conçu : Louis par la grace de dieu roi de France , à tous nos feaux , & nos juſticiers , ſalut. Nous avons reçu la grieve complainte des prélats , perſonnes d'égliſe , des barons , des chevaliers , & de tous autres nobles , & ſubmis , & du menu peuple de nôtre duché de Normandie , contenant que depuis le temps de ſaint Louis nôtre biſael , moult de griefs avoient été faits à iceux , de nouvelletés , tailles , ſubventions , & diverſes impoſitions , contre la

« *Article I.* Le roi & ses successeurs ne feront
» faire en Normandie d'autre monnoie que celle
» de Paris & de Tours ; & les gros tournois se-
» ront du poids & de la valeur qu'ils étoient du
» temps de Saint Louis.

» 2°. Le fouage ou le monnoyage sera levé ,
» comme il est marqué dans le registre des cou-
» tumes de Normandie.

» 3°. Les nobles & les habitans de Normandie
» qui doivent au roi des services à la guerre ,
» seront libres lorsqu'ils s'en seront acquités.

» 4°. Quand les seigneurs de fief auront rendu
» leurs services, le roi ne pourra rien exiger de
» leurs vassaux, sauf le cas d'arrière-ban.

» 5°. Lorsque le roi & ses successeurs reven-
» diqueront quelque héritage ; le procès sur la
» propriété sera jugé, quoique les possesseurs
» opposent la saisine ou la possession d'an &
» jour.

» 6°. S'il y a contestation sur la possession
» d'an & jour, la chose contentieuse sera mise
» en la main du roi jusqu'à ce que la question
» sur la possession ait été décidée.

coutume du pays, & contre les droits & franchises d'i-
celle, desquelles choses, griefs & perils à eux, & à leurs
successeurs étoient engendrez, dommages & préjudices
infinis. Pourquoi ils nous supplierent que nous voullissions
ajouter auxdits griefs remede convenable, lesquels il nous
exposerent plus à plain. Nous alors inclins à leurs justes
prières, qui à eux, & à tous autres nos soumis sommes
debiteurs en justice ; voulant à iceux non, sans cause faire
grace especial, sur leur requête, eue délibération solemnelle
avec notre conseil avons pourveu, si comme il s'ensuit.

Premièrement, &c.

» 7°. Le roi ne levera en Normandie que fes » revenus ordinaires , & n'exigera que les fer- » vices. qui lui font dûs, à moins qu'il n'y ait » quelque urgente néceffité.

» 8°. Aucun fergent royal de l'épée ou autre , » ne pourra faire exercer fon office par des per- » fonnes de louage , fous peine de perdre l'of- » fice.

» 9°. On ne pourra prendre des vivres ou » autres denrées pour le roi , fans fes lettres » fcellées de fon fceau ou du maître de fon hô- » tel ; & quand il y aura des lettres, les mar- » chandifes feront appréciées & payées avant » d'être enlevées.

» 10°. Le droit de tiers & danger ne fera pas » levé fur le mort-bois.

» 11° Si quelqu'un fe prétend franc du tiers » & danger parce que fes bois ont été plantés » anciennement , il en fera exempt en prou- » vant.

» 12°. Les deniers levés pour faire ou répa- » rer les ponts y feront employés, &c.

» 13°. Lorfque le roi fera chargé des bâti- » mens ou de la reconftruction des ponts , les » particuliers n'y contribueront pas.

» 14°. Les nobles dans leurs terres, auront *le* » *varech* & les *chofes guaives.*

» 15°. De trois ans en trois ans, le roi en- » verra des commiffaires pour informer des » excès de fes officiers.

» 16°. Nul homme libre ne fera mis à la quef- » tion, à moins qu'il n'y ait contre lui des pré- » fomptions violentes de crime.

» 17°. Aucun avocat ne pourra prendre plus

» de trente livres pour les grandes caufes, &c.

» 18°. Les caufes décidées à l'échiquier de
» Normandie ne feront pas portées au parlement
» de Paris.

» 19°. La prefcription de quarante années
» aura lieu en Normandie en toutes matières.

» 20°. Les héritages qui feront réunis au do-
» maine du roi par défaut de payement, feront
» eftimés par des prud'hommes.

» 21°. Les parens pourront faire le retrait
» des héritages réunis au domaine du roi faute
» de payement.

» 22°. Ceux qui auront des domaines du roi
» par don, échange ou autre aliénation, ne
» pourront traduire les autres fujets du roi dans
» les juftices éloignées.

» 23°. Quand il s'agira d'exécution de lettres
» paffées fous le fcel royal, les parties ne feront
» pas mifes en procès, à moins que l'une d'elles
» ne prétende avoir payé.

» 24°. En matière de retrait, celui qui ne
» poffédera pas l'héritage ne pourra être ajour-
» né ».

On a dans la fuite dérogé à plufieurs de ces
difpofitions : cependant l'autorité de la Chartre
Normande eft telle que quand il s'agit de faire
quelque règlement qui peut intéreffer la province de Normandie, & qui eft contraire à cette
Chartre, on a foin d'y inférer la claufe, *nonobftant clameur de haro*, *Chartre Normande*, &c.

CHARTRE, eft auffi un vieux mot qui fignifie
prifon ; & l'on appelle *Chartre privée*, un lieu
où quelqu'un eft détenu fans autorité de juftice.

Il eft défendu à toute perfonne, même aux

officiers de juftice, de tenir qui que ce foit en Chartre privée.

Par arrêt du 16 février 1608 , il fut enjoint au prévôt des maréchaux de Loudun & à tous autres, de mettre les accufés dans les prifons ordinaires des lieux, avec défenfe de les tenir dans des maifons privées fous la garde de leurs archers, à peine d'être punis comme prévaricateurs. Et l'article 10 du titre 2 de l'ordonnance de 1670 a fait défenfe aux prévôts des maréchaux de faire *Chartre privée* dans leurs maifons ni ailleurs, à peine de privation de leurs charges. Cette loi veut qu'à l'inftant de la capture l'accufé foit conduit dans les prifons du lieu s'il y en a, finon aux plus prochains, dans vingt-quatre heures au plus tard.

Voyez le recueil des ordonnances des rois de France ; les coutumes de Meaux , de Nivernois & de Normandie ; le recueil chronologique de Blanchard ; l'art de vérifier les dates ; les ordonnances de Fontanon ; le gloffaire de Ducange ; Charondas en fes pandectes ; le recueil d'arrêts de M. Froland ; le traité des droits du roi par Dupuy ; le dictionnaire des arrêts ; la bibliothèque de Bouchel ; l'ordonnance criminelle du mois d'août 1670 , &c. Voyez auffi les articles COMMUNE, COUTUME, PRIVILÉGE, HARO, SCEAU, COMMITTIMUS, PRESCRIPTION, PRISON, ACCUSÉ, PRÉVÔT,&c.

CHARTREUX. Ce font les religieux de l'ordre qui a été fondé par faint Bruno.

Cet ordre a pris naiffance dans le onzième fiècle. On y vit d'une manière très-auftère ; la clôture & la folitude font deux obligations effentielles de ces religieux.

Plufieurs auteurs prétendent que l'étymologie du mot Chartreux vient du nom de chartreufe que portoit le lieu où faint Bruno fit le premier établiffement de cet ordre. D'autres tirent l'étymologie de Chartreux du mot chartre, qui anciennement fignifioit prifon, parce que les religieux de faint Bruno fe condamnent à une efpèce de prifon perpétuelle.

Ceux qui voudront connoître les ftatuts des Chartreux peuvent confulter l'ouvrage que D. Maffon leur général fit imprimer en 1703 fous le titre de difcipline de l'ordre des Chartreux (1).

Les Chartreux jouiffent d'une foule de priviléges. Ils ont été dans tous les temps exempts de tout impôt. Cette exemption leur a été confirmée par différentes lettres-patentes, & particulièrement en 1383 & en 1446.

Les papes ont donné des marques d'une protection fpéciale à l'ordre des Chartreux. Choppin cite une bulle du premier avril 1191, par laquelle le pape Céleftin III excommunioit tous ceux qui empêcheroient les fidèles d'exercer des libéralités envers les Chartreux, & même qui donneroient des confeils contraires à l'aggrandiffement du patrimoine de cet ordre.

Les menaces faites par cette bulle ont eu fans doute leur effet, puifque les Chartreux poffèdent aujourd'hui des biens confidérables. L'excommunication prononcée par le pape Céleftin III étoit certainement abufive ; mais dans

_____

(*) L'ouvrage de D. Maffon eft écrit en latin ; il a pour titre : *difciplina ordinis Carthucienfis.*

le douzième fiècle on n'ofoit pas réclamer contre les entreprifes des fouverains pontifes, & c'eft dans ces temps-là que les ordres religieux ont profité de l'ignorance & de la foibleffe des féculiers pour accumuler les richeffes dont ils jouiffent.

Les Chartreux ne s'adreffoient dans les premiers fiècles de leur établiffement, qu'au pape même pour leurs affaires temporelles. Choppin rapporte une bulle de la fin du douzième fiècle, par laquelle le pape Luce III défendoit. » de faire aucune pêche dans les rivières voi- » fines des maifons de Chartreux, & de chaffer » ni les oifeaux ni les animaux à quatre pieds » fur les terres qui étoient dans les environs des » monaftères des Chartreux. Ce pape défendit » encore de faire paître les beftiaux fur les ter- » res de ces religieux, & même de les y faire » paffer. Une pareille bulle prouve jufqu'à quel point le Saint-Siége entreprenoit fur la juridiction féculière dans ces temps d'ignorance.

Outre les priviléges que nous venons de rappeler, les Chartreux ont encore obtenu des papes l'affranchiffement de payer la dîme; mais ce privilége qui leur a été formellement accordé par une bulle du pape Jean XXII, a été reftreint dans des bornes plus étroites. Ils ne jouiffent aujourd'hui de l'exemption de la dîme que fur les fruits produits par leur ancien patrimoine; encore eft-il néceffaire pour que l'affranchiffement ait lieu, que les terres foient cultivées par les Chartreux.

Nos rois ont confirmé par différentes lettres-

patentes-

patentes , le privilége d'exemption de dîme dont cet ordre jouit. Louis XI lui en accorda en 1465, Louis XII en 1498 , François I en 1516 & en 1520. Il en a également obtenu de Henri II , de Henri III , de Henri IV , de Louis XIII & de Louis XIV. Les lettres-patentes accordées par ce dernier monarque font de l'année 1663 , & elles ont été enregistrées par le grand conseil & par le parlement.

Par un édit de 1553 , l'ordre des Chartreux a été affranchi de l'obligation de recevoir, nourrir , loger & habiller les religieux laïcs.

En 1654 les Charteux ont obtenu des lettres-patentes qui ont été enregistrées au grand conseil , & par lesquelles Louis XIV a confirmé généralement tous les priviléges qui leur appartiennent.

Toutes les communautés religieuses font obligées par l'ordonnance des eaux & forêts, de faire des réserves dans leurs bois. Les Chartreux ne font point foumis à cette difpofition de l'ordonnance ; ils en ont été affranchis par des lettres-patentes qui leur ont été accordées par Louis XIV au mois de février 1670. Ce privilége leur a été de nouveau confirmé par un arrêt du conseil du 15 juillet 1717 , par des lettres-patentes du mois de mai 1727 & par un arrêt du conseil du 2 février 1734.

L'ordre des Chartreux n'eft point foumis aux oblats.

Suivant une ancienne bulle , les Chartreux étoient dans l'opinion qu'aucun membre de leur ordre ne pouvoit s'adreffer aux juges féculiers. En 1723 le chapitre général fit de nouvelles dé-

fenfes d'enfreindre la bulle du pape Clément III,
& déclara qu'il puniroit les infracteurs comme
coupables de défertion. Les Chartreux de Paris
plus inftruits des principes de la difcipline de
l'églife que le chapitre général, ne voulurent
point fe foumettre à un décret auffi contraire
aux lois du royaume ; ils en interjetèrent appel
comme d'abus. La conteftation fit beaucoup de
bruit ; le roi l'évoqua à fon confeil & s'en ré-
ferva la connoiffance. Par un arrêt folemnel rendu
le 14 août 1723, le décret du chapitre général
fut déclaré abufif, & les Chartreux furent autorifés à avoir recours à la puiffance royale dans
le cas d'oppreffion perfonnelle.

Nous avons dit ci-devant que nos rois ont
difpenfé les Chartreux de tout impôt : cependant il s'eft élevé une conteftation en 1717 entre
le général de cet ordre & le fous-fermier des
aides de Champagne fur la queftion de favoir fi
les Chartreux devoient ou non payer les droits
d'anciens cinq fous & ceux d'infpecteurs des boif-
fons pour les vins de leur provifion & confomma-
tion.

Cette conteftation a été portée au confeil
d'état, & elle a donné lieu à une difcuffion ap-
profondie des privilèges de l'ordre des Chartreux. Le général de cet ordre foutenoit que
dans tous les temps les Chartreux avoient joui
de l'exemption de tout impôt ; qu'ainfi la prétention du fous-fermier des aides de Champagne
devoit être profcrite.

Pour appuyer fa défenfe, le général invoquoit
les différentes lettres-patentes que nous avons
rappelées ci-devant & qui contiennent la confir-

mation précife & formelle de tous les privilèges accordés à cet ordre. Il oppofoit encore plufieurs arrêts du confeil rendus en 1694, en 1696 & en 1714, qui avoient jugé que les Chartreux devoient être exempts de tout impôt fur les vins & autres provifions néceffaires à leur confommation.

Le fous-fermier foutenoit au contraire que les Chartreux ne pouvoient trouver dans les lois qu'ils invoquoient un titre pour fe difpenfer de payer *les droits d'anciens cinq fous & ceux d'infpecteurs des boiffons ;* parce que, (difoit-il), 1°. l'édit de Charles IX du 23 feptembre 1561 qui a créé ces droits, porte formellement « qu'il » n'y aura perfonne de quelqu'état & condition » qu'elle foit, qui en foit exempte ; encore » même que le vin proviendroit du crû de fa » majefté, qu'il fût pour fon ufage, celui de la » reine, des princes & princeffes de fon fang »; 2°. que l'édit de 1705 portant création d'offices d'infpecteurs des boiffons contenoit les mêmes difpofitions.

D'après ces lois le fous-fermier prétendoit que les Chartreux n'avoient aucun prétexte pour fe fouftraire à un impôt auquel le roi & la famille royale étoient foumis ; & il ajoutoit que quelque favorable que fuffent les privilèges de cet ordre, ils ne pouvoient lui fervir de titre d'exemption des droits dont il s'agiffoit.

Sur ces moyens oppofés, il intervint le 13 février 1717 un arrêt du confeil d'état, par lequel le roi, « en interprêtant en tant que de » befoin les arrêts du confeil & lettres-patentes

» accordées aux Chartreux en 1714 & en 1715,
» a ordonné que lesdits arrêts & lettres-patentes
» seroient exécutés selon leur forme & teneur ;
» ce faisant, que les Chartreux jouiroient des
» privilèges, franchises & exemptions y men-
» tionnés, à l'exception seulement des anciens
» cinq sous sur les vins & des droits des inspec-
» teurs aux boissons qu'ils seroient tenus de payer
» pour les vins de leur provision & consomma-
» tion ».

Il résulte de cet arrêt, que les privilèges généraux accordés par nos rois aux Chartreux sont
soumis à des exceptions, & qu'ils ne sont exécutés que pour les impôts ordinaires & non pour
ceux au payement desquels le législateur a voulu
que tous ses sujets, sans aucune exception, fussent assujettis.

Les vingtièmes sont une imposition de cette
nature. Aussi les Chartreux y sont-ils soumis. La
seule grâce que le roi ait accordée à quelques
chartreuses, c'est de faire avec elle une espèce
d'abonnement. Nous en trouvons deux exemples
dans deux arrêts du conseil d'état du 31 août
1730 & du 18 juillet 1762, rendus en faveur
de la chartreuse de Rhètel. Par le premier de ces
arrêts, il a été ordonné « que les Chartreux de
» Rhètel en payant la somme de huit cens livres,
» seroient dispensés de l'exécution de l'édit du
» mois de février 1760, qui concernoit la levée
» du troisième vingtième & des deux sous pour
» livre d'icelui.

Par le second arrêt, il a été ordonné « que les
» Chartreux de Rhètel en payant annuellement,
» à compter du premier janvier 1762, la somme

» de trois cens livres pour tenir lieu de chacun
» des trois vingtièmes, celle de soixante livres
» pour les deux sous pour livres du dixième,
» & celle de trente livres aussi par année pour
» les deux sous pour livre du troisième ving-
» tième, seroient dispensés de l'exécution des
» édits & déclarations portant prorogation des-
» dites impositions.

· Voyez *le dictionnaire des arrêts; Chopin; la
bibliothèque historique du père le Long; la discipline de l'ordre des Chartreux par D. Masson général de cet ordre; le père Thomassin; les mémoires
du clergé, &c.* Voyez aussi les articles DÎMES,
NOVALES, OBLATS, RELIGIEUX, &c. (*Cet
article est de M. DÉSESSARTS, avocat au parlement*).

CHARTRIER. C'est le lieu où l'on conserve
les chartres, les anciens titres d'une abbaye,
d'une grande seigneurie, &c. On appeloit autrefois *Chartrier du roi*, ou *Chartrier de France*,
ce que l'on appelle aujourd'hui trésor des chartes: mais ce Chartrier étoit moins un lieu où
l'on renfermoit les chartes de la couronne, que
le recueil & la collection de ces chartes que l'on
portoit alors par-tout à la suite du roi. Richard
roi d'Angleterre, ayant défait l'armée de Philippe-Auguste entre Châteaudun & Vendôme,
en 1194, enleva tout son bagage, & notamment
le Chartrier de France. Cette perte fut cause
que l'on établit à Paris un dépôt des chartes de
la couronne, que l'on appela le trésor des chartes. *Voyez* TRÉSOR DES CHARTES.

Fin du Tome neuvième.

Page 27, ajoutez après la seconde ligne ce qui suit :
Le droit de meilleur Cattel a encore lieu dans plusieurs
coutumes de la Flandre Flamande : on y connoît deux
droits de cette espèce ; l'un seigneurial, comme dans le
Hainaut & le Luxembourg ; l'autre eccléfiastique.

Le droit de meilleur Cattel seigneurial doit en cette
Province son origine à la même cause que dans le Hainaut :
ce fut la Comtesse Marguerite qui l'introduisit, comme
nous l'apprend Burgundus en son traité sur les coutumes de
Flandres.

Il faut observer que ce droit n'est pas si privilégié que
d'autres dettes ne le soient encore plus : par exemple, il n'est
pas préféré aux tailles, il ne peut se lever qu'après qu'elles
font tout-à-fait acquittées, suivant un arrêt du Parlement
de Flandres, rendu dans la coutume de Courtrai en 1694 ;
ce que l'on doit entendre pour l'année courante & celle qui
précède immédiatement, car dans la Flandres Flamande
les tailles ne font privilégiées que pour les deux dernieres
années, suivant le placard du 17 octobre 1671 : aussi le
parlement de Flandres a-t-il décidé en 1696 que le droit
de meilleur Cattel devoit être préféré aux tailles surannées.

Le droit de meilleur Cattel eccléfiastique est le droit
qu'a un doyen de chrétienté de choisir le plus précieux
meuble de la maison mortuaire d'un curé dont il a célébré
les funérailles. Ce droit dépend absolument de l'usage ; il
est en vigueur dans le diocèse d'Ipres, & il a été confirmé
par arrêt rendu depuis peu au parlement de Flandres, au
rapport de M. Remy, en faveur des doyens de chrétienté
de la partie de ce diocèse qui est sous la domination du
Roi, contre les sieurs Fockedey appelans d'une sentence du
préfidial de Bailleul, du 20 février 1772.

Ce droit, soit seigneurial, soit eccléfiastique, ne peut se
lever indistinctement sur toutes fortes d'effets, comme on
l'a vu à l'article *Cattel* pour le Hainaut, & comme l'indique pour la Flandres ce passage de Burgundus : *Catellum*
autem hîc est non domus, non armentum, non grex, aut
arbor, aut alia quæ piam res parieti, vel solo affixa, sed

ejus pecoris pecudifve caput, vel quìdquid in fupellectilì; ornamento, & mundo, & inftrumento habetur pretiofiffimum, vel pro cariffimo patronus eligit.

Page 43, après ces mots de la feconde ligne, *en cette cour*, ajoutez :

C'eft fur ce principe qu'eft fondé un arrêt qu'a rendu la grand'chambre du parlement de Flandres, le 18 décembre 1776, au rapport de M. de Flory, en faveur du fieur Defontaines contre le fieur Defmons. Cet arrêt a décidé que dans la coutume de la châtellenie de Lille, les Catteux n'entrent en communauté, que lorfque la communauté eft introduite par la loi, & non lorfqu'elle eft ftipulée par le contrat de mariage, parce que dans les difpofitions de l'homme les Catteux font de véritables immeubles.

Pag. 299, ligne 27, *lettres & fermes*, lifez *lettres en fermes*.

Pag. 398, ligne 14, après ces mots fille du marquis d'Eftampes, ajoutez, actuellement vicomteffe de Bourdeilles.

TOME IX.

Addition à l'article *Chanceliers des Confuls de France dans les pays étrangers*, lequel commence à la page 25 & finit à la page 27.

Depuis l'impreffion de cet article, le roi a rendu une ordonnance le 9 décembre 1776, par l'article 7 de laquelle fa majefté a fupprimé tous les Chanceliers des échelles, à l'exception de ceux de Barbarie. Les fonctions de ces officiers font actuellement exercées par des drogmans à la nomination des confuls qui doivent en répondre conformément à l'article 16 du titre 9 de l'ordonnance de la marine de 1681.

Suivant l'article 8, les émolumens des chancelleries doivent appartenir en totalité aux drogmans qui font les fonctions de Chanceliers, quand ces émolumens n'excèdent pas la fomme de mille livres; & lorfqu'ils furpaffent cette fomme, l'excédent doit en être partagé avec les autres drogmans de l'échelle.

Les drogmans chargés des chancelleries ne peuvent fous ce prétexte, fe difpenfer du fervice ordinaire de drogmans. C'eft ce qui réfulte de l'article 9.